English-Bengali
Bengali-English

Word to Word® Bilingual Dictionary

Compiled by:
C. Sesma, M.A.

Translated by:
Prodip Kumar Dutta
Sabyasachi Roy Chaudhuri
Md Abu Alam

BilingualDictionaries.com
WordtoWord.com

Bengali Word to Word® Bilingual Dictionary
2nd Edition © Copyright 2012

All rights reserved. No part of this book may be reproduced or transmitted in any form or by any means.

Published in the USA by:

Bilingual Dictionaries, Inc.
PO Box 1154
Murrieta, CA 92564
T: (951) 296-2445 • F: (951) 296-9911
E: support@bilingualdictionaries.com

BilingualDictionaries.com
WordtoWord.com

ISBN13: 978-0-933146-30-3

Table of Contents

Publisher	4
Word to Word®	5
List of Irregular Verbs	6-8
English - Bengali	9-184
Bengali - English	185-348
Information	349-352

Publisher

Bilingual Dictionaries, Inc. was established in 1994. We are committed to providing schools, libraries and educators with a great selection of bilingual materials for students. Along with bilingual dictionaries we also publish ESL workbooks and children's bilingual picture dictionaries.

The first Word to Word® bilingual dictionary was published in 2008. The Word to Word® series now has over 40 editions with languages from around the world. For more information regarding any of our publications please visit us online.

BilingualDictionaries.com
WordtoWord.com

Word to Word®

Our series provides ELL students from different native language backgrounds a standardized selection of bilingual dictionaries. The Word to Word® series is designed to create an approved resource that adheres to the guidelines set by school districts and states.

Sesma's Bengali Word to Word® Bilingual Dictionary was created specifically with students in mind to be used for reference and testing. This dictionary contains approximately 19,500 entries targeting common words used in the English language.

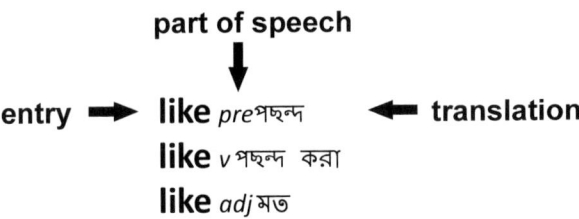

entry: Our selection of English vocabulary includes common words found in everyday conversation at home and school.

part of speech: The part of speech is necessary to ensure the translation is appropriate. Entries can be spelled the same but have different translations and meanings depending on the part of speech.

translation: Our translation is "Word to Word" meaning no foul language and no definitions or explanations. Purely the most simple common accurate translation.

List of Irregular Verbs

present - past - past participle

arise - arose - arisen
awake - awoke - awoken, awaked
be - was - been
bear - bore - borne
beat - beat - beaten
become - became - become
begin - began - begun
behold - beheld - beheld
bend - bent - bent
beseech - besought - besought
bet - bet - betted
bid - bade (bid) - bidden (bid)
bind - bound - bound
bite - bit - bitten
bleed - bled - bled
blow - blew - blown
break - broke - broken
breed - bred - bred
bring - brought - brought
build - built - built
burn - burnt - burnt *
burst - burst - burst
buy - bought - bought
cast - cast - cast
catch - caught - caught
choose - chose - chosen
cling - clung - clung
come - came - come
cost - cost - cost
creep - crept - crept
cut - cut - cut

deal - dealt - dealt
dig - dug - dug
do - did - done
draw - drew - drawn
dream - dreamt - dreamed
drink - drank - drunk
drive - drove - driven
dwell - dwelt - dwelt
eat - ate - eaten
fall - fell - fallen
feed - fed - fed
feel - felt - felt
fight - fought - fought
find - found - found
flee - fled - fled
fling - flung - flung
fly - flew - flown
forebear - forbore - forborne
forbid - forbade - forbidden
forecast - forecast - forecast
forget - forgot - forgotten
forgive - forgave - forgiven
forego - forewent - foregone
foresee - foresaw - foreseen
foretell - foretold - foretold
forget - forgot - forgotten
forsake - forsook - forsaken
freeze - froze - frozen
get - got - gotten
give - gave - given
go - went - gone
grind - ground - ground
grow - grew - grown

List of Irregular Verbs

hang - hung * - hung *
have - had - had
hear - heard - heard
hide - hid - hidden
hit - hit - hit
hold - held - held
hurt - hurt - hurt
hit - hit - hit
hold - held - held
keep - kept - kept
kneel - knelt * - knelt *
know - knew - known
lay - laid - laid
lead - led - led
lean - leant * - leant *
leap - lept * - lept *
learn - learnt * - learnt *
leave - left - left
lend - lent - lent
let - let - let
lie - lay - lain
light - lit * - lit *
lose - lost - lost
make - made - made
mean - meant - meant
meet - met - met
mistake - mistook - mistaken
must - had to - had to
pay - paid - paid
plead - pleaded - pled
prove - proved - proven
put - put - put
quit - quit * - quit *

read - read - read
rid - rid - rid
ride - rode - ridden
ring - rang - rung
rise - rose - risen
run - ran - run
saw - sawed - sawn
say - said - said
see - saw - seen
seek - sought - sought
sell - sold - sold
send - sent - sent
set - set - set
sew - sewed - sewn
shake - shook - shaken
shear - sheared - shorn
shed - shed - shed
shine - shone - shone
shoot - shot - shot
show - showed - shown
shrink - shrank - shrunk
shut - shut - shut
sing - sang - sung
sink - sank - sunk
sit - sat - sat
slay - slew - slain
sleep - sleep - slept
slide - slid - slid
sling - slung - slung
smell - smelt * - smelt *
sow - sowed - sown *
speak - spoke - spoken
speed - sped * - sped *

List of Irregular Verbs

spell - spelt * - spelt *
spend - spent - spent
spill - spilt * - spilt *
spin - spun - spun
spit - spat - spat
split - split - split
spread - spread - spread
spring - sprang - sprung
stand - stood - stood
steal - stole - stolen
stick - stuck - stuck
sting - stung - stung
stink - stank - stunk
stride - strode - stridden
strike - struck - struck (stricken)
strive - strove - striven
swear - swore - sworn
sweep - swept - swept
swell - swelled - swollen *
swim - swam - swum

take - took - taken
teach - taught - taught
tear - tore - torn
tell - told - told
think - thought - thought
throw - threw - thrown
thrust - thrust - thrust
tread - trod - trodden
wake - woke - woken
wear - wore - worn
weave - wove * - woven *
wed - wed * - wed *
weep - wept - wept
win - won - won
wind - wound - wound
wring - wrung - wrung
write - wrote - written

Those tenses with an * also have regular forms.

English-Bengali

Abbreviations

a - article
n - noun
e - exclamation
pro - pronoun
adj - adjective
adv - adverb
v - verb
iv - irregular verb
pre - preposition
c - conjunction

A

a *a* একটি
abandon *v* পরিত্যাগ করা
abandonment *n* পরিত্যাগ
abbey *n* মঠ
abbot *n* মঠাধ্যক্ষ
abbreviate *v* সংক্ষিপ্ত করা
abbreviation *n* সংক্ষিপ্ত
abdicate *v* পদ ত্যাগ করা
abdication *n* পদ ত্যাগ
abdomen *n* পেট
abduct *v* অপহরণ করা
abduction *n* অপহরণ
aberration *n* বিপথ গমন
abhor *v* অত্যন্ত ঘৃণা করা
abide by *v* মেনে চলা
ability *n* সামর্থ্য
ablaze *adj* জ্বলন্ত, চকচকে
able *adj* সমর্থ
abnormal *adj* অস্বাভাবিক
abnormality *n* অস্বাভাবিকতা
aboard *adv* চড়া
abolish *v* লোপ করা
abort *v* গর্ভপাত করান
abortion *n* গর্ভপাত
abound *v* পরিপূর্ণ থাকা
about *pre* সম্বন্ধে
about *adv* ইতস্ততঃ, চতুর্দিকে
above *pre* উপরে
abreast *adv* পাশাপাশি
abridge *v* সংক্ষেপ করা
abroad *adv* বিদেশে
abrogate *v* বাতিল করা
abruptly *adv* অপ্রত্যাশিতভাবে
absence *n* অনুপস্থিতি
absent *adj* অনুপস্থিত
absolute *adj* সম্পূর্ণ
absolution *n* নিষ্কৃতিদান
absolve *v* ক্ষমা করা
absorb *v* শুষিয়া লওয়া
absorbent *adj* বিশোষক
abstain *v* বিরত থাকা
abstinence *n* বিরতি
abstract *adj* অবাস্তব
absurd *adj* অসমঞ্জস
abundance *n* প্রাচুর্য
abundant *adj* প্রচুর
abuse *v* গালাগালি দেওয়া
abuse *n* গালিগালাজ
abusive *adj* গালিগালাজপূর্ণ
abysmal *adj* অগাধ
abyss *n* অতল গহ্বর
academic *adj* বিদ্যালয় সংক্রান্ত
academy *n* শিক্ষায়তন
accelerate *v* দ্রুততর করা
accelerator *n* বেগ বর্ধক বস্তু
accent *n* উচ্চারণ ভঙ্গি
accept *v* গ্রহণ করা
acceptable *adj* গ্রহণযোগ্য
acceptance *n* গ্রহণযোগ্যতা
access *n* অভিগমন
accessible *adj* সহজগম্য

accident *n* দুর্ঘটনা
accidental *adj* আকস্মিক
acclaim *v* প্রশংসা করা
acclimatize *v* মানাইয়া লওয়া
accommodate *v* স্থান দেওয়া
accompany *v* সঙ্গে যাওয়া
accomplice *n* খারাপ কাজের সঙ্গী
accomplish *v* সম্পন্ন করা
accomplishment *n* অর্জিত গুণ
accord *n* ঐকমত্য
according to *pre* মতানুসারে
accordion *n* বাদ্যযন্ত্রবিশেষ
account *n* গণনা
account for *v* হিসাবের মধ্যে আনা
accountable *adj* হিসাব দিতে বাধ্য
accountant *n* হিসাবরক্ষক
accumulate *v* জড়ো করা
accuracy *n* যথাযথতা
accurate *adj* যথাযথ
accusation *n* অভিযোগ
accuse *v* অভিযুক্ত করা
accustom *v* অভ্যস্ত করা
ace *n* টেক্কা
ache *n* বেদনা
achieve *v* অর্জন করা
achievement *n* কীর্তি
acid *n* অম্ল
acidity *n* অম্লত্ব
acknowledge *v* স্বীকার করা
acorn *n* ওক বৃক্ষের ফল
acoustic *adj* ধ্বনি সম্বন্ধীয়
acquaint *v* পরিচয় করা
acquaintance *n* পরিচিত ব্যক্তি
acquire *v* অধিকার করা
acquisition *n* অর্জন
acquit *v* অব্যহতি দেওয়া
acquittal *n* বেকসুর খালাস
acre *n* একর
acrobat *n* ব্যায়ামবিদ্
across *pre* আড়াআড়িভাবে
act *v* ভান করা
act *n* কাজ, আইন, নাটকের অঙ্ক
action *n* কর্ম
activate *v* সক্রিয় করা
activation *n* সক্রিয়
active *adj* সক্রিয় করে তোলা
activity *n* কর্মতৎপরতা
actor *n* অভিনেতা
actress *n* অভিনেত্রী
actual *adj* যথার্থ
actually *adv* যথার্থভাবে
acute *adj* তীক্ষ্ণ, তীব্র
adamant *adj* গোঁয়ার
adapt *v* মানাইয়া লওয়া
adaptable *adj* অভিযোজনীয়
adaptation *n* অভিযোজন
adapter *n* অভিযোজনকারী
add *v* যুক্ত করা
addicted *adj* আসক্ত
addiction *n* আসক্তি
addictive *adj* আসক্তিজনক
addition *n* সংযোজন
additional *adj* অতিরিক্ত
address *n* ঠিকানা

address *v* উদ্দেশ্য করিয়া বলা
addressee *n* পত্রাদির প্রাপক
adequate *adj* পর্যাপ্ত
adhere *v* আঁটিয়া থাকা
adhesive *adj* আঠাল
adjacent *adj* সন্নিহিত
adjective *n* বিশেষণ
adjoin *v* সংযুক্ত করা
adjoining *adj* সংযুক্ত
adjourn *v* স্থগিত হওয়া
adjust *v* মানিয়ে নেওয়া
adjustable *adj* অভিযোজনযোগ্য
adjustment *n* অভিযোজন
administer *v* শাসন করা
admirable *adj* শ্রদ্ধেয়
admiral *n* প্রধান নৌ সেনাপতি
admiration *n* প্রশংসা, শ্রদ্ধা
admire *v* প্রশংসা করা
admirer *n* মুগ্ধ
admissible *adj* স্বীকার্য
admission *n* প্রবেশ; স্বীকৃতি
admit *v* প্রবেশানুমতি দেওয়া
admittance *n* প্রবেশাধিকার
admonish *v* তিরস্কার করা
admonition *n* তিরস্কার
adolescence *n* কৈশোর
adolescent *n* কিশোর, কিশোরী
adopt *v* পোষ্যগ্রহণ করা
adoption *n* পোষ্যগ্রহণ
adoptive *adj* পোষ্যরূপে গৃহীত এমন
adorable *adj* শ্রদ্ধেয়
adoration *n* শ্রদ্ধা
adore *v* শ্রদ্ধা করা
adorn *v* অলঙ্কৃত করা
adrift *adv* ভাসিতে ভাসিতে
adulation *n* তোষামোদ
adult *n* প্রাপ্তবয়স্ক
adulterate *v* ভেজাল মেশান
adultery *n* ব্যভিচার
advance *v* উন্নতিসাধন করা
advance *n* উন্নতি, অগ্রগতি
advantage *n* প্রাধান্য
Advent *n* আবির্ভাব
adventure *n* অভিযান
adverb *n* ক্রিয়া বিশেষণ
adversary *n* বিপক্ষ
adverse *adj* বিপরীত
adversity *n* দুর্দশা
advertise *v* বিজ্ঞাপিত করা
advertising *n* বিজ্ঞাপন
advice *n* উপদেশ
advisable *adj* যুক্তিযুক্ত
advise *v* পরামর্শ দেওয়া
adviser *n* পরামর্শদাতা
advocate *v* ওকালতি করা
aesthetic *adj* সৌন্দর্যবোধবিশিষ্ট
afar *adv* দূরে
affable *adj* অমায়িক
affair *n* বিষয়
affect *v* প্রভাবিত করা
affection *n* স্নেহ, অনুরাগ
affectionate *adj* স্নেহপরায়ণ
affiliate *v* সহযোগী
affiliation *n* সম্বন্ধিকরণ

affinity n অনুরক্তি, ভালো লাগা
affirm v দৃঢ়তাসহকারে বলা
affirmative adj ইতিবাচক
affix v আঁটিয়া দেওয়া
afflict v কাতর হওয়া
affliction n দুর্দশা
affluence n সমৃদ্ধি
affluent adj সমৃদ্ধ
afford v সমর্থ হওয়া
affordable adj ব্যয়সাধ্য
affront v প্রকাশ্যে অপমান করা
affront n প্রকাশ্য অপমান
afloat adv ভাসন্ত
afraid adj ভীত
afresh adv নূতনভাবে
after pre পরে
afternoon n বৈকাল
afterwards adv পরবর্তিকালে
again adv পুনরায়
against pre বিপক্ষে
age n বয়স
agency n প্রতিনিধিত্ব
agenda n কার্যতালিকা
agent n প্রতিনিধি
agglomerate v জড়ো করা
aggravate v বাড়িয়ে দেওয়া
aggravation n বাড়ানো
aggregate v একত্র করা
aggression n আগ্রাসন
aggressive adj আগ্রাসী
aggressor n আক্রমণকারী
aghast adj ভয়ার্ত

agile adj সক্রিয়
agitator n বিক্ষোভকারী
agnostic n অজ্ঞেয়বাদী
agonize v পীড়ন করা
agonizing adj মানসিক যন্ত্রণাদায়ক
agony n যন্ত্রণা
agree v সম্মত হওয়া
agreeable adj সম্মত
agreement n সম্মতি; চুক্তি
agricultural adj কৃষি-সংক্রান্ত
agriculture n কৃষি
ahead pre অগ্রগামী; পুরোবর্তী
aid n সাহায্য
aid v সাহায্য করা
aide n সহকারী
ailing adj পীড়িত
ailment n পীড়া
aim v লক্ষ্য করা
aimless adj লক্ষ্যহীন
air n বাতাস
air v বাতাস করা
aircraft n উড়োজাহাজ
airfare n বিমান ভাড়া
airfield n বিমানক্ষেত্র
airline n বিমান পরিবহন সংস্থা
airliner n যাত্রীবাহী বিমান
airmail n বিমানবাহিত ডাক
airplane n বিমান
airport n বিমানবন্দর
airspace n আকাশ সীমা
airstrip n বিমানক্ষেত্রের জমি
airtight adj বায়ুরোধী

aisle *n* গলি
ajar *adj* ঈষদন্মুক্ত
akin *adj* একজাতীয়
alarm *n* বিপদসঙ্কেত
alarm clock *n* অ্যালার্ম ঘড়ি
alarming *adj* বিপদশঙ্কাপূর্ণ
alcoholic *adj* মদ্যপ
alcoholism *n* অতিরিক্ত মদ্যপানের অসুস্থতা
alert *n* সতর্ক
alert *v* সতর্ক করিয়া রাখা
algebra *n* বীজগণিত
alien *n* বহিরাগত
alight *adv* প্রজ্বলিত
align *v* শ্রেণীবদ্ধ করা
alignment *n* শ্রেণীবদ্ধকরণ
alike *adj* সদৃশ
alive *adj* জীবন্ত
all *adj* সকল
allegation *n* অভিযোগ
allege *v* অভিযোগ করা
allegedly *adv* অভিযোগ অনুযায়ী
allegiance *n* আনুগত্য
allegory *n* রূপক
allergic *adj* প্রতিক্রিয়াপ্রবণ
allergy *n* প্রতিক্রিয়াশীলতা
alleviate *v* উপশম করা
alley *n* গলিপথ
alliance *n* মৈত্রী
allied *adj* সংঘবদ্ধ
alligator *n* বৃহত্ কুম্ভীর বিশেষ
allocate *v* স্থান নির্দেশ করা
allot *v* আবন্টন করা
allotment *n* আবন্টন
allow *v* অনুমোদন করা
allowance *n* ভাতা
alloy *n* সংকর ধাতু
allure *n* প্রলুব্ধ করা
alluring *adj* লোভনীয়
allusion *n* পরোক্ষ উল্লেখ
ally *n* মিত্র
ally *v* মৈত্রী স্থাপন করা
almanac *n* পঞ্জিকা
almighty *adj* সর্বশক্তিমান
almond *n* কাগজি বাদাম
almost *adv* প্রায়
alms *n* ভিক্ষা
alone *adj* একাকী
along *pre* দৈর্ঘ্য বরাবর
alongside *pre* পাশাপাশি
aloof *adj* পৃথক
aloud *adv* উচ্চস্বরে
alphabet *n* বর্ণমালা
already *adv* ইতিপূর্বে
alright *adv* সঠিকভাবে
also *adv* আরো
altar *n* বেদী
alter *v* পরিবর্তিত করা
alteration *n* পরিবর্তন
altercation *n* তর্কাতর্কি
alternate *v* পর্যায়ক্রমে করা
alternate *adj* পর্যায়ক্রমিক
alternative *n* বিকল্প
although *c* যদিও
altitude *n* উচ্চতা

altogether *adj* সর্বতোভাবে
aluminum *n* অ্যালুমিনিয়াম
always *adv* সর্বদা
amass *v* জমান
amateur *adj* অ-পেশাদার
amaze *v* বিস্মিত করা
amazement *n* বিস্ময়বিহ্বলতা
amazing *adj* বিস্ময়কর
ambassador *n* রাষ্ট্রদূত
ambiguous *adj* সন্দেহজনক
ambition *n* উচ্চাকাঙ্খা
ambitious *adj* উচ্চাকাঙ্খী
ambivalent *adj* যিনি দোটানায় পড়েছেন
ambulance *n* অসুস্থদের যান
ambush *v* গোপন স্থান থেকে আক্রমণ
amenable *adj* বাধ্য
amend *v* সংশোধন করা
amendment *n* সংশোধনী
amenities *n* স্বাচ্ছন্দদায়ক বস্তু
American *adj* আমেরিকা সম্পর্কিত
amiable *adj* সৌজন্যপূর্ণ
amicable *adj* বন্ধুত্বপুর্ণ
amid *pre* মধ্যে
ammonia *n* অ্যামোনিয়া
ammunition *n* সামরিক সম্ভার
amnesia *n* স্মৃতিবিলোপ
amnesty *n* ক্ষমা
among *pre* মধ্যে
amoral *adj* অনৈতিক
amorphous *adj* অনিয়তাকার
amortize *v* নির্দিষ্ট পরিমাণে ঋণ ভাগ করা
amount *n* মোট পরিমাণ
amount to *v* মোট পরিমাণ হওয়া
amphibious *adj* উভচর
amphitheater *n* উন্মুক্ত ক্রীড়াঙ্গন
ample *adj* প্রশস্ত
amplifier *n* বিবর্ধক
amplify *v* বিবর্ধন করা
amputate *v* ব্যবচ্ছেদ করা
amputation *n* ব্যবচ্ছেদ
amuse *v* মনোরঞ্জন করা
amusement *n* মনোরঞ্জন
amusing *adj* মনোরঞ্জক
an *a* একটি
analogy *n* অনুরূপতা
analysis *n* বিশ্লেষণ
analyze *v* বিশ্লেষণ করা
anarchist *n* নৈরাজ্যবাদী
anarchy *n* নৈরাজ্যবাদ
anatomy *n* অঙ্গ ব্যবচ্ছেদ বিদ্যা
ancestor *n* পূর্বপুরুষ
ancestry *n* বংশ
anchor *n* নোঙ্গর
anchovy *n* অ্যাঙ্কভি মাছ
ancient *adj* প্রাচীন
and *c* এবং
anecdote *n* চুটকি
anemia *n* রক্তাল্পতা
anemic *adj* রক্তাল্পতাগ্রস্ত
anesthesia *n* অনুভূতিনাশ
anew *adv* পুনরায়
angel *n* দেবদূত
angelic *adj* দেবদূতসংক্রান্ত
anger *v* ক্রুদ্ধ হওয়া

anger *n* ক্রোধ
angina *n* বুকে ব্যথা বা চাপ
angle *n* কোণ
Anglican *adj* অ্যাংলিকান
angry *adj* ক্রোধিত
anguish *n* মনোবেদনা
animal *n* পশু, প্রাণী
animate *v* সঞ্জীবিত করা
animation *n* অঙ্কিত চিত্রমালা
animosity *n* বিদ্বেষ
ankle *n* গোড়ালি
annex *n* সংযোজন
annexation *n* সংযোজিত বস্তু
annihilate *v* নির্মূল করা
annihilation *n* ধ্বংস
anniversary *n* বার্ষিকী
annotate *v* টীকা লেখা
annotation *n* টীকা
announce *v* ঘোষণা করা
announcement *n* ঘোষণা
announcer *n* ঘোষক
annoy *v* বিরক্ত করা
annoying *adj* বিরক্তিকর
annual *adj* বার্ষিক
annul *v* অকার্যকর করা
annulment *n* অকার্যকরকরণ
anoint *v* তৈলাদি লেপন করা
anonymity *n* ছদ্মনামযুক্ত
anonymous *adj* ছদ্মনামা
another *adj* আরেকটি
answer *v* উত্তর দেওয়া
answer *n* উত্তর
ant *n* পিপীলিকা
antagonize *v* বিরোধিতা করা
antecedence *n* পূর্ববর্তীতা
antecedent *n* পূর্ববর্তী
antecedents *n* পূর্বপুরুষগণ
antelope *n* কৃষ্ণসার মৃগ
antenna *n* হুল
anthem *n* স্তোত্র, স্তব
antibiotic *n* জীবানুনাশক
anticipate *v* প্রত্যাশা করা
anticipation *n* পূর্বানুমান
antidote *n* বিষঘ্ন
antipathy *n* বিদ্বেষ
antiquated *adj* প্রাচীন
antiquity *n* প্রাচীনকাল
anvil *n* নেহাই
anxiety *n* উদ্বেগ
anxious *adj* উদ্বিগ্ন
any *adj* কোন
anybody *pro* যে কেউ
anyhow *pro* যাহা হউক
anyone *pro* যে কোন একজন
anything *pro* যাহা-কিছু
apart *adv* ব্যবধানে
apartment *n* অ্যাপার্টমেন্ট
apathy *n* অনীহা
ape *n* বানরজাতীয় প্রাণী
aperitif *n* মদ্যবিশেষ
apex *n* চূড়া
aphrodisiac *adj* কামোদ্দীপক
apiece *adv* প্রতিটি
apocalypse *n* রহস্যোদ্ঘাটন

apologize v ক্ষমা চাওয়া
apology n ক্ষমা
apostle n ধর্মপ্রচারক
apostolic adj ধর্মপ্রচারক সম্পর্কিত
apostrophe n ঊর্ধ্বকমা
appall v আতঙ্কিত করা
appalling adj আতঙ্কজনক
apparel n পোশাক
apparent adj প্রতীয়মান
apparently adv আপাত
apparition n অলৌকিক আগমন
appeal n আবেদন
appeal v আবেদন করা
appealing adj সনির্বন্ধ অনুরোধপূর্ণ
appear v উপস্থিত হওয়া
appearance n উপস্থিতি
appease v শান্ত করা
appeasement n সন্তুষ্টিবিধান
appendicitis n উপাঙ্গের যন্ত্রণা
appendix n পরিশিষ্ট
appetite n ক্ষুধা
appetizer n ক্ষুধা বাড়ানোর বস্তু
applaud v তালি দেওয়া
applause n প্রশংসা
apple n আপেল
appliance n যন্ত্রপাতি
applicable adj প্রযোজ্য
applicant n আবেদক
application n আবেদন; প্রয়োগ
apply v আবেদন করা
apply for v কিছুর জন্য আবেদন করা
appoint v নিযুক্ত করা

appointment n নিযুক্তি; চাকরী
appraisal n নির্ধারণ
appraise v নির্ধারণ করা
appreciate v প্রশংসা করা
appreciation n উপলব্ধি; প্রশংসা
apprehend v গ্রেফতার করা
apprehensive adj উদ্বিগ্ন
apprentice n শিক্ষানবীশ
approach v অভিগমন করা
approach n অভিগমন
approachable adj অভিগমনযোগ্য
approbation n অনুমোদন
appropriate adj যথাযথ
approval n অনুমোদন
approve v অনুমোদন করা
approximate adj সন্নিকটস্থ
apricot n খোবানি
April n এপ্রিল মাস
apron n বহির্বাস
aptitude n প্রবণতা
aquarium n মাছের আধার
aquatic adj জলজ
aqueduct n নালা
Arabic adj আরব দেশীয়
arable adj কর্ষণোপযোগী
arbiter n বিচারক
arbitrary adj খামখেয়ালি
arbitrate v সালিস করা
arbitration n মধ্যস্থতা
arc n বৃত্তের পরিধির অংশ
arch n খিলান
archaeology n পুরাতত্ত্ব

archaic *adj* প্রাচীন
archbishop *n* আর্চবিশপ
architect *n* স্থপতি
architecture *n* স্থাপত্য
archive *n* মহাফেজখানা
arctic *adj* সুমেরু অঞ্চলের
ardent *adj* জ্বলন্ত
ardor *n* দারুন উত্তাপ
arduous *adj* কষ্টসাধ্য
area *n* ক্ষেত্র, অঞ্চল
arena *n* ক্রীড়াভূমি
argue *v* তর্ক করা
argument *n* তর্ক
arid *adj* শুষ্ক
arise *iv* উত্থান করা
aristocracy *n* অভিজাত-তন্ত্র
aristocrat *n* অভিজাত
arithmetic *n* পাটীগণিত
ark *n* সিন্দুক; নৌকা
arm *n* বাহু, অস্ত্র
arm *v* অস্ত্রগ্রহণ করা
armament *n* সৈন্যবাহিনী
armchair *n* আরামকেদারা
armed *adj* বাহুযুক্ত
armistice *n* যুদ্ধবিরতি
armor *n* বর্ম
armpit *n* বগল
army *n* সৈন্যবাহিনী
aromatic *adj* সৌরভযুক্ত
around *pre* সর্বদিকে, চতুর্দিকে
arouse *v* জাগান
arrange *v* সুবিন্যস্ত করা
arrangement *n* বিন্যাস
array *n* শৃঙ্খলা
arrest *v* গ্রেপ্তার করা
arrest *n* গ্রেপ্তার
arrival *n* পৌঁছান
arrive *v* পৌঁছান
arrogance *n* ঔদ্ধত্য
arrogant *adj* উদ্ধত
arrow *n* তীর
arsenal *n* অস্ত্রাগার
arsenic *n* সেঁকোবিষ
arson *n* অগ্নিসংযোগ
arsonist *n* অগ্নিসংযোগকারী
art *n* শিল্পকলা
artery *n* ধমনী
arthritis *n* বাত
artichoke *n* আর্টিচোক
article *n* প্রবন্ধ; বস্তু
articulate *v* বাক্যে প্রকাশ করা
articulation *n* গ্রন্থি
artificial *adj* কৃত্রিম
artillery *n* কামানের সারি
artisan *n* কারিগর
artist *n* শিল্পী, চিত্রকর
artistic *adj* শিল্পীসুলভ
artwork *n* শিল্পকর্ম
as *c* যেহেতু
as *adv* যত-তত
ascend *v* উপরে উঠা
ascendancy *n* প্রভাব
ascertain *v* নিশ্চিত করা
ascetic *adj* যোগী

ash *n* ভস্ম, ছাই
ashamed *adj* লজ্জিত
ashore *adv* তীরের দিকে
ashtray *n* ছাইদানি
aside *adv* একপার্শ্বে
aside from *adv* পার্শ্ব থেকে
ask *v* জিজ্ঞাসা করা
asleep *adj* নিদ্রিত
asparagus *n* অ্যাসপারাগাস
aspect *n* আকৃতি
asphalt *n* পিচ
asphyxiate *v* শ্বাসরোধ করা
asphyxiation *n* শ্বাসরোধ
aspiration *n* শ্বাসগ্রহণ
aspire *v* উচ্চাভিলাস করা
aspirin *n* অ্যাসপিরিন
assail *v* প্রচন্ড আক্রমণ করা
assailant *n* আক্রমণকারী
assassin *n* গুপ্তঘাতক
assassinate *v* গোপনে হত্যা করা
assassination *n* গুপ্তহত্যা
assault *n* প্রচন্ড আক্রমণ
assault *v* প্রচন্ড আক্রমণ করা
assemble *v* একত্রিত করা
assembly *n* সভা
assent *v* সম্মত হওয়া
assert *v* নিশ্চয় করিয়া বলা
assertion *n* নিশ্চিত উক্তি
assess *v* নিরুপণ করা
assessment *n* নিরুপণ
asset *n* ধনসম্পত্তি
assets *n* সম্পত্তি
assign *v* নির্দিষ্ট করা
assignment *n* নির্দিষ্ট কাজ
assimilate *v* হজম করা
assimilation *n* পরিপাক প্রণালী
assist *v* সাহায্য করা
assistance *n* সাহায্য
associate *v* যুক্ত করা
association *n* সমিতি
assorted *adj* পাঁচ-মিশালী
assortment *n* সংগ্রহ
assume *v* গ্রহণ করা
assumption *n* ভার গ্রহণ
assurance *n* নিশ্চয়তা
assure *v* নিশ্চয় করিয়া বলা
asterisk *n* তারকা-চিহ্ন
asteroid *n* গ্রহাণু
asthma *n* হাঁপানি
asthmatic *adj* হাঁপানি সংক্রান্ত
astonish *v* অত্যন্ত বিস্মিত করা
astonishing *adj* অত্যন্ত বিস্ময়কর
astound *v* হতবুদ্ধি করা
astounding *adj* হতবুদ্ধিকর
astray *v* বিপথগামী
astrologer *n* জ্যোতিষি
astrology *n* জ্যোতিষ-শাস্ত্র
astronaut *n* মহাকাশচারী
astronomer *n* জ্যোতির্বিজ্ঞানী
astronomic *adj* অত্যন্ত বেশি
astronomy *n* জ্যোতির্বিজ্ঞান
astute *adj* তীক্ষ্ম বুদ্ধিসম্পন্ন
asunder *adv* পৃথকভাবে
asylum *n* আশ্রয়স্থান

at *pre* এতে
atheism *n* নাস্তিকতা
atheist *n* নাস্তিক
athlete *n* ক্রীড়াবিদ
athletic *adj* খেলাধূলা-সম্বন্ধীয়
atmosphere *n* বায়ুমন্ডল
atmospheric *adj* বায়ুমন্ডল-সংক্রান্ত
atom *n* পরমাণু
atomic *adj* পারমাণবিক
atone *v* প্রায়শ্চিত্ত করা
atonement *n* প্রায়শ্চিত্ত
atrocious *adj* জঘন্য
atrocity *n* বর্বরোচিত কাজ
atrophy *v* অবক্ষয়
attach *v* সংযুক্ত করা
attached *adj* সংলগ্ন
attachment *n* সংযুক্তি
attack *n* আক্রমণ
attack *v* আক্রমণ করা
attacker *n* আক্রমণকারী
attain *v* উপস্থিত হওয়া
attainable *adj* লভ্য
attainment *n* প্রাপ্তি
attempt *v* চেষ্টা করা
attempt *n* প্রচেষ্টা
attend *v* সেবা করা
attendance *n* উপস্থিতি
attendant *n* চাকর
attention *n* মনোযোগ
attentive *adj* মনোযোগী
attenuate *v* পাতলা করা
attenuating *adj* কৃশ, পাতলা
attest *v* প্রত্যায়ন করা
attic *n* চিলেকোঠা
attitude *n* মনোভাব
attorney *n* মোক্তার
attract *v* আকর্ষণ করা
attraction *n* আকর্ষণ-শক্তি
attractive *adj* আকর্ষণীয়
attribute *v* আরোপ করা
auction *n* নিলাম
auction *v* নিলাম করা
auctioneer *n* নিলামদার
audacious *adj* উদ্ধত
audacity *n* উদ্ধতভাব
audible *adj* শ্রাব্য
audience *n* শ্রোতা
audit *v* হিসাব পরীক্ষণ
auditorium *n* প্রেক্ষাগার
augment *v* বর্ধিত করা
August *n* আগষ্ট মাস
aunt *n* পিসীমা, মাসীমা
auspicious *adj* শুভলক্ষণযুক্ত
austere *adj* অত্যন্ত কঠোর
austerity *n* কঠোরতা
authentic *adj* প্রকৃত
authenticate *v* প্রমাণসিদ্ধ
authenticity *n* যথার্থতা
author *n* গ্রন্থকার
authoritarian *adj* প্রভুত্বকামী ব্যক্তি
authority *n* কর্তৃত্ব
authorization *n* অনুমোদন
authorize *v* অনুমোদন করা
auto *n* স্বয়ং

autograph *n* স্বাক্ষর
automatic *adj* স্বয়ংক্রিয়
automobile *n* মোটরগাড়ি
autonomous *adj* স্বায়ত্বশাসিত
autonomy *n* স্বায়ত্বশাসন
autopsy *n* ময়না তদন্ত
autumn *n* শরৎকাল
auxiliary *adj* সহায়ক
avail *v* কাজে লাগা
availability *n* প্রাপ্যতা
available *adj* প্রাপ্তব্য
avalanche *n* হিমবাহ
avarice *n* লোভ
avaricious *adj* অর্থলোলুপ
avenge *v* প্রতিশোধ লওয়া
avenue *n* রাজপথ
average *n* গড়
averse *adj* বিরূপ
aversion *n* বিরূপতা
avert *v* দূরে সরানো
aviation *n* বিমান চালানোর বিদ্যা
aviator *n* বৈমানিক
avid *adj* ব্যগ্র
avoid *v* দূরে থাকা
avoidable *adj* পরিহার্য
avoidance *n* পরিহার
avowed *adj* স্বীকৃত
await *v* প্রতীক্ষা করা
awake *iv* নিদ্রা হতে জাগা
awake *adj* জাগ্রত হইয়াছে এমন
awakening *n* জাগরণ
award *v* প্রদান করা
award *n* পুরষ্কার
aware *adj* সচেতন
awareness *n* সচেতনতা
away *adv* দূরে
awe *n* সম্ভ্রম
awesome *adj* ভীতিজনক
awful *adj* জঘন্য
awkward *adj* বিশৃঙ্খল
awning *n* চাঁদোয়া
ax *n* কুঠার
axiom *n* সর্বজনস্বীকৃত
axis *n* অক্ষরেখা
axle *n* অক্ষদণ্ড

B

babble *v* বকবক করা
baby *n* শিশু
babysitter *n* শিশুর পরিচর্যাকারী
bachelor *n* অবিবাহিত পুরুষ
back *n* পিছনদিক
back *adv* পশ্চাদবর্তী
back *v* পশ্চাদভিমুখি যাওয়া
back down *v* দাবি পরিত্যাগ করা
back up *v* সমর্থন করা
backbone *n* মেরুদন্ড
backdoor *n* খিড়কির দরজা
backfire *v* ব্যর্থ হওয়া

background n পশ্চাদপট
backing n পৃষ্ঠপোষকতা
backlash n তীব্র প্রতিক্রিয়া
backlog n জমা কাজ
backpack n পিঠের ব্যাগ
backup n সহায়তা
backward adj অনগ্রসর
backwards adv পিছনদিকে
backyard n পিছনের প্রাঙ্গন
bacon n শুয়োরের মাংসবিশেষ
bacteria n জীবানু
bad adj মন্দ
badge n প্রতীক
badly adv খারাপভাবে
baffle v হতবুদ্ধি করা
bag n থলি
bag v ঝোলা
baggage n যাত্রীর মালপত্র
baggy adj ঢোলা
baguette n পাঁউরুটি বিশেষ
bail n জামানত
bail out v জামানতে মুক্ত করা বা হওয়া
bailiff n পেয়াদা
bait n প্রলোভন
bake v সেঁকা
baker n রুটি প্রস্তুতকর্তা
bakery n রুটি তৈরীর কারখানা
balance v ওজন করা
balance n দাঁড়িপাল্লা; ভারসাম্য
balcony n বারান্দা
bald adj কেশহীন
bale n বস্তা

ball n বল; গোলক; এক ধরণের নাচ
balloon n বেলুন
ballot n ব্যালট
ballroom n নাচঘর
balm n মলম
balmy adj সুগন্ধ
bamboo n বাঁশ
ban n বহিষ্কার
ban v অভিশাপ দেওয়া
banality n তুচ্ছতা
banana n কলা
band n দল; ফিতা
bandage v পট্টি দিয়া বাঁধা
bandage n পট্টি
bandit n দস্যু
bang v সজোরে আঘাত করা
bangs n চুলের কাট
banish v নির্বাসিত করা
banishment n নির্বাসন
bank n ব্যাংক; নদীর তীর
bankrupt v দেউলিয়া করা
bankrupt adj দেউলিয়া
bankruptcy n দেউলিয়া অবস্থা
banner n পতাকা, নিশান
banquet n ভোজসভা
baptism n দীক্ষা
baptize v দীক্ষিত করা
bar n শুঁড়িখানা
bar v খিল দেওয়া
barbarian n বর্বর
barbaric adj বর্বরসুলভ
barbarism n বর্বরতা

barbecue *n* ঝলসে রান্না
barber *n* নাপিত
bare *adj* অনাবৃত
barefoot *adj* নগ্নপদ
barely *adv* কোনোমতে
bargain *n* চুক্তি, দর-কষাকষি
bargain *v* দর-কষাকষি করা
bargaining *n* দর-কষাকষি
barge *n* বজরা
bark *v* গর্জন করা
bark *n* গর্জন; গাছের ছাল
barley *n* যব, বার্লি
barmaid *n* পানশালার মহিলা পরিবেশক
barman *n* পানশালার পুরুষ পরিবেশক
barn *n* শস্যাগার
barometer *n* চাপমানযন্ত্র
barracks *n* সৈন্যনিবাস
barrage *n* বাঁধ
barrel *n* পিপে
barren *adj* বন্ধ্যা
barricade *n* ঘেরা
barrier *n* বাধা, প্রতিবন্ধক
barring *pre* ব্যতিরেকে
bartender *n* পানশালার পরিবেশক
barter *v* বিনিময় করা
base *n* ভিত্তি
base *v* স্থাপন করা
baseball *n* বেসবল
baseless *adj* ভিত্তিহীন
basement *n* মাটির তলার ঘর
bashful *adj* লাজুক
basic *adj* মৌলিক
basics *n* মৌলিকত্ব
basin *n* গামলা; অববাহিকা
basis *n* ভিত্তি, বনিয়াদ
bask *v* রোদ পোয়ানো; অনুগ্রহ লাভ করা
basket *n* ঝুড়ি
basketball *n* বাস্কেটবল
bass *n* বাস মাছ, এক ধরণের গিটার
bastard *n* জারজ সন্তান
bat *n* খেলার ব্যাট; বাদুড়
batch *n* গোছা
bath *n* স্নান
bathe *v* স্নান করা
bathrobe *n* স্নানের পোশাক
bathroom *n* স্নানঘর
bathtub *n* স্নানের গামলা
baton *n* দণ্ড
battalion *n* বৃহত্ স্থলবাহিনী
batter *v* বার বার মারা
battery *n* কামান বাহিনী; বিদ্যুতকোষ
battle *n* যুদ্ধ
battle *v* লড়াই করা
battleship *n* রণতরী
bay *n* খোপ; উপসাগর
bayonet *n* সঙ্গিন
bazaar *n* বাজার
be *iv* থাকা
be born *v* জন্ম হওয়া
beach *n* সমুদ্রতীর
beacon *n* আলোক-সঙ্কেত
beak *n* পাখির ঠোঁট
beam *n* কড়িকাঠ; আলোকরশ্মি
bean *n* শুঁটিযুক্ত ফল

bear n ভল্লুক
bear iv ভোগ করা
bearable adj বহনীয়
beard n দাড়ি
bearded adj শ্মশ্রুল
bearer n বাহক
beast n পশু
beat iv বার বার মারা
beat n তাল
beaten adj প্রহৃত
beating n প্রহার
beautiful adj সুন্দর
beautify v সুন্দর করা
beauty n সৌন্দর্য
beaver n বিবর
because c কারণ
because of pre দরুন, জন্য
beckon v ইশারা করা
become iv হয়ে ওঠা
bed n খাট
bedding n শয্যোপকরণ
bedroom n শয়নকক্ষ
bedspread n বিছানার চাদর
bee n মৌমাছি
beef n গোমাংস
beef up v বাড়ানো
beehive n মৌচাক
beer n বিয়ার
beet n বীট
beetle n গুবরে-পোকা
before adv সম্মুখে
before pre অগ্রবর্তী

beforehand adv আগে থেকে
befriend v বন্ধু করা
beg v ভিক্ষা করা
beggar n ভিক্ষুক
begin iv আরম্ভ করা
beginner n শিক্ষানবিশ
beginning n আরম্ভ
beguile v প্রতারিত করা
behalf (on) adv তরফে
behave v আচরণ করা
behavior n আচরণ
behead v শিরশ্ছেদ করা
behind pre পিছনের দিকে
behold iv দৃষ্টিপাত করা
being n অস্তিত্ব
belated adj দেরি করে
belch v ঢেকুর তোলা
belch n ঢেকুর
belfry n ঘন্টাঘর
Belgian adj বেলজিয়াম-দেশীয়
Belgium n বেলজিয়াম
belief n বিশ্বাস
believable adj বিশ্বাসযোগ্য
believe v বিশ্বাস করা
believer n বিশ্বাসী
belittle v খর্ব করা
bell n ঘন্টা
bell pepper n গোলমরিচ
belligerent adj যুদ্ধরত
belly n পেট
belly button n নাভি
belong v অধিকারভুক্ত হওয়া

B

belongings *n* জিনিষপত্র
beloved *adj* অতিশয় প্রিয়
below *adv* নিম্নদেশে
below *pre* নিম্নে
belt *n* কোমর বন্ধনী
bench *n* বেঞ্চি; বিচার সভা
bend *iv* ঝোঁকা
bend down *v* নত করা
beneath *pre* নিম্নে
benediction *n* আর্শীবাদ
benefactor *n* আর্শীবাদক
beneficial *adj* সুবিধাদায়ক
beneficiary *n* উপকৃত ব্যক্তি
benefit *n* লাভ, সুবিধা
benefit *v* উপকৃত হওয়া
benevolence *n* পরোপকারের ইচ্ছা
benevolent *adj* পরোপকারেচ্ছু
benign *adj* সদাশয়; ক্ষতিকারক নয়
bequeath *v* সম্পত্তি দান করা
bereaved *adj* শোকগ্রস্ত
bereavement *n* বিয়োগ ব্যথা
beret *n* টুপি বিশেষ
berserk *adv* উন্মত্ত
berth *n* স্থান
beseech *iv* মিনতি করা
beset *iv* অবরোধ করা
beside *pre* পার্শ্বে
besides *pre* এছাড়া
besiege *iv* অবরোধ করা
best *adj* সর্বোৎকৃষ্ট
best man *n* নিতবর
bestial *adj* পাশব
bestiality *n* পাশবিকতা
bestow *v* প্রদান করা
bet *iv* বাজি ধরা
bet *n* বাজি, পণ
betray *v* বিশ্বাসঘাতকতা করা
betrayal *n* বিশ্বাসঘাতক
better *adj* উত্তম
between *pre* মধ্যে
beverage *n* পানীয়
beware *v* সতর্ক হওয়া
bewilder *v* হতবুদ্ধি করা
bewitch *v* মুগ্ধ করা
beyond *adv* বহুদূরে
bias *n* পক্ষপাতপূর্ণ
bible *n* বাইবেল
biblical *adj* বাইবেল-সংক্রান্ত
bibliography *n* গ্রন্থপঞ্জি
bicycle *n* সাইকেল
bid *n* দর
bid *iv* দর দেওয়া
big *adj* বৃহত্
bigamy *n* দ্বি-বিবাহ
bigot *adj* গোঁড়া ভক্ত
bigotry *n* গোঁড়ামি
bike *n* মোটর সাইকেল
bile *n* পিত্ত
bilingual *adj* দ্বিভাষিক
bill *n* পাখির চঞ্চু; কুঠার; চাহিদাপত্র
bill *v* চাহিদাপত্র পাঠানো
billiards *n* বিলিয়ার্ড-খেলা
billion *n* শতকোটি
billionaire *n* শতকোটি টাকার মালিক

B

bimonthly *adj* দ্বিমাসিক
bin *n* আবর্জনা রাখার পাত্র
bind *iv* বন্ধন করা
binding *adj* বন্ধন
binoculars *n* দুরবীন
biography *n* জীবনী
biological *adj* জীববিজ্ঞানসংক্রান্ত
biology *n* জীববিদ্যা
bird *n* পক্ষী
birth *n* জন্ম
birthday *n* জন্মদিন
biscuit *n* বিস্কুট
bishop *n* ধর্মযাজকবিশেষ
bison *n* বুনো ষাঁড়বিশেষ
bit *n* টুকরো; কম্পিউটারের বিট
bite *iv* দংশন করা
bite *n* দংশন
bitter *adj* তিক্ত; বেদনাদায়ক
bitterly *adv* তিক্ততার সহিত
bitterness *n* তিক্ততা
bizarre *adj* উদ্ভট
black *adj* কালো
blackberry *n* জামজাতীয় ফল
blackboard *n* ব্ল্যাক-বোর্ড
blackmail *n* ব্ল্যাকমেল
blackmail *v* ব্ল্যাকমেল করা
blackness *n* নিস্প্রদীপন
blackout *n* নিস্প্রদীপন
blacksmith *n* কামার
bladder *n* মূত্রথলি
blade *n* ছুরির ফলা
blame *n* দোষারোপ
blame *v* দোষারোপ করা
blameless *adj* অনিন্দনীয়
bland *adj* সহজপাচ্য
blank *adj* ফাঁকা, শূণ্য
blanket *n* কম্বল
blaspheme *v* ঈশ্বরনিন্দা করা
blasphemy *n* ঈশ্বরনিন্দা
blast *n* প্রবল বাত্যা
blaze *v* চিহ্ন
bleach *v* সাদা করা
bleach *n* শুভ্রতা সম্পাদনের স্থান
bleak *adj* বিবর্ণ
bleed *iv* রক্তপাত করা বা হওয়া
bleeding *n* রক্তপাত
blemish *n* কলঙ্ক
blemish *v* কলঙ্কিত করা
blend *n* মিশ্রণ
blend *v* মিশ্রিত করা
blender *n* মিশ্রণকারী
bless *v* আশীর্বাদ করা
blessed *adj* আশীর্বাদপ্রাপ্ত
blessing *n* আশীর্বাদ
blind *v* অন্ধ করা
blind *adj* অন্ধ
blindfold *v* চোখ বেঁধে দেওয়া
blindly *adv* অন্ধভাবে
blindness *n* অন্ধত্ব
blink *v* চোখ পিটপিট করা
bliss *n* পরম সুখ
blissful *adj* স্বর্গসুখে
blister *n* ফোসকা
blizzard *n* তুষার ঝড়

bloat *v* স্ফীত করা
bloated *adj* স্ফীত
block *n* বড় টুকরো; ছাঁচ
block *v* অবরোধ করা
blockade *v* আটকান
blockade *n* অবরোধ
blockage *n* অবরুদ্ধ অবস্থা
blond *adj* ঈষত্ স্বর্ণাভ কেশযুক্ত
blood *n* রক্ত
bloodthirsty *adj* রক্তপিপাশু
bloody *adj* খুনে, রক্তাক্ত
bloom *v* কুঁড়ি ফোটা
blossom *v* ফুল ফোটা
blot *n* দাগ
blot *v* দাগ লাগানো
blouse *n* ব্লাউজ
blow *n* মার
blow *iv* বাতাস সৃষ্টি করা
blow out *iv* ফুঁ দিয়া নেভান
blow up *iv* স্ফীত করা; উড়িয়ে দেওয়া
blowout *n* হঠাত্ ফাটিয়া যাওয়া
bludgeon *v* মুগুর পেটা করা
blue *adj* নীল, আশমানি
blueprint *n* প্রতিচিত্র; পরিকল্পনা
bluff *v* ধাপ্পা দেওয়া
bluff *n* ধাপ্পা
blunder *n* সাঙ্ঘাতিক ভুল
blunt *adj* নিরেট; স্পষ্টবাদী
bluntness *n* ঈষত্ ভোঁতা
blur *v* কালি লেপন করা
blurred *adj* ঝাপসা; কলঙ্কিত
blush *v* লজ্জায় লাল হওয়া
blush *n* আরক্তিম ভাব
boar *n* বরাহ
board *n* কাষ্ঠফলক, সমিতি
board *v* আহার জোগান
boast *v* অহঙ্কার করা
boat *n* নৌকা
bodily *adj* দৈহিক
body *n* দেহ
bog *n* জলা মাটি
bog down *v* আটকে যাওয়া
boil *v* ফোটা
boil down to *v* অর্থ এই যে
boil over *v* কেটে যাওয়া
boiler *n* বয়লার
boisterous *adj* হইচইপূর্ণ
bold *adj* সাহসী
boldness *n* সাহসিকতা
bolster *v* কোলবালিশ
bolt *n* বলটু; খিল
bolt *v* খিল লাগান
bomb *n* বোমা
bomb *v* বোমা ছোঁড়া
bombing *n* বোমা ফেলা
bombshell *n* কামানের গোলা
bond *n* বন্ধন
bondage *n* দাসত্ববন্ধন
bone *n* হাড়
bone marrow *n* হাড়ের মজ্জা
bonfire *n* বহ্নুৎসব
bonus *n* বাড়তি টাকা
book *n* বই
bookcase *n* বই রাখার আলমারি

bookkeeper *n* হিসাব-রক্ষক
bookkeeping *n* হিসাব-রক্ষণ
booklet *n* পুস্তিকা
bookseller *n* পুস্তকবিক্রেতা
bookstore *n* পুস্তকের দোকান
boom *n* দ্রুত বিকাশ
boom *v* গমগমে স্বরে কথা বলা
boost *v* জোরদার করা
boost *n* বৃদ্ধিকরণ
boot *n* জুতো
booth *n* কুঁড়েঘর
booty *n* লুঠের মাল
booze *n* সুরা
border *n* সীমান্ত
border on *v* নিকটবর্তী হওয়া
borderline *adj* সীমারেখা
bore *v* ছিদ্র করা
bored *adj* বিরক্তিকর
boredom *n* বিরক্তি
boring *adj* বিরক্তিকর
born *adj* জন্ম
borough *n* জনপদ
borrow *v* ধার লওয়া
bosom *n* বক্ষ
boss *n* কর্তা
boss around *v* হুকুম চালান
bossy *adj* কর্তৃত্বপ্রিয়
botany *n* উদ্ভিদবিদ্যা
botch *v* তালি মারা
both *adj* উভয়
bother *v* বিরক্ত করা
bothersome *adj* বিরক্তিকর
bottle *n* বোতল
bottle *v* বোতলে পোরা
bottleneck *n* প্রতিবন্ধক
bottom *n* তলদেশ
bottomless *adj* তলহীন
bough *n* গাছের ডাল
boulder *n* পাথর
boulevard *n* উদ্যানপথ
bounce *v* সহসা লাফাইয়া উঠা
bounce *n* তিড়িং লাফ
bound *adj* সীমা, চৌহাদ্দি
bound *v* ঠিকরে আসা
bound for *adj* বাধ্য
boundary *n* সীমানা
boundless *adj* অবাধ
bounty *n* উদার দান
bourgeois *adj* মধ্যবিত্ত
bow *n* জাহাজের অগ্রভাগ; ধনুক
bow *v* আনত হওয়া
bow out *v* হেরে বিদায় নেওয়া
bowel *n* নাড়িভূড়ি বা অন্ত্র
bowl *n* বড় বাটি বা গামলা
bowl *v* বোলিং করা
box *n* বাক্স
box *v* মুষ্টিযুদ্ধ করা; ভর্তি করা
boxer *n* মুষ্টিযোদ্ধা
boxing *n* মুষ্টিযুদ্ধ
boy *n* বালক
boycott *v* বর্জন করা
boyfriend *n* পুরুষ-বন্ধু
boyhood *n* বাল্যকাল
bra *n* ব্রেসিয়ার

brace for *v* বন্ধনী দেওয়া
bracelet *n* ব্রেসলেট
bracket *n* বন্ধনী
brag *v* দম্ভ করা
braid *n* বিনুনি
brain *n* মস্তিষ্ক
brainwash *v* মগজধোলাই
brake *n* ব্রেক
brake *v* ব্রেক কসিয়া থামান
branch *n* শাখা
branch office *n* শাখা কার্যালয়
branch out *v* শাখাবিস্তার করা
brand *n* জ্বলন্ত কাষ্ঠখন্ড; ব্যবসায়িক ছাপ
brand *v* ছ্যাঁকা দেওয়া
brand-new *adj* আনকোরা নতুন
brandy *n* ব্রানডি
brat *adj* ছোকরা
brave *adj* সাহসী
bravely *adv* সাহসীভাবে
bravery *n* সাহস
brawl *n* উচ্চ শব্দে ঝগড়া
breach *n* ফাটল; লঙ্ঘন
bread *n* রুটি; জীবিকা
breadth *n* প্রস্থ
break *n* বিচ্ছেদ
break *iv* বিচ্ছিন্ন হওয়া
break away *v* দলত্যাগ করা
break down *v* ধ্বংস হওয়া
break free *v* মুক্তি পাওয়া
break in *v* তালা ভেঙ্গে প্রবেশ
break off *v* বিচ্ছিন্ন করা
break open *v* খুলে ফেলা
break out *v* হঠাত্ আবির্ভুত হওয়া
break up *v* ভঙ্গ হওয়া
breakable *adj* ভঙ্গুর
breakdown *n* ভাঙ্গা
breakfast *n* প্রাতঃরাশ
breakthrough *n* ব্যূহভেদ
breast *n* স্তন
breath *n* শ্বাস প্রশ্বাস
breathe *v* শ্বাস প্রশ্বাস লওয়া
breathing *n* শ্বাসক্রিয়া
breathtaking *adj* উত্তেজনাকর
breed *n* সন্তান, শাবক
breed *iv* বংশবৃদ্ধি করা
breeze *n* মৃদু মন্দ বায়ু
brethren *n* ভ্রাতৃবর্গ
brevity *n* স্বল্পতা
brew *v* পানীয় প্রস্তুত করা
brewery *n* ভাটিখানা
bribe *v* ঘুষ দেওয়া
bribe *n* ঘুষ
bribery *n* ঘুষদান
brick *n* ইট
bricklayer *n* রাজমিস্ত্রী
bridal *adj* বিবাহ-সম্বন্ধিয়
bride *n* বিয়ের কনে
bridegroom *n* বর
bridesmaid *n* নিত-কনে
bridge *n* সেতু
bridle *n* লাগাম
brief *adj* সংক্ষিপ্ত
brief *v* জ্ঞাপন করা
briefcase *n* ছোট বাক্স

briefing *n* নির্দেশ
briefly *adv* সংক্ষেপে
briefs *n* সংক্ষিপ্ত
brigade *n* সেনাদল
bright *adj* উজ্জ্বল; প্রফুল্ল
brighten *v* আলোকিত করা
brightness *n* উজ্জ্বলতা
brilliant *adj* মেধাবী
brim *n* নদী বা হ্রদের কিনারা
bring *iv* আনয়ন করা
bring back *v* ফিরিয়ে আনা
bring down *v* নত করান
bring up *v* লালন পালন করা
brink *n* কিনারা
brisk *adj* প্রাণবন্ত
Britain *n* ব্রিটেন
British *adj* ব্রিটেনের
brittle *adj* ভঙ্গুর
broad *adj* প্রশস্ত
broadcast *v* সম্প্রচার করা
broadcast *n* সম্প্রচার
broadcaster *n* বেতার প্রচারক
broaden *v* চওড়া করা
broadly *adv* উদারভাবে
broadminded *adj* উদারচেতা
brochure *n* ক্ষুদ্র পুস্তিকা
broil *v* ঝগড়া করা
broiler *n* এক ধরণের মুরগী
broke *adj* দেউলিয়া
broken *adj* ভঙ্গুর
bronchitis *n* শ্বাসনালির অসুখ
bronze *n* ব্রোঞ্জ
broom *n* ঝাঁটা
broth *n* ঝোল
brothel *n* বেশ্যালয়
brother *n* ভাই
brotherhood *n* ভাতৃত্ব
brother-in-law *n* শ্যালক
brotherly *adj* ভাতৃবত্
brow *n* ভ্রু
brown *adj* বাদামী
browse *v* বই নাড়াচাড়া করা
browser *n* ব্রাউজার
bruise *n* কালশিরা
bruise *v* কালশিরা ফেলে দেওয়া
brunch *n* একসাথে প্রাতরাশ ও মধ্যাহ্নভোজ
brunette *adj* কালোচুল থাকা মহিলা
brush *n* তুলি, বুরুশ
brush *v* বুরুশ করা
brush aside *v* গ্রাহ্য না করা
brush up *v* ঝালিয়ে নেওয়া
brusque *adj* রূঢ়
brutal *adj* পাশবিক
brutality *n* পাশবিকতা
brutalize *v* পাশব ব্যবহার করা
brute *adj* পশুসুলভ
bubble *n* বুদ্বুদ
bubble gum *n* চকোলেটবিশেষ
buck *n* মৃগ
buck *v* লাফ দেওয়া
bucket *n* বালতি
buckle *n* বগলস্
buckle up *v* বগলস্ আঁটা
bud *n* কুঁড়ি

buddy *n* বন্ধু
budge *v* নড়ান
budget *n* আয়ব্যয়ের হিসাব
buffalo *n* মহিষ
bug *n* ছারপোকা
bug *v* বিরক্ত করা
build *iv* নির্মাণ করা
builder *n* নির্মাতা
building *n* অট্টালিকা
buildup *n* গড়িয়া তোলা
built-in *adj* ভিতরে গ্রথিত
bulb *n* কন্দ; আলোর বালব
bulge *n* স্ফীত অংশ
bulk *n* ভারী বোঝা
bulky *adj* ভারী
bull *n* ষাঁড়
bull fight *n* ষাঁড়ের লড়াই
bull fighter *n* ষাঁড়ের লড়াইয়ের যোদ্ধা
bulldoze *v* ধ্বংস করা
bullet *n* বুলেট
bulletin *n* বিজ্ঞপ্তি
bully *adj* জুলুমবাজ
bulwark *n* গড়-প্রাচীর
bum *n* নিতম্ব; নিষ্কর্মা
bump *n* জোরে আঘাত
bump into *v* সম্মুখীন হওয়া
bumper *n* প্রচুর
bumpy *adj* এবড়ো-খেবড়ো
bun *n* সুমিষ্ট কেক বিশেষ
bunch *n* গুচ্ছ
bundle *n* আঁটি
bundle *v* আঁটি বাঁধা
bunk bed *n* ঘুমাইবার স্থান
bunker *n* মাটির নিচে সুরক্ষিত স্থান
buoy *n* বয়া
burden *n* ভার
burden *v* বোঝাই করা
burdensome *adj* গুরুভার
bureau *n* অফিস
bureaucracy *n* আমলাতন্ত্র
bureaucrat *n* আমলা
burger *n* রুটি দিয়ে তৈরী খাবার
burglar *n* সিঁধেল চোর
burglarize *v* চুরি করা
burglary *n* সিঁদ কাটিয়া চুরি
burial *n* সমাধি
burly *adj* স্হূলকায়
burn *iv* দগ্ধ করা
burn *n* ক্ষুদ্র নদী
burp *v* ঢেঁকুর তোলা
burp *n* ঢেঁকুর
burrow *n* গর্ত
burst *iv* ফেটে যাওয়া
burst into *v* ফেটে পড়া
bury *v* কবর দেওয়া
bus *n* বাস
bus *v* বাসে করে যাওয়া
bush *n* ঝোপ
busily *adv* ব্যস্ততা সহকারে
business *n* বেচাকেনা
businessman *n* ব্যবসায়ী
bust *n* বক্ষ
bustling *adj* ব্যস্তসমস্ত
busy *adj* ব্যস্ত

but c কিন্তু
butcher n কসাই
butchery n কসাইখানা
butler n প্রধান ভৃত্য
butt n লক্ষ্য; নিতম্ব
butter n মাখন
butterfly n প্রজাপতি
button n বোতাম
buttonhole n বোতামের ঘর
buy iv কেনা
buy off v ঘুষ দেওয়া
buyer n ক্রেতা
buzz n গুঞ্জন
buzz v গুঞ্জন করা
buzzard n শিকারী পক্ষী বিশেষ
buzzer n বৈদ্যুতিক সঙ্কেত যন্ত্র
by pre দ্বারা
bye e বিদায়
bypass n পার্শ্বপথ
bypass v এড়াইয়া যাওয়া
by-product n উপজাত
bystander n দর্শক

C

cab n ট্যাক্সি
cabbage n বাঁধাকপি
cabin n কুটীর
cabinet n ক্ষুদ্র কক্ষ; মন্ত্রিসভা
cable n দড়ি
cafeteria n ভোজনালয়
caffeine n উদ্দীপক উপক্ষার
cage n খাঁচা
cake n কেক
calamity n বিপর্যয়
calculate v গণনা করা
calculation n গণনা
calculator n গণনা যন্ত্র
calendar n ক্যালেন্ডার
calf n বাছুর; পায়ের মাংস
caliber n চোঙের ব্যাস
calibrate v মাত্রা স্থির করা
call n ডাক
call v ডাক দেওয়া
call off v বাতিল করা
call on v আবেদন করা
call out v চিৎকার করা
calling n পেশা
callous adj অনুভূতিহীন
calm adj শান্ত
calm n প্রশান্তি
calm down v শান্ত হওয়া
calorie n ক্যালরি
calumny n কলঙ্ক
camel n উট
camera n ক্যামেরা
camouflage v ছদ্মবেশ করা
camouflage n ছদ্মবেশ
camp n শিবির
camp v শিবিরে বাস করা

C

campaign *v* যুদ্ধে অংশগ্রহণ করা
campaign *n* যুদ্ধ; প্রচার অভিযান
campfire *n* শিবিরের আগুন
can *iv* সমর্থ হওয়া
can *v* পারা
can *n* হাতলবিশিষ্ট ধাতুপাত্র
can opener *n* কৌটো খোলার যন্ত্র
canal *n* খাল
canary *n* গায়কপক্ষী
cancel *v* বাতিল করা
cancellation *n* বাতিল
cancer *n* কর্কটরোগ
cancerous *adj* কর্কটরোগ সংক্রান্ত
candid *adj* স্পষ্টবাদী
candidacy *n* প্রার্থীপদ
candidate *n* প্রার্থী
candle *n* মোমবাতি
candlestick *n* মোমবাতিদান
candor *n* সারল্য
candy *n* মিছরি
cane *n* বেত
canister *n* ক্যানেস্তারা
canned *adj* টিনে সংরক্ষিত
cannibal *n* নরখাদক
cannon *n* কামান
canoe *n* ছোট নৌকা বিশেষ
canonize *v* সন্ত ঘোষণা করা
cantaloupe *n* ফুটি
canteen *n* খাদ্য-পানীয়ের দোকান
canvas *n* মোটা কাপড়
canvas *v* বিক্রয়ার্থে প্রচার করা
canyon *n* অনুশাসন
cap *n* টুপি; বোতলের ছিপি
cap *v* ঢাকা দেওয়া
capability *n* যোগ্যতা
capable *adj* দক্ষ
capacity *n* ক্ষমতা
cape *n* অন্তরীপ
capital *n* রাজধানী; মূলধন
capital letter *n* বড় হাতের অক্ষর
capitalism *n* পুঁজিবাদ
capitalize *v* কাজে লাগান
capitulate *v* সমর্পণ
capsize *v* উল্টাইয়া যাওয়া
capsule *n* ক্যাপসুল
captain *n* সেনাপতি
captivate *v* আকৃষ্ট করা
captive *n* বন্দী
captivity *n* বন্দিত্ব
capture *v* বন্দী করা
capture *n* বন্দী
car *n* গাড়ী
carat *n* ক্যারাট
caravan *n* ক্যারাভ্যান
carburetor *n* মোটর গাড়ির অংশ
carcass *n* মৃতদেহ
card *n* মুদ্রিত আমন্ত্রণপত্র
cardboard *n* কার্ডবোর্ড
cardiac *adj* হৃদপিণ্ড সম্বন্ধীয়
cardiac arrest *n* হৃদরোগ আক্রমণ
cardiology *n* হৃদ্ বিজ্ঞান
care *n* যত্ন
care *v* যত্ন করা
care about *v* যত্নশীল হওয়া

care for *v* পছন্দ করা
career *n* বৃত্তি
carefree *adj* নিশ্চিন্ত
careful *adj* যত্নশীল
careless *adj* অসাবধান
carelessness *n* অসাবধানতা
caress *n* আদর
caress *v* আদর করা
caretaker *n* তত্ত্বাবধায়ক
cargo *n* ভারী মাল
caricature *n* অনুকরণ
caring *adj* গুরুভার
carnage *n* ব্যাপক নরহত্যা
carnal *adj* যৌন
carnation *n* ফুলবিশেষ
carol *n* ভজন
carpenter *n* ছুতোর
carpentry *n* ছুতোরগিরি
carpet *n* গালিচা
carriage *n* বহন
carrot *n* গাজর
carry *v* বহন করা
carry on *v* চালু রাখা
carry out *v* সম্পাদন করা
cart *n* গোরুর গাড়ি
cartoon *n* নকশা
cartridge *n* কার্তুজ
carve *v* খোদাই করা
cascade *n* জলপ্রপাত
case *n* মামলা; ঘটনা; বাক্স
cash *n* নগদ
cashier *n* কোষাধ্যক্ষ

casino *n* সর্বজনীন নৃত্যশালা
casket *n* কৌটা
casserole *n* পাত্র
cassock *n* আলখাল্লা
cast *iv* নিক্ষেপ করা
castaway *n* একঘরে
caste *n* জাত
castle *n* দুর্গ
casual *adj* দৈবাত
casualty *n* দুর্ঘটনা
cat *n* বিড়াল
cataclysm *n* প্লাবন
catacomb *n* কবরখানা
catalog *n* তালিকা
catalog *v* তালিকাভুক্ত করা
cataract *n* চোখের ছানি; জলপ্রপাত
catastrophe *n* বিপর্যয়
catch *iv* ধরা
catch up *v* ধরে ফেলা
catching *adj* সংক্রামক
catchword *n* স্লোগাম
catechism *n* প্রশ্নোত্তরে শিক্ষাদান
category *n* শ্রেণী
cater to *v* সরবরাহ করা
caterpillar *n* শুঁয়োপোকা
cathedral *n* বিশপের অধীন গির্জা
catholic *adj* ক্যাথলিক
Catholicism *n* ধর্মীয় শিক্ষা
cattle *n* গবাদি পশু
cauliflower *n* ফুলকপি
cause *n* কারণ
cause *v* উৎপাদন করা

C

caution *n* সতর্কতা
cautious *adj* সতর্ক
cavalry *n* সৈন্যবাহিনী
cave *n* গুহা
cave in *v* গর্তের মধ্যে পড়া
cavern *n* গুহা, খাদ
cavity *n* গর্ত
cease *v* শেষ করা
cease-fire *n* যুদ্ধবিরতি
ceaselessly *adv* অবিরাম
ceiling *n* ছাদ
celebrate *v* উদযাপন করা
celebration *n* উদযাপন
celebrity *n* খ্যাতি
celery *n* শাকবিশেষ
celestial *adj* স্বর্গীয়
celibacy *n* কুমার
celibate *adj* কুমারব্রতী
cell phone *n* সেল ফোন
cellar *n* ভূগর্ভস্থ ঘর
cellphone *n* সেলফোন
cement *n* সিমেন্ট
cemetery *n* কবরখানা
censorship *n* প্রকাশযোগ্যতার বিচার
censure *v* সমালোচনা করা
census *n* আদমসুমারি
cent *n* শত
centenary *n* শতবার্ষিকী
center *n* কেন্দ্র
center *v* কেন্দ্রীভূত করা
centimeter *n* সেন্টিমিটার
central *adj* কেন্দ্রীয়
centralize *v* কেন্দ্রীভূত করা
century *n* শতাব্দী
ceramic *n* চীনামাটি
cereal *n* খাদ্যশস্য
cerebral *adj* মস্তিষ্কসংক্রান্ত
ceremony *n* অনুষ্ঠান
certain *adj* নিশ্চিত
certainty *n* নিশ্চয়তা
certificate *n* শংসাপত্র
certify *v* প্রত্যায়িত করা
chagrin *n* বিরক্তি
chain *n* শৃঙ্খল
chain *v* শৃঙ্খলিত করা
chainsaw *n* করাত
chair *n* কেদারা
chair *v* আসনগ্রহণ
chairman *n* সভাপতি
chalet *n* কুটীর
chalice *n* পানপাত্র
chalk *n* খড়ি
chalkboard *n* খড়ি দিয়ে লেখার বোর্ড
challenge *v* যুদ্ধে আহ্বান করা
challenge *n* যুদ্ধে আহ্বান
challenging *adj* প্রতিদ্বন্দ্বিতামূলক
chamber *n* কক্ষ
champ *n* বিজয়ী
champion *n* প্রতিযোগিতায় বিজয়ী
champion *v* পক্ষে লড়াই করা
chance *n* সুযোগ
chancellor *n* চ্যান্সেলর
chandelier *n* বাতির ঝাড়
change *v* পরিবর্তন করা

C

change *n* পরিবর্তন
channel *n* খাল; টেলিভিশনের ব্যাণ্ড
channel *v* পথ কেটে দেওয়া
chant *n* বন্দনা
chaos *n* বিশৃঙ্খলা
chaotic *adj* বিশৃঙ্খল
chapel *n* ভজনালয়
chaplain *n* পুরোহিত
chapter *n* অধ্যায়
char *v* পোড়াইয়া কালো করা
character *n* চরিত্র; অক্ষর
characteristic *adj* বৈশিষ্ট্য
charade *n* শব্দসংক্রান্ত ধাঁধাবিশেষ
charbroil *adj* গ্রিল
charcoal *n* কাঠকয়লা
charge *v* পূর্ণ করা
charge *n* অভিযোগ
charisma *n* ঈশ্বরপ্রদত্ত ক্ষমতা
charismatic *adj* প্রেরণাদায়ী
charitable *adj* দাতব্য
charity *n* ভিক্ষাদান
charm *v* আকর্ষণ করা
charm *n* আকর্ষণ
charming *adj* সুন্দর
chart *n* নকশা
charter *n* ফারমান
charter *v* ব্যবস্থা করা
chase *n* ধাওয়া
chase *v* ধাওয়া করা
chase away *v* তাড়াইয়া দেওয়া
chasm *n* খাদ
chaste *adj* সতী
chastise *v* শাসন করা
chastisement *n* শাসন
chastity *n* সতীত্ব
chat *v* আড্ডা দেওয়া
chauffeur *n* মোটরগাড়ির চালক
cheap *adj* সস্তা
cheat *v* প্রতারণা করা
cheater *n* প্রতারক
check *n* যাচাই
check *v* যাচাই করা
check in *v* ঘরে প্রবেশ
check up *n* পরীক্ষা করা
checkbook *n* চেক বই
cheek *n* গাল
cheekbone *n* গালের হাড়
cheeky *adj* ধৃষ্ট
cheer *v* আনন্দিত করা
cheer up *v* প্রফুল্ল করা
cheerful *adj* হাসিখুশি
cheers *n* উল্লাস
cheese *n* পনির
chef *n* প্রধান পাচক
chemical *adj* রাসায়নিক
chemist *n* রসায়নবিদ্
chemistry *n* রসায়নবিদ্যা
cherish *v* লালন করা
cherry *n* চেরি ফল
chess *n* দাবা
chest *n* বক্ষ; সিন্দুক
chestnut *n* বাদামবিশেষ
chew *v* চিবোনো
chick *n* পাখির ছানা; এক ধরণের মটর

C

chicken *n* মুরগি
chicken out *v* পিছিয়ে যাওয়া
chicken pox *n* জল বসন্ত
chide *v* নালিশ করা
chief *n* প্রধান ব্যক্তি
chiefly *adv* প্রধানতঃ
child *n* শিশু
childhood *n* বাল্যকাল
childish *adj* ছেলেমানুষী
childless *adj* নিঃসন্তান
children *n* শিশুরা
chill *n* ভীষণ ঠান্ডা
chill *v* ঠান্ডা করা
chill out *v* ঠান্ডা হওয়া
chilly *adj* ঠান্ডা
chimney *n* চিমনি
chimpanzee *n* শিম্পাঞ্জী
chin *n* চিবুক
chip *n* ফালি; মুদ্রা
chisel *n* বাটালি
chocolate *n* চকোলেট
choice *n* পছন্দ
choir *n* ঐকতান সঙ্গীত
choke *v* শ্বাসরোধ করা
cholera *n* কলেরা
cholesterol *n* কোলেস্টেরল
choose *iv* বাছাই করা
choosy *adj* খুঁতখুঁতে
chop *v* কুচানো
chop *n* চপ
chopper *n* চপার
chore *n* টুকিটাকি কাজ
chorus *n* ঐকতান
christen *v* নামকরণ করা
christening *n* নামকরণ
Christian *adj* খ্রীষ্টধর্ম-সংক্রান্ত
Christianity *n* খ্রীষ্টধর্ম
Christmas *n* বড়দিন
chronic *adj* দীর্ঘস্থায়ী
chronicle *n* ধারাবিবরণী
chronology *n* কালক্রম
chubby *adj* গোলগাল
chuckle *v* মুচকি হাসা
chunk *n* টুকরা
church *n* গির্জা
chute *n* জলপ্রপাত
cider *n* আপেলের রস
cigar *n* চুরুট
cigarette *n* সিগারেট
cinder *n* অঙ্গার
cinema *n* চলচ্চিত্র
cinnamon *n* দারুচিনি
circle *n* বৃত্ত
circle *v* প্রদক্ষিণ করা
circuit *n* পরিসীমা; প্রদক্ষিণ
circular *adj* গোল; ইশতিহার
circulate *v* প্রবাহিত করা
circulation *n* প্রদক্ষিণ; প্রচার
circumcise *v* লিঙ্গাগ্রের ত্বকচ্ছেদন করা
circumcision *n* লিঙ্গাগ্রের ত্বকচ্ছেদন
circumstance *n* পরিবেশ
circumstantial *adj* অবস্থাগত
circus *n* সার্কাস
cistern *n* জলাধার

citizen *n* নাগরিক
citizenship *n* নাগরিকত্ব
city *n* শহর
city hall *n* নগরমধ্যস্থিত প্রেক্ষাগৃহ
civic *adj* পৌর
civil *adj* ভদ্র
civilization *n* সভ্যতা
civilize *v* সভ্য করা
claim *v* দাবি করা
claim *n* দাবি; অধিকার
clam *n* ঝিনুক
clamor *v* গোলমাল করা
clamp *n* বন্ধনী
clan *n* বংশ
clandestine *adj* গুপ্ত
clap *v* তালি দেওয়া
clarification *n* স্পষ্টীকরণ
clarify *v* স্পষ্টীকরণ করা
clarinet *n* বাঁশিবিশেষ
clarity *n* স্পষ্টতা
clash *v* সংঘর্ষ করা
clash *n* সংঘর্ষ
class *n* শ্রেণী; জাতি
classic *adj* শ্রেষ্ঠ
classify *v* শ্রেণীবিভাগ করা
classmate *n* সহপাঠী
classroom *n* শ্রেণীকক্ষ
classy *adj* সেরা
clause *n* বাক্যাংশ
claw *n* পশুপক্ষীর নখর
claw *v* আঁকড়াইয়া ধরা
clay *n* কাদামাটি

clean *adj* পরিষ্কার
clean *v* পরিষ্কার করা
cleaner *n* যে পরিষ্কার করে
cleanliness *n* পরিচ্ছন্নতা
cleanse *v* বিশুদ্ধ করা
cleanser *n* যে বিশুদ্ধ করে
clear *adj* স্বচ্ছ; স্পষ্ট
clear *v* স্পষ্ট করা
clearance *n* পরিষ্করণ; খালি করা
clear-cut *adj* স্পষ্ট
clearly *adv* পরিষ্কার ভাবে
clearness *n* পরিষ্কার
cleft *n* ফাটল
clemency *n* দয়া
clench *v* মুঠি করা
clergy *n* যাজক
clergyman *n* যাজক
clerical *adj* কেরানি সংক্রান্ত
clerk *n* কেরানি
clever *adj* চালাক
click *v* ক্লিক করা
client *n* মক্কেল
clientele *n* মক্কেলগণ
cliff *n* উচ্চ পাহাড়
climate *n* আবহাওয়া
climatic *adj* আবহাওয়া সম্বন্ধিত
climax *n* চরম পরিণতি
climb *v* আরোহণ করা
climbing *n* লতানে
clinch *v* মিটিয়ে ফেলা
cling *iv* আঁটিয়া ধরা
clinic *n* আরোগ্যশালা

C

clip *v* আলিঙ্গন করা
clip *n* আঁকড়া
clipping *n* কর্তন
cloak *n* আলখাল্লা
clock *n* ঘড়ি
clog *v* বাধা দেওয়া
cloister *n* আশ্রম
clone *v* প্রতিরূপ করা
cloning *n* প্রতিরূপ
close *v* বন্ধ করা
close *adj* আবদ্ধ
close to *pre* নিকটে
closed *adj* নিকটতম
closely *adv* আঁটভাবে
closet *n* কুঠুরি
closure *n* বন্ধ অবস্থা
clot *n* পিণ্ড
cloth *n* কাপড়
clothe *v* জামাকাপড় পরানো
clothes *n* পোশাক-পরিচ্ছদ
clothing *n* পোশাক
cloud *n* মেঘ
cloudless *adj* মেঘশূন্য
cloudy *adj* মেঘাচ্ছন্ন
clown *n* গেঁয়ো লোক
club *n* গদা; সমিতি
clue *n* সূত্র
clumsiness *n* অপটুতা
clumsy *adj* অপটু
cluster *n* ঝাঁক
cluster *v* ঝাঁক বাঁধা
clutch *n* আটকে ধরে রাখা

coach *v* শিক্ষা দেওয়া
coach *n* গাড়ির কামরা
coaching *n* শিক্ষাদান
coagulate *v* জমাট বাঁধা
coagulation *n* তঞ্চন
coal *n* কয়লা
coalition *n* জোট
coarse *adj* কর্কশ; চলতি
coast *n* উপকূল
coast *v* সহজে সফল হওয়া
coastal *adj* উপকূলবর্তী
coastline *n* উপকূলরেখা
coat *n* কোট; প্রলেপ
coax *v* ভোলানো
cob *n* রাজহংস; চাঁই
cobblestone *n* গোল পাথর
cobweb *n* মাকড়সার জাল
cocaine *n* কোকেন
cock *n* মোরগ
cockpit *n* বিমানের সামনের অংশ
cockroach *n* আরশোলা
cocktail *n* মিশ্রিত মদ
cocky *adj* ধৃষ্ট
cocoa *n* কোকো
coconut *n* নারিকেল
cod *n* কড মাছ
code *n* নিয়মাবলী
codify *v* সাংকেতিক করা
coefficient *n* গুণাঙ্ক
coerce *v* বলপ্রয়োগ করা
coercion *n* বলপ্রয়োগ
coexist *v* একসাথে বর্তমান থাকা

C

coffee *n* কফি
coffin *n* শবাধার
cohabit *v* সহবাস করা
coherent *adj* সঙ্গতিপূর্ণ
cohesion *n* সুসঙ্গতি
coin *n* মুদ্রা
coincide *v* মানান
coincidence *n* সমকালীনতা
coincidental *adj* সমকালীন
cold *adj* ঠান্ডা
coldness *n* ঠান্ডা ভাব
colic *n* পেটে ব্যাথা
collaborate *v* একসঙ্গে কাজ করা
collaboration *n* একসঙ্গে কাজ
collaborator *n* সহযোগী
collapse *v* ধ্বসে যাওয়া
collapse *n* ধ্বসে যাওয়া
collar *n* জামার কলার
collarbone *n* অক্ষকাস্থি
collateral *adj* পাশাপাশি
colleague *n* সহকর্মী
collect *v* সংগ্রহ করা
collection *n* সংগ্রহ
collector *n* সংগ্রাহক
college *n* কলেজ
collide *v* ধাক্কা খাওয়া
collision *n* ধাক্কা
cologne *n* প্রসাধনদ্রব্যবিশেষ
colon *n* বৃহদান্ত্র
colonel *n* সেনাপতি
colonial *adj* ঔপনিবেশিক
colonization *n* উপনিবেশ স্থাপন
colonize *v* উপনিবেশ স্থাপন করা
colony *n* উপনিবেশ
color *n* রঙ
color *v* রঙ করা
colorful *adj* রঙিন
colossal *adj* বিশাল
colt *n* অশ্বশাবক
column *n* স্তম্ভ
coma *n* দীর্ঘস্থায়ী অচেতনতা
comb *n* চিরুনী
combat *n* যুদ্ধ
combat *v* যুদ্ধ করা
combatant *n* যোদ্ধা
combination *n* সংযোগ
combine *v* একত্র করা
combustible *n* দাহ্য পদার্থ
combustion *n* দহন
come *iv* আসা
come about *v* ঘটা
come across *v* সহসা দেখিতে পাওয়া
come apart *v* টুকরো টুকরো হওয়া
come back *v* প্রত্যাবর্তন করা
come down *v* অবতরণ করা
come forward *v* সম্মুখে উপস্থিত হওয়া
come from *v* থেকে আসা
come in *v* প্রবেশ করা
come out *v* প্রকাশিত হওয়া
come over *v* স্থানান্তরে আসা
come up *v* হাজির হওয়া
comeback *n* প্রত্যাবর্তন করা
comedian *n* কৌতুকাভিনেতা
comedy *n* প্রহসন

comet *n* ধূমকেতু
comfort *n* আরাম
comfortable *adj* আরামদায়ক
comforter *n* সান্ত্বনাকারী
comical *adj* মজার
coming *n* আগমন
coming *adj* আগামী
comma *n* প্রথম ছেদ
command *v* আদেশ করা
commander *n* অধিনায়ক
commandment *n* আদেশ
commemorate *v* স্মৃতিরক্ষা করা
commence *v* আরম্ভ করা
commend *v* সমর্পণ করা
commendation *n* প্রশংসা
comment *v* মন্তব্য করা
comment *n* মন্তব্য
commerce *n* বাণিজ্য
commercial *adj* বাণিজ্যিক
commission *n* দস্তুরি; কাজে নিয়োজিত ব্যক্তিবর্গ
commit *v* অঙ্গীকার করা; কুকাজ করা
commitment *n* অঙ্গীকার
committed *adj* অঙ্গীকারবদ্ধ
committee *n* সমিতি
common *adj* সাধারণ
commotion *n* আলোড়ন
communicate *v* জ্ঞাপন করা
communication *n* যোগাযোগ
communion *n* ভাব বিনিময়
communism *n* সাম্যবাদ
communist *adj* সাম্যবাদী
community *n* সম্প্রদায়
commute *v* বিনিময় করা
compact *adj* নিবিড়
compact *v* সংক্ষিপ্ত করা
companion *n* সঙ্গী
companionship *n* সাহচর্য্য
company *n* সঙ্গ; সংস্থা
comparable *adj* তুলনীয়
comparative *adj* আপেক্ষিক
compare *v* তুলনা করা
comparison *n* তুলনা
compartment *n* অংশ; রেলের কামরা
compass *n* পরিধি; দিক নির্ণয় যন্ত্র
compassion *n* সহানুভূতি
compassionate *adj* সহানুভূতিশীল
compatibility *n* সামঞ্জস্য
compatible *adj* সামঞ্জস্যপূর্ণ
compatriot *n* স্বদেশবাসী
compel *v* বাধ্য করা
compelling *adj* জোর জবরদস্তি
compendium *n* সংক্ষিপ্তসার
compensate *v* ক্ষতিপূরণ দেওয়া
compensation *n* ক্ষতিপূরণ
compete *v* প্রতিযোগিতা করা
competence *n* কর্মদক্ষতা
competent *adj* উপযুক্ত
competition *n* প্রতিযোগিতা
competitive *adj* প্রতিযোগিতামূলক
competitor *n* প্রতিযোগী
compile *v* সংকলন করা
complain *v* অভিযোগ করা
complaint *n* অভিযোগ

complement *n* সম্পূরক
complete *adj* সম্পূর্ণ
complete *v* সম্পূর্ণ করা
completely *adv* সম্পূর্ণভাবে
completion *n* সমাপ্তি
complex *adj* জটিল
complexion *n* বর্ণ
complexity *n* জটিলতা
compliance *n* সম্মতি
compliant *adj* মেনে চলা ব্যক্তি
complicate *v* জটিল করা
complication *n* জটিল অবস্থা
complicity *n* কুকর্মের সহকারিতা
compliment *n* প্রশংসা
complimentary *adj* সম্মানসূচক
comply *v* সম্মত হওয়া
component *n* উপাদান
compose *v* রচনা করা
composed *adj* সমাহিত
composer *n* সুরকার
composition *n* রচনা
compost *n* সার
composure *n* আতস্থতা
compound *v* মিশ্রিত করা
compound *n* মিশ্রণ; প্রাঙ্গন
comprehend *v* অন্তর্ভুক্ত করা
comprehensive *adj* সর্বব্যাপী
compress *v* সংক্ষিপ্ত করা
compression *n* সঙ্কোচন
comprise *v* অন্তর্ভুক্ত করা
compromise *n* রফা
compromise *v* রফা করা
compulsion *n* বলপ্রয়োগ
compulsive *adj* বার বার করেন যিনি
compulsory *adj* বাধ্যতামূলক
compute *v* হিসাব করা
computer *n* হিসাবকারী যন্ত্র
comrade *n* সাথী
con man *n* জোচ্চোর
conceal *v* গোপন করা
concede *v* স্বীকার করা
conceited *adj* দাম্ভিক
conceive *v* কল্পনা করা; গর্ভধারণ করা
concentrate *v* কেন্দ্রীভূত করা
concentration *n* সমাবেশ
concentric *adj* সমকেন্দ্র
concept *n* ধারণা
conception *n* গর্ভধারণ; মত
concern *v* জড়িত থাকা
concern *n* উদ্বেগ
concerning *pre* সম্বন্ধে
concert *n* যন্ত্রসঙ্গীতের ঐকতান
concession *n* ছাড়
conciliate *v* মীমাংসা করা
conciliatory *adj* মীমাংসাজনক
concise *adj* সংক্ষিপ্ত
conclude *v* সমাপ্ত করা
conclusion *n* সমাপ্ত
conclusive *adj* চূড়ান্ত
concoct *v* প্রস্তুত করা; মিথ্যা উদ্ভাবন করা
concoction *n* অভিসন্ধি
concrete *n* জমাট
concrete *adj* জমাটবদ্ধ; বাস্তব
concur *v* সমাপতিত করা

concurrent *adj* একসাথে
concussion *n* ধাক্কা
condemn *v* তিরস্কার করা
condemnation *n* তিরস্কার
condensation *n* ঘনীভবন
condense *v* ঘন করা
condescend *v* সৌজন্য প্রদর্শন করা
condiment *n* আচার
condition *n* শর্ত; অবস্থা
conditional *adj* শর্তসাপেক্ষ
conditioner *n* নিয়ন্ত্রক যন্ত্র
condo *n* ফ্ল্যাট
condolences *n* শোকজ্ঞাপন
condone *v* ক্ষমা করা
conducive *adj* সাহায্যকারী
conduct *n* আচরণ; বহন
conduct *v* বহন করা
conductor *n* পরিবাহী; পরিচালক
cone *n* শঙ্কু
confer *v* অর্পণ করা
conference *n* অধিবেশন
confess *v* স্বীকার করা
confession *n* স্বীকারোক্তি
confessional *n* স্বীকার করার কক্ষ
confessor *n* স্বীকার করেন যিনি
confidant *n* অন্তরঙ্গ বন্ধু
confide *v* বিশ্বাস করা
confidence *n* আত্মবিশ্বাস
confident *adj* দ্বিধাহীন
confidential *adj* গুপ্ত
confine *v* সীমাবদ্ধ করা
confinement *n* অবরোধ
confirm *v* নিশ্চিত করা
confirmation *n* নিশ্চিত প্রমাণ
confiscate *v* বাজেয়াপ্ত করা
confiscation *n* বাজেয়াপ্ত করণ
conflict *n* বিবাদ
conflict *v* বিরোধ করা
conflicting *adj* বিরুদ্ধ
conform *v* সম্মত হওয়া
conformist *adj* প্রথানুসারী
conformity *n* প্রথা অনুসারে আচরণ
confound *v* বিস্মিত করা
confront *v* সম্মুখীন হওয়া
confrontation *n* সম্মুখীন
confuse *v* বিভ্রান্ত করা
confusing *adj* বিভ্রান্তিকর
confusion *n* বিভ্রান্তি
congenial *adj* স্নিগ্ধ
congested *adj* জনবহুল
congestion *n* জমে যাওয়া
congratulate *v* অভিনন্দন করা
congratulations *n* অভিনন্দন
congregate *v* সমবেত করা
congregation *n* ধর্ম্মসভা
congress *n* সভা
conjecture *n* অনুমান
conjugal *adj* দাম্পত্য
conjugate *v* সংযুক্ত করা
conjunction *n* সংযোগ; সংযোজক অব্যয়
conjunction *n* সংযোজক অব্যয়
conjure up *v* ভেলকি দেখান
connect *v* যোগাযোগ করা
connection *n* যোগ

connive v চক্রান্ত করা
connote v অর্থ প্রকাশ করা
conquer v পরাজিত করা
conqueror n জয়ী
conquest n জয়
conscience n বিবেক
conscious adj সচেতন
consciousness n চেতনা
conscript n বাধ্যতামূলক অন্তর্ভুক্তি
consecrate v উৎসর্গ করা
consecration n উৎসর্গ
consecutive adj ধারাবাহিক
consensus n সকলের মতের ঐক্য
consent v একমত হওয়া
consent n সম্মতি
consequence n ফল
consequent adj পরিণামে
conservation n রক্ষা
conservative adj রক্ষণশীল
conserve v রক্ষা করা
conserve n মোরব্বা
consider v বিবেচনা করা
considerable adj যথেষ্ট
considerate adj সহানুভূতিশীল
consideration n বিবেচনা
consignment n চালান দেওয়া মাল
consist v গঠিত হওয়া
consistency n সামঞ্জস্য; ঘনত্ব
consistent adj সামঞ্জস্যপূর্ণ
consolation n সান্ত্বনা
console v সান্ত্বনা দেওয়া
consolidate v পোক্ত করা

consonant n ব্যঞ্জনবর্ণ
conspicuous adj স্পষ্ট প্রতীয়মান
conspiracy n ষড়যন্ত্র
conspirator n ষড়যন্ত্রকারী
conspire v ষড়যন্ত্র করা
constancy n স্থিরতা
constant adj অপরিবর্তনীয়
constellation n নক্ষত্রপুঞ্জ
consternation n আতঙ্ক
constipate v কোষ্ঠবদ্ধ করা
constipated adj কোষ্ঠবদ্ধ
constipation n কোষ্ঠকাঠিন্য
constitute v গঠন করা
constitution n গঠন
constrain v বাধ্য করান
constraint n বাধ্যবাধকতা
construct v নির্মাণ করা
construction n নির্মাণ
constructive adj নির্মাণমূলক
consul n বাণিজ্যদূত
consulate n বাণিজ্যদূতের দফতর
consult v পরামর্শ নেওয়া
consultation n পরামর্শ
consume v গিলিয়া ফেলা
consumer n উপভোক্তা
consumption n ব্যবহার
contact v সংস্পর্শে আসা
contact n সংস্পর্শ
contagious adj সংক্রামক
contain v ধারণ করা
container n আধার
contaminate v কলুষিত করা

C

contamination *n* কলুষিতকরণ
contemplate *v* পর্যবেক্ষণ করা
contemporary *adj* সমসাময়িক
contempt *n* অবমাননা
contend *v* প্রচেষ্টা করা
contender *n* প্রতিদ্বন্দ্বী
content *adj* পরিতৃপ্ত
content *v* পরিতৃপ্ত করা
contentious *adj* ঝগড়াটে
contents *n* অভ্যন্তরস্থ বস্তু
contest *n* প্রতিযোগিতা
contestant *n* প্রতিযোগী
context *n* প্রসঙ্গ
continent *n* মহাদেশ
continental *adj* মহাদেশ-সম্বন্ধীয়
contingency *n* আকস্মিক ঘটনা
contingent *adj* শর্তসাপেক্ষ
continuation *n* ধারাবাহিকতা
continue *v* চালিয়ে যাওয়া
continuity *n* নিরবচ্ছিন্নতা
continuous *adj* অবিচ্ছিন্ন
contour *n* সীমাসূচক রেখা
contraband *n* নিষিদ্ধ-পণ্য
contract *v* সংকুচিত করা; চুক্তি করা
contract *n* ঠিকা; চুক্তি
contraction *n* সংকোচন
contradict *v* প্রতিবাদ করা
contradiction *n* অসংগতি
contrary *adj* বিপরীত
contrast *v* বিপরীত হওয়া
contrast *n* বৈসাদৃশ্য
contribute *v* চাঁদা দেওয়া
contribution *n* চাঁদা
contributor *n* অংশদাতা
contrition *n* অনুতাপ
control *n* শাসন
control *v* শাসন করা
controversial *adj* বিতর্কিত
controversy *n* বিতর্ক
convalescent *adj* সেরে ওঠা ব্যক্তি
convene *v* আবাহন করা
convenience *n* সুযোগ-সুবিধা
convenient *adj* সুবিধাজনক
convent *n* মঠ
convention *n* সম্মেলন
conventional *adj* প্রচলিত
converge *v* মিলিত হওয়া
conversation *n* আলাপ
converse *v* আলাপ করা
conversely *adv* বিপরীত ক্রমে
conversion *n* পরিবর্তন
convert *v* পরিবর্তিত করা
convert *n* ধর্মান্তরিত ব্যক্তি
convey *v* জানানো
convict *v* দণ্ডিত ব্যক্তি
conviction *n* দন্ডাজ্ঞা
convince *v* বোঝানো
convincing *adj* প্রত্যয় জাগানো
convoluted *adj* কুণ্ডলিত
convoy *n* দলবদ্ধ গাড়ি
convulse *v* আন্দোলিত করা
convulsion *n* খিঁচুনি
cook *v* রান্না করা
cook *n* রাঁধুনি

C

cookie *n* মিষ্টি রুটি
cooking *n* রান্না
cool *adj* ঠান্ডা; শান্ত
cool *v* শীতল করা
cool down *v* শান্ত হওয়া
cooling *adj* ঠান্ডা
coolness *n* শীতলতা
cooperate *v* সহযোগিতা করা
cooperation *n* সহযোগিতা
cooperative *adj* সহযোগিতাপূর্ণ
coordinate *v* সমন্বিত করা
coordination *n* সমন্বয়
coordinator *n* সমণ্বয়কারী
cop *n* পুলিস
cope *v* মোকাবিলা করা
copier *n* অনুলিপির যন্ত্র
copper *n* তামা
copy *v* নকল করা
copy *n* অনুকরণ
copyright *n* গ্রন্থস্বত্ব
cord *n* দড়ি; বন্ধন
cordial *adj* আন্তরিক
cordless *adj* তারবিহীন
cordon *n* বেষ্টনী
cordon off *v* পরিবেষ্টন করা
core *n* মর্মস্থল; শাঁস
cork *n* ছিপি
corn *n* পায়ের কড়া
corner *n* কোণ
corner *v* কোণঠাসা করা
cornerstone *n* ভিত্তিপ্রস্তর
cornet *n* বাঁশি বিশেষ
corollary *n* অনুসিদ্ধান্ত
coronary *adj* হৃদপিণ্ড সংক্রান্ত
coronation *n* অভিষেক
corporal *adj* শারীরিক
corporal *n* সেনা অফিসার
corporation *n* পৌরসভা
corpse *n* মৃতদেহ
corpulent *adj* স্থূলকায়
corpuscle *n* রক্তকণিকা
correct *v* সংশোধন করা
correct *adj* সত্য
correction *n* সংশোধন
correlate *v* আন্তঃসম্পর্ক করা
correspond *v* মানানসই হওয়া
correspondent *n* পত্রলেখক
corresponding *adj* অনুরূপ
corridor *n* দালান
corroborate *v* সমর্থন করা
corrode *v* ক্ষয় করা
corrupt *v* দুর্নীতি করা
corrupt *adj* দুর্নীতিগ্রস্ত
corruption *n* দুর্নীতি
cosmetic *n* প্রসাধনী দ্রব্য
cosmic *adj* জাগতিক
cosmonaut *n* মহাকাশচারী
cost *iv* খরচ পড়া
cost *n* মূল্য
costly *adj* দামী
costume *n* পোশাক
cottage *n* কুটির
cotton *n* তুলো
couch *n* বিশ্রামের স্থান

C

cough *n* কাশি
cough *v* কাশা
council *n* সভা
counsel *v* পরামর্শ দেওয়া
counsel *n* পরামর্শ
counselor *n* পরামর্শদাতা
count *v* গণনা করা
count *n* গণনা; অভিজাতবিশেষ
countdown *n* উল্টাভাবে গোনা
countenance *n* মুখাবয়ব
counter *v* বিরোধিতা করা
counter *n* টাকা নেওয়ার জানলা
counteract *v* বিফল করা
counterfeit *v* নকল করা
counterfeit *adj* নকল
counterpart *n* প্রতিরূপ
countess *n* কাউন্ট-পত্নী
countless *adj* অসংখ্য
country *n* দেশ
country *adj* দেশের
countryman *n* স্বদেশবাসী
countryside *n* পল্লী অঞ্চল
county *n* প্রদেশ
coup *n* সামরিক অভ্যুত্থান
couple *n* দম্পতি
coupon *n* কুপন
courage *n* সাহস
courageous *adj* সাহসী
courier *n* বাহক
course *n* গতিপথ
court *n* আদালত; সভা
court *v* মন পাবার চেষ্টা
courteous *adj* বিনীত
courtesy *n* ভদ্রতা
courthouse *n* বিচারালয়
courtship *n* পূর্ব্বরাগ
courtyard *n* অঙ্গন
cousin *n* মামাতো/চাচাতো ভাই/বোন
cove *n* ক্ষুদ্র উপসাগর
covenant *n* চুক্তি
cover *n* ঢাকনা
cover *v* ঢাকা দেওয়া
cover up *v* ঢাকা দেওয়া
coverage *n* আবৃত
covert *adj* চাপা
cover-up *n* চাপা দেওয়া
covet *v* আকাঙ্খা করা
cow *n* গরু
coward *n* কাপুরুষ
cowardice *n* ভীরুতা
cowardly *adv* ভীরুতার সহিত
cowboy *n* রাখাল-বালক
cozy *adj* আরামদায়ক
crab *n* কাঁকড়া
crack *n* ফাটল
crack *v* চিড় খাওয়া
cradle *n* দোলা
craft *n* কৌশল; নৌকা
craftsman *n* কারিগর
cram *v* ঠেসে ভরা
cramp *n* আক্ষেপ
cramped *p* টান ধরা
crane *n* সারস
crank *n* মোড়

C

cranky *adj* বাঁকা
crap *n* বাজে উক্তি
crappy *adj* বাজে
crash *n* ভাঙ্গা
crash *v* ভেঙ্গে পড়া
crass *adj* স্থূল
crater *n* আগ্নেয়গিরির মুখ
crave *v* কামনা করা
craving *n* কামনা
crawl *v* হামাগুড়ি দেওয়া
crayon *n* আঁকিবার পেনসিল
craziness *n* পাগলামি
crazy *adj* বিকৃতমস্তিষ্ক
creak *n* ক্যাঁচ্-ক্যাঁচ শব্দ
creak *v* শব্দ করা
cream *n* দুধের সর
creamy *adj* সরময়
crease *n* ভাঁজের দাগ
crease *v* ভাঁজ হওয়া
create *v* সৃষ্টি করা
creation *n* সৃষ্টি
creative *adj* সৃজন
creativity *n* সৃষ্টিশীলতা
creator *n* স্রষ্টা
creature *n* জীব, প্রাণী
credibility *n* বিশ্বাসযোগ্যতা
credible *adj* প্রত্যয়যোগ্য
credit *n* সুখ্যাতি
credit *v* বিশ্বাস করা
creditor *n* উত্তমর্ণ
creed *n* ধর্ম্মমত
creek *n* খাঁড়ি
creep *v* বুকে হাঁটিয়া চলা
creepy *adj* রোমাঞ্চজনক
cremate *v* দাহ করা
crematorium *n* শ্মশান
crest *n* শিখা
crevice *n* ফাটল
crew *n* দল
crib *n* শিশুশয্যা
cricket *n* ঝিঁঝিঁপোকা; খেলা
crime *n* দণ্ডযোগ্য অপরাধ
criminal *adj* অপরাধী
cripple *adj* খোঁড়া লোক
cripple *v* অসমর্থ করা
crisis *n* সঙ্কটকাল
crisp *adj* মচমচে
crispy *adj* মচমচে তরঙ্গায়িত
criterion *n* মাপকাঠি
critical *adj* চরম সঙ্কটপূর্ণ
criticism *n* সমালোচনা
criticize *v* সমালোচনা করা
critique *n* সমালোচনা
crocodile *n* কুমির
crony *n* অন্তরঙ্গ বন্ধু
crook *n* মন্দ লোক
crooked *adj* বাঁকা
crop *n* আগা বা গোড়া
crop *v* ছেঁটে দেওয়া
cross *n* ক্রুশ; চিহ্ন
cross *adj* আড়াআড়ি
cross *v* পার হওয়া
cross out *v* কেটে দেওয়া
crossfire *n* গোলাগুলি বর্ষণ

crossing *n* সংযোগস্থল
crossroads *n* চৌমাথা
crosswalk *n* উপর দিয়ে পথ
crossword *n* শব্দের ধাঁধাঁ
crouch *v* গুটিসুটি মারা
crow *n* কাক
crow *v* কা-কা শব্দ করা
crowbar *n* শাবল
crowd *n* জনতা
crowd *v* ভিড় করা
crowded *adj* জনাকীর্ণ
crown *n* রাজমুকুট
crown *v* মুকুট পরান
crowning *n* অভিষিক্তকরণ
crucial *adj* প্রামাণিক
crucifix *n* ক্রুশ কাঠ
crucifixion *n* ক্রুশ কাঠে মৃত্যু
crucify *v* ক্রুশে প্রাণ বধ করা
crude *adj* কাঁচা; অমার্জিত
cruel *adj* নিষ্ঠুর
cruelty *n* নিষ্ঠুরতা
cruise *v* সমুদ্রে ভ্রমণ করা
crumb *n* ছোট টুকরা
crumble *v* টুকরা-টুকরা হওয়া
crunchy *adj* কড়-মড় শব্দ
crusade *n* ধর্ম্মযুদ্ধ
crusader *n* ধর্ম্মযোদ্ধা
crush *v* ভাঙিয়া ফেলা
crushing *adj* চূড়ান্ত বিপর্যয়কর
crust *n* খোলা
crusty *adj* খোলাযুক্ত
crutch *n* খঞ্জের যষ্ঠি
cry *n* চিৎকার
cry *v* কাঁদা
cry out *v* চিৎকার করা
crying *n* মনোযোগ আকর্ষণকারী
crystal *n* স্ফটিক
cub *n* পশুশাবক
cube *n* ঘনক্ষেত্র
cubic *adj* ঘন
cubicle *n* ছোট ঘর
cucumber *n* শসা
cuddle *v* আদর করা
cuff *n* হাতকড়া
cuisine *n* রন্ধনবিভাগ
culminate *v* শেষ করা
culpability *n* নিন্দনীয়তা
culprit *n* অপরাধী
cult *n* ধর্মবিশ্বাস
cultivate *v* চাষ করা
cultivation *n* চাষ
cultural *adj* সাংস্কৃতিক
culture *n* কৃষি
cumbersome *adj* কষ্টসাধ্য
cunning *adj* চতুর
cup *n* পেয়ালা
cupboard *n* দেরাজ
curable *adj* আরোগ্যসাধ্য
curator *n* অধ্যক্ষ
curb *v* দমন করা
curb *n* প্রতিবন্ধক
curdle *v* জমে যাওয়া
cure *v* সারিয়ে তোলা
cure *n* চিকিৎসা

curfew *n* সান্ধ্য আইন
curiosity *n* কৌতূহল
curious *adj* কৌতূহলী
curl *v* কুঞ্চিত করা
curl *n* কুঞ্চিত কুন্তল
curly *adj* কুঞ্চিত
currency *n* মুদ্রা
current *adj* প্রচলিত
current *n* বর্তমান; বিদ্যুত
currently *adv* বর্তমানে
curse *v* অভিশাপ দেওয়া
curtail *v* সংক্ষিপ্ত করা
curtain *n* পর্দা
curve *n* বক্র রেখা
curve *v* বক্র করা
cushion *n* গদি
cushion *v* চাপা দেওয়া
cuss *v* অভিশাপ দেওয়া
custard *n* ডিমের পায়েস
custodian *n* প্রহরী
custody *n* প্রহরা
custom *n* প্রথা
customary *adj* প্রথানুযায়ী
customer *n* খরিদ্দার
custom-made *adj* ফরমাস মত বানানো
customs *n* শুল্কবিভাগ
cut *n* কর্তন
cut *iv* কাটা
cut back *v* হ্রাস করা
cut down *v* আহত করা
cut off *v* বিচ্ছিন্ন
cut out *v* কাটিয়া বাদ দেওয়া
cute *adj* তীক্ষ্ণবুদ্ধি
cutlery *n* কাঁটাচামচ
cutter *n* কর্তনকারী
cyanide *n* বিষাক্ত দ্রব্য
cycle *n* কালচক্র
cyclist *n* সাইকেলআরোহী
cyclone *n* প্রবল ঘূর্ণবাত্যা
cylinder *n* নলাকৃতি ফাঁপা বস্তু
cynic *adj* বিশ্বাসহীন
cynicism *n* বিশ্বাসহীনতা
cypress *n* বৃক্ষবিশেষ
cyst *n* জীবদেহের মলকোষ
czar *n* রাশিয়ার প্রাক্তন রাজা

D

dad *n* বাবা
dagger *n* ছোরা
daily *adv* প্রত্যহ
dairy farm *n* গব্যশালা
daisy *n* ফুলবিশেষ
dam *n* মা
damage *n* ক্ষতি
damage *v* ক্ষতি করা
damaging *adj* ক্ষতিকর
damn *v* অভিশাপ দেওয়া
damnation *n* অনন্ত নরকভোগ
damp *adj* স্যাঁতসেঁতে

D

dampen *v* স্যাঁতসেঁতে করা
dance *n* নাচ
dance *v* নাচা
dancing *n* নাচ
dandruff *n* খুস্কি
danger *n* বিপদ
dangerous *adj* বিপজ্জনক
dangle *v* দোলান
dare *v* সাহস করা
dare *n* সাহস
daring *adj* সাহসী
dark *adj* অন্ধকারময়
darken *v* অন্ধকারাচ্ছন্ন করা
darkness *n* অন্ধকার
darling *adj* প্রিয়
darn *v* রিপু করা
dart *n* ছোট বর্শা
dart *v* হঠাত যাওয়া
dash *v* তেড়ে যাওয়া
dashing *adj* তেজস্বী
data *n* তথ্য
database *n* তথ্য-সংরক্ষণ
date *n* খেজুর; তারিখ
date *v* তারিখ দেওয়া
daughter *n* কন্যা
daughter-in-law *n* পুত্রবধূ
daunt *v* ভীত করা
daunting *adj* ভীত
dawn *n* উষা
day *n* দিন
daydream *v* দিবা-স্বপ্ন
daze *v* হতবুদ্ধি করা
dazed *adj* হতবুদ্ধি
dazzle *v* হতবুদ্ধি করা
dazzling *adj* অতিশয় উজ্জ্বল
deacon *n* উপপুরোহিত
dead *adj* মৃত
dead end *n* রাস্তার শেষ প্রান্ত
deaden *v* ভোঁতা করা
deadline *n* নির্দিষ্ট সময়সীমা
deadlock *adj* অচল অবস্থা
deadly *adj* মারাত্মক
deaf *adj* বধির
deafen *v* বধির করা
deafening *adj* বধির
deafness *n* বধিরতা
deal *iv* ব্যবসা করা
deal *n* পরিমাণ; বন্টন
dealer *n* ব্যবসায়ী
dealings *n* লেন-দেন
dean *n* আচার্য
dear *adj* প্রিয়
dearly *adv* চড়া দামে
death *n* মৃত্যু
death toll *n* মৃত্যুর সংখ্যা
death trap *n* মৃত্যু-ফাঁদ
deathbed *n* মৃত্যুশয্যা
debase *v* অপকৃষ্ট করা
debatable *adj* তর্কপ্রিয়
debate *v* তর্কাতর্কি করা
debate *n* তর্কাতর্কি
debit *n* খরচ
debrief *v* হতবুদ্ধি করা
debris *n* ধ্বংসাবশেষ

D

debt *n* ঋণ
debtor *n* ঋণী
debunk *v* প্রমাণ খন্ডন করা
debut *n* প্রারম্ভ
decade *n* দশ বৎসর কাল
decadence *n* অধঃপতন
decaf *adj* ক্যাফিন ছাড়া
decapitate *v* শিরচ্ছেদন করা
decay *v* পচে যাওয়া
decay *n* অবক্ষয়
deceased *adj* মৃত
deceit *n* প্রতারণা
deceitful *adj* প্রতারণাপূর্ণ
deceive *v* প্রতারণা করা
December *n* ডিসেম্বর
decency *n* শোভনতা
decent *adj* শোভন
deception *n* প্রতারণা
deceptive *adj* প্রতারণাপূর্ণ
decide *v* স্থির করা
deciding *adj* স্থির
decimal *adj* দশমিক
decimate *v* ধ্বংস করা
decipher *v* রহস্যোদ্ধার করা
decision *n* সিদ্ধান্ত
decisive *adj* স্থিরবুদ্ধি
deck *n* আচ্ছাদন; পাটাতন
deck *v* সজ্জিত করা
declaration *n* ঘোষণা
declare *v* ঘোষণা করা
declension *n* অধোগতি
decline *v* কমে যাওয়া
decline *n* পতন; হ্রাস
decompose *v* পচিয়া যাওয়া
décor *n* সাজসজ্জা
decorate *v* সাজান
decorative *adj* সজ্জাসংক্রান্ত
decorum *n* শোভনতা
decrease *v* হ্রাস করা
decrease *n* হ্রাস
decree *n* রায়
decree *v* রায় দেওয়া
decrepit *adj* জরাজীর্ণ
dedicate *v* উৎসর্গ করা
dedication *n* উৎসর্গ
deduce *v* সিদ্ধান্ত করা
deduct *v* বিয়োগ করা
deductible *adj* বিয়োগ
deduction *n* সিদ্ধান্ত
deed *n* কার্য
deem *v* বিবেচনা করা
deep *adj* গভীর
deepen *v* গভীর হওয়া
deer *n* হরিণ
deface *v* সৌন্দর্যহানি করা
defame *v* মানহানি করা
defeat *v* হারিয়ে দেওয়া
defeat *n* হার
defect *n* খুঁত
defect *v* খুঁত হওয়া
defection *n* দলত্যাগ করা
defective *adj* খুঁত থাকা
defend *v* প্রতিরোধ করা
defendant *n* আসামি

D

defender *n* প্রতিরোধক
defense *n* প্রতিরক্ষা
defenseless *adj* অরক্ষিত
defer *v* পিছিয়ে দেওয়া
defiance *n* অবাধ্যতা
defiant *adj* অবাধ্য
deficiency *n* অভাব
deficient *adj* অভাবপূর্ণ
deficit *n* অভাব
defile *v* কলুষিত করা
define *v* বর্ণনা করা
definite *adj* নির্দিষ্ট
definition *n* সংজ্ঞা
definitive *adj* নিশ্চিত
deflate *v* হাওয়া বার করা
deform *v* আকৃতি বিকৃত করা
deformity *n* বিকলাঙ্গতা
defraud *v* প্রতারণা করা
defray *v* ব্যয় নির্বাহ করা
defrost *v* বরফ গলানো
deft *adj* চতুর
defuse *v* তীব্রতা হ্রাস করা
defy *v* অমান্য করা
degenerate *v* অধঃপতিত হওয়া
degenerate *adj* অধঃপতিত
degeneration *n* অধঃপতন
degradation *n* পদাবনতি
degrade *v* পদচ্যুত করা
degrading *adj* পদচ্যুতিকারক
degree *n* পদ; তাপমাত্রা
dehydrate *v* জলমুক্ত করা
deign *v* অনুগৃহীত হওয়া
deity *n* দেবতা
dejected *adj* নিরানন্দ
delay *v* দেরী করান
delay *n* দেরী
delegate *v* অর্পণ করা
delegate *n* প্রতিনিধি
delegation *n* প্রতিনিধিত্ব
delete *v* বিলোপ করা
deliberate *v* বিবেচনা করা
deliberate *adj* সুচিন্তিত
delicacy *n* তৃপ্তিকরতা
delicate *adj* তৃপ্তিকর
delicious *adj* সুস্বাদু
delight *n* পরমানন্দ
delight *v* আনন্দিত হওয়া
delightful *adj* পরমানন্দদায়ক
delinquency *n* দোষ
delinquent *adj* দোষী
deliver *v* পৌঁছে দেওয়া
delivery *n* অর্পণ
delude *v* প্রতারণা করা
deluge *n* বন্যা
delusion *n* মোহ
deluxe *adj* শৌখিন
demand *v* দাবি করা
demand *n* দাবি
demanding *adj* দাবিকারী
demean *v* হীন করা
demeaning *adj* হীন
demeanor *n* আচরণ
demented *adj* উন্মাদ
demise *n* মৃত্যু

D

democracy *n* গণতন্ত্র
democratic *adj* গণতান্ত্রিক
demolish *v* ধ্বংস করা
demolition *n* ধ্বংস
demon *n* পিশাচ
demonstrate *v* প্রদর্শন করা
demonstrative *adj* প্রমাণদায়ক
demoralize *v* নীতিভ্রষ্ট করা
demote *v* হীনপদস্থ করা
den *n* গুহা
denial *n* অস্বীকার
denigrate *v* কলঙ্কিত করা
Denmark *n* ডেনমার্ক
denominator *n* ভাজক
denote *v* বোঝান
denounce *v* দোষারোপ করা
dense *adj* নিবিড়
density *n* ঘনত্ব
dent *v* খাঁজ কাটা
dent *n* খাঁজ
dental *adj* দন্ত্য
dentist *n* দন্তচিকিৎসক
dentures *n* দাঁতের পাটি
deny *v* অস্বীকার করা
deodorant *n* দুর্গন্ধনাশক
depart *v* প্রস্থান করা
department *n* বিভাগ
departure *n* প্রস্থান
depend *v* নির্ভর করা
dependable *adj* নির্ভরযোগ্য
dependence *n* নির্ভরতা
dependent *adj* নির্ভরশীল
depict *v* সযত্নে অঙ্কন করা
deplete *v* খালি করা
deplorable *adj* শোচনীয়
deplore *v* আক্ষেপ করা
deploy *v* নিয়োগ করা
deployment *n* নিয়োগ
deport *v* নির্বাসিত করা
deportation *n* নির্বাসন
depose *v* সাক্ষ্য দেওয়া
deposit *n* জমা
depot *n* মাল-গুদাম
deprave *adj* কলুষিত
depravity *n* ভ্রষ্টতা
depreciate *v* বিরক্তি প্রকাশ
depreciation *n* অবমূল্যায়ন
depress *v* চাপ দেওয়া
depressing *adj* বিষণ্ণকারী
depression *n* অবনতি; বিষাদগ্রস্ততা
deprivation *n* ক্ষতি
deprive *v* বঞ্চিত করা
deprived *adj* বঞ্চিত
depth *n* গভীরতা
derail *v* লাইনচ্যুত হওয়া
derailment *n* লাইনচ্যুত
deranged *adj* বিশৃঙ্খল
derelict *adj* পরিত্যক্ত
deride *v* উপহাস করা
derivative *adj* প্রকৃতি পদ
derive *v* আহরণ করা
derogatory *adj* নিন্দনীয়
descend *v* অবরোহণ করা
descendant *n* বংশধর

D

descent *n* অবরোহণ
describe *v* বর্ণনা করা
description *n* বর্ণনা
descriptive *adj* বর্ণনামূলক
desecrate *v* অপবিত্র করা
desegregate *v* একত্রিত করা
desert *n* মরুভূমি
desert *v* পরিত্যাগ করা
deserted *adj* জনহীন
deserter *n* পলাতক
deserve *v* অর্জন করা
deserving *adj* উপযুক্ত
design *n* নক্সা; পরিকল্পনা
designate *v* প্রকাশ করা
desirable *adj* আনন্দজনক
desire *n* ইচ্ছা
desire *v* ইচ্ছা করা
desist *v* বিরত হওয়া
desk *n* ডেস্ক
desolate *adj* নির্জন
desolation *n* জনশূন্যতা
despair *n* নৈরাশ্য
desperate *adj* নিরাশ
despicable *adj* ঘৃণ্য
despise *v* ঘৃণা করা
despite *c* ঘৃণা
despondent *adj* হতাশ
despot *n* স্বেচ্ছাচারী রাজা
despotic *adj* অত্যাচারী
dessert *n* মিষ্ট খাবার
destination *n* গন্তব্যস্থল
destiny *n* ভাগ্য
destitute *adj* অভাবগ্রস্ত
destroy *v* ধ্বংস করা
destroyer *n* ধ্বংসকারী
destruction *n* বিনাশ
destructive *adj* বিনাশকারী
detach *v* পৃথক করা
detachable *adj* পৃথকীকৃত
detail *n* পুঙ্খানুপুঙ্খ বর্ণনা
detail *v* বিবরণ দেওয়া
detain *v* আটকানো
detect *v* খুঁজিয়া বাহির করা
detective *n* গোয়েন্দা
detector *n* খোঁজার যন্ত্র
detention *n* আটক
deter *v* বাধা দেওয়া
detergent *n* পরিষ্কারক পদার্থ
deteriorate *v* অবনতি হওয়া
deterioration *n* অবনতি
determination *n* সংকল্প
determine *v* স্থির করা
deterrence *n* প্রতিরোধ
detest *v* অত্যন্ত ঘৃণা করা
detestable *adj* ঘৃণ্য
detonate *v* সশব্দে ফাটিয়া যাওয়া
detonation *n* বিস্ফোরণ
detonator *n* বিস্ফোরণকারী বস্তু
detour *n* ঘোরান পথ
detriment *n* ক্ষতি
detrimental *adj* ক্ষতিজনক
devaluation *n* মূল্যহ্রাস
devalue *v* মূল্যহ্রাস করা
devastate *v* বিধ্বস্ত করা

devastating *adj* বিধ্বস্তকারী
devastation *n* ধ্বংস
develop *v* বিকাশ করা
development *n* বিকাশ
deviation *n* পথ থেকে সরে যাওয়া
device *n* যন্ত্র
devil *n* ভূত
devious *adj* আঁকাবাঁকা; ভ্রান্ত
devise *v* কল্পনা করা
devoid *adj* শূন্য
devote *v* উৎসর্গ করা
devotion *n* উৎসর্গ
devour *v* গোগ্রাসে গেলা
devout *adj* ভক্ত
dew *n* শিশির
diabetes *n* বহুমূত্র রোগ
diabetic *adj* ডায়াবিটিস রোগী
diabolical *adj* পৈশাচিক
diagnose *v* রোগনির্ণয় করা
diagnosis *n* রোগনির্ণয়
diagonal *adj* তির্যক
diagram *n* নকশা
dial *n* ঘড়ির ডায়াল
dial tone *n* টেলিফোনের শব্দ
dialect *n* আঞ্চলিক ভাষা
dialogue *n* কথোপকথন
diameter *n* ব্যাস
diamond *n* হীরক; রুহিতন
diaper *n* তোয়ালে বিশেষ
diarrhea *n* পেটের অসুখ
diary *n* দিনলিপি
dice *n* ছক্কা

dice *v* টুকরো করে কাটা
dictate *v* পাঠ করা
dictator *n* একনায়ক
dictatorial *adj* একনায়ক-সংক্রান্ত
dictatorship *n* একনায়কত্ব
dictionary *n* অভিধান
die *v* মরা
die out *v* বিলুপ্ত হওয়া
diet *n* পথ্য
diet *v* খাওয়া নিয়ন্ত্রণ করা
differ *v* মতের অমিল হওয়া
difference *n* পার্থক্য
different *adj* আলাদা
difficult *adj* কঠিন
difficulty *n* দুষ্করতা
diffuse *v* প্রচার করা
dig *iv* খনন করা
digest *v* পরিপাক করা
digestion *n* পরিপাক
digestive *adj* পাচক
digit *n* অঙ্গুলি
dignify *v* সম্মান দান করা
dignitary *n* উচ্চপদস্থ ব্যক্তি
dignity *n* মর্যাদা
digress *v* মূল বিষয় থেকে সরে যাওয়া
dike *n* নালা
dilapidated *adj* জীর্ণ
dilemma *n* উভয় সঙ্কট
diligence *n* পরিশ্রম
diligent *adj* পরিশ্রমী
dilute *v* তরল করা
dim *adj* অস্পষ্ট

D

dim *v* অন্ধকার করা
dime *n* দশ সেন্টের রৌপ্যমুদ্রা
dimension *n* মাপ
diminish *v* হ্রাস করা
dine *v* ভোজন করা
diner *n* ভোজনকারী
dining room *n* খাবার ঘর
dinner *n* অপরাহ্ন ভোজন
dinosaur *n* ডাইনোসর
diocese *n* বিশপের এলাকা
diphthong *n* সন্ধ্যস্বর
diploma *n* উপাধি-পত্র
diplomacy *n* কূটনীতি
diplomat *n* কূটনীতিবিদ্
diplomatic *adj* কূটনীতিক সংক্রান্ত
dire *adj* ভয়াবহ
direct *adj* সরাসরি
direct *v* পরিচালনা করা
direction *n* পরিচালনা; দিকনির্দেশ
director *n* পরিচালক
directory *n* পরিচালকবর্গ
dirt *n* ধুলা
dirty *adj* নোংরা
disability *n* অসামর্থ্য
disabled *adj* অক্ষম
disadvantage *n* অসুবিধা
disagree *v* অসম্মত হওয়া
disagreeable *adj* বিরক্তিকর
disagreement *n* অসম্মতি
disappear *v* অদৃশ্য হওয়া
disappearance *n* অদৃশ্য হওয়া
disappoint *v* নিরাশ করা
disappointing *adj* নৈরাশ্যব্যঞ্জক
disappointment *n* নৈরাশ্য
disapproval *n* অপছন্দ
disapprove *v* নিন্দা করা
disarm *v* নিরস্ত্র করা
disarmament *n* নিরস্ত্রীকরণ
disaster *n* দুর্ঘটনা
disastrous *adj* দুর্ঘটনামূলক
disband *v* দল ভেঙ্গে দেওয়া
disbelief *n* অবিশ্বাস
disburse *v* ব্যয় নির্বাহ করা
discard *v* অগ্রাহ্য করা
discern *v* উপলব্ধি করা
discharge *v* মুক্ত করা
discharge *n* মুক্তি
disciple *n* ভক্ত
discipline *n* উপদেশ
disclaim *v* দাবি পরিত্যাগ করা
disclose *v* খোলা
discomfort *n* আরামহীনতা
disconnect *v* বিযুক্ত করা
discontent *adj* অসন্তুষ্ট
discontinue *v* শেষ করা
discord *n* বিরোধ
discordant *adj* বিরোধী
discount *n* ছাড়
discount *v* ছাড় দেওয়া
discourage *v* নিরুৎসাহ করা
discouragement *n* নৈরাশ্য
discouraging *adj* নিরুৎসাহজনক
discourtesy *n* অভদ্রতা
discover *v* আবিষ্কার করা

59 **dispersal**

D

discovery *n* আবিষ্কার
discredit *v* অবিশ্বাস করা
discreet *adj* সতর্ক
discrepancy *n* পার্থক্য
discretion *n* বিচক্ষণতা
discriminate *v* বৈষম্য করা
discrimination *n* বৈষম্য
discuss *v* আলোচনা করা
discussion *n* আলোচনা
disdain *n* ঘৃণা
disease *n* রোগ
disembark *v* স্থলে অবতীর্ণ হওয়া
disenchanted *adj* মোহমুক্ত
disentangle *v* জট খোলা
disfigure *v* সৌন্দর্য নষ্ট করা
disgrace *n* অপমান
disgrace *v* অপমান করা
disgraceful *adj* অপমানজনক
disgruntled *adj* অসন্তুষ্ট
disguise *v* ছদ্মবেশ নেওয়া
disguise *n* ছদ্মবেশ
disgust *n* বিরাগ
disgusting *adj* বিরাগজনক
dish *n* থালা; খাদ্যের পদ
dishearten *v* নিরুৎসাহ করা
dishonest *adj* অসাধু
dishonesty *n* অসাধুতা
dishonor *n* অসম্মান
dishonorable *adj* অসম্মানজনক
dishwasher *n* থালা ধোয়ার যন্ত্র
disillusion *n* স্বপ্নভঙ্গ
disinfect *v* সংক্রমণনাশ
disinfectant *n* সংক্রমণনাশক
disinherit *v* অধিকারচ্যুত করা
disintegrate *v* খণ্ড-বিখণ্ড হওয়া
disintegration *n* খণ্ড-বিখণ্ড
disinterested *adj* নিরুৎসাহ
disk *n* চাকতি
dislike *v* অপছন্দ করা
dislike *n* অপছন্দ
dislocate *v* স্থানচ্যুত করা
dislodge *v* বাসচ্যুত করা
disloyal *adj* অবিশ্বাসী
disloyalty *n* অবিশ্বস্ততা
dismal *adj* নিরানন্দ
dismantle *v* অনাবৃত করা
dismay *n* ভয়ের অনুভূতি
dismay *v* ভয় পাওয়া
dismiss *v* বিদায় করা
dismissal *n* পদচ্যুতি করা
dismount *v* অবরোহণ করা
disobedience *n* অবাধ্যতা
disobedient *adj* অবাধ্য
disobey *v* অমান্য করা
disorder *n* বিশৃঙ্খলতা
disorganized *adj* বিশৃঙ্খল
disoriented *adj* দিকভ্রান্ত
disown *v* অস্বীকার করা
disparity *n* আলাদা
dispatch *v* দ্রুত প্রেরণ করা
dispel *v* দূরীভূত করা
dispensation *n* বন্টন
dispense *v* বন্টন করিয়া দেওয়া
dispersal *n* বিস্তার

D

disperse *v* বিক্ষিপ্ত করা
displace *v* স্থানান্তরে রাখা
display *n* প্রকাশ
display *v* প্রকাশ করা
displease *v* বিরক্ত করা
displeasing *adj* বিরক্তিকর
displeasure *n* অসন্তোষ
disposable *adj* ব্যবস্থাযোগ্য
disposal *n* ব্যবস্থা
dispose *v* ব্যবস্থা করা
disprove *v* প্রমাণ খন্ডন করা
dispute *n* বিবাদ
dispute *v* বিবাদ করা
disqualify *v* অনুপযুক্ত করা
disregard *v* অগ্রাহ্য করা
disrepair *n* ভগ্নদশা
disrespect *n* অসম্মান
disrespectful *adj* অসম্মানকর
disrupt *v* তছনছ করা
disruption *n* তছনছ
dissatisfied *adj* অসন্তুষ্ট
disseminate *v* প্রচার করা
dissent *v* ভিন্নমত হওয়া
dissident *adj* ভিন্নমত-পোষক
dissimilar *adj* বিসদৃশ
dissipate *v* ছড়ান
dissolute *adj* অসচ্চরিত্র
dissolution *n* ভেঙে দেওয়া
dissolve *v* ভঙ্গ করা
dissonant *adj* সংগতিহীন
dissuade *v* প্রতিনিবৃত্ত করা
distance *n* দূরত্ব
distant *adj* দূরস্থ
distaste *n* অরুচি
distasteful *adj* অতৃপ্তিকর
distill *v* পাতন করা
distinct *adj* পৃথক
distinction *n* পার্থক্য
distinctive *adj* পার্থক্যসূচক
distinguish *v* পৃথক করা
distort *v* বিকৃত করা
distortion *n* মোচড়ান
distract *v* অন্যমনস্ক করা
distraction *n* হতবুদ্ধিতা
distraught *adj* বিক্ষিপ্ত
distress *n* চরম দুর্দশা
distress *v* কষ্ট দেওয়া
distressing *adj* কষ্টকর
distribute *v* বন্টন করা
distribution *n* বন্টন
district *n* জেলা
distrust *n* অবিশ্বাস
distrust *v* অবিশ্বাস করা
distrustful *adj* সন্দিগ্ধ
disturb *v* গোলমাল করা
disturbance *n* গোলমাল
disturbing *adj* বিরক্তিকর
disunity *n* একতার অভাব
disuse *n* অব্যবহার
ditch *n* খাত
dive *v* জলে ঝাঁপ দেওয়া
diver *n* ডুবুরি
diverse *adj* বিভিন্ন
diversify *v* বৈচিত্র্যপূর্ণ করা

61 **dough**

D

diversion *n* অপসারণ
diversity *n* বৈচিত্র্য
divert *v* সরান
divide *v* ভাগ করা
dividend *n* ভাজ্য
divine *adj* ঐশ্বরিক
diving *n* ঝাঁপ
divinity *n* দেবতা
divisible *adj* বিভাজ্য
division *n* ভাগ; বিভাগ
divorce *n* বিবাহবন্ধন ছেদ
divorce *v* বিবাহবিচ্ছেদ করা
divorcee *n* বিবাহবিচ্ছেদ হওয়া ব্যক্তি
divulge *v* ফাঁস করা
dizziness *n* মাথা ঘোরা
dizzy *adj* বিভ্রান্ত
do *iv* করা
docile *adj* বাধ্য
docility *n* বশ্যতা
dock *n* কাঠগড়া; জাহাজঘাটা
dock *v* জেটিতে পৌঁছান
doctor *n* ডাক্তার
doctrine *n* মতবাদ
document *n* প্রমাণ
documentary *n* দলিলসংক্রান্ত
documentation *n* দলিল প্রদর্শন
dodge *v* এড়ান
dog *n* কুকুর
dogmatic *adj* হঠবাদী
dole out *v* বন্টন করা
doll *n* পুতুল
dollar *n* ডলার
dolphin *n* শুশুক
dome *n* গম্বুজ
domestic *adj* গৃহপালিত
domesticate *v* গৃহপালিত করা
dominate *v* শাসন করা
domination *n* কর্তৃত্ব
domineering *adj* প্রভুত্বব্যঞ্জক
dominion *n* অধিরাজ্য
donate *v* দান করা
donation *n* দান
donkey *n* গাধা
donor *n* দাতা
doom *n* বিচার
doomed *adj* ধ্বংসের দিকে ঠেলে রাখা
door *n* দরজা
doorbell *n* দ্বারঘন্টা
doorstep *n* দরজার আগের ধাপ
doorway *n* দ্বারদেশ
dope *n* মাদকদ্রব্য
dope *v* মাদকদ্রব্য সেবন করা
dormitory *n* যৌথ শয়নকক্ষ
dosage *n* ঔষধের মাত্রা
dossier *n* নথি
dot *n* বিন্দু
double *adj* দ্বিগুণ
double *v* দ্বিগুণ করা
double-check *v* দুবার পরীক্ষিত
double-cross *v* বিশ্বাসভঙ্গ করা
doubt *n* সন্দেহ
doubt *v* সন্দেহ করা
doubtful *adl* সন্দিগ্ধ
dough *n* ময়দার তাল

dove *n* ঘুঘু পাখি
down *adv* নিম্নে
down *adj* নিস্তেজ
down payment *n* প্রথম প্রদত্ত অর্থ
downcast *adj* অবনত
downfall *n* অত্যধিক পতন
downhill *adv* ক্রমনিম্ন ভূমি
downpour *n* প্রচুর বৃষ্টিপাত
downsize *v* হ্রাস করা
downstairs *adv* নীচতলার
down-to-earth *adj* নম্র
downtown *n* ব্যবসায়িক কেন্দ্র
downtrodden *adj* পদদলিত
downturn *n* মন্দা
dowry *n* যৌতুক
doze *n* তন্দ্রা
doze *v* তন্দ্রাচ্ছন্ন হওয়া
dozen *n* বারো
draft *n* নকশা
draft *v* নকশা করা
draftsman *n* যিনি নকশা তৈরী করেন
drag *v* টানা
dragon *n* ড্রাগন
drain *v* নিকাশ করা
drainage *n* জলনিষ্কাশন
dramatic *adj* নাটক-সম্বন্ধীয়
dramatize *v* নাটকীয় করা
drape *n* পর্দা
drastic *adj* কঠোর
draw *n* লটারি
draw *iv* টানা; আঁকা
drawback *n* অসুবিধা
drawer *n* হুন্ডি কাটা ব্যক্তি
drawing *n* চিত্র
dread *v* ভীতি
dreaded *adj* ভীতিজনক
dreadful *adj* ভয়ানক
dream *iv* স্বপ্ন দেখা
dream *n* স্বপ্ন
dress *n* পোষাক
dress *v* পরিধান করা
dresser *n* পরিধাবক
dressing *n* ক্ষতস্থান পরিষ্কার
dried *adj* শুষ্ক
drift *v* ভেসে যাওয়া
drift apart *v* আলাদা হয়ে যাওয়া
drifter *n* লক্ষ্যহীন জীবন
drill *v* ছিদ্র করা; কুচকাওয়াজ করা
drill *n* ছিদ্র করার যন্ত্র; কুচকাওয়াজ
drink *iv* পান করা
drink *n* পানীয়
drinkable *adj* পানের উপযুক্ত
drinker *n* পানাসক্ত
drip *v* বিন্দু বিন্দু পড়া
drip *n* বিন্দু বিন্দু পতন
drive *iv* গাড়ি চালান
drive *n* গাড়িবারান্দা; ভ্রমণ
drive at *v* উদ্দেশ্য করা
drive away *v* তাড়িয়ে দেওয়া
driver *n* মোটরগাড়ির চালক
driveway *n* বাড়ির অঙ্গনে রাস্তা
drizzle *v* গুড়ি গুড়ি বৃষ্টি হওয়া
drizzle *n* গুড়ি গুড়ি বৃষ্টি
drop *n* পতন

drop *v* বিন্দু বিন্দু পতন
drop in *v* দেখা করতে আসা
drop off *v* সরিয়া পড়া
drop out *v* লেপ করা
drought *n* অনাবৃষ্টি
drown *v* ডুবে যাওয়া
drowsy *adj* নিদ্রালু
drug *n* ঔষধ; মাদক
drug *v* মাদক সেবন করানো
drugstore *n* ঔষধের দোকান
drum *n* ঢাক; পিপা
drunk *adj* মাতাল
drunkenness *n* মাতলামো
dry *v* শুষ্ক করা
dry *adj* শুষ্ক
dry-clean *v* ধোওয়া
dryer *n* শুকানোর যন্ত্র
dual *adj* দ্বৈত
dubious *adj* সন্দিগ্ধ
duchess *n* ডিউক-পত্নী
duck *n* হাঁস
duck *v* ডুব দেওয়া
duct *n* নল
due *adj* দেয়
due *n* প্রদেয়
duel *n* দ্বন্দ্বযুদ্ধ
dues *n* বাকি
dull *adj* নির্বোধ; অনুভূতিহীন
dull *v* বিষণ্ন হওয়া
duly *adv* উপযুক্তরূপে
dumb *adj* বোবা
dummy *n* বোবা লোক
dummy *adj* নকল
dump *v* আবর্জনা ফেলা
dump *n* আস্তাকুঁড়
dung *n* গোবর
dungeon *n* অন্ধকূপ
dupe *v* প্রতারিত করা
duplicate *v* প্রতিলিপি করা
duplication *n* প্রতিলিপিকরণ
durable *adj* টেঁকসই
duration *n* সময়কাল
during *pre* সময়ে
dusk *n* গোধূলি
dust *n* ধুলা
dusty *adj* ধুলিপূর্ণ
Dutch *adj* হল্যান্ডের
duty *n* কর্তব্য
dwarf *n* বামন
dwell *iv* বাস করা
dwelling *n* আবাস
dwindle *v* হ্রাস পাওয়া
dye *v* রঞ্জিত করা
dye *n* রঙ, রঙের ছোপ
dying *adj* রঞ্জনকার্য
dynamic *adj* শক্তসংক্রান্ত
dynamite *n* ডিনামাইট
dynasty *n* রাজবংশ

E

each *adj* প্রত্যেক
each other *adj* পরস্পর
eager *adj* ব্যগ্র
eagerness *n* ব্যগ্রতা
eagle *n* ঈগল পাখি
ear *n* কান
earache *n* কর্ণশূল
eardrum *n* কর্ণপটহ
early *adv* শীঘ্র
earmark *v* স্থান নির্দেশ করা
earn *v* উপার্জন করা
earnestly *adv* আগ্রহের সহিত
earnings *n* উপার্জন
earphones *n* বেতারযন্ত্র
earring *n* কানের গহনা
earth *n* পৃথিবী
earthquake *n* ভূমিকম্প
earwax *n* কর্ণমল
ease *v* আরাম দেওয়া
ease *n* আরাম
easily *adv* সহজে
east *n* পূর্বদিক
eastbound *adj* পূর্বমুখে যাওয়া
Easter *n* যীশুর পুনরুত্থান পর্ব
eastern *adj* পূর্ব
easterner *n* পূর্বদিকের ব্যক্তি
eastward *adv* পূর্বাভিমুখে
easy *adj* আরামপূর্ণ
eat *iv* খাওয়া
eat away *v* ক্ষয় করা
eavesdrop *v* আড়ি পাতিয়া শোনা
ebb *v* ভাটা পড়া
eccentric *adj* খামখেয়ালী
echo *n* প্রতিধ্বনি
eclipse *n* গ্রহণ
ecology *n* বাস্তব্যবিদ্যা
economical *adj* সঞ্চয়ী
economize *v* খরচ করা
economy *n* সঞ্চয়
ecstasy *n* সমাধি
ecstatic *adj* পরমানন্দদায়ক
edge *n* কিনারা
edge *v* সরিয়ে দেওয়া
edgy *adj* তীক্ষ্ণ
edible *adj* ভোজ্য
edifice *n* অট্টালিকা
edit *v* সম্পাদনা করা
edition *n* সংস্করণ
educate *v* শিক্ষা দেওয়া
educational *adj* শিক্ষা সংক্রান্ত
eerie *adj* ভুতুড়ে
effect *n* প্রতিক্রিয়া
effective *adj* ফলপ্রদ
effectiveness *n* ব্যর্থ
efficiency *n* যোগ্যতা
efficient *adj* কার্যকর
effigy *n* প্রতিমূর্তি
effort *n* শক্তিপ্রয়োগ
effusive *adj* নির্গমনশীল
egg *n* ডিম
egg white *n* ডিমের সাদা অংশ

egoism *n* অহঙ্কার
egoist *n* অহঙ্কারী
eight *adj* আট
eighteen *adj* আঠারো
eighth *adj* অষ্টম
eighty *adj* আশি
either *adj* যে কেউ
either *adv* যে কেউ
eject *v* বের করে দেওয়া
elapse *v* বয়ে যাওয়া
elastic *adj* স্থিতিস্থাপক
elated *adj* গর্বিত
elbow *n* কনুই
elder *n* জ্যেষ্ঠ
elderly *adj* বয়স্ক
elect *v* নির্বাচন করা
election *n* ভোট
electric *adj* বৈদ্যুতিক
electrician *n* তড়িতত্ত্ববিদ্
electricity *n* বিজলী
electrify *v* বিদ্যুৎসঞ্চার করা
electrocute *v* বিদ্যুৎপৃষ্ঠ
electronic *adj* বৈদ্যুতিন
elegance *n* মনোহর
elegant *adj* মনোহর
element *n* উপাদান
elementary *adj* প্রাথমিক
elephant *n* হাতি
elevate *v* উঁচু করা
elevation *n* উঁচু জায়গা
elevator *n* কপিকল
eleven *adj* এগার
eleventh *adj* একাদশ
eligible *adj* উপযুক্ত
eliminate *v* দূর করা
elm *n* গাছবিশেষ
eloquence *n* বাকপটুতা
else *adv* অন্য কেহ
elsewhere *adv* অন্য কোথাও
elude *v* পালান
elusive *adj* ছলনাময়
emaciated *adj* ক্ষয়প্রাপ্ত
emanate *v* প্রবাহিত হওয়া
emancipate *v* বন্ধন থেকে মুক্তি
embalm *v* তাজা রাখা
embark *v* জাহাজে তোলা
embarrass *v* দায়গ্রস্ত করা
embassy *n* দূতাবাস
embellish *v* সাজান
embers *n* জ্বলন্ত অঙ্গার
embezzle *v* আত্মসাৎ করা
embitter *v* তিক্ত করা
emblem *n* প্রতীক
embody *v* সংগঠিত করা
emboss *v* খোদাই করা
embrace *v* আলিঙ্গন করা
embrace *n* আলিঙ্গন
embroider *v* বুটি তোলা
embroidery *n* সূচিশিল্প
embroil *v* ঝামেলায় জড়ান
embryo *n* ভ্রূণ
emerald *n* পান্না
emerge *v* নির্গত হওয়া
emergency *n* জরুরি অবস্থা

E

emigrant *n* দেশান্তরী
emigrate *v* দেশান্তরী হওয়া
emission *n* প্রেরণ
emit *v* প্রেরণ করা
emotion *n* আবেগ
emotional *adj* আবেগপূর্ণ
emperor *n* সম্রাট
emphasis *n* জোর
emphasize *v* জোর দেওয়া
empire *n* সাম্রাজ্য
employ *v* নিয়োগ করা
employee *n* কর্মচারী
employer *n* কর্মকর্তা
employment *n* চাকরি
empress *n* জোর
emptiness *n* শূন্যহাত
empty *adj* খালি
empty *v* খালি করা
enable *v* সক্ষম
enchant *v* জাদুমুগ্ধ করা
enchanting *adj* ভুতুড়ে
encircle *v* পরিবেষ্টন করা
enclave *n* পরিবেষ্টিত স্থান
enclose *v* পরিবেষ্টন করা
enclosure *n* পরিবেষ্টন
encompass *v* পরিবেষ্টন করা
encounter *v* সম্মুখীন হওয়া
encounter *n* শত্রুর সম্মুখীন
encourage *v* উৎসাহ দেওয়া
encroach *v* অবৈধভাবে দখল করা
encyclopedia *n* বিশ্বকোষ
end *n* শেষ
end *v* শেষ করা
end up *v* শেষ হওয়া
endanger *v* বিপদগ্রস্ত করা
endeavor *v* চেষ্টা করা
endeavor *n* চেষ্টা
ending *n* উপসংহার
endless *adj* অসীম
endorse *v* উল্টা পিঠে লেখা
endorsement *n* পৃষ্ঠাঙ্কন; পৃষ্ঠলেখ
endure *v* সহ্য করা
enemy *n* শত্রু
energetic *adj* বলবান
energy *n* শক্তি
enforce *v* বলপ্রয়োগ করা
engage *v* নিযুক্ত করা
engaged *adj* অঙ্গীকৃত
engagement *n* অঙ্গীকার
engine *n* এঞ্জিন
engineer *n* যন্ত্রকুশলী
England *n* ইংল্যান্ড
English *adj* ইংল্যান্ডীয়
engrave *v* খোদাই করা
engraving *n* খোদাই করা সামগ্রী
engrossed *adj* বিভোর হওয়া
engulf *v* গ্রাস করা
enhance *v* উন্নত করা
enjoy *v* উপভোগ করা
enjoyable *adj* উপভোগ্য
enjoyment *n* আনন্দ
enlarge *v* প্রসারিত করা
enlargement *n* প্রসারণ
enlighten *v* জ্বালান

enlist *v* তালিকাভুক্ত করা
enormous *adj* বিশাল
enough *adv* যথেষ্ট
enrage *v* রাগিয়ে দেওয়া
enrich *v* উর্বর করা
enroll *v* নামতালিকাভুক্ত করান
enrollment *n* তালিকা
ensure *v* নিশ্চিত করা
entail *v* আবশ্যক করা
entangle *v* জড়িয়ে ফেলা
enter *v* প্রবেশ
enterprise *n* কর্মপ্রচেষ্টা
entertain *v* আপ্যায়ন করা
entertaining *adj* বিনোদনকারী
entertainment *n* বিনোদন
enthrall *v* মুগ্ধ করা
enthralling *adj* মুগ্ধকারী
enthuse *v* উৎসাহিত করা
enthusiasm *n* উৎসাহ
entice *v* প্রলোভিত করা
enticement *n* প্রলোভন
enticing *adj* প্রলোভনকারী
entire *adj* সম্পূর্ণ
entirely *adv* সম্পূর্ণরূপে
entrance *n* প্রবেশ
entreat *v* অনুরোধ করা
entree *n* প্রবেশাধিকার
entrenched *adj* সুরক্ষিত
entrepreneur *n* উদ্যোক্তা
entrust *v* বিশ্বাসস্থাপন করা
entry *n* প্রবেশ
enumerate *v* গণনা করা
envelop *v* ঢাকিয়া ফেলা
envelope *n* খাম
envious *adj* ঈর্ষান্বিত
environment *n* পরিবেশ
envisage *v* বিবেচনা করা
envoy *n* দূত
envy *n* হিংসা
envy *v* বিদ্বেষ করা
epidemic *n* মহামারী
epilepsy *n* মৃগীরোগ
episode *n* ঘটনা
epistle *n* পত্র
epitaph *n* সমাধিলিপি
epitomize *v* মূর্তরূপ দেওয়া
epoch *n* যুগ
equal *adj* সমান
equality *n* সমতা
equate *v* সমীকরণ করা
equation *n* সমীকরণ
equator *n* বিষুবরেখা
equilibrium *n* ভারসাম্য
equip *v* সজ্জিত করা
equipment *n* সরঞ্জাম
equivalent *adj* সমকক্ষ
era *n* যুগ
eradicate *v* ধ্বংস করা
erase *v* মুছিয়া ফেলা
eraser *n* রবার
erect *v* খাড়া করা
erect *adj* খাড়া
err *v* ভুল করা
errand *n* প্রেরিত খবর

E

E

erroneous *adj* ভ্রমশীল, ভ্রান্ত
error *n* ভুল
erupt *v* বিস্ফোরণ হওয়া
eruption *n* উদগিরণ
escalate *v* ক্রমশ বাড়া
escalator *n* চলন্ত সিঁড়ি
escapade *n* বেপরোয়া আচরণ
escape *v* মুক্তি পাওয়া
escort *n* রক্ষী
esophagus *n* অন্ননালী
especially *adv* বিশেষভাবে
espionage *n* গোয়েন্দাগিরি
essay *n* প্রবন্ধ; চেষ্টা
essence *n* উপাদান
essential *adj* অত্যাবশ্যক
establish *v* দৃঢ় করা
estate *n* সম্পত্তি
esteem *v* সম্মান করা
estimate *v* হিসাব করা
estimation *n* অনুমান
estranged *adj* বিচ্ছেদ হওয়া
estuary *n* নদীর মোহানা
eternity *n* চিরন্তন
ethical *adj* নৈতিক
ethics *n* নীতিশাস্ত্র
etiquette *n* ভদ্রতা
euphoria *n* উন্মাদনা
Europe *n* ইউরোপ
European *adj* ইউরোপীয়
evacuate *v* খালি করা
evade *v* কৌশলে এড়ান
evaluate *v* মূল্যনির্ধারণ করা
evaporate *v* বাষ্পীভূত করা
evasion *n* এড়ানোর চেষ্টা
evasive *adj* এড়ানো
eve *n* সন্ধ্যা
even *adj* সমতল; জোড়
even if *c* যদিও
even more *c* এমনকি আরো
evening *n* সন্ধ্যা
event *n* ঘটনা
eventuality *n* পরিণাম
eventually *adv* পরিণামে
ever *adv* কখনও
everlasting *adj* চিরস্থায়ী
every *adj* প্রত্যেক
everybody *pro* প্রত্যেক ব্যক্তি
everyday *adj* প্রত্যেকদিন
everyone *pro* প্রত্যেকে
everything *pro* সব
evict *v* উচ্ছেদ করা
evidence *n* প্রমাণ
evil *n* মন্দ
evil *adj* মন্দ
evoke *v* আবির্ভূত করান
evolution *n* বিবর্তন
evolve *v* বিবর্তিত হওয়া
exact *adj* ঠিক
exaggerate *v* অতিরঞ্জিত করা
exalt *v* প্রশংসা করা
examination *n* পরীক্ষা
examine *v* পরীক্ষা করা
example *n* উদাহরণ
exasperate *v* উত্তেজিত করা

excavate *v* খনন করা
exceed *v* অতিক্রম করা
exceedingly *adv* অত্যধিক পরিমাণে
excel *v* ছাপাইয়া যাওয়া
excellence *n* মহত্ত্ব
excellent *adj* পরমোৎকৃষ্ট
except *pre* ব্যতীত
exception *n* বর্জন
exceptional *adj* অসাধারণ
excerpt *n* উদ্ধৃত বাক্য
excess *n* আধিক্য
excessive *adj* অধিক
exchange *v* বিনিময় করা
excite *v* উত্তেজিত করা
excitement *n* উত্তেজনা
exciting *adj* উদ্দীপক
exclaim *v* চিৎকার করা
exclamation *n* আবেগসূচক উক্তি
exclude *v* বাদ দেওয়া
excruciating *adj* যন্ত্রণাদায়ক
excursion *n* প্রমোদভ্রমণ
excuse *v* ক্ষমা করা
excuse *n* ক্ষমা
execute *v* সম্পাদন করা; হত্যা করা
executive *n* কার্যনির্বাহী
exemplary *adj* অনুকরণীয়
exemplify *v* দৃষ্টান্ত দেওয়া
exempt *adj* মুক্ত
exemption *n* মুক্তি
exercise *n* ব্যায়াম
exercise *v* ব্যায়াম করা; ব্যবহার করা
exert *v* প্রয়োগ করা
exertion *n* চেষ্টা
exhaust *v* শেষ করা
exhausting *adj* ক্লান্তিকর
exhaustion *n* ক্লান্তি
exhibit *v* প্রদর্শন করা
exhibition *n* প্রদর্শনী
exhilarating *adj* উল্লাসজনক
exhort *v* প্রণোদিত করা
exile *v* নির্বাসিত করা
exile *n* নির্বাসন
exist *v* থাকা
existence *n* অস্তিত্ব
exit *n* প্রস্থান
exodus *n* যাত্রা
exonerate *v* ক্ষমা করা
exorbitant *adj* অত্যধিক
exorcist *n* ভূতের রোজা
exotic *adj* বিদেশাগত
expand *v* বিস্তৃত করা
expansion *n* বিস্তৃতি
expect *v* আশা করা
expectancy *n* আশা
expectation *n* আশা
expediency *n* উপযোগিতা
expedient *adj* উপযুক্ত
expedition *n* অভিযান
expel *v* বহিষ্কৃত করা
expenditure *n* ব্যয়
expense *n* ব্যয়
expensive *adj* ব্যয়বহুল
experience *n* অভিজ্ঞতা
experiment *n* পরীক্ষা

E

E

expert *adj* দক্ষ
expiate *v* খেসারত দেওয়া
expiation *n* খেসারতমূলক
expiration *n* শ্বাসত্যাগ
expire *v* নিঃশ্বাস ফেলা
explain *v* ব্যাখ্যা করা
explicit *adj* স্পষ্ট
explode *v* বিস্ফোরিত হওয়া
exploit *v* কাজে লাগানো
exploit *n* সাহসিক কার্য
exploitation *n* বিদেশে রপ্তানিকরণ
explore *v* পরিভ্রমণ করা
explorer *n* অভিযাত্রী
explosion *n* বিস্ফোরণ
explosive *adj* বিস্ফোরক
export *v* রপ্তানি করা
expose *v* অনাবৃত করা
exposed *adj* অনাবৃত
express *adj* দ্রুতগামী
express *v* প্রকাশ করা
expression *n* প্রকাশ
expressly *adv* স্পষ্টরূপে
expropriate *v* বেদখল করা
expulsion *n* বিতাড়ন
exquisite *adj* অতি সুন্দর
extend *v* প্রসারিত করা
extension *n* প্রসারণ
extent *n* প্রসার
extenuating *adj* হ্রাসকারী
exterior *adj* বহির্ভূত
exterminate *v* বিনষ্ট করা
external *adj* বাহ্যিক
extinct *adj* নির্বাপিত
extinguish *v* নির্বাপিত করা
extort *v* জুলুম করা
extortion *n* জোর করিয়া আদায়
extra *adv* অতিরিক্তভাবে
extract *v* উদ্ধৃত করা
extradite *n* বহির্দেশে সমর্পণ করা
extradition *n* বহির্দেশে সমর্পণ
extraneous *adj* বাহিরের
extravagance *n* অমিতব্যয়
extravagant *adj* অমিতব্যয়ী
extreme *adj* অত্যন্ত
extremist *adj* চরমপন্থী
extremities *n* চরম অবস্থা
extricate *v* মুক্ত করা
extroverted *adj* বহির্মুখী
exude *v* ঝরান
exult *v* অতিশয় আনন্দ করা
eye *n* চোখ
eyebrow *n* ভুরু
eye-catching *adj* দৃষ্টি আকর্ষণকারী
eyeglasses *n* চশমা
eyelash *n* অক্ষিপক্ষ্ম
eyelid *n* চোখের পাতা
eyesight *n* দৃষ্টি
eyewitness *n* প্রত্যক্ষ সাক্ষী

F

fable *n* উপকথা
fabric *n* সেলাই করা কাপড়
fabricate *v* নির্মাণ করা
fabulous *adj* ভান-করা
face *n* মুখমন্ডল
face *v* সম্মুখীন হওয়া
face up to *v* মুখোমুখি হওয়া
facet *n* তল
facilitate *v* সহজ করা
facing *pre* মুখোমুখি হওয়া
fact *n* প্রকৃত ঘটনা
factor *n* উৎপাদক
factory *n* কারখানা
factual *adj* প্রকৃত
faculty *n* দক্ষতা; শিক্ষার বিভাগ
fad *n* খেপামি
fade *v* অদৃশ্য হওয়া
faded *adj* অদৃশ্য হয়েছে
fail *v* ব্যর্থ হওয়া
failure *n* ব্যর্থতা
faint *v* মূর্ছা যাওয়া
faint *n* মূর্ছা
faint *adj* অস্পষ্ট
fair *n* মেলা
fair *adj* সুন্দর, সত
fairness *n* সততা
fairy *n* পরী
faith *n* বিশ্বাস
faithful *adj* বিশ্বাসী
fake *v* জাল করা
fake *adj* কৃত্তিম
fall *n* পতন, বর্ষণ
fall *iv* পড়িয়া যাওয়া
fall back *v* পথ ছাড়িয়া দেওয়া
fall behind *v* পিছাইয়া পড়া
fall down *v* পড়ে যাওয়া
fall through *v* ব্যর্থ হওয়া
fallacy *n* ভ্রান্ত ধারণা
fallout *n* ফলাফল
falsehood *n* মিথ্যা
falsify *v* জাল করা
falter *v* হোঁচট খাওয়া
fame *n* খ্যাতি
familiar *adj* সুপরিচিত
family *n* পরিবার
famine *n* দুর্ভিক্ষ
famous *adj* বিখ্যাত
fan *n* গোঁড়া ভক্ত; পাখা
fanatic *adj* অতিশয় গোঁড়া
fancy *adj* অভিনব
fang *n* থাবা; সাঁড়াশি
fantastic *adj* চমৎকার
fantasy *n* কল্পনা
far *adv* বহু-দূরে
faraway *adj* দূরবর্তী
farce *n* হাস্যকর
fare *n* পথ-খরচ
farewell *n* বিদায়
farm *n* খামার, কৃষিক্ষেত্র
farm *v* চাষ করা
farmer *n* চাষী

F

F

farming *n* চাষ
farmyard *n* গোলাবাড়ির উঠান
farther *adv* বহুদূরে
fascinate *v* মুগ্ধ করা
fashion *n* প্রচলন
fashionable *adj* রীতি-অনুযায়ী
fast *adj* দ্রুত
fast *v* উপবাস করা
fasten *v* দৃঢ় করা
fat *n* মেদ
fat *adj* মোটা
fatal *adj* অবশ্যম্ভাবী
fate *n* ভাগ্য, পরিণতি
fateful *adj* ভবিষ্যদ্বাণীমূলক
father *n* বাবা
fatherhood *n* পিতৃত্ব
father-in-law *n* শ্বশুর
fatherly *adj* পিতৃতুল্য
fathom out *v* বুঝে ওঠা
fatigue *n* ক্লান্তি
fatten *v* মোটা করা
fatty *adj* মেদযুক্ত
faucet *n* পিপের কল
fault *n* দোষ
faulty *adj* দোষযুক্ত
favor *n* অনুগ্রহ
favorable *adj* অনুকূল
favorite *adj* প্রিয়
fear *n* ভয়
fearful *adj* ভীরু
feasible *adj* সম্ভব
feast *n* ভোজ
feat *n* কৃতিত্ব
feather *n* পাখির পালক
feature *n* গঠন
February *n* ফেব্রুয়ারী
fed up *adj* বিরক্ত
federal *adj* চুক্তিবদ্ধ
fee *n* বেতন
feeble *adj* অতি দুর্বল
feed *iv* খাওয়ান
feedback *n* প্রতিক্রিয়া
feel *iv* অনুভব করা
feeling *n* অনুভূতি
feelings *n* অনুভূতি
feet *n* পদতল
feign *v* ভান করা
fellow *n* সঙ্গী
fellowship *n* সাহচর্য
felon *n* দোষী ব্যক্তি
felony *n* গুরুতর অপরাধ
felt *n* মোটা কাপড়
felt *v* অনুভব করেছিল
female *n* স্ত্রীলোক
feminine *adj* স্ত্রীজাতীয়
fence *n* বেড়া
fence *v* তরোয়াল খেলা করা; বেড়া দেওয়া
fencing *n* বেড়া নির্মাণ; তরোয়াল খেলা
fend *v* নিবারণ করা
fend off *v* প্রতিহত করা
fender *n* সংঘর্ষ এড়ানোর পদার্থ
ferment *v* উত্তেজিত করা
ferment *n* উত্তেজনা
ferocious *adj* হিংস্র

73 finish

ferocity *n* হিংস্রতা
ferry *n* খেয়াঘাট
fertile *adj* উর্বর
fertility *n* উর্বরতা
fertilize *v* উর্বর করা
fervent *adj* উৎসুক
fester *v* পেকে ওঠা
festive *adj* আনন্দময়
festivity *n* উৎসব
fetid *adj* তীব্র-দুর্গন্ধময়
fetus *n* ভ্রূণ
feud *n* জাতিগত বিবাদ
fever *n* জ্বর
feverish *adj* জ্বরভাবগ্রস্ত
few *adj* অল্পসংখ্যক
fewer *adj* আরো অল্পসংখ্যক
fiancé *n* বাগদত্ত
fiber *n* তন্তু
fickle *adj* চঞ্চল
fiction *n* কল্পিত কাহিনি
fictitious *adj* কাল্পনিক
fiddle *n* বেহালা
fidelity *n* বিশ্বস্ততা
field *n* মাঠ; খনিজভূমি
field *v* ক্রিকেট খেলায় একটি কাজ
fierce *adj* হিংস্র
fiery *adj* অগ্নিগর্ভ
fifteen *adj* পনেরো
fifth *adj* পঞ্চম
fifty *adj* পঞ্চাশ
fifty-fifty *adv* সমান-সমান
fig *n* ডুমুর
fight *iv* যুদ্ধ করা
fight *n* যুদ্ধ
fighter *n* যোদ্ধা
figure *n* চেহারা; মূর্তি
figure out *v* চিন্তা করা
file *v* ফাইলজাত করা
file *n* ফাইল; উকো
fill *v* পূর্ণ করা
filling *n* ভরা
film *n* চলচ্চিত্র
film *v* চলচ্চিত্র তোলা
filter *n* তরল ছাঁকার ব্যবস্থা
filter *v* পরিস্রাবণ করা
filth *n* ময়লা
filthy *adj* ময়লাযুক্ত
fin *n* ডানা
final *adj* শেষ
finalize *v* স্থির করা
finance *v* অর্থ প্রদান
financial *adj* আর্থিক
find *iv* খোঁজা
find out *v* খুঁজে বের করা
fine *n* জরিমানা
fine *v* জরিমানা করা
fine *adv* ভালো
fine *adj* সুন্দর
fine print *n* সুন্দর ছাপ
finger *n* হাতের আঙুল
fingernail *n* হাতের নখ
fingerprint *n* হাতের ছাপ
fingertip *n* হস্তাঙ্গুলির ডগা
finish *v* শেষ করা

F

Finland 74

F

Finland *n* ফিনল্যান্ড
Finnish *adj* ফিনল্যাণ্ডজাত
fire *v* আগুন জ্বালান
fire *n* আগুন
firearm *n* বন্দুকাদির আগ্নেয়াস্ত্র
firecracker *n* পটকা-বাজি
firefighter *n* দমকল কর্মী
fireman *n* দমকল-কর্মী
fireplace *n* আগুন জ্বালানোর জায়গা
firewood *n* জ্বালানীকাঠ
fireworks *n* আতশবাজি
firm *adj* স্থির
firm *n* ব্যবসায়-প্রতিষ্ঠান
firmness *n* স্থির সংকল্প
first *adj* প্রথম
fish *n* মাছ
fish *v* মাছ ধরা
fisherman *n* জেলে
fishy *adj* মৎস্যতুল্য
fist *n* মুষ্টি
fit *adj* উপযুক্ত; খিঁচুনি
fit *v* উপযুক্ত করা
fitness *n* উপযুক্ততা
fitting *adj* উপযুক্ত
five *adj* পাঁচ
fix *v* আঁটা
fjord *n* সরু নালা
flag *n* পতাকা
flagpole *n* মাস্তুল
flamboyant *adj* সুসজ্জিত
flame *n* অগ্নিশিখা
flammable *adj* দাহ্য
flank *n* পার্শ্বদেশ
flare *n* মশাল
flare-up *v* ক্রোধপ্রকাশ করা
flash *n* আলোর ঝলক
flashlight *n* টর্চ
flashy *adj* অত্যধিক চকচকে
flat *n* সমতল ভূমি
flat *adj* মসৃণ
flatten *v* চ্যাপটা করা
flatter *v* তোষামোদ করা
flattery *n* তোষামোদ
flaunt *v* বাতাসে দোলা
flavor *n* সুগন্ধ
flaw *n* দোষ
flawless *adj* নিখুঁত
flea *n* কীটবিশেষ
flee *iv* পলায়ন করা
fleece *n* লোম
fleet *n* পোতসমূহ
fleet *v* ক্ষণস্থায়ী হওয়া
fleeting *adj* বেগমান
flesh *n* মাংস
flex *v* বক্র করা
flexible *adj* নমনীয়
flicker *v* কাঁপা
flier *n* পলাতক
flight *n* বিমান
flimsy *adj* দুর্বল
flip *v* মৃদু আঘাত করা
flirt *v* ছেনালি করা
float *v* ভাসমান হওয়া
flock *n* গুচ্ছ

flog *v* বেত্রাঘাত করা
flood *v* জল-প্লাবিত করা
flood *n* বন্যা
floodgate *n* জলনির্গমন পথ
flooding *n* বন্যা
floodlight *n* উজ্জ্বল আলো
floor *n* মেঝে
flop *n* হঠাত্
floss *n* রেশমের ফেঁসো
flour *n* ময়দা
flourish *v* প্রচুর পরিমানে জন্মান
flow *v* প্রবাহিত হওয়া
flow *n* প্রবাহ
flower *n* ফুল
flowerpot *n* ফুলের টব
flu *n* ইনফ্লুয়েঞ্জা
fluctuate *v* ওঠা-নামা করা
fluently *adv* বাকপটুতা
fluid *n* তরল পদার্থ
flunk *v* ফেল করা
flush *v* উড়ে যাওয়া
flute *n* বাঁশি
flutter *v* ঝাপটান
fly *iv* ওড়া
fly *n* মাছি
foam *n* ফেনা
focus *n* মনোযোগ; কেন্দ্রবিন্দু
focus on *v* কেন্দ্রীভূত করা
foe *n* শত্রু
fog *n* কুয়াশা
foggy *adj* কুয়াশাচ্ছন্ন
foil *v* ব্যর্থ করা
fold *v* ভাঁজ করা
folder *n* কাগজ নিয়ে যাবার ফাইল
folks *n* লোক
folksy *adj* সাদাসিধে
follow *v* অনুসরণ করা
follower *n* শিষ্য
folly *n* মুর্খতা
fond *adj* অনুরাগী
fondle *v* হাত বোলানো
fondness *n* পছন্দ
food *n* খাদ্য
foodstuff *n* আহার্য সামগ্রী
fool *v* প্রতারণা করা
fool *n* বোকা
foolproof *adj* অব্যর্থ
foot *n* পায়ের পাতা; মাপবিশেষ
football *n* ফুটবল
footnote *n* পাদটীকা
footprint *n* পদচিহ্ন
footstep *n* পদক্ষেপ
footwear *n* জুতা
for *pre* জন্য
forbid *iv* মানা করা
force *n* শক্তি
force *v* বলপ্রয়োগ করা
forceful *adj* শক্তিমান
forcibly *adv* বলপ্রয়োগ
forecast *iv* অনুমান করা
forefront *n* পুরোভাগ
foreground *n* পুরোভূমি
forehead *n* কপাল
foreign *adj* বিদেশী

F

foreigner *n* বিদেশী ব্যক্তি
foreman *n* প্রথম ব্যক্তি
foremost *adj* সর্বোত্তম
foresee *iv* দূরদর্শন করা
foreshadow *v* পূর্বাভাস দেওয়া
foresight *n* পূর্বদর্শন
forest *n* জঙ্গল
foretaste *n* পূর্বানুমান করা
foretell *v* পূর্বেই বলা
forever *adv* সর্বদা
forewarn *v* আগাম সতর্ক করা
foreword *n* ভূমিকা
forfeit *v* অধিকার খোয়ান
forge *v* একত্র করা; জাল করা
forgery *n* জালিয়াতি
forget *v* ভুলিয়া যাওয়া
forgivable *adj* মার্জনীয়
forgive *v* ক্ষমা করা
forgiveness *n* ক্ষমা
fork *n* কাঁটা
form *n* গঠন
formal *adj* আনুষ্ঠানিক
formality *n* শিষ্টাচার
formalize *v* বৈধ রূপ দেওয়া
formally *adv* যথাবিধি
format *n* পুস্তকের আকার
formation *n* গঠন
former *adj* প্রাক্তন
formerly *adv* ইতিপূর্বে
formidable *adj* ভীতি-উদ্রেককারী
formula *n* সূত্র
forsake *iv* পরিত্যাগ করা
fort *n* দুর্গ
forthcoming *adj* আগামী
forthright *adj* স্পষ্টাস্পষ্টি
fortify *v* শক্তিশালী করা
fortitude *n* বীরত্বপূর্ণ সহিষ্ণুতা
fortress *n* নগরদুর্গ
fortunate *adj* সৌভাগ্যশালী
fortune *n* ভাগ্য
forty *adj* চল্লিশ
forward *adv* সম্মুখদিকে
fossil *n* জীবাশ্ম
foster *v* লালনপালন করা
foul *adj* নোংরা
foundation *n* প্রতিষ্ঠা
founder *n* প্রতিষ্ঠাতা
foundry *n* ঢালাইয়ের স্থান
fountain *n* ঝরনা
four *adj* চার
fourteen *adj* চোদ্দ
fourth *adj* চতুর্থ
fox *n* শিয়াল
foxy *adj* চতুর
fraction *n* ভগ্নাংশ
fracture *n* ভঙ্গ
fragile *adj* ভঙ্গুর
fragment *n* টুকরা
fragrance *n* সুন্দর গন্ধ
fragrant *adj* সুগন্ধ
frail *adj* ভঙ্গুর; দুর্বল
frailty *n* দুর্বলতা
frame *n* গঠন
frame *v* গঠন করা

framework *n* কাঠামো
France *n* ফ্রান্স
franchise *n* ভোটাধিকার
frank *adj* সরল
frankly *adv* সরলভাবে
frankness *n* সরলতা
frantic *adj* উদ্বেল
fraternal *adj* ভ্রাতৃতুল্য
fraternity *n* ভ্রাতৃসঙ্ঘ
fraud *n* প্রতারণা
fraudulent *adj* প্রতারণাপূর্ণ
freckle *n* ফোঁটা
freckled *adj* ক্ষুদ্র চিহ্নযুক্ত
free *v* মুক্ত হওয়া
free *adj* মুক্ত
freedom *n* স্বাধীনতা
freeway *n* মুক্তপথ
freeze *iv* জমাট করা
freezer *n* হিমায়ন-যন্ত্র
freezing *adj* জমাটবাঁধা
freight *n* বোঝা
French *adj* ফরাসী
frenetic *adj* উন্মত্ত
frenzied *adj* অত্যন্ত উত্তেজিত
frenzy *n* প্রবল উত্তেজনা
frequency *n* কম্পন
frequent *adj* বারংবার
frequent *v* বারবার যাওয়া
fresh *adj* তাজা
freshen *v* সতেজ করা
freshness *n* সতেজতা
friar *n* খ্রীস্টান ভিক্ষু
friction *n* ঘর্ষণ
Friday *n* শুক্রবার
fried *adj* ভর্জিত
friend *n* বন্ধু
friendship *n* বন্ধুত্ব
fries *n* ভাজা
frigate *n* রণতরী-বিশেষ
fright *n* ভয়
frighten *v* ভীত করা
frightening *adj* ভয়
frigid *adj* শীতল
fringe *n* প্রান্ত
frivolous *adj* লঘুচেতা
frog *n* ব্যাঙ
from *pre* থেকে
front *n* সামনে; কপাল
front *adj* সম্মুখ
frontage *n* বাড়ীর সম্মুভাগ
frontier *n* সীমান্তপ্রদেশ
frost *n* তুষার
frostbite *n* শরীরে তুষারের কামড়ে পচন
frostbitten *adj* তুষারাবৃত
frosty *adj* তুষারপূর্ণ
frown *v* ভ্রূকুটি করা
frozen *adj* অনাদায়ী; ঠাণ্ডায় জমানো
frugal *adj* মিতব্যয়ী
frugality *n* মিতব্যয়িতা
fruit *n* ফল
fruitful *adj* ফলপ্রসূ
fruity *adj* ফলের স্বাদপূর্ণ
frustrate *v* ব্যাহত করা
frustration *n* নৈরাশ্য

F

F

fry *v* টুকিটাকি জিনিষপত্র
frying pan *n* ভাজার চাটু
fuel *n* জ্বালানী দ্রব্য
fuel *v* ইন্ধন সরবরাহ করা
fugitive *n* পলায়নপর
fulfill *v* পরিপূর্ণ করা
fulfillment *n* তৃপ্ত করা
full *adj* পরিপূর্ণ
fully *adv* সম্পূর্ণভাবে
fumes *n* ধোঁয়া, বাষ্প
fumigate *v* বাষ্পশোধন করা
fun *n* মজা
function *n* কাজ
fund *n* তহবিল
fund *v* তহবিলে জমা দেওয়া
fundamental *adj* মৌলিক
funds *n* পুঁজি
funeral *n* অন্ত্যেষ্টিক্রিয়া
fungus *n* ছত্রাক
funny *adj* কৌতুকপূর্ণ
fur *n* পশম
furious *adj* ক্রোধন্মত্ত
furiously *adv* ক্রোধন্মত্তভাবে
furnace *n* চুল্লি
furnish *v* সজ্জিত করা
furnishings *n* আসবাবপত্রাদি
furniture *n* আসবাবপত্র
furor *n* উত্তেজনা
furrow *n* হল চালানোর দাগ
furry *adj* পশমাবৃত
further *adv* অধিকন্তু
furthermore *adv* এতদতিরিক্ত
fury *n* প্রচন্ড ক্রোধ
fuse *n* ফিউজ
fusion *n* গলন
fuss *n* তাড়াহুড়া
fussy *adj* ব্যস্তবাগীশ
futile *adj* অকার্যকর
futility *n* ব্যর্থতা
future *n* ভবিষ্যত্
fuzzy *adj* অস্পষ্ট, ঝাপসা

G

gag *v* কন্ঠ রোধ করা
gag *n* পুঁটুলি
gage *v* বন্ধক
gain *v* লাভ করা
gain *n* লাভ
gal *n* মেয়ে
galaxy *n* ছায়াপথ
gale *n* প্রবল বাতাস
gall bladder *n* গল-ব্লাডার
gallant *adj* সাহসী
gallery *n* গ্যালারি
gallon *n* গ্যালন
gallop *v* লাফান
gallows *n* ফাঁসিকাঠ
galvanize *v* বিদ্যুতের সাহায্যে জোড়া
gamble *v* জুয়াখেলা

game *n* খেলা
gang *n* দল
gangrene *n* পচনশীল ক্ষত
gangster *n* কঠিন প্রস্তর
gap *n* ফাঁক ফাটল
garage *n* গ্যারেজ
garbage *n* জঞ্জাল
garden *n* বাগান
gardener *n* মালী
gargle *v* গারগল করা
garland *n* পুষ্প মাল্য
garlic *n* রসুন
garment *n* জামা
garnish *v* সাজান
garnish *n* আভরণ
garrison *n* সৈন্য সরবরাহ
garrulous *adj* বাক্যবাগীশ
garter *n* ইলাসটিক জাতীয় ফিতে
gas *n* গ্যাস, বাষ্প
gash *n* ক্ষত
gasoline *n* পেট্রল
gasp *v* খাবি খাওয়া
gastric *adj* পাকস্থলীসংক্রান্ত
gate *n* তোরণ
gather *v* জড় করা
gathering *n* সংগ্রহ
gauge *v* মাপা
gauze *n* জাল
gaze *v* একদৃষ্টিতে দেখা
gear *n* দাঁতওয়ালা চাকা
geese *n* রাজহংসী
gem *n* রত্ন
gender *n* লিঙ্গ
gene *n* জিন
general *n* সাধারণ
generalize *v* সাধারণ ধারণা করা
generate *v* জন্ম দেওয়া
generation *n* উৎপাদন
generator *n* জন্মদাতা
generic *adj* জাতিগত
generosity *n* দানশীলতা
genetic *adj* জন্ম
genial *adj* স্বাস্থ্যকর
genius *n* প্রতিভা
genocide *n* নরহত্যা
genteel *adj* ভদ্র
gentle *adj* ভদ্র
gentleman *n* ভদ্রলোক
gentleness *n* ভদ্রতা
genuflect *v* নতজানু হওয়া
genuine *adj* আসল
geography *n* ভূগোলবিদ্যা
geology *n* ভূবিদ্যা
geometry *n* জ্যামিতি
germ *n* জীবাণু
German *adj* জার্মান ভাষা
Germany *n* জার্মানী
germinate *v* অঙ্কুরিত হওয়া
gerund *n* ক্রিয়াপদ
gestation *n* গর্ভধারণকাল
gesticulate *v* অঙ্গভঙ্গি করা
gesture *n* অঙ্গভঙ্গি
get *iv* পাওয়া
get along *v* কার্যাদি চালান

G

get away 80

G

get away *v* পলায়ন করা
get back *v* ফিরিয়া আসা
get by *v* পাশ দিয়া যাওয়া
get down *v* নামা
get down to *v* নামান
get in *v* ঢোকা
get off *v* অবতরণ করা
get out *v* বাহির হওয়া
get over *v* অতিক্রম করা
get together *v* একত্র হওয়া
get up *v* ওঠা
geyser *n* উষ্ণপ্রস্রবণ
ghastly *adj* মৃতবত
ghost *n* ভূত, প্রেত
giant *n* দৈত্য
gift *n* দান
gifted *adj* সহজাত গুণসম্পন্ন
gigantic *adj* দানবীয়
giggle *v* বোকার মত হাসা
gimmick *n* প্রতারণাপূর্ণ কৌশল
ginger *n* আদা
gingerly *adv* নিঃশব্দে
giraffe *n* জিরাফ
girl *n* বালিকা
girlfriend *n* মেয়ে বন্ধু
give *iv* দেওয়া
give away *v* ছাড়িয়া দেওয়া
give back *v* ফেরত দেওয়া
give in *v* হার মানা
give out *v* ঘোষণা করা
give up *v* পরিত্যাগ করা
glacier *n* হিমবাহ
glad *adj* আনন্দপূর্ণ
gladiator *n* যোদ্ধা
glamorous *adj* সুন্দর
glance *n* তির্যক্ গতি
gland *n* গ্রন্থি
glare *n* তীব্র চাহনি
glass *n* কাচ, গেলাস
glasses *n* চশমা
glassware *n* কাচের জিনিসপত্র
gleam *n* মৃদু আলো
gleam *v* মৃদুভাবে দীপ্তি পাওয়া
glide *v* হড়কাইয়া যাওয়া
glimmer *n* মিট মিট করা
glimpse *n* আভাস
glimpse *v* আভাস পাওয়া
glitter *v* ঝকমক করা
globe *n* পৃথিবী; গোলক
globule *n* ক্ষুদ্রগোলক
gloom *n* ঈষদন্ধকার
gloomy *adj* অন্ধকার
glorify *v* মহিমান্বিত করা
glorious *adj* চমৎকার
glory *n* যশ
gloss *n* দ্যুতি
glossary *n* শব্দকোষ
glossy *adj* চকচকে
glove *n* দস্তানা
glow *v* প্রখর দীপ্তি পাওয়া
glucose *n* দ্রাক্ষা শর্করা
glue *n* শিরীষের আঠা
glue *v* আঠা লাগানো
glut *n* ভোজন

glutton *n* গ্রাসকারী
gnaw *v* ক্ষয় করা
go *iv* যাওয়া
go ahead *v* অগ্রসর হওয়া
go away *v* প্রস্থান করা
go back *v* প্রত্যাবর্তন করা
go down *v* নামিয়া যাওয়া
go in *v* ঢোকা
go on *v* চলিতে থাকা
go out *v* বাহিরে যাওয়া
go over *v* পাঠ করা
go through *v* সম্পন্ন করা
go under *v* নিমজ্জিত হওয়া
go up *v* ওঠা
goad *v* সম্মুখে চালিত করা
goal *n* গোল
goalkeeper *n* গোলরক্ষক
goat *n* ছাগল
gobble *v* গিলে খাওয়া
God *n* ভগবান
goddess *n* দেবী
godless *adj* নাস্তিক
goggles *n* স্থির দৃষ্টি
gold *n* সোনা
golden *adj* স্বর্ণময়
good *adj* ভাল
good-looking *adj* সুন্দর
goodness *n* সাধুতা
goods *n* রক্ষা
goodwill *n* সুনাম
goof *v* আলস্যে সময় কাটান
goof *n* বোকা লোক
goose *n* হংসী
gorge *n* কন্ঠনালী
gorgeous *adj* জাঁকাল
gorilla *n* গোরিলা
gory *adj* জমাটবাঁধা
gospel *n* খ্রীস্টের উপদেশাবলী
gossip *v* গুজব রটাইয়া বেড়ান
gossip *n* গুজব
gout *n* গেঁটেবাত
govern *v* শাসন করা
government *n* সরকার
governor *n* রাজ্যপাল
gown *n* আলখাল্লা জাতীয় পোশাক
grab *v* হঠাত্ আঁকড়াইয়া ধরা
grace *n* অনুগ্রহ; ক্ষমা
graceful *adj* শোভন
gracious *adj* করুণাময়
grade *n* ধাপ
grade *v* বিন্যস্ত করা
gradual *adj* ক্রমশ
graduate *v* ক্রমবিভক্ত করা
graduation *n* রেখার ক্রমবিভক্তি
graft *n* বৃক্ষের কলম; ঘুষ
graft *v* ঘুষ দেওয়া
grain *n* শষ্যকণা
gram *n* ছোলা
grammar *n* ব্যাকরণ
grand *adj* শ্রেষ্ঠ
grandchild *n* নাতি-নাতনি
granddad *n* ঠাকুরদাদা
grandfather *n* পিতামহ
grandmother *n* মাতামহ

G

G

grandparents *n* পূর্বপুরুষ
grandson *n* নাতি
grandstand *n* মহার্ঘ আসন
granite *n* গ্রানাইট পাথর
granny *n* পিতামহী
grant *v* প্রদান করা
grant *n* দান
grape *n* আঙ্গুর
grapefruit *n* শরবতি-লেবু
grapevine *n* দ্রাক্ষালতা
graphic *adj* চিত্রলেখ-সংক্রান্ত
grasp *n* উপলব্ধি
grasp *v* উপলব্ধি করা
grass *n* ঘাস
grassroots *adj* তৃণমূল
grateful *adj* কৃতজ্ঞ
gratify *v* সন্তুষ্ট করা
gratifying *adj* সন্তুষ্ট
gratitude *n* কৃতজ্ঞতা
gratuity *n* কর্মের স্বীকৃতি
grave *adj* গুরুত্বপূর্ণ
grave *n* কবরখানা
gravel *n* কাঁকর
gravely *adv* কর্কশভাবে
gravestone *n* সমাধি-প্রস্তর
graveyard *n* সমাধি-ক্ষেত্র
gravitate *v* আকৃষ্ট হওয়া
gravity *n* অভিকর্ষ
gravy *n* মাংসের রস
gray *adj* ধূসরবর্ণ
grayish *adj* ঈষৎধূসর
graze *v* চরান
graze *n* আলতো স্পর্শ
grease *v* চর্বি মাখান
grease *n* চর্বিতুল্য পদার্থ
greasy *adj* চর্বযুক্ত
great *adj* বড়
greatness *n* মহান
Greece *n* গ্রীস
greed *n* লোভ
greedy *adj* লোভী
Greek *adj* গ্রীকদেশীয়
green *adj* সবুজ
green bean *n* সবুজশষ্য
greenhouse *n* কাচের ঘরবিশেষ
Greenland *n* গ্রীনল্যান্ড
greet *v* অভিবাদন করা
greetings *n* অভ্যর্থনা
gregarious *adj* সঙ্গপ্রিয়
grenade *n* ছোট বোমা
greyhound *n* কুকুরবিশেষ
grief *n* দুঃখ
grievance *n* অভিযোগ
grieve *v* দুঃখ দেওয়া
grill *v* ভাজা
grill *n* লোহার-ঝাঁঝরি
grim *adj* করালদর্শন
grimace *n* মুখ-বিকৃতি
grime *n* ঝুলকালি
grin *n* হাসি
grin *v* হাসা
grind *iv* গুঁড়া করা
grip *v* আঁকড়াইয়া ধরা
grip *n* দৃঢ়মুষ্টি

gripe *n* আঁটিয়া ধরা
grisly *adj* ভয়াবহ
groan *v* গভীর আর্তনাদ করা
groan *n* গভীর আর্তনাদ
groceries *n* মুদিখানার পণ্যদ্রব্য
groin *n* কুঁচকি
groom *n* বর
groove *n* খাঁজ
gross *adj* মোটা
grossly *adv* পাইকারীভাবে
grotesque *adj* অপরূপ
grotto *n* গুহা
grouch *v* গজগজ করা
grouchy *adj* বদমেজাজী
ground *n* মাঠ
ground floor *n* একতলা
groundless *adj* ভিত্তিহীন
groundwork *n* ভিত্তি
group *n* গোষ্ঠী
grow *iv* বৃদ্ধি পাওয়া
grow up *v* বড় হইয়া ওঠা
growl *v* গর্জন করা
grown-up *n* পূর্ণবয়স্ক
growth *n* বৃদ্ধি
grudge *n* শত্রুতা
grudgingly *adv* অনিচ্ছাকৃতভাবে
grueling *adj* কঠোর
gruesome *adj* ভয়ঙ্কর
grumble *v* গজরানো
grumpy *adj* বদমেজাজি
guarantee *v* দায়িত্বগ্রহণ করা
guarantee *n* দায়িত্ব; জামিন
guarantor *n* জামিনদার
guard *n* পাহারা
guard *v* পাহারা দেওয়া
guardian *n* অভিভাবক
guerrilla *n* গরিলা যুদ্ধ
guess *v* অনুমান করা
guess *n* অনুমান
guest *n* অতিথি
guidance *n* পথনির্দেশ
guide *v* পথপ্রদর্শন করা
guide *n* পথপ্রদর্শক
guidebook *n* পথপঞ্জি
guidelines *n* রূপরেখা
guild *n* সমাজ
guile *n* চাতুরি
guillotine *n* নরহত্যার যন্ত্র
guilt *n* দোষ
guilty *adj* অপরাধী
guise *n* বাহ্যরূপ
guitar *n* বাদ্যযন্ত্র-বিশেষ
gulf *n* উপসাগর
gull *n* সামুদ্রিক পক্ষী
gullible *adj* সহজে প্রতারিত
gulp *v* গ্রাস করা
gulp *n* গ্রাস
gulp down *v* গিলিয়া ফেলা
gum *n* আঠা
gun *n* বন্দুক
gun down *v* হত্যা করা
gunfire *n* বন্দুক
gunman *n* বন্দুক-ধারী
gunpowder *n* কামানের বারুদ

G

gunshot *n* কামানের পাল্লা
gust *n* ঝুটি
gusto *n* স্বাদ
gusty *adj* ঝড়ো
gut *n* প্রাণীর অন্ত্র
guts *n* শিরদাঁড়া
G
gutter *n* পয়োনালী, গর্ত
guy *n* পলায়ন; দড়ি
guzzle *v* গলাধ্যকরণ
gymnasium *n* ব্যায়ামের স্থান
gynecology *n* স্ত্রীরোগ বিদ্যা
gypsy *n* বেদে

H

habit *n* অভ্যাস
habitable *adj* বাসযোগ্য
habitual *adj* অভ্যাসগত
hack *v* কুপিয়ে কাটা
haggle *v* দর-কষাকষি করা
hail *v* অভিবাদন জানান
hail *n* শিলাবৃষ্টি; গালিগালাজ
hair *n* চুল
hairbrush *n* চিরুনি
haircut *n* কেশকর্তন
hairdo *n* চুলের বিন্যাস
hairdresser *n* চুল কাটেন যিনি
hairpiece *n* পরচুলার ক্ষুদ্র গুচ্ছ
hairy *adj* কেশসংক্রান্ত
half *n* অর্ধাংশ
half *adj* অর্ধেক
hall *n* হল ঘর
hallucinate *v* চিত্তবিভ্রম হওয়া
hallway *n* প্রবেশপথ
halt *v* ভ্রমণকালে থামা
halve *v* সমদ্বখন্ডিত করা
ham *n* ঊরু; শুকরের মাংস
hamburger *n* পাউরুটি ও মাংসের খাবার
hamlet *n* ক্ষুদ্র গ্রাম
hammer *n* হাতুড়ি
hammer *v* হাতুড়ি মারা; বার বার বলা
hammock *n* দোলনশয্যা
hand *n* হাত
hand down *v* উত্তরাধিকারে দেওয়া
hand in *v* প্রদান করা
hand out *v* মুষ্টিভিক্ষা দেওয়া
hand over *v* প্রদান করা
handbag *n* হাতব্যাগ
handbook *n* হস্তপুস্তিকা
handcuff *v* হাতকড়া পরান
handcuffs *n* হাতকড়ি
handful *n* একমুঠো
handgun *n* ছোট বন্ধুক
handicap *n* প্রতিবন্ধক
handkerchief *n* রুমাল
handle *v* হাত লাগান
handle *n* হাতল
handmade *adj* হস্তনির্মিত
handout *n* মুষ্টিভিক্ষা
handrail *n* সিঁড়ির রেলিং

handshake n করমর্দন
handsome adj সুদর্শন
handwriting n হাতের লেখা
handy adj কৌশলী
hang iv ঝুলান
hang around v একত্র রাখা
hang on v আঁটিয়া থাকা
hang up v ঝোলান
hanger n কাপড় ঝোলানোর সামগ্রী
hang-up n দেরী করান
happen v ঘটা
happening n ঘটনা
happiness n সৌভাগ্য
happy adj সুখী
harass v হয়রান করা
harassment n হয়রানী
harbor n পোতাশ্রয়
hard adj কঠিন
harden v কঠিন করা
hardly adv কষ্টসহকারে
hardness n কঠিন
hardship n কষ্ট
hardware n লোহালক্কড়
hardwood n শক্ত কাঠ
hardy adj কষ্টসহিষ্ণু
hare n খরগোশ
harm v ক্ষতি করা
harm n ক্ষতি
harmful adj ক্ষতিকর
harmless adj নির্দোষ
harmonize v একতান হওয়া
harmony n ঐকতান

harp n বীণাজাতীয় বাদ্যযন্ত্র
harpoon n একজাতীয় বর্শা
harrowing adj দুর্দশাপূর্ণ
harsh adj কর্কশ
harshly adv কঠোরভাবে
harshness n কঠোরতা
harvest n সংগৃহীত ফসল
harvest v শস্যাদি সংগ্রহ করা
hashish n চরস
hassle v হয়রান করা
hassle n হয়রানি
haste n ত্বরা
hasten v ত্বরান্বিত করান
hastily adv দ্রুতবেগে
hasty adj সত্বর
hat n টুপি
hatchet n ক্ষুদ্র কুঠার
hate v ঘৃণা করা
hateful adj ঘৃণাপূর্ণ
hatred n অতিশয় ঘৃণা
haughty adj গর্বিত
haul v জোরে টানা
haunt v সর্বদা গতিবিধি করা
have iv অধিকার করা
have to v বাধ্য হওয়া
haven n আশ্রয়
havoc n ব্যাপক ধ্বংস
hawk n ফেরি করা
hay n খড়
haystack n খড়ের গাদা
hazard n পাশাখেলা বিশেষ
hazardous adj ঝুঁকি

haze *n* কুয়াশা
hazelnut *n* এক ধরণের বাদাম
hazy *adj* কুয়াশাচ্ছন্ন
he *pro* সে
head *n* মাথা; প্রধান
head for *v* এগিয়ে যাওয়া
headache *n* মাথাব্যথা
heading *n* শিরোনাম
head-on *adv* মুখোমুখিভাবে
headphones *n* হেডফোন
headquarters *n* কেন্দ্রীয় দফতর
headway *n* অগ্রগতি
heal *v* আরোগ্য হওয়া
healer *n* আরোগ্যকর্তা
health *n* স্বাস্থ্য
healthy *adj* স্বাস্থ্যবান
heap *n* স্তূপ
heap *v* স্তূপাকার করা
hear *iv* শোনা
hearing *n* শ্রবণ
hearsay *n* জনশ্রুতি
hearse *n* শবযান
heart *n* হৃদয়
heartbeat *n* হৃৎস্পন্দন
heartburn *n* মর্মদাহ
hearten *v* উৎসাহ দেওয়া
heartfelt *adj* আন্তরিক
hearth *n* চুল্লির সামনের অংশ
heartless *adj* হৃদয়হীন
hearty *adj* আন্তরিক
heat *v* উত্তপ্ত করা
heat *n* তাপ
heat wave *n* তাপপ্রবাহ
heater *n* উনানবিশেষ
heathen *n* বর্বর
heating *n* উত্তাপন
heatstroke *n* সর্দিগর্মি
heaven *n* স্বর্গ
heavenly *adj* স্বর্গীয়
heaviness *n* গুরুত্ব
heavy *adj* ভারী
heckle *v* উত্যক্ত করা
hectic *adj* ব্যস্ততা
heed *v* লক্ষ্য করা
heel *n* গোড়ালি
height *n* উচ্চতা
heighten *v* উঁচু করা
heinous *adj* জঘন্য
heir *n* উত্তরাধিকারী
heiress *n* মহিলা উত্তরাধিকারী
heist *n* রাহাজানি
helicopter *n* হেলিকপটার
hell *n* নরক
hello *e* সম্ভাষণ
helm *n* হাল
helmet *n* মাথার বর্ম
help *v* সাহায্য করা
help *n* সাহায্য
helper *n* সাহায্যকারী
helpful *adj* সহায়ক
helpless *adj* অক্ষম
hem *n* পাড়
hemisphere *n* গোলার্ধ
hemorrhage *n* রক্তস্রাব

87 history

hen *n* মুরগী
hence *adv* এই কারণ হইতে
henchman *n* বিশ্বস্ত অনুচর
her *adj* তাহার
herald *v* ঘোষণা করা
herald *n* ঘোষক
herb *n* ভেষজ
here *adv* এখানে
hereafter *adv* ভবিষ্যতে
hereby *adv* এতদ্বারা
hereditary *adj* বংশগত
heresy *n* বিধর্মি মত
heretic *adj* ধর্মবিরোধী
heritage *n* উত্তরাধিকার
hermetic *adj* বায়ুরোধক
hermit *n* নির্জনবাসী
hernia *n* হার্নিয়া রোগ
hero *n* নায়ক
heroic *adj* বীর-সম্বন্ধীয়
heroin *n* নায়িকা
heroism *n* সাহস
hers *pro* তাহার
herself *pro* তিনিই
hesitant *adj* দ্বিধাগ্রস্ত
hesitate *v* দ্বিধা করা
hesitation *n* দ্বিধা
heyday *n* পূর্ণবিকাশ
hiccup *n* হেঁচকি
hidden *adj* লুকানো
hide *iv* লুকাইয়া ফেলা
hideaway *n* পলাতক
hideous *adj* ভয়ঙ্কর
hierarchy *n* দেবদূতগণ
high *adj* উঁচু
highlight *n* প্রধান বৈশিষ্ট্য
highly *adv* উচ্চে
Highness *n* মহানুভবতা
highway *n* রাজপথ; প্রধান পথ
hijack *n* গাড়ি ছিনতাই
hijack *v* গাড়ি ছিনতাই করা
hijacker *n* গাড়ি ছিরতাই করা
hike *v* ভ্রমণে যাওয়া
hike *n* ভ্রমণ
hilarious *adj* অত্যধিক হাসিখুশি
hill *n* পাহাড়
hillside *n* পাহাড়ের ঢাল
hilltop *n* পাহাড়ের চূড়া
hilly *adj* পাহাড়িয়া
hilt *n* বাঁট
hinder *v* বাধা দেওয়া
hindrance *n* বাধা
hindsight *n* পশ্চাদদৃষ্টি
hinge *v* কবজা পরান
hinge *n* কবজা
hint *n* সঙ্কেত, আভাস
hint *v* ইঙ্গিত
hip *n* পাছা
hire *v* ভাড়া করা
his *adj* তাহার
his *pro* তাহার
Hispanic *adj* স্পেইনদেশীয়
hiss *v* হিস হিস শব্দ করা
historian *n* ইতিহাস-রচয়িতা
history *n* ইতিহাস

H

hit *n* আঘাত
hit *iv* আঘাত করা
hit back *v* পালটা আক্রমণ চালানো
hitch *n* ঝাঁকুনি
hitch up *v* জোতা
hitchhike *v* বিনা ভাড়ায় ভ্রমণ
hitherto *adv* এই সময় পর্যন্ত
hive *n* মৌচাক
hoard *v* জমা করিয়া রাখা
hoarse *adj* কর্কশ
hoax *n* ছল
hobby *n* শখ
hog *n* শূকর
hoist *v* তোলা
hoist *n* উত্তোলন
hold *iv* গ্রহণ করা
hold back *v* ইতস্ততঃ করা
hold on to *v* ধরে রাখা
hold out *v* সহ্য করা
hold up *v* আটকে রাখা
holdup *n* ধরা
hole *n* গর্ত
holiday *n* ছুটির দিন
holiness *n* পোপের আখ্যা
Holland *n* হল্যান্ড
hollow *adj* গর্ত
holocaust *n* ধ্বংসকাণ্ড
holy *adj* ধার্মিক
homage *n* শ্রদ্ধা
home *n* বাড়ি
homeland *n* স্বদেশ
homeless *adj* গৃহহীন
homely *adj* পারিবারিক
homemade *adj* বাসায় তৈরী
homesick *adj* বাসার জন্য মন খারাপ
hometown *n* বাসের শহর
homework *n* বাড়ির কাজ
homicide *n* নরহত্যা
homily *n* ধর্মোপদেশ
honest *adj* সাধু
honesty *n* সাধুতা
honey *n* মধু
honeymoon *n* মধুচন্দ্রিমা
honk *n* হর্ন বাজান
honor *v* সম্মান করা
hood *n* মস্তকাবরণ
hoodlum *n* রাস্তার গুন্ডা
hoof *n* পায়ের খুর
hook *n* আঙটা
hooligan *n* রাস্তার গুন্ডা
hop *v* এক পায়ে লাফান
hope *n* আশা করা
hope *v* আশা করা
hopeful *adj* আশাপ্রদ
hopefully *adv* আশাপূর্ণ
hopeless *adj* আশাহীন
horizon *n* দিগন্ত
horizontal *adj* দিগন্তস্থিত
hormone *n* প্রাণিদেহজ রসবিশেষ
horn *n* শিং
horrendous *adj* ভয়ঙ্কর
horrible *adj* ভয়াবহ
horrify *v* আতঙ্কিত করা
horror *n* ঘৃণা

H

horse *n* ঘোড়া
hose *n* মোজাবিশেষ
hospital *n* হাসপাতাল
hospitality *n* অতিথিসেবা
hospitalize *v* ভর্তি করা
host *n* সৈন্যবাহিনী
hostage *n* প্রতিভূ
hostess *n* গৃহকর্ত্রী
hostile *adj* শত্রুতাপূর্ণ
hostility *n* শত্রুতা
hot *adj* গরম
hotel *n* হোটেল
hound *n* শিকারী কুকুর
hour *n* ঘন্টা
hourly *adv* প্রতি ঘন্টায়
house *n* বাড়ি
household *n* পরিবার
housekeeper *n* গৃহস্থালী ব্যবস্থাপক
housewife *n* গৃহিনী
housework *n* গৃহস্থালির কাজ
hover *v* ভাসমান থাকা
how *adv* কিভাবে
however *c* যাহা হউক
howl *v* গর্জন করা
howl *n* গর্জন
hub *n* কেন্দ্রস্থল
huddle *v* গাদাগাদি করা
hug *v* গাঢ় আলিঙ্গন করা
hug *n* গাঢ় আলিঙ্গন
huge *adj* বিশাল
hull *n* খোসা
hum *v* গুঞ্জন করা
human *adj* মানবসুলভ
human being *n* মানুষ
humanities *n* কলা
humankind *n* মানবজাতি
humble *adj* নীচ
humbly *adv* নিচু
humid *adj* আর্দ্র
humidity *n* আর্দ্রতা
humiliate *v* অবনত করা
humility *n* নম্রতা
humor *n* হাস্যকৌতুক
humorous *adj* কৌতুকপ্রিয়
hump *n* কুঁজ
hunch *n* কুঁজ
hunchback *n* কুঁজো লোক
hunched *adj* কুঁজো
hundred *adj* শত
hundredth *adj* শতাংশ
hunger *n* ক্ষুধা
hungry *adj* ক্ষুধার্ত
hunt *v* শিকার করা
hunter *n* শিকারী
hunting *n* শিকার
hurdle *n* প্রতিবন্ধক
hurl *v* সজোরে নিক্ষেপ করা
hurricane *n* প্রবল সামুদ্রিক ঝড়
hurriedly *adv* তাড়াতাড়ি
hurry *v* দ্রুত অগ্রসর করান
hurry up *v* তাড়াতাড়ি করা
hurt *iv* যন্ত্রণা দেওয়া
hurt *adj* ক্ষত
hurtful *adj* ক্ষতিকর

H

husband 90

husband *n* স্বামী
hush *n* নিস্তব্ধতা
hush up *v* চাপা দেওয়া
husky *adj* খোসাওয়ালা
hustle *n* ধাক্কা-ধাক্কি
hut *n* কুটির
hydraulic *adj* তরল জ্বালানি চালিত
hydrogen *n* হাইড্রোজেন
hyena *n* হায়েনা
hygiene *n* স্বাস্থ্য-বিজ্ঞান
hymn *n* স্তোত্র
hyphen *n* সংযোজক চিহ্ন
hypnosis *n* সম্মোহন
hypnotize *v* সম্মোহন করা
hypocrisy *n* ভন্ডামি
hypocrite *adj* ভন্ডামিপূর্ণ
hypothesis *n* প্রকল্প
hysteria *n* মৃগীরোগ
hysterical *adj* মৃগীরোগ-সংক্রান্ত

I

I *pro* আমি
ice *n* বরফ
ice cream *n* কুলপি বরফ
ice cube *n* বরফকুঁচি
ice skate *v* বরফের চটি
iceberg *n* হিমশৈল
icebox *n* ঠান্ডা ঘর
ice-cold *adj* বরফঠান্ডা
icon *n* প্রতিকৃতি
icy *adj* বরফবত্ শীতল
idea *n* ধারণা
ideal *adj* শ্রেষ্ঠ; আদর্শ
identical *adj* অনন্য; অভিন্ন
identify *v* সনাক্ত করা
identity *n* অনন্যতা
ideology *n* মত-বিজ্ঞান
idiom *n* বাগধারা
idiot *n* নির্বোধ
idiotic *adj* মূর্খ
idle *adj* অলস
idol *n* দেবমূর্তি
idolatry *n* প্রতিমা পূজা
if *c* যদি
ignite *v* প্রজ্বলিত করা
ignorance *n* অজ্ঞতা
ignorant *adj* অজ্ঞ
ignore *v* গ্রাহ্য করা
ill *adj* মন্দ
illegal *adj* অনৈতিক
illegible *adj* অপাঠ্য
illegitimate *adj* অবৈধ
illicit *adj* অবৈধ
illiterate *adj* অশিক্ষিত
illness *n* পীড়া
illogical *adj* অযৌক্তিক
illuminate *v* আলোকিত করা
illusion *n* বিভ্রম
illustrate *v* ব্যাখ্যা করা

H

illustration *n* ব্যাখ্যা
illustrious *adj* বিখ্যাত, প্রসিদ্ধ
image *n* প্রতিবিম্ব; ছবি
imagination *n* কল্পনা; কল্পনাশক্তি
imagine *v* কল্পনা করা
imbalance *n* অসম
imitate *v* অনুকরণ করা
imitation *n* নকল
immaculate *adj* নিষ্কলঙ্ক
immature *adj* অপরিণত
immaturity *n* অপরিপক্কতা
immediately *adv* তৎক্ষণাত্
immense *adj* বিশাল
immensity *n* অসীমতা
immerse *v* মগ্ন হওয়া
immersion *n* নিমজ্জন
immigrant *n* অভিবাসী
immigrate *v* অভিবাসন করা
immigration *n* অভিবাসন
imminent *adj* আসন্ন
immobile *adj* অচল
immobilize *v* অচল করা
immoral *adj* নীতিহীন
immorality *n* নীতিহীনতা
immortal *adj* অমর
immortality *n* অমরত্ব
immune *adj* মুক্ত
immunity *n* মুক্তি
immunize *v* টীকাকরণ
immutable *adj* অপরিবর্তনীয়
impact *n* প্রভাব
impact *v* দৃঢভাবে চাপা
impair *v* দুর্বল করা
impartial *adj* নিরপেক্ষ
impatience *n* অধীরতা
impatient *adj* অধীর
impeccable *adj* নিষ্পাপ
impediment *n* বাধা
impending *adj* আসন্ন
imperfection *n* ত্রুটি
imperial *adj* সাম্রাজ্য-সংক্রান্ত
imperialism *n* সাম্রাজ্যবাদ
impersonal *adj* অব্যক্তিগত
impertinence *n* শিষ্টাচারহীনতা
impertinent *adj* অশিষ্ট
impetuous *adj* দুর্দমনীয়
implacable *adj* অনমনীয়
implant *v* রোপণ করা
implement *v* কার্যে পরিণত করা
implicate *v* বিজড়িত করা
implication *n* অর্থ
implicit *adj* অন্তর্নিহিত
implore *v* মিনতি করা
imply *v* আভাসে বোঝানো
impolite *adj* কূটবুদ্ধিপ্রসূত
import *v* আমদানি করা
importance *n* গুরুত্ব
importation *n* আমদানি
impose *v* আরোপ করা
imposing *adj* কর্তৃত্বব্যঞ্জক
imposition *n* আরোপ
impossibility *n* অসম্ভাব্যতা
impossible *adj* অসম্ভব
impotent *adj* অক্ষম

impound *v* বাজেয়াপ্ত করা
impoverished *adj* দরিদ্র
impractical *adj* অকার্যকর
imprecise *adj* অনির্দিষ্ট
impress *v* ছাপ মেরে দেওয়া; বিশেষভাবে বোঝানো
impressive *adj* চিত্তাকর্ষক
imprison *v* কারারুদ্ধ করা
improbable *adj* বিশ্বাস করা কঠিন
impromptu *adv* পূর্বপ্রস্তুতি ব্যতিত
improper *adj* বেঠিক
improve *v* উন্নতি করা
improvement *n* উন্নতি
improvise *v* পূর্বপ্রস্তুতি ব্যতিত করা
impulse *n* তাড়না
impulsive *adj* আবেগতাড়িত
impunity *n* শাস্তি থেকে রেহাই
impure *adj* ভেজাল
in *pre* ভিতরে
in depth *adv* বিস্তৃতভাবে
inability *n* অক্ষমতা
inaccessible *adj* অপ্রবেশ্য
inaccurate *adj* ত্রুটিযুক্ত
inadequate *adj* অপর্যাপ্ত
inadmissible *adj* অস্বীকার্য
inappropriate *adj* অযথাযথ
inasmuch as *c* যেহেতু
inaugurate *v* উদ্বোধন করা
inauguration *n* উদ্বোধনী
incalculable *adj* ধারণাতীত
incapable *adj* অক্ষম
incapacitate *v* অক্ষম করা
incarcerate *v* কারারুদ্ধ করা
incense *n* ধূপ
incentive *n* উৎসাহদায়ক
inception *n* আরম্ভ
incessant *adj* অবিরাম
inch *n* ইঞ্চি
incident *n* ঘটনা
incidentally *adv* ঘটনাক্রমে
incision *n* কাটা
incite *v* সক্রিয় করা
incitement *n* প্ররোচনা
inclination *n* প্রবণতা
incline *v* ঢাল
include *v* অন্তর্ভুক্ত করা
inclusive *adv* অন্তর্ভুক্তিকর
incoherent *adj* অসংলগ্ন
income *n* আয়
incoming *adj* প্রবেশকারী
incompatible *adj* বেমানান
incompetence *n* অসামর্থ্য
incompetent *adj* অসমর্থ
incomplete *adj* অসম্পূর্ণ
inconsistent *adj* অসঙ্গত
incontinence *n* অসচ্চরিত্রতা
inconvenient *adj* অসুবিধাজনক
incorporate *v* একত্রীভূত করা
incorrect *adj* ত্রুটিপূর্ণ
incorrigible *adj* যা সংশোধন করা সম্ভব নয়
increase *n* বৃদ্ধি
increasing *adj* বৃদ্ধি হচ্ছিল
incredible *adj* অবিশ্বাস্য

increment *n* বৃদ্ধি
incriminate *v* অভিযুক্ত করা
incur *v* দায়ী করা
incurable *adj* চিকিৎসার অসাধ্য
indecency *n* অশোভনতা
indecision *n* ইতস্ততঃভাব
indecisive *adj* অনির্ণীত
indeed *adv* প্রকৃতপক্ষে
indefinite *adj* অস্পষ্ট
indemnify *v* ক্ষয়ক্ষতি পূরণের নিশ্চয়তা দেওয়া
indemnity *n* ক্ষয়ক্ষতি থেকে নিরাপত্তা
independence *n* স্বাধীনতা
independent *adj* স্বাধীন
index *n* সূচি
indicate *v* নির্দেশ করা
indication *n* নির্দেশ
indict *v* অভিযুক্ত করা
indifference *n* উদাসীনতা
indifferent *adj* উদাসীন
indigent *adj* অভাবী
indigestion *n* বদহজম
indirect *adj* পরোক্ষ
indiscreet *adj* অদূরদর্শী
indiscretion *n* অনৈতিক কাজ
indispensable *adj* অপরিহার্য
indisposed *adj* অসুস্থ
indisputable *adj* তর্কাতীত
indivisible *adj* অবিভাজ্য
indoctrinate *v* প্রণোদিত করা
indoor *adv* গৃহমধ্যে অবস্থিত
induce *v* প্ররোচিত করা
indulge *v* প্রশ্রয় দেওয়া
indulgent *adj* প্রশ্রয়দাতা
industrious *adj* পরিশ্রমী
industry *n* শিল্প
ineffective *adj* অকার্যকর
inefficient *adj* অদক্ষ
inept *adj* অনিপুণ
inequality *n* অসমতা
inevitable *adj* অবশ্যম্ভাবী
inexcusable *adj* ক্ষমার অযোগ্য
inexpensive *adj* সস্তা
inexperienced *adj* অনভিজ্ঞ
inexplicable *adj* অনির্বচনীয়
infallible *adj* অভ্রান্ত
infamous *adj* কুখ্যাত
infancy *n* শৈশব
infant *n* শিশু
infantry *n* সৈন্যবাহিনী
infect *v* সংক্রামিত করা
infection *n* সংক্রমণ
infectious *adj* সংক্রামক
infer *v* সিদ্ধান্ত করা
inferior *adj* নিম্নতর
infertile *adj* অনুর্বর
infested *adj* অধ্যুষিত
infidelity *n* ধর্মে অবিশ্বাস
infiltrate *v* অনুপ্রবিষ্ট হওয়া
infiltration *n* অনুপ্রবেশ
infinite *adj* অসীম
infirmary *n* হাসপাতাল
inflammation *n* দাহ্যতা
inflate *v* ফোলান

I

inflation *n* মুদ্রাস্ফীতি
inflexible *adj* অনমনীয়
inflict *v* আঘাত হানা
influence *n* প্রভাব
influential *adj* প্রভাবশালী
influenza *n* ইনফ্লুয়েঞ্জা
influx *n* অন্তঃপ্রবাহ
inform *v* জ্ঞাপন করা
informal *adj* ঘরোয়া
informality *n* বিধিবর্হিভূত
informant *n* সংবাদদাতা
information *n* তথ্য
informer *n* সংবাদদাতা
infraction *n* লঙ্ঘন
infrequent *adj* অনিয়মিত
infuriate *v* ক্রুদ্ধ করা
infusion *n* ঢালিয়া দেওয়া
ingenuity *n* অকপটতা
ingest *v* গলাধঃকরণ
ingot *n* ধাতুপিন্ড
ingrained *adj* বদ্ধমুল
ingratiate *v* অনুগ্রহভাজন করা
ingratitude *n* অকৃতজ্ঞতা
ingredient *n* মিশ্রবস্তুর উপাদান
inhabit *v* বসবাস করা
inhabitable *adj* বসবাসের যোগ্য
inhabitant *n* অধিবাসী
inhale *v* শ্বসন করা
inherit *v* উত্তরাধিকারী হওয়া
inheritance *n* উত্তরাধিকার
inhibit *v* নিষিদ্ধ করা
inhuman *adj* অমানুষিক
initial *adj* প্রারম্ভিক
initial *n* প্রারম্ভিক
initial *v* নামের আদ্যক্ষর লেখা
initially *adv* প্রাথমিকভাবে
initials *n* স্বাক্ষর
initiate *v* আরম্ভ করা
initiative *n* প্রবর্তক
inject *v* ইনজেকশন দেওয়া
injection *n* ইনজেকশন
injure *v* আঘাত করা
injurious *adj* ক্ষতিকর
injury *n* আঘাত
injustice *n* অন্যায়
ink *n* কালি
inkling *n* আভাস
inlaid *adj* অভ্যন্তরস্থ
inland *adv* আন্তর্দেশীয়
inland *adj* আন্তর্দেশীয়
in-laws *n* আইনগত
inmate *n* অধিবাসী
inn *n* সরাই
innate *adj* জন্মগত
inner *adj* ভিতরকার
innocence *n* নির্বোধ
innocent *adj* নির্দোষ
innovation *n* নবপ্রবর্তন
innuendo *n* কটাক্ষ
innumerable *adj* অসংখ্য
input *n* যোগান
inquest *n* মৃত্যুর কারণ অনুসন্ধান
inquire *v* জিজ্ঞাসা করা
inquiry *n* অনুসন্ধান

inquisition *n* তদন্ত
insane *adj* উন্মত্ত
insanity *n* উন্মত্ততা
insatiable *adj* তৃপ্তিহীন
inscription *n* খোদাই
insect *n* কীট
insecurity *n* অরক্ষিত
insensitive *adj* অসংবেদী
inseparable *adj* অবিচ্ছেদ্দ
insert *v* প্রবেশ করান
insertion *n* সন্নিবেশ
inside *adj* অভ্যন্তরস্থ
inside *pre* ভিতরে
inside out *adv* উল্টোদিকে
insignificant *adj* নগণ্য
insincere *adj* আন্তরিক
insincerity *n* আন্তরিকতা
insinuate *v* কটাক্ষ করা
insinuation *n* বক্রোক্তি
insipid *adj* স্বাদহীন
insist *v* জেদ ধরে রাখা
insistence *n* দৃঢ় উক্তি
insolent *adj* উদ্ধত
insoluble *adj* অদ্রাব্য
insomnia *n* অনিদ্রা
inspect *v* পরিদর্শন করা
inspection *n* পরিদর্শন করা
inspector *n* পরিদর্শক
inspiration *n* প্রেরণা
inspire *v* অনুপ্রাণিত করা
instability *n* স্থায়িত্বের অভাব
install *v* স্থাপন করা
installation *n* স্থাপন
installment *n* কিস্তি
instance *n* নজির
instant *n* তাৎক্ষণিক
instantly *adv* তাৎক্ষণিকভাবে
instead *adv* পরিবর্তে
instigate *v* প্ররোচিত করা
instill *v* ধীরে ধীরে সঞ্চারিত করা
instinct *n* সহজ প্রবৃত্তি
institute *v* স্থাপন করা
institution *n* প্রতিষ্ঠান
instruct *v* নির্দেশ দেওয়া
instructor *n* নির্দেশক
insufficient *adj* অপর্যাপ্ত
insulate *v* অপরিবাহী করা
insulation *n* অপরিবাহক
insult *v* অপমান করা
insult *n* অপমান
insurance *n* বিমা
insure *v* নিশ্চিত করা
insurgency *n* বিদ্রোহ
insurrection *n* বিদ্রোহ
intact *adj* অক্ষত
intake *n* অন্তর্গ্রহণ
integrate *v* একত্রিকরণ করা
integration *n* একীকরণ
integrity *n* অখন্ডতা
intelligent *adj* বুদ্ধিমান
intend *v* মনস্থ করা
intense *adj* তীব্র
intensify *v* তীব্রতা
intensity *n* গভীর আবেগ

I

intensive *adj* তীব্র
intention *n* উদ্দেশ্য
intercede *v* মধ্যস্থতা করা
intercept *v* গ্রেপ্তার করা
intercession *n* মধ্যস্থতা
interchange *v* বিনিময় করা
interchange *n* বিনিময়
interest *n* আগ্রহ; সুদ
interested *adj* কৌতুহলী
interesting *adj* কৌতুহলপূর্ণ
interfere *v* হস্তক্ষেপ করা
interference *n* হস্তক্ষেপ
interior *adj* অভ্যন্তরস্থ
interlude *n* নাটিকার বিরাম
intermediary *n* মধ্যস্থতাকারী
intern *v* আবদ্ধ রাখা
interpret *v* ভাষান্তর করা
interpretation *n* ব্যাখ্যা
interpreter *n* দোভাষি
interrogate *v* জেরা করা
interrupt *v* বাধাদান করা
interruption *n* বাধাদান
intersect *v* ছেদন করা
intertwine *v* একত্রে জড়ানো
interval *n* বিরামকাল
intervene *v* মধ্যবর্তী হওয়া
intervention *n* হস্তক্ষেপ
interview *n* পরস্পর সাক্ষাত্
intestine *n* অন্ত্র
intimacy *n* অন্তরঙ্গতা
intimate *adj* অন্তরঙ্গ
intimidate *v* আতঙ্কিত করা
intolerable *adj* অসহ্য
intolerance *n* অসহিষ্ণুতা
intoxicated *adj* মত্ত
intravenous *adj* আন্তঃশিরা
intrepid *adj* নির্ভয়
intricate *adj* বিজড়িত
intrigue *n* ষড়যন্ত্র
intriguing *adj* চক্রান্তমূলক
intrinsic *adj* সহজাত
introduce *v* পরিচিত করান
introduction *n* উপস্থাপন
introvert *adj* অন্তর্মুখি
intrude *v* জোর করে ঢুকে পড়া
intruder *n* অনধিকার প্রবেশকারী
intrusion *n* অনধিকার প্রবেশ
intuition *n* স্বতঃস্ফূর্ত জ্ঞান
inundate *v* প্লাবিত করা
invade *v* হানা দেওয়া
invader *n* বহিরাক্রমণকারী
invalid *n* অবৈধ
invalidate *v* বাতিল করা
invaluable *adj* অমূল্য
invasion *n* আক্রমণ
invent *v* উদ্ভাবন করা
invention *n* উদ্ভাবন
inventory *n* বর্ণনামূলক তালিকা
invest *v* বিনিয়োগ করা
investigate *v* তদন্ত করা
investigation *n* তদন্ত
investment *n* বিনিয়োগ
investor *n* বিনিয়োগকারী
invincible *adj* অজেয়

I

invisible *adj* অদৃশ্য
invitation *n* আমন্ত্রণ
invite *v* আমন্ত্রণ করা
invoice *n* চালান
invoke *v* সাহায্য চাওয়া
involve *v* জড়িত করা
involved *v* জড়িত
involvement *n* অন্তর্ভুক্তি
inward *adj* অভ্যন্তরীন
inwards *adv* ভিতরের দিকে
iodine *n* আয়োডিন
irate *adj* ক্রুদ্ধ
Ireland *n* আয়ারল্যান্ড
Irish *adj* আয়ারল্যান্ড-দেশীয়
iron *n* লৌহ
iron *v* ইস্ত্রি করা
ironic *adj* বলিষ্ঠ
irony *n* শ্লেষবাক্য
irrational *adj* অযৌক্তিক
irrefutable *adj* অকাট্য
irregular *adj* অনিয়মিত
irrelevant *adj* অপ্রাসঙ্গিক
irreparable *adj* অপূরণীয়
irresistible *adj* অপ্রতিরোধ্য
irrespective *adj* বিবেচনা না করে
irreversible *adj* অপরিবর্তনীয়
irrevocable *adj* অপ্রত্যাহার্য
irrigate *v* জল সেচন করা
irrigation *n* জলসেচন
irritate *v* উত্তেজিত করা
irritating *adj* জ্বালাতনকর
Islamic *adj* ইসলামধর্মিয়
island *n* দ্বীপ
isle *n* দ্বীপ
isolate *v* বিচ্ছিন্ন করা
isolation *n* বিচ্ছিন্নতা
issue *n* সন্তান-সন্ততি
issue *v* জারি করা
Italian *adj* ইতালীদেশীয়
italics *adj* বাঁকা ছাঁদের অক্ষর
Italy *n* ইতালী
itch *v* খোস, পাঁচড়া
itchiness *n* খোসপাঁচড়ায় পূর্ণ
item *n* স্বতন্ত্র বস্তু, দফা
itemize *v* সাজানো
itinerary *n* ভ্রমণপথ
ivory *n* গজদন্ত

J

jackal *n* শিয়াল
jacket *n* কোট
jackpot *n* জুয়ার পুরস্কার
jaguar *n* জাগুযার
jail *n* কারাগার
jail *v* কারাগারে পাঠান
jailer *n* কারাপাল
jam *n* যানজট; জেলি
jam *v* এঁটে যাওয়া
janitor *n* দরওয়ান

J

January *n* জানুয়ারী মাস
Japan *n* জাপান
Japanese *adj* জাপানী
jar *n* বয়াম
jar *v* কর্কশ শব্দ করা
jasmine *n* যুঁই ফুল
jaw *n* চোয়াল
jealous *adj* ঈর্ষাপরায়ণ
jealousy *n* ঈর্ষা
jeans *n* কাপড়বিশেষ
jeopardize *v* বিপন্ন করা
jerk *n* ঝাঁকুনি
jerk *v* ঝাঁকুনি দেওয়া
jerk *adj* বোকা
jersey *n* পশমি গেঞ্জিবিশেষ
Jew *n* ইহুদী
jewel *n* রত্ন
jeweler *n* মণিকার
jewelry store *n* গয়নার দোকান
Jewish *adj* ইহুদীজাতি
jigsaw *n* কলের করাতবিশেষ
job *n* কাজ
jobless *adj* বেকার
join *v* যোগদান করা
joint *n* সন্ধি
jointly *adv* যৌথভাবে
joke *n* ঠাট্টা
joke *v* ঠাট্টা করা
joker *n* কৌতুকশিল্পী
jokingly *adv* রসিকতা করে
jolly *adj* প্রফুল্ল
jolt *n* ধাক্কা
jolt *v* ধাক্কা দেওয়া
journal *n* পত্রিকা
journalist *n* সাংবাদিক
journey *n* ভ্রমণ
jovial *adj* প্রফুল্ল
joy *n* আনন্দ
joyful *adj* সানন্দ
joyfully *adv* সানন্দে
jubilant *adj* আনন্দে চিৎকাররত
Judaism *n* ইহুদি ধর্ম
judge *n* বিচারক
judgment *n* বিচার
judicious *adj* সুবিচারপূর্ণ
jug *n* জলের আধারবিশেষ
juggler *n* বাজীগর
juice *n* ফলমূলাদির রস
juicy *adj* রসাল
July *n* জুলাই
jump *v* লাফ দেওয়া
jump *n* লাফ
jumpy *adj* ছটফটে
junction *n* জংশন
June *n* জুন
jungle *n* অরণ্য
junior *adj* বয়ঃকনিষ্ঠ
junk *n* আবর্জনা
junk *v* ফেলে দেওয়া
jury *n* জুরিবর্গ
just *adj* ধার্মিক
justice *n* ন্যায়বিচার
justify *v* ন্যায্যতা প্রতিপাদন করা
justly *adv* যথাযথভাবে

J

juvenile *n* অল্পবয়স্ক
juvenile *adj* তরুণ, কিশোর

K

kangaroo *n* ক্যাঙ্গারু
karate *n* ক্যারাটে
keep *iv* রাখিয়া দেওয়া
keep on *v* করিতে থাকা
keep up *v* বজায় রাখা
keg *n* ছোট পিপা
kennel *n* নর্দমা
kettle *n* কেতলি
key *n* চাবি; সঙ্গীতের স্বরগ্রাম
key ring *n* চাবির রিং
keyboard *n* কি-বোর্ড
kick *v* লাথি মারা
kickback *n* ঘুষ
kickoff *n* খেলা শুরু
kid *n* শিশু
kidnap *v* হরণ করা
kidnapper *n* অপহরণকারী
kidnapping *n* অপহরণ
kidney *n* বৃক্ক
kidney bean *n* এক ধরণের সীম
kill *v* হত্যা করা
killer *n* হত্যাকারী
killing *n* হত্যা
kilogram *n* কিলোগ্রাম
kilometer *n* কিলোমিটার
kilowatt *n* কিলোওয়াট
kind *adj* সদাশয়
kindle *v* আগুন ধরান
kindly *adv* অনুগ্রহপূর্বক
kindness *n* সদাশয়তা
king *n* রাজা
kingdom *n* রাজ্য
kinship *n* সম্পর্ক
kiosk *n* ছোট ঘর
kiss *v* চুম্বন করা
kiss *n* চুম্বন
kitchen *n* রান্নাঘর
kite *n* ঘুড়ি; চিল
kitten *n* বিড়ালছানা
knee *n* হাঁটু
kneecap *n* মালাইচাকি
kneel *iv* নতজানু হওয়া
knife *n* ছুরি
knight *n* সেনাপতি
knit *v* বয়ন করা
knob *n* হাতল
knock *n* আকস্মিক আঘাত
knock *v* টোকা দেওয়া
knot *n* জট
know *iv* জানা
know-how *n* ব্যবহারিক জ্ঞান
knowingly *adv* জ্ঞাতসারে
knowledge *n* জ্ঞান, অবগতি

L

lab *n* পরীক্ষাগার
label *n* লেবেল
labor *n* পরিশ্রম
laborer *n* শ্রমিক
labyrinth *n* গোলকধাঁধা
lace *n* ফিতে
lack *v* অভাব বোধ করা
lack *n* অভাব
lad *n* বালক
ladder *n* মই
laden *adj* ভারাক্রান্ত
lady *n* গৃহকর্ত্রী
ladylike *adj* মহিলাদের মত
lagoon *n* উপহ্রদ
lake *n* হ্রদ
lamb *n* মেষশাবক
lame *adj* পঙ্গু
lament *v* শোক করা
lament *n* শোকার্ত
lamp *n* দীপ
lamppost *n* বাতিস্তম্ভ
lampshade *n* বাতিরঢাকনা
land *n* ডাঙ্গা
land *v* অবতরণ করা
landfill *n* জমি ভরাট করা
landing *n* অবতরণ
landlady *n* বাড়িওয়ালী
landlocked *adj* চারিদিকে স্থল থাকা
landlord *n* জমিদার
landscape *n* প্রাকৃতিক ভূদৃশ্য
lane *n* সঙ্কীর্ণপথ
language *n* ভাষা
languish *v* নিস্তেজ হওয়া
lantern *n* লন্ঠন
lap *n* কোল; দৌড়ের এক চক্কর
lapse *n* ত্রুটিবিচ্যুতি
lapse *v* ত্রুটি থাকা
larceny *n* চৌর্য
lard *n* শুয়োরের চর্বি
large *adj* বৃহত্
larynx *n* বাগযন্ত্র
laser *n* লেজার
lash *v* কশাঘাত করা
lash out *v* বেগে নিক্ষেপ করা
lasso *n* দড়ির ফাঁস
lasso *v* দড়ির ফাঁস দিয়ে ধরা
last *adv* চালু থাকা
last *adj* সর্বশেষ
last name *n* পদবী
last night *adv* গত রাত্রি
lasting *adj* স্থায়ী
lastly *adv* সর্বশেষে
latch *n* দরজার তালা
late *adv* বিলম্বে
lately *adv* সম্প্রতি
later *adv* পরবর্তি কালে
later *adj* পরবর্তি কালে
lateral *adj* পার্শ্বীয়
latest *adj* সর্বাধুনিক
lather *n* সাবানের ফেনা
latitude *n* অক্ষাংশ

L

101 **ledger**

latter *adj* পরবর্তী
laugh *v* হাসা
laugh *n* হাসি
laughable *adj* হাস্যকর
laughing stock *n* হাস্যাস্পদ
laughter *n* উচ্চহাস্য
launch *n* জলযান
launch *v* আরম্ভ করা
laundry *n* কাপড় ধোয়া
lavatory *n* স্নান কক্ষ
lavish *adj* দরাজ
lavish *v* প্রশংসা করা
law *n* আইন
law-abiding *adj* আইনানুগ
lawful *adj* আইনসম্মত
lawmaker *n* বিধানকর্তা
lawn *n* ঘাসের বাগান
lawsuit *n* মামলা
lawyer *n* উকিল
lax *adj* শিথিল
laxative *adj* রেচক
lay *n* গীত-কবিতা
lay *iv* শোয়ান
lay off *v* কাজ থেকে বাতিল করা
layer *n* স্তর
layman *n* অদক্ষ লোক
lay-out *n* নকশা আঁকা
laziness *n* কুঁড়ে লোক
lazy *adj* অলস
lead *iv* পরিচালনা করা
lead *n* সীসা; নেতা
leaded *adj* পূর্বগামিতা
leader *n* নেতা
leadership *n* নেতৃত্ব
leading *adj* নেতৃত্বকর
leaf *n* পাতা
leaflet *n* পত্রিকা
league *n* মৈত্রীচুক্তি; প্রতিযোগিতা
leak *v* ছিদ্র করা
leak *n* ছিদ্র
leakage *n* ফুটা হওয়া
lean *adj* আন্তরিকতাপূর্ণ
lean *iv* ঝোঁকা
lean back *v* পিছনে হেলান
lean on *v* নির্ভর করা
leaning *n* ঝোঁক
leap *n* লম্ফ
leap *iv* লাফানো
leap year *n* অধিবর্ষ
learn *iv* শেখা
learned *adj* পাণ্ডিত্যপূর্ণ
learner *n* শিক্ষার্থী
learning *n* শিক্ষা
lease *v* ইজারা দেওয়া
lease *n* ইজারা
leash *n* বাজপাখি
least *adj* ক্ষুদ্রতম
leather *n* পশুচর্ম
leave *iv* বিরত হওয়া
leave out *v* বাদ দেওয়া
leaves *n* পাতাসমূহ
lectern *n* হেলানো ডেস্ক
lecture *n* বক্তৃতা
ledger *n* খতিয়ান

L

leech *n* জোঁক
left *adv* বাম দিকে
left *n* বাম
left *adj* বাম পার্শ্বস্থ
leftovers *n* আগের বাকি অংশ
leg *n* পা
legacy *n* ঐতিহ্য
legal *adj* আইনী
legality *n* বৈধতা
legalize *v* বৈধ করা
legend *n* উপকথা
legible *adj* স্পষ্ট
legion *n* সৈন্যবাহিনী
legislate *v* আইন প্রণয়ণ করা
legislation *n* আইন
legislature *n* বিধানসভা
legitimate *adj* আইনসম্মত
leisure *n* অবকাশ
lemon *n* লেবু
lemonade *n* লেবু দেওয়া পানীয়বিশেষ
lend *iv* ধার দেওয়া
length *n* দৈর্ঘ্য
lengthen *v* দীর্ঘ করা
lengthy *adj* সুদীর্ঘ
leniency *n* সহনশীলতা
lenient *adj* সহনশীল
lens *n* চশমা
Lent *n* ধার
lentil *n* মসূর
leopard *n* চিতাবাঘ
leper *n* কুষ্ঠরোগী
leprosy *n* কুষ্ঠব্যাধি
less *adj* ক্ষুদ্রতর
lessee *n* ইজারাদার
lessen *v* অল্পসংখ্যক
lesser *adj* ক্ষুদ্রতর
lesson *n* পাঠ
lessor *n* পাট্টাদাতা
let *iv* ভাড়া দেওয়া
let down *v* নামাইয়া দেওয়া
let go *v* যেতে দেওয়া
let in *v* ঢুকিতে দেওয়া
let out *v* মুক্ত করিয়া দেওয়া
lethal *adj* মারাত্মক
letter *n* চিঠি; অক্ষর
lettuce *n* লেটুস শাকবিশেষ
leukemia *n* রক্তের ক্যানসার
level *v* অনুভুমিক করা
level *n* স্তর
lever *n* দাঁড়যন্ত্র
leverage *n* প্রভাব বিস্তার
levy *v* (কর) ধার্য করা
lewd *adj* নোংরা
liability *n* দায়
liable *adj* দায়ী
liaison *n* মৈত্রী
liar *adj* মিথ্যাবাদী
libel *n* মানহানিকর মন্তব্য
liberate *v* মুক্ত করা
liberation *n* মুক্তি
liberty *n* স্বাধীনতা
librarian *n* গ্রন্থাগারিক
library *n* গ্রন্থাগার
lice *n* উকুন

L

103 listener

license *n* অনুমোদন
license *v* অনুমতিপত্র
lick *v* লেহন করা
lid *n* পাত্রাদির ঢাকনা
lie *iv* শয়ন করা
lie *n* মিথ্যা
lieu *n* পরিবর্তে
lieutenant *n* সেনা অফিসার
life *n* জীবন
lifeguard *n* দেহরক্ষী
lifeless *adj* মৃত
lifestyle *n* জীবনযাত্রা
lifetime *adj* জীবনকাল
lift *v* ঊর্দ্ধেতোলা
lift-off *n* উঠে যাওয়া
ligament *n* নমনীয় কলাসমূহ
light *iv* হালকা
light *adj* উজ্জ্বল
light *n* আলো
lighter *n* আগুণ জ্বালানোর যন্ত্র
lighthouse *n* বাতিঘর
lighting *n* আলোকিত
lightly *adv* লঘুভাব
lightning *n* বিদ্যুত
lightweight *n* হালকা
likable *adj* মনোরম
like *pre* পছন্দ
like *v* পছন্দ করা
like *adj* মত
likelihood *n* খুব সম্ভবত
likely *adv* সদৃশ
likeness *n* খুব সম্ভবত
likewise *adv* অনুরুপভাবে
liking *n* পছন্দ
limb *n* দেহের অঙ্গ
lime *n* চুন
limestone *n* চুনাপাথর
limit *n* সীমারেখা
limit *v* নিয়ন্ত্রিত করা
limitation *n* সীমাবদ্ধ করা
limp *v* খোঁড়ান
limp *n* খোঁড়াইয়া চলা
linchpin *n* অপরিহার্য অংশ
line *n* রেখা
line up *v* পঙতিবিন্যাস
linen *n* বস্তু থেকে নির্মিত চাদর
linger *v* দীর্ঘকাল থাকা
lingerie *n* অন্তর্বাস
lingering *adj* টেকসঁই
lining *n* অভ্যন্তরীণ আবরণ
link *v* সংযুক্ত করা
link *n* সংযুক্ত বস্তুর অংশ
lion *n* সিংহ
lioness *n* সিংহি
lip *n* ঠোঁট
liqueur *n* মিষ্টি স্বাদের মদ
liquid *n* তরল
liquidate *v* ধার মেটানো
liquidation *n* ব্যবসা বন্ধ করা
liquor *n* তরল বস্তু
list *v* তালিকা দেওয়া
list *n* তালিকা
listen *v* শ্রবণ করা
listener *n* শ্রোতা

L

litany 104

litany *n* প্রার্থনা
liter *n* লিটার
literal *adj* অক্ষর সংক্রান্ত
literally *adv* পুঁথিগত
literate *adj* বিদ্বান
literature *n* সাহিত্য
litigate *v* মকদ্দমা করা
litigation *n* মকদ্দমা
litter *n* আবর্জনা
little *adj* ক্ষুদ্র
little bit *n* অল্পসংখ্যক
little by little *adv* একটু একটু করে
liturgy *n* গির্জার উপাসনা
live *adj* জীবিত
live *v* বাস করা
live off *v* জীবনযাপন করা
live up *v* জীবনে মানিয়া চলা
livelihood *n* জীবিকা
lively *adj* জীবন্ত
liver *n* যকৃত্
livestock *n* গৃহপালিত পশুসমূহ
livid *adj* কৃষ্ণ-নীলবর্ণ
living room *n* বৈঠকখানা
lizard *n* সরীসৃপ
load *v* বোঝাই করা
load *n* বোঝা
loaded *adj* বোঝাই
loaf *n* গোটা পাউরুটি
loaf *v* সময় নষ্ট করা
loan *v* ঋণ করা
loan *n* ঋণ
loathe *v* ঘৃণা করা
loathing *n* অতিশয় ঘৃণা
lobby *v* চাপ প্রদান করা
lobby *n* দালান
lobster *n* গলদা-চিংড়ি
local *adj* স্থানীয়
localize *v* সীমাবদ্ধ করা
locate *v* অবস্থিত
located *adj* অবস্থান নিরুপন
location *n* অবস্থান
lock *v* তালা দেওয়া
lock *n* তালা
lock up *v* তালা বন্ধ রাখা
locker room *n* সিন্দুকের ঘর
locksmith *n* তালাওয়ালা
locust *n* পঙ্গপাল
lodge *v* জমা দেওয়া
lodging *n* বাসাবাড়ি
lofty *adj* দাম্ভিক
log *n* গাছের গুঁড়ি
log *v* নথিভুক্ত করা
log in *v* প্রবেশ করা
log off *v* বাহির হইয়া যাওয়া
logic *n* যুক্তিবিদ্যা
logical *adj* যৌক্তিক
loin *n* কোমরের পশ্চাদ্ভাগ
loiter *v* ঘুরে বেড়ানো
loneliness *n* একাকীত্ব
lonely *adv* একাকী
loner *n* বহিরাগত
lonesome *adj* নির্জন
long *adj* দীর্ঘ
long for *v* দীর্ঘায়িত করা

L

105 **lumber**

longing *n* আকুল আকাঙ্খা
longitude *n* দ্রাঘিমা
long-standing *adj* প্রাচীনকাল
long-term *adj* দীর্ঘ-সূত্র
look *n* দৃষ্টি
look *v* দৃষ্টিপাত করা
look after *v* পরিচর্যা করা
look at *v* তাকান
look down *v* ঘৃণা করা
look for *v* সন্ধান করা
look forward *v* প্রতীক্ষা করা
look into *v* তদন্ত করা
look out *v* সতর্ক সন্ধান করা
look over *v* উপেক্ষা করা
look through *v* পাঠ-পরীক্ষা করা
looking glass *n* আয়না
looks *n* দৃষ্টি
loom *n* তাঁত
loom *v* আকারের থেকে বড় দেখানো
loophole *n* প্রাচীরগাত্রের ছিদ্র
loose *v* আলগা করা
loose *adj* আলগা, ঢিলা
loosen *v* শিথিল করা
loot *v* লুঠ করা
loot *n* লুন্ঠন
lord *n* প্রভু
lordship *n* প্রভুত্ব
lose *iv* হারান
loser *n* পরাজিত
loss *n* ক্ষতি
lot *adv* প্রচুর পরিমাণে
lotion *n* লোশন
lots *adj* গুচ্ছ
lottery *n* লটারী
loud *adj* উচ্চরব
loudly *adv* উচ্চরবে
loudspeaker *n* লাউডস্পীকার
lounge *n* আরামকক্ষ
lounge *v* অপেক্ষার স্থান
louse *n* উকুন
lousy *adj* উকুনপূর্ণ
lovable *adj* মনোরম
love *v* ভালবাসা
love *n* ভালবাসা
lovely *adj* সুন্দর
lover *n* প্রেমিক
loving *adj* পছন্দ
low *adj* নীচু
lower *adj* নিম্ন
low-key *adj* সংযত
lowly *adj* বিনত
loyal *adj* বিশ্বস্ত
loyalty *n* বিশ্বস্ততা
lubricate *v* তৈলাক্ত পদার্থ লাগানো
lubrication *n* তৈলাক্তকরণ
lucid *adj* স্বচ্ছ
luck *n* সৌভাগ্য
lucky *adj* ভাগ্যবান
lucrative *adj* লাভজনক
ludicrous *adj* হাস্যকর
luggage *n* যাত্রির মালপত্র
lukewarm *adj* ঈষদুষ্ণ
lull *n* স্থিরভাব
lumber *n* কাঠ

L

luminous *adj* আলোকদায়ক
lump *n* স্ফীতি
lump sum *n* মোটা টাকা
lump together *v* একত্র করা
lunacy *n* পাগলামি
lunatic *adj* উন্মাদ
lunch *n* মধ্যাহ্নভোজ
lung *n* ফুসফুস
lure *v* প্রলুব্ধ করা
lurid *adj* মৃতবত্
lurk *v* ওত পাতিয়া থাকা
lush *adj* শাঁসাল
lust *v* আকুল আকাঙ্খা করা
lust *n* কামলালসা
lustful *adj* কামুক
luxurious *adj* বিলাসপূর্ণ
luxury *n* বিলাস
lynch *v* গণ-বিচার
lynx *n* বনবিড়াল
lyrics *n* গীতকবিতা

M

machine *n* যন্ত্র
machine gun *n* বন্দুকবিশেষ
mad *adj* উন্মাদ
madam *n* ভদ্রমহিলা
madden *v* বৃহত্ করা
madly *adv* উন্মত্তভাবে
madman *n* পাগল
madness *n* উন্মাদনা
magazine *n* পত্রিকা
magic *n* যাদু
magical *adj* ঐন্দ্রজালিক
magician *n* যাদুকর
magistrate *n* শাসক
magnet *n* মহতব্যক্তি
magnetic *adj* চুম্বকীয়
magnetism *n* চৌম্বকত্ব
magnificent *adj* চমৎকার
magnify *v* বিবর্ধিত করা
magnitude *n* বিশালতা
mahogany *n* একধরণের কাঠ
maid *n* ঝি
maiden *n* অবিবাহিত স্ত্রীলোক
mail *v* ডাকযোগে পাঠান
mail *n* ডাকবহনের থলি
mailbox *n* ডাকবাক্স
mailman *n* ডাকহরকরা
maim *v* অঙ্গচ্ছেদ করা
main *adj* প্রধান
mainland *n* মূলভূখন্ড
mainly *adv* প্রধানতঃ
maintain *v* পালন করা
maintenance *n* পালন
majestic *adj* মর্যাদাপূর্ণ
majesty *n* রাজসিকতা
major *adj* বৃহত্
major *n* প্রধান
major in *v* যে বিষয়ে শিক্ষা

majority *n* সংখ্যাগরিষ্ঠতা
make *n* গঠন
make *iv* গঠন করা
make up *v* মেরামত করা
make up for *v* পূরণ করা
maker *n* প্রস্তুতকারক
makeup *n* মেরামত
malaria *n* ম্যালেরিয়া জ্বর
male *n* পুংজাতীয়
malevolent *adj* অমঙ্গলকারী
malfunction *v* ঠিকভাবে কাজ না করা
malfunction *n* ঠিকভাবে কাজে অসমর্থ
malice *n* আপেলের রসজাত
malign *v* কলঙ্ক রটনা করা
malignancy *n* চরম অপকারিতা
malignant *adj* ক্ষতিকর
mall *n* আচ্ছাদিত দোকানের সমষ্টি
malnutrition *n* অপুষ্টি
malpractice *v* অপকর্ম
mammal *n* স্তন্যপায়ী প্রাণী
mammoth *n* বিশাল
man *n* মানুষ
manage *v* পরিচালনা করা
manageable *adj* পরিচালনসাধ্য
management *n* শাসকবর্গ
manager *n* ব্যবস্থাপক
mandate *n* হুকুমনামা
mandatory *adj* আবশ্যক
maneuver *n* কৌশলী পরিচালনা
manger *n* গামলা
mangle *v* ক্ষতবিক্ষত করা
manhandle *v* গালাগালি দেওয়া
manhunt *n* মনুষ্যশিকার
maniac *adj* উন্মাদ
manifest *v* স্পষ্টভাবে দেখান
manipulate *v* সুকৌশলে চালনা
mankind *n* মানবজাতি
manliness *n* পৌরুষ
manly *adj* পৌরুষত্ব
manner *n* প্রণালী
mannerism *n* ভদ্রতা
manners *n* আচরণ
manpower *n* লোকবল
mansion *n* অট্টালিকা
manslaughter *n* নরহত্যা
manual *n* ব্যবহারিক নির্দেশিকা
manual *adj* নির্দেশপুস্তিকা
manufacture *v* নির্মাণ করা
manure *n* জমির সার
manuscript *n* পাণ্ডুলিপি
many *adj* বহু
map *n* মানচিত্র
map *v* মানচিত্র তৈরী করা
marble *n* মর্মরপ্রস্তর
march *v* যেতে বাধ্য করান
march *n* সীমানা
March *n* মার্চ
mare *n* স্ত্রী-অশ্ব
margin *n* কাগজের ধারে খালি জায়গা
marginal *adj* প্রান্তীয়
marinate *v* মিশ্রণসিক্ত করা
marine *adj* সামুদ্রিক
marital *adj* বিবাহসংক্রান্ত
mark *n* দাগ

M

mark *v* দাগ দেওয়া
mark down *v* মুল্যহ্রাস করা
marker *n* চিহ্নিত করার যন্ত্র
market *n* বাজার
market *v* কেনাকাটা করা
marksman *n* কুশলী লক্ষভেদী
marmalade *n* মোরব্বা
marriage *n* বিবাহ
married *adj* বিবাহিত
marrow *n* মজ্জা
marry *v* বিবাহ করা
Mars *n* মঙ্গলগ্রহ
marshal *n* সেনার অফিসার
martyr *n* শহীদ
martyrdom *n* শহীদত্ব
marvel *n* বিস্ময়
marvelous *adj* বিস্ময়কর
Marxist *adj* মার্কসের মতানুগামী
masculine *adj* পুরুষালী
mash *v* মন মজানো
mask *n* মুখোশ
mask *v* ঢেকে রাখা
masochism *n* যৌনবিকৃতিবিশেষ
mason *n* রাজমিস্ত্রি
masquerade *v* মুখোশ পরা
mass *n* পিন্ড
massacre *n* গণহত্যা
massage *n* মালিশ
massage *v* মালিশ করা
masseur *n* মালিশকারী
masseuse *n* মালিশকারী
massive *adj* বিশাল
mast *n* মাস্তুল
master *n* মনিব
master *v* কর্তৃত্ব করা
mastermind *n* মুখ্য পরিকল্পনাকারী
mastermind *v* মূল পরিকল্পনা করা
masterpiece *n* সেরা কাজ
mastery *n* কর্তৃত্ব
mat *n* মাদুর
match *n* প্রতিযোগিতা
match *v* মেলানো
mate *n* সঙ্গী
material *n* উপাদান
materialism *n* জড়বাদ
maternal *adj* মাতৃবত্
maternity *n* মাতৃত্ব
math *n* গণিতশাস্ত্র
matriculate *v* ম্যাট্রিক পাশ
matrimony *n* বিবাহ
matter *n* পদার্থ
matter *v* গুরুত্ব দেওয়া
mattress *n* স্প্রিং আঁটা গদি
mature *adj* পূর্ণতাপ্রাপ্ত
maturity *n* পরিপক্কতা
maul *v* মুগুর পেটা করা
maxim *n* উক্তি
maximum *adj* সর্বাধিক
May *n* মে
may *iv* পারা
may-be *adv* সম্ভবতঃ
mayhem *n* নাশকতা
mayor *n* নগরপাল
maze *n* বিহ্বলতা

M

meadow *n* তৃণভূমি
meager *adj* রোগা
meal *n* ভোজন
mean *iv* উদ্দেশ্য করা
mean *adj* হীনজাত
mean *n* উপায়
meaning *n* অর্থ
meaningful *adj* অর্থবাহী
meaningless *adj* অর্থহীন
meanness *n* নিচুতা
means *n* কার্যাদিসাধনের উপায়
meantime *adv* ইতিমধ্যে
meanwhile *adv* অর্ন্তবর্তিকালে
measles *n* হাম
measure *v* পরিমাপ করা
measurement *n* পরিমাপন
meat *n* মাংস
meatball *n* মাংসের বল
mechanic *n* কারিগর
mechanism *n* ক্রিয়াবিধি
mechanize *v* যন্ত্রচালিত করা
medal *n* পদক
medallion *n* বৃহদাকার মেডেল
meddle *v* মাথা ঘামান
mediate *v* মধ্যস্থতা করা
mediator *n* মধ্যস্থতাকারী
medication *n* ঔষধ প্রয়োগ
medicinal *adj* ঔষধে ব্যবহার্য
medicine *n* ঔষধ
medieval *adj* মধ্যযুগীয়
mediocre *adj* মাঝারি
mediocrity *n* মাঝামাঝি অবস্থা
meditate *v* ধ্যান করা
meditation *n* ধ্যান
medium *adj* মধ্য
meek *adj* মুখচোরা
meekness *n* মুখচোরাভাব
meet *iv* সাক্ষাত্ করা
meeting *n* সাক্ষাৎকার
melancholy *n* বিষাদভাব
mellow *adj* নরম
mellow *v* নম্র
melodic *adj* সুর-বিষয়ক
melody *n* সুর
melon *n* তরমুজ
melt *v* গলিয়া যাওয়া
member *n* সভ্য
membership *n* সভ্যপদ
membrane *n* ঝিল্লি
memento *n* স্মারক
memo *n* স্মারকলিপি
memoirs *n* স্মৃতিকথা
memorable *adj* স্মরণীয়
memorize *v* স্মরণ করা
memory *n* স্মৃতি
men *n* পুরুষগণ
menace *n* ভীতি
mend *v* মেরামত
meningitis *n* রোগবিশেষ
menopause *n* রজঃনিবৃত্তি
menstruation *n* রজঃস্রাব
mental *adj* মানসিক
mentality *n* মানসিকতা
mentally *adv* মানসিকভাবে

mention *v* উল্লেখ করা
mention *n* উল্লেখ
menu *n* ভোজনালয়ের খাদ্যতালিকা
merchandise *n* পণ্যদ্রব্য
merchant *n* ব্যবসায়ী
merciful *adj* করুণাময়
merciless *adj* ক্ষমাহীন
mercury *n* পারদ
mercy *n* ক্ষমা
merely *adv* কেবলমাত্র
merge *v* নিমজ্জন করা
merger *n* নিমজ্জন
merit *n* যোগ্যতা
merit *v* অর্জন করা
mermaid *n* মৎসকুমারী
merry *adj* প্রফুল্ল
mesh *n* জালের বুনানী
mesmerize *v* সম্মোহিত করা
mess *n* মেসবাড়ি
mess around *v* মজা করা
mess up *v* বিশৃঙ্খল
message *n* প্রেরিত বার্তা
messenger *n* বার্তাবহ
Messiah *n* রক্ষাকর্তা
messy *adj* বিশৃঙ্খলা
metal *n* ধাতু
metallic *adj* ধাতব
metaphor *n* রূপকালঙ্কার
meteor *n* উল্কা
meter *n* মিটার
method *n* প্রণালী
methodical *adj* নিয়মানুযায়ী
meticulous *adj* সাবধানী
metric *adj* দৈর্ঘ্যের একক
metropolis *n* মহানগরী
Mexican *adj* মেক্সিকোবাসী
mice *n* ইঁদুর
microbe *n* জীবানু
microphone *n* মাইক্রোফোন
microscope *n* অণুবীক্ষণ
microwave *n* মাইক্রোওয়েভ
midair *n* মধ্যাকাশ
midday *n* মধ্যাহ্ন
middle *n* মধ্য
middleman *n* মধ্যস্থতাকারী
midget *n* বেঁটে
midnight *n* মধ্যরাত্রি
midsummer *n* কর্কটক্রান্তি
midwife *n* দাই
might *n* শক্তি
mighty *adj* শক্তিশালী
migraine *n* মাথাব্যথা
migrant *n* অভিবাসনকারী
migrate *v* অভিবাসন করা
mild *adj* শান্তপ্রকৃতি
mildew *n* ক্ষতিকার ছত্রাক
mile *n* মাইল
mileage *n* পথখরচ
milestone *n* মাইলফলক
militant *adj* সংগ্রামশীল
milk *n* দুগ্ধ
milky *adj* দুগ্ধবত্
mill *n* কারখানা
millennium *n* সহস্র বৎসর

milligram *n* মিলিগ্রাম
millimeter *n* মিলিমিটার
million *n* দশলক্ষ
millionaire *n* কোটিপতি
mime *v* মূকাভিনয়
mince *v* কিমা
mincemeat *n* মাংসের কিমা
mind *n* মন
mind *v* তত্বাবধান করা
mind-boggling *adj* অবিশ্বাস্য
mindful *adj* মনে রাখে এমন
mindless *adj* নির্বোধ
mine *n* আমার
mine *pro* আমার
mine *v* খোঁড়া
minefield *n* খনি-অঞ্চল
miner *n* খনি-শ্রমিক
mineral *n* খনিজ পদার্থ
mingle *v* মিশ্রিত করা
miniature *n* অতি ক্ষুদ্রাকার চিত্র
minimize *v* যথাসম্ভব লঘু করা
minimum *n* সামান্যতম
miniskirt *n* ছোট স্কার্ট
minister *n* মন্ত্রী
minister *v* সেবা করা
ministry *n* মন্ত্রিত্ব
minor *adj* নাবালক
minor *n* নাবালক; ক্ষুদ্রতর
minor *v* সামান্য
minority *n* সংখ্যালঘু
mint *v* মুদ্রা উৎপাদন কারখানা
mint *n* মুদ্রা উৎপাদন করা
minus *adj* বিয়োগ
minute *n* মিনিট
miracle *n* অলৌকিক ঘটনা
miraculous *adj* অলৌকিক
mirage *n* মরীচিকা
mirror *n* আয়না
misbehave *v* খারাপ ব্যবহার করা
miscalculate *v* ভুল গণনা করা
miscarriage *n* গর্ভস্রাব
miscarry *v* গর্ভপাত হওয়া
mischief *n* কুফল
mischievous *adj* অমঙ্গলকর
misconduct *n* অশোভন আচরণ
misconstrue *v* ভুল ধারণা
misdemeanor *n* অসৎকর্ম
miser *n* কৃপণ
miserable *adj* দুর্দশাগ্রস্থ
misery *n* দুর্দশা
misfit *adj* অস্বাভাবিক অদ্ভুত
misfortune *n* দূর্ভাগ্য
misgiving *n* আশঙ্কা
misguided *adj* বিপথে চালিত
misinterpret *v* ভুল ব্যাখ্যা করা
misjudge *v* ভুলবিচার করা
mislead *v* বিপথে চালিত করা
misleading *adj* বিপথে চালনা
mismanage *v* অব্যবস্থা করা
misplace *v* ভুল স্থানে রাখা
misprint *n* মিথ্যা পরিচয় দেওয়া
miss *v* বাদ দিয়া যাওয়া; লক্ষ্য ভ্রষ্ট হওয়া
missile *n* ক্ষেপণাস্ত্র
missing *adj* নিরুদ্দিষ্ট

mission *n* বিশেষ কাজ; দূতাবাস
missionary *n* ধর্মপ্রচারক
mist *n* কুয়াশা
mistake *iv* ভুল করা
mistake *n* ভুল
mistaken *adj* ভুল করা
mister *n* মিষ্টার
mistreat *v* দুর্ব্যবহার করা
mistreatment *n* দুর্ব্যবহার
mistress *n* গৃহিণী
mistrust *n* অনাস্থা
mistrust *v* অনাস্থা প্রকাশ করা
misty *adj* কুয়াশাচ্ছন্ন
misunderstand *v* ভুল বোঝাবুঝি
misuse *n* অপব্যবহার
mitigate *v* শান্ত করা
mix *v* মিশ্রিত করা
mixed-up *adj* মিশ্রণ
mixer *n* মিশ্রিত করে যে
mixture *n* মিশ্রণ
mix-up *n* তালগোল
moan *v* গোঙান
moan *n* গোঙানি
mob *v* ঘিরে ধরা
mob *n* জনতা
mobile *adj* গতিময়
mobilize *v* লোক যোগাড় করা
mobster *n* মস্তান
mock *v* বিদ্রুপ করা
mockery *n* বিদ্রুপ, উপহাস
mode *n* ধরণ
model *n* কিছুর ক্ষুদ্রাকার নকল; আদর্শ
moderate *adj* মধ্যপন্থী
moderation *n* সংযম
modern *adj* আধুনিক
modernize *v* আধুনিক করা
modest *adj* নম্র
modesty *n* লজ্জাশীলতা
modify *v* পরিবর্তন করা
module *n* আলাদা খণ্ডাংশ
moisten *v* স্যাঁতস্যাঁতে করা
moisture *n* আর্দ্রতা
molar *n* মাড়ির দাঁত
mold *v* ছাঁচে ফেলা
mold *n* ছাঁচ; পালটে তৈরী করা
moldy *adj* ছাঁচে তৈয়ারী
mole *n* আঁচিল
molecule *n* অণু
molest *v* শ্লীলতাহানি করা
mom *n* মা
moment *n* ক্ষণ
momentarily *adv* ক্ষণস্থায়ীভাবে
momentous *adj* অতিগুরুত্বপূর্ণ
monarch *n* রাজা
monarchy *n* রাজতন্ত্র
monastery *n* মঠ
monastic *adj* মঠ-সম্বন্ধিয়
Monday *n* সোমবার
money *n* টাকা
money order *n* অর্থপ্রেরণ
monitor *v* পর্যবেক্ষণ করা
monk *n* ভিক্ষু
monkey *n* বাঁদর
monogamy *n* একবিবাহ

M

monologue *n* স্বগতোক্তি
monopolize *v* একচেটিয়া করা
monopoly *n* একচেটিয়া
monotonous *adj* একঘেয়ে
monotony *n* একঘেয়েমি
monster *n* দৈত্য
monstrous *adj* প্রকান্ড
month *n* মাস
monthly *adv* মাসিক
monument *n* স্মৃতিসৌধ
monumental *adj* স্মৃতিরক্ষাকর
mood *n* মেজাজ
moody *adj* খেয়ালি
moon *n* চন্দ্র
moor *v* নোঙর বাঁধা
mop *v* পরিষ্কার করা
moral *adj* নৈতিক
moral *n* পাঠ
morality *n* নৈতিকতা
more *adj* আরো
moreover *adv* তাছাড়া
morning *n* সকাল
moron *adj* জড় বুদ্ধিসম্পন্ন ব্যক্তি
morphine *n* অনুভূতিনাশক ওষুধ
morsel *n* এক কামড়
mortal *adj* মরণশীল
mortality *n* মরণশীলতা
mortar *n* জমাট
mortgage *n* বন্ধক
mortification *n* মনস্তাপ
mortify *v* অপমান করা
mortuary *n* শবাগার
mosaic *n* মোজাইক
mosque *n* মসজিদ
mosquito *n* মশা
moss *n* শ্যাওলা
most *adj* সর্বাধিক
mostly *adv* সর্বাধিক মাত্রায়
motel *n* যাত্রীনিবাস
moth *n* পতঙ্গবিশেষ
mother *n* মাতা
motherhood *n* মাতৃত্ব
mother-in-law *n* শাশুড়ি
motion *n* গতি; স্থান পরিবর্তন
motion *v* ডাকা
motionless *adj* গতিহীন
motivate *v* প্রেরণা যোগান
motive *n* উদ্দেশ্য, প্রেরণা
motor *n* মোটর
motorcycle *n* মোটর-সাইকেল
motto *n* নীতিবাক্য
mount *n* পর্বত
mount *v* আরোহণ করা
mountain *n* উঁচু পাহাড়
mountainous *adj* পার্বত্য
mourn *v* শোক করা
mourning *n* শোক
mouse *n* নেংটি ইঁদুর
mouth *n* মুখগহ্বর
move *n* গতি
move *v* সরে যাওয়া
move back *v* পিছিয়ে আসা
move forward *v* এগিয়ে যাওয়া
move out *v* বেরিয়ে যাওয়া

M

move up *v* অগ্রসর হওয়া
movement *n* আন্দোলন
movie *n* চলচ্চিত্র
mow *v* ঘাস ছেঁটে দেওয়া
much *adv* প্রচুর পরিমাণে
mucus *n* শ্লেষ্মা
mud *n* কাদা
muddle *n* বিশৃঙ্খল
muddy *adj* কর্দমাক্ত
muffle *v* চুপ করান
muffler *n* গলাবন্ধ
mug *n* মগ
mug *v* লুন্ঠন করা
mugging *n* মুখস্থ করা
mule *n* খচ্চর
multiple *adj* গুণিতক
multiplication *n* গুণন
multiply *v* গুণ করা
multitude *n* বহু সংখ্যা
mumble *v* অস্পষ্টভাবে বলা
mummy *n* মমি
mumps *n* সংক্রামক রোগবিশেষ
munch *v* চিবানো
munitions *n* যুদ্ধপোকরণ
murder *n* নরহত্যা
murderer *n* নরহত্যাকারী
murky *adj* অন্ধকার
murmur *v* বিড়বিড় করা
murmur *n* বিড়বিড়
muscle *n* মাংসপেশী
museum *n* জাদুঘর
mushroom *n* ছত্রাক
music *n* সঙ্গীত
musician *n* সঙ্গীতশিল্পী
Muslim *adj* মুসলমান
must *iv* বাধ্য হওয়া
mustache *n* গোঁফ
mustard *n* সরিষা
muster *v* জড় করা
mutate *v* পরিবর্তন ঘটান
mute *adj* নীরব
mutilate *v* অঙ্গচ্ছেদ করা
mutiny *n* বিদ্রোহ
mutually *adv* পারস্পরিকভাবে
muzzle *v* কন্ঠ রোধ করা
muzzle *n* পশুর নাকমুখের অংশ
my *adj* আমার
myopic *adj* ক্ষীণদৃষ্টি
myself *pro* স্বয়ং আমি
mysterious *adj* গুপ্ত রহস্যপূর্ণ
mystery *n* রহস্যময় বস্তু
mystic *adj* গুপ্তরহস্যপূর্ণ
mystify *v* রহস্যপূর্ণ করা
myth *n* অতিকথা

N

nag *v* ঘ্যানঘ্যান করা
nagging *adj* ঘ্যানঘ্যান
nail *n* নখ; পেরেক

M

nail *v* পেরেক মারা
naive *adj* সাদাসিধা
naked *adj* উলঙ্গ
name *n* নাম
name *v* নাম দেওয়া
namely *adv* যথা
nanny *n* ছাগী
nap *n* লোমশ আবরণ
nap *v* ঘুমানো
napkin *n* রুমাল
narcotic *n* মাদক
narrate *v* বর্ণনা করা
narrow *adj* সঙ্কীর্ণ
narrowly *adv* সঙ্কীর্ণভাবে
nasty *adj* কদর্য
nation *n* জাতি
national *adj* জাতীয়
nationality *n* জাতীয়তা
nationalize *v* জাতীয়করণ করা
native *adj* সহজাত
natural *adj* প্রাকৃতিক
naturally *adv* প্রাকৃতিকভাবে
nature *n* প্রকৃতি
naughty *adj* দুষ্টু
nausea *n* বমি-বমি ভাব
nave *n* গির্জার বসার জায়গা
navel *n* নাভি
navigate *v* নৌচালনা করা
navigation *n* নৌচালন
navy *n* রাষ্ট্রের নৌবাহিনী
navy blue *adj* নৌবাহিনীর নীল রং
near *pre* নিকটে
nearby *adj* খুব নিকটবর্তী
nearly *adv* কাছে
nearsighted *adj* অদূরদৃষ্টি
neat *adj* খাঁটি
neatly *adv* সুচারুভাবে
necessary *adj* আবশ্যক
necessitate *v* অপরিহার্য করা
necessity *n* অপরিহার্যতা
neck *n* গলা
necklace *n* কন্ঠহার
necktie *n* নেকটাই
need *v* প্রয়োজন বোধ করা
need *n* প্রয়োজন
needle *n* সূঁচ
needless *adj* অপ্রয়োজন
needy *adj* অতি দরিদ্র
negative *adj* নঞর্থক
neglect *v* অবহেলা করা
neglect *n* অবহেলা
negligence *n* অবহেলা করা
negligent *adj* অবহেলাকারী
negotiate *v* মধ্যস্থতা করা
negotiation *n* দরকষাকষি
neighbor *n* প্রতিবেশী
neighborhood *n* প্রতিবেশিত্ব
neither *adj* কোনটাই নয়
neither *adv* কোনটাই নয়
nephew *n* ভাইপো
nerve *n* স্নায়ু
nervous *adj* স্নায়বিক দৌর্বল্যযুক্ত
nest *n* পাখির বাসা
net *n* জাল

Netherlands *n* নেদারল্যাণ্ডস
network *n* জাল
neurotic *adj* স্নাউজনিত
neutral *adj* নিরপেক্ষ
neutralize *v* প্রভাব সমাপ্ত করা
never *adv* কখনও নয়
nevertheless *adv* তৎসত্ত্বেও
new *adj* নূতন
newborn *n* সদ্যজাত
newcomer *n* নবাগত ব্যক্তি
newly *adv* নূতনভাবে
newlywed *adj* নবপরিণীতা
news *n* খবর
newscast *n* সংবাদ সম্প্রচার
newsletter *n* সংবাদপত্রিকা
newspaper *n* সংবাদপত্র
newsstand *n* সংবাদপত্র বিক্রয়ের স্থান
next *adj* পরবর্তী
next door *adj* পাশের বাড়ি
nibble *v* খুঁত ধরা
nice *adj* মনোরম
nicely *adv* মনোরমভাবে
nickel *n* নিকেল
nickname *n* উপনাম
nicotine *n* নিকোটীন
niece *n* ভাইঝি
night *n* রাত্রি
nightfall *n* সন্ধ্যা
nightgown *n* রাতের পোশাক
nightingale *n* পাপিয়া
nightmare *n* রাতের দুঃস্বপ্ন
nine *adj* নয়
nineteen *adj* উনিশ
ninety *adj* নব্বই
ninth *adj* নবম
nip *n* চুমুক
nip *v* থামচে ধরা
nipple *n* স্তনের বোঁটা
nitpicking *adj* উকুন বাছা
nitrogen *n* নাইট্রোজেন
no one *pro* একজনও নয়
nobility *n* আভিজাত্য
noble *adj* অভিজাত
nobleman *n* অভিজাত ব্যক্তি
nobody *pro* কেহ নহে
nocturnal *adj* স্বপ্নদোষ
nod *v* মাথা নাড়ানো
noise *n* গোলমাল
noisily *adv* কোলাহলপূর্বক
noisy *adj* কোলাহলপূর্ণ
nominate *v* মনোনীত করা
none *pre* কেহ নহে
nonetheless *c* তৎসত্ত্বেও
nonsense *n* বোকামি
nonsmoker *n* যিনি ধূমপান করেন না
nonstop *adv* বিরামহীন
noon *n* মধ্যাহ্ন
noose *n* দড়ির ফাঁসবিশেষ
nor *c* নহে
norm *n* নিয়ম
normal *adj* স্বাভাবিক
normalize *v* স্বাভাবিক করা
normally *adv* স্বাভাবিক ভাবে
north *n* উত্তর দিক

N

northeast *n* উত্তরপূর্ব দিক
northern *adj* উত্তুরে
northerner *adj* উত্তরাঞ্চলবাসী
Norway *n* নরওয়ে
Norwegian *adj* নরওয়েবাসী
nose *n* নাক
nosedive *adv* হঠাত কমে যাওয়া
nostalgia *n* স্মৃতি
nostril *n* নাসারন্ধ্র
nosy *adj* অপরের খবরে উৎসাহী
not *adv* না
notable *adj* বিশিষ্ট
notably *adv* লক্ষণীয়
notary *n* প্রত্যয়িত করেন এমন উকিল
notation *n* স্বরলিপির সংকেত
note *v* লক্ষ্য করা; লিখে রাখা
note *n* টীকা
notebook *n* নোটবই
noteworthy *adj* উল্লেখযোগ্য
nothing *n* কিছু-না
notice *v* লক্ষ্য করা
notice *n* বিজ্ঞপ্তি
noticeable *adj* লক্ষণীয়
notification *n* বিজ্ঞপ্তিপত্র
notify *v* বিদিত করান
notion *n* ধারণা
notorious *adj* কুখ্যাত
noun *n* বিশেষ্য
nourish *v* খাওয়ান
nourishment *n* পুষ্টিকর খাদ্য
novel *n* উপন্যাস
novelist *n* ঔপন্যাসিক
novelty *n* নূতনত্ব
November *n* নভেম্বর
novice *n* শিক্ষানবিশ
now *adv* এখন
nowadays *adv* অধুনা
nowhere *adv* কোথাও না
noxious *adj* ক্ষতিকর
nozzle *n* সরুমুখ থাকা নল
nuance *n* সূক্ষ্ম তারতম্য
nuclear *adj* পারমাণবিক
nude *adj* নগ্ন
nudism *n* নগ্নতাবাদ
nudist *n* নগ্নতাবাদী
nudity *n* নগ্নতা
nuisance *n* বিরক্তিকর
null *adj* শক্তিহীন
nullify *v* বাতিল করা
numb *adj* অসাড়
number *n* সংখ্যা
numbness *n* অবশতা
numerous *adj* বহুসংখ্যক
nun *n* সন্ন্যাসিনী
nurse *n* পরিসেবিকা
nurse *v* সেবা শুশ্রুষা করা
nursery *n* শিশুদের রাখার স্থান
nurture *v* লালন করা
nut *n* বাদাম
nutrition *n* পুষ্টি
nutritious *adj* পুষ্টিকর
nut-shell *n* বাদামের খোলা
nutty *adj* বাদামে পূর্ণ

O

oak *n* এক ধরণের গাছ
oar *n* দাঁড়
oasis *n* মরুদ্যান
oath *n* শপথ
oatmeal *n* ওট দিয়ে তৈরী খাবার
obedience *n* বাধ্যতা
obedient *adj* বাধ্য
obese *adj* মোটা
obey *v* মানিয়া চলা
object *v* আপত্তি করা
object *n* লক্ষ্য
objection *n* আপত্তি
objective *n* উদ্দেশ্য
obligate *v* দায়বদ্ধ করা
obligation *n* দায়বদ্ধতা
obligatory *adj* বাধ্যতামূলক
oblige *v* বাধ্য করা
obliged *adj* বাধ্য
oblique *adj* বক্র
obliterate *v* লোপ করা
oblivion *n* বিস্মৃতি
oblivious *adj* বিস্মৃতিপরায়ণ
oblong *adj* আয়তাকার
obnoxious *adj* ঘৃণ্য
obscene *adj* অশ্লীল
obscenity *n* অশ্লীলতা
obscure *adj* আবছা
obscurity *n* আবছাভাব
observation *n* নিরীক্ষণ
observatory *n* মানমন্দির
observe *v* লক্ষ্য করা
obsess *v* আচ্ছন্ন করা
obsession *n* আচ্ছন্নতা
obsolete *adj* সেকেলে
obstacle *n* বাধা
obstinacy *n* একগুঁয়েমি
obstinate *adj* একগুঁয়ে
obstruct *v* রোধ করা
obstruction *n* বাধা
obtain *v* উপার্জন করা
obvious *adj* স্পষ্ট
obviously *adv* স্পষ্টভাবে
occasion *n* ঘটনাকাল
occasionally *adv* মাঝে মাঝে
occult *adj* অতিলৌকিক
occupant *n* ভোগদখলকারী
occupation *n* পেশা
occupy *v* অধিকারে রাখা
occur *v* ঘটা
occurrence *n* ঘটনা
ocean *n* মহাসাগর
October *n* অক্টোবর
octopus *n* অক্টোপাস
odd *adj* অযুগ্ম
oddity *n* খাপছাড়া
odds *n* সম্ভাবনার মাত্রা
odious *adj* জঘন্য
odometer *n* গন্ধ নিরূপণ যন্ত্র
odor *n* গন্ধ
odyssey *n* অভিযান
of *pre* হইতে

O

119 **opt for**

off *adv* দূরে
offend *v* অসন্তুষ্ট করা
offense *n* পাপ
offensive *adj* পাপমূলক
offer *v* অর্পণ করা
offer *n* নিবেদন
offering *n* উপহার
office *n* দপ্তর
officer *n* কর্মকর্তা
official *adj* পদসংক্রান্ত
officiate *v* সভাপতিত্ব করা
offset *v* বিপরীত শক্তি
offspring *n* সন্তান-সন্ততি
off-the-record *adj* বেসরকারীভাবে
often *adv* প্রায়ই
oil *n* তেল
ointment *n* মলম
okay *adv* নির্ভুলভাবে
old *adj* পুরানো; বৃদ্ধ
old age *n* বার্ধক্য
old-fashioned *adj* অপ্রচলিত
olive *n* জলপাই
Olympics *n* অলিম্পিকস
omelet *n* ওমলেট
omen *n* শুভ বা অশুভ সংকেত
ominous *adj* অশুভ লক্ষণযুক্ত
omission *n* বর্জন
omit *v* বাদ দেওয়া
on *pre* উপরে
once *adv* একবার মাত্র
once *c* একবার যখন
one *adj* এক
oneself *pre* স্বয়ং
ongoing *adj* চলমান
onion *n* পেঁয়াজ
onlooker *n* দর্শক
only *adv* কেবলমাত্র
onset *n* শুরু
onslaught *n* প্রচন্ড আক্রমণ
onwards *adv* সম্মুখগামী
opaque *adj* অস্বচ্ছ
open *v* খোলা
open *adj* উন্মুক্ত
open up *v* খুলে কথা বলঅ
opening *n* মুক্তস্থান
open-minded *adj* সংস্কারমুক্ত
openness *n* খোলাখুলি ভাব
opera *n* অপেরা
operate *v* সক্রিয় হওয়া
operation *n* ক্রিয়া
opinion *n* ধারণা
opinionated *adj* মতামতধারী
opium *n* আফিম
opponent *n* প্রতিপক্ষ
opportune *adj* সময়োচিত
opportunity *n* সুযোগ
oppose *v* বাধা দেওয়া
opposite *adj* বিপরীত
opposite *adv* বিপরীতে
opposite *n* বিপরীত
opposition *n* প্রতিপক্ষ
oppress *v* অত্যাচার করা
oppression *n* অত্যাচার
opt for *v* সিদ্ধান্ত গ্রহণ করা

O

optical *adj* চোখ-সম্পর্কিত
optician *n* দৃষ্টিশক্তি পরীক্ষক
optimism *n* আশাবাদ
optimistic *adj* আশাবাদী
option *n* বিকল্প
optional *adj* ঐচ্ছিক
opulence *n* ধনসম্পদ
or *c* অথবা
oracle *n* দৈববাণী
orally *adv* মৌখিকভাবে
orange *n* কমলালেবু
orangutan *n* ওরাং-ওটাং
orbit *n* কক্ষপথ
orchard *n* বাগান
orchestra *n* অর্কেস্ট্রা
ordain *v* বিন্যস্ত করা
ordeal *n* ভাগ্য পরীক্ষা
order *n* আদেশ; মাল সরবরাহের চুক্তি
order *v* আদেশ করা
ordinarily *adv* সাধারণভাবে
ordinary *adj* সাধারণ
ordination *n* ধর্মযাজকের পদে শপথ
ore *n* আকরিক
organ *n* ইন্দ্রিয়, অঙ্গ
organism *n* জীবসত্ত্বা
organist *n* অর্গান-বাদক
organization *n* প্রতিষ্ঠান
organize *v* বিন্যস্ত করা
orient *n* উদীয়মান
oriental *adj* প্রাচ্য
orientation *n* অবস্থিতি
oriented *adj* মতাদর্শে অনুগত
origin *n* উৎপত্তি
original *adj* মূল
originally *adv* মূলতঃ
originate *v* আরম্ভ করা
ornament *n* অলঙ্কার
ornamental *adj* শোভাবর্ধক
orphan *n* অনাথ
orphanage *n* অনাথাশ্রম
orthodox *adj* গোঁড়া
ostentatious *adj* জাঁকাল
ostrich *n* উটপাখি
other *adj* অন্য
otherwise *adv* অন্যথায়
otter *n* ভোঁদড়
ought to *iv* ঠিক হওয়া
ounce *n* আউন্স
our *adj* আমাদের
ours *pro* আমাদের
ourselves *pro* আমাদেরকে
oust *v* উচ্ছেদ করা
out *adv* বাহিরে
outbreak *n* প্রাদুর্ভাব
outburst *n* বিস্ফোরণ
outcast *adj* জাতিচ্যুত
outcome *n* ফলাফল
outcry *n* উচ্চ চিৎকার
outdated *adj* সেকেলে
outdo *v* ছাপাইয়া যাওয়া
outdoor *adv* গৃহের বাইরে
outdoors *adv* বাড়ির বাহিরে
outer *adj* বহিঃস্থ
outfit *n* দল

outgoing *adj* নির্গমরত
outgrow *v* তুলনামূলকভাবে বেড়ে যাওয়া
outing *n* প্রমোদ-ভ্রমণ
outlast *v* তুলনামূলকভাবে স্থায়ী হওয়া
outlaw *v* আইনবিরোধী
outlet *n* নির্গমপথ
outline *n* রূপরেখা
outline *v* রূপরেখা অঙ্কন করা
outlive *v* দীর্ঘদিন টিকে থাকা
outlook *n* দৃশ্য
outmoded *adj* অপ্রচলিত
outnumber *v* সংখ্যা বেশি হওয়া
outpatient *n* বহির্বিভাগের রোগী
outperform *v* কারও চেয়ে ভালো করা
outpouring *n* ঢেলে দেওয়া
output *n* উৎপাদিত দ্রব্য
outrage *n* নারকীয়তা
outrageous *adj* জঘন্য
outright *adj* সম্পূর্ণ
outrun *v* তুলনামূলকভাবে বেগে দৌড়নো
outset *n* প্রারম্ভ
outshine *v* ছাপিয়ে যাওয়া
outside *adv* বহির্ভাগীয়
outsider *n* বহিরাগত
outskirts *n* সীমান্ত
outspoken *adj* স্পষ্টভাষী
outstanding *adj* অসাধারণ
outstretched *adj* প্রসারিত
outward *adj* বহির্মুখী
outweigh *v* ছাপিয়ে যাওয়া
oval *adj* ডিম্বাকৃতি
ovary *n* ডিম্বকোষ
ovation *n* সংবর্ধনা
oven *n* চুল্লি
over *pre* উপরে
overall *adv* সর্বোপরি
overbearing *adj* জোর খাটানো ব্যক্তি
overboard *adv* জাহাজ থেকে জলে পড়া
overcast *adj* মেঘাচ্ছন্ন
overcharge *v* অধিক দাম নেওয়া
overcoat *n* উপরের কোট
overcome *v* সামলে ওঠা
overcrowded *adj* ভিড়াক্রান্ত
overdo *v* ক্লান্ত করা
overdone *adj* অতিরঞ্জিত
overdose *n* অতিরিক্ত মাত্রা
overdue *adj* কালাতিক্রান্ত
overestimate *v* বেশি মূল্যায়ন করা
overflow *v* উপচে ওঠা
overhaul *v* উপরে টেনে আনা
overlap *v* অংশতঃ আবৃত করা
overlook *v* উপর থেকে দেখা
overnight *adv* এক রাতের জন্য
overpower *v* কাবু করা
overrate *v* বেশি মূল্য দেওয়া
override *v* অগ্রাহ্য করা
overrule *v* নাকচ করা
overrun *v* অতিক্রম করা
overseas *adv* সাগর পারের
oversee *v* তত্ত্বাবধান করা
overshadow *v* ঢেকে ফেলা
oversight *n* ত্রুটি
overstate *v* অতিরঞ্জিত করা
overstep *v* গণ্ডি অতিক্রম করা

overtake *v* নাগাল ধরা
overthrow *v* পতন ঘটানো
overthrow *n* পতন
overtime *adv* অতিরিক্ত সময়
overturn *v* উল্টাইয়া দেওয়া
overview *n* ধারণা
overweight *adj* অতিরিক্ত ভার
overwhelm *v* বিহ্বল করা
owe *v* ঋণী থাকা
owing to *adv* কারণে, দরুন
owl *n* পেঁচা
own *v* ভোগদখল করা
own *adj* নিজস্ব
owner *n* মালিক
ownership *n* মালিকানা
ox *n* ষাঁড়
oxen *n* বলদ
oxygen *n* অক্সিজেন
oyster *n* ঝিনুক

O

P

pace *v* পা ফেলা
pace *n* পদক্ষেপ
pacify *v* শান্ত করা
pack *v* গোছানো
pack *n* পেটিকা
package *n* মোড়ক
pact *n* চুক্তি
pad *v* ফাঁপিয়ে তোলা
padding *n* নরম জিনিষ
paddle *v* দাঁড় বহা
paddle *n* বৈঠা
padlock *n* তালা
pagan *adj* বিধর্মী
page *n* পৃষ্ঠা
pail *n* বালতি
pain *n* বেদনা
painful *adj* যন্ত্রণাপূর্ণ
painkiller *n* যন্ত্রণানাশক
painless *adj* যন্ত্রণাহীন
paint *v* রঞ্জিত করা
paint *n* রঙ
paintbrush *n* রঙের তুলি
painter *n* চিত্রকর
painting *n* অঙ্কিতচিত্র
pair *n* জোড়
pajamas *n* পাজামা
pal *n* সাথী
palace *n* প্রাসাদ
palate *n* তালু
pale *adj* ম্লান
paleness *n* ম্লানভাব
palm *n* হাতের তালু
palm *v* গছানো
palpable *adj* প্রতীয়মান
paltry *adj* তুচ্ছ
pamper *v* আহ্লাদ দেওয়া
pamphlet *n* পুস্তিকা
pan *n* চাটু

pancreas *n* অগ্ন্যাশয়
pander *v* মদত দেওয়া
pang *n* ক্ষনিক প্রবল যন্ত্রণা
panic *n* আতঙ্ক
panorama *n* পরিদৃশ্য
panther *n* চিতাবাঘ
pantry *n* খাদ্যদ্রব্যাদির ভান্ডার
pants *n* পাজামা
pantyhose *n* শরীর ঢাকা পোশাক
papacy *n* পোপের পদ
paper *n* কাগজ
paperclip *n* কাগজের ক্লিপ
paperwork *n* লেখালিখির কাজ
parable *n* উপদেশপূর্ণ ক্ষুদ্র গল্প
parachute *n* বিমানছত্র
parade *n* কুচকাওয়াজ
paradise *n* স্বর্গ
paradox *n* স্ববিরোধী
paragraph *n* অনুচ্ছেদ
parakeet *n* টিয়াপাখিবিশেষ
parallel *n* সমান্তরাল
paralysis *n* পক্ষাঘাত
paralyze *v* অকার্যকর করা
parameters *n* বৈশিষ্ট্য
paramount *adj* সর্বশ্রেষ্ট
paranoid *adj* সন্দেহযুক্ত
parasite *n* পরগাছা
paratrooper *n* ছত্রীবাহিনী
parcel *n* মোড়ক
parcel post *n* ডাকে পাঠানো পার্সেল
parch *v* ঝলসান
parchment *n* চর্মের কাগজ
pardon *v* মার্জনা করা
pardon *n* মার্জনা
parenthesis *n* লঘুবন্ধনী
parents *n* পিতামাতা
parish *n* যাজক-পল্লী
parishioner *n* যাজক
parity *n* সমতা
park *n* প্রমোদোদ্যান
park *v* গাড়ি রাখা
parking *n* গাড়ি রাখার স্থান
parliament *n* সংসদ্
parochial *adj* যাজক-পল্লীসংক্রান্ত
parrot *n* তোতাপাখি
parsley *n* সুগন্ধি মশলা পাতা
parsnip *n* মূলো
part *v* বিভাজন করা
part *n* অংশ
partial *adj* আংশিক
partially *adv* আংশিকভাবে
participate *v* অংশগ্রহণ করা
participation *n* অংশগ্রহণ
participle *n* কালবোধক কৃদন্ত
particle *n* অণু
particular *adj* বিশেষ
particularly *adv* বিশেষরূপে
parting *n* বিদায়গ্রহণ
partisan *n* পক্ষভুক্ত লোক
partition *n* সীমা-প্রাচীর
partly *adv* আংশিকরূপে
partner *n* অংশীদার
partnership *n* অংশীদারিত্ব
partridge *n* তিতির পক্ষী

party *n* দল
party *v* আনন্দ করা
pass *n* ছাড়পত্র; গিরিপথ
pass *v* উত্তীর্ণ হওয়া
pass around *v* এগিয়ে দেওয়া
pass away *v* অবসান হওয়া
pass out *v* মুর্ছা যাওয়া
passage *n* রাস্তা
passenger *n* যাত্রী
passer-by *n* পথিক
passion *n* ভাবাবেগ
passionate *adj* উৎসাহী
passive *adj* নিশ্চেষ্ট
passport *n* ছাড়পত্র
password *n* সাংকেতিক শব্দ
past *adj* অতীত
past *n* প্রাক্তন
paste *n* আঠা
paste *v* আঠা দিয়ে লাগানো
pasteurize *v* জীবানুমুক্ত করা
pastime *n* আমোদ-প্রমোদ
pastor *n* ধর্মযাজক
pastoral *adj* যাজকীয়
pastry *n* পিঠা
pasture *n* চারণ-ভূমি
pat *n* চাপড়
patch *v* তালি দেওয়া
patch *n* তালি
patent *n* কৃতিস্বত্ব
patent *v* কৃতিস্বত্ব নেওয়া
paternity *n* পিতৃত্ব
path *n* পায়ে চলা পথ
pathetic *adj* করুণ
patience *n* ধৈর্য
patient *adj* রুগী
patio *n* সমতল ছাদ
patriarch *n* কুলপতি
patrimony *n* পৈত্রিক সম্পত্তি
patriot *n* দেশ-প্রেমিক
patriotic *adj* স্বদেশপ্রেমিক
patrol *n* টহল
patron *n* পৃষ্ঠপোষক
patronage *n* পৃষ্ঠপোষকতা
patronize *v* পৃষ্ঠপোষকতা করা
pattern *n* নকশা
pavement *n* ফুটপাথ
pavilion *n* তাঁবু
paw *n* থাবা
pawn *v* বন্ধক দেওয়া
pawnbroker *n* বন্ধকী কারবারি
pay *n* বেতন
pay *iv* প্রদান করা
pay back *v* লাভ প্রদান করা
pay off *v* দেনা পরিশোধ করা
pay slip *n* বেতনের হিসাবের পরচা
payable *adj* পরিশোধনীয়
paycheck *n* বেতন
payee *n* পাওনাদার
payment *n* টাকা প্রদান
payroll *n* বেতনের হিসাব
pea *n* মটর
peace *n* শান্তি
peaceful *adj* শান্তিময়
peach *n* পীচ

peacock *n* ময়ূর
peak *n* পর্বতশৃঙ্গ
peanut *n* মটরদানা
pear *n* নাশপাতি
pearl *n* মুক্তা
peasant *n* কৃষক
pebble *n* নুড়ি
peck *n* ঠোকর
peck *v* ঠোকর দেওয়া
peculiar *adj* অদ্ভুত
pedagogy *n* অধ্যাপনা-বিদ্যা
pedal *n* পদ-সংক্রান্ত
pedantic *adj* পান্ডিত্যাভিমানী
pedestrian *n* নীরস
peel *n* ছাড়ানোর যন্ত্র
peel *v* খোসা ছাড়ানো
peep *v* উঁকি মারা
peer *n* সমতুল্য ব্যক্তি
pelican *n* জলচর পক্ষিবিশেষ
pellet *n* বটিকা
pen *n* কলম
penalize *v* জরিমানা করা
penalty *n* জরিমানা
penance *n* প্রায়শ্চিত্ব
penchant *n* ঝোঁক
pencil *n* পেনসিল
pendant *n* ঝোলান বস্তু
pending *adj* মুলতবী
pendulum *n* দোলক
penetrate *v* বিদ্ধ করা
penguin *n* পেঙ্গুইন
penicillin *n* পেনিসিলিন
peninsula *n* উপদ্বীপ
penitent *n* অনুতপ্ত ব্যক্তি
penniless *adj* নিঃস্ব
penny *n* ইংল্যান্ডীয় তাম্রমুদ্রা
pension *n* অবসর-বৃত্তি
pentagon *n* পঞ্চভূজ
pent-up *adj* অবর্ণিত
people *n* জনসমূহ
pepper *n* গোলমরিচ
per *pre* প্রত্যেকের জন্য
perceive *v* অনুভব করা
percent *adv* শতকরা
percentage *n* শতকরা হার
perception *n* অনুভূতি
perennial *adj* বহুবর্ষব্যাপী
perfect *adj* নির্ভুল
perfection *n* ত্রুটিহীনতা
perforate *v* বিদ্ধ করা
perforation *n* ভেদন
perform *v* সম্পাদন করা
performance *n* সম্পাদন
perfume *n* সুগন্ধী
perhaps *adv* সম্ভবতঃ
peril *n* বিপদ
perilous *adj* বিপৎসংকুল
perimeter *n* পরিসীমা
period *n* রজঃকাল; পর্ব
perish *v* নষ্ট হওয়া
perishable *adj* নষ্ট হতে পারে এমন
perjury *n* মিথ্যাকথন
permanent *adj* স্থায়ী
permeate *v* পরিব্যাপ্ত হওয়া

P

permission 126

permission *n* অনুমতি
permit *v* অনুমতি দেওয়া
pernicious *adj* অপকারী
perpetrate *v* বিদ্ধ করা
persecute *v* নির্যাতন করা
persevere *v* অধ্যবসায়ী হওয়া
persist *v* দীর্ঘকাল থাকা
persistence *n* জিদ
persistent *adj* নাছোড়বান্দা
person *n* মানুষ
personal *adj* ব্যক্তিগত
personality *n* ব্যক্তিত্ব
personify *v* নরত্ব আরোপ করা
personnel *n* লাঠি
perspective *n* দৃশ্য
perspiration *n* ঘাম
perspire *v* ঘামা
persuade *v* প্রবর্তিত করা
persuasion *n* প্রবর্তন করা
persuasive *adj* প্রবর্তক
pertain *v* অধিকারে থাকা
pertinent *adj* উপযুক্ত
perturb *v* আকুল করা
perverse *adj* বিকৃত
pervert *v* পথভ্রষ্ট করা
pervert *n* বিকৃতস্বভাব
pessimism *n* নৈরাশ্য
pessimistic *adj* নৈরাশ্যবাদী
pest *n* পোকামাকড়
pester *v* কষ্ট দেওয়া
pesticide *n* কীটনাশক
pet *n* পোষা জন্তু
pet *v* হাত বোলানো
petal *n* পুষ্পদল
petite *adj* ক্ষুদ্র
petition *n* দরখাস্ত
petrified *adj* প্রস্তরীভূত
petroleum *n* পেট্রোলিয়াম
pettiness *n* চরিত্রের নীচতা
petty *adj* সামান্য
pew *n* গির্জার বেঞ্চি
phantom *n* অপচ্ছায়া
pharmacist *n* ওষুধ বিক্রেতা
pharmacy *n* ঔষধালয়
phase *n* পর্ব
pheasant *n* বড় পাখি
phenomenon *n* ইন্দ্রিয় গ্রাহ্য ঘটনা
philosopher *n* দার্শনিক
philosophy *n* দর্শন
phobia *n* আতঙ্ক
phone *n* ফোন
phone *v* টেলিফোন করা
phony *adj* মিথ্যা
phosphorus *n* ফসফরাস
photo *n* ফটো
photocopy *n* প্রতিলিপি
photograph *v* আলোকচিত্র
photographer *n* আলোকচিত্রশিল্পী
photography *n* ফটো তোলা
phrase *n* শব্দগুচ্ছ
physically *adv* শারীরিকভাবে
physician *n* চিকিৎসক
physics *n* পদার্থবিদ্যা
pianist *n* পিয়ানোবাদক

P

piano *n* পিয়ানো
pick *v* চয়ন করা
pick *n* পছন্দ
pick up *v* কুড়াইয়া লওয়া
pickpocket *n* পকেটমার
pick-up *n* বেগবর্ধনের শক্তি
picture *n* ছবি
picture *v* অঙ্কিত করা
picturesque *adj* অপূর্ব চিত্রের মত
pie *n* তীক্ষ্ণ
piece *n* অংশ
piecemeal *adv* ক্রমে ক্রমে
pier *n* স্তম্ভ
pierce *v* ভেদ করা
piercing *n* বিদারক
piety *n* ধার্মিকতা
pig *n* শূকর
pigeon *n* পায়রা
piggy bank *n* অর্থ রাখার ছোট বাক্স
pile *v* স্তুপিকৃত করা
pile *n* স্তুপ
pile up *v* জমান
pilfer *v* ছিঁচকে চুরি করা
pilgrim *n* তীর্থযাত্রী
pilgrimage *n* তীর্থযাত্রা
pill *n* ঔষধের বড়ি
pillage *v* লুঠতরাজ করা
pillar *n* স্তম্ভ
pillow *n* বালিশ
pillowcase *n* বালিশের ওয়াড়
pilot *n* কর্ণধার
pimple *n* ব্রণ
pin *n* পিন্
pin *v* কুস্তিতে মাত করা
pincers *n* সাঁড়াশি
pinch *v* চিমটি কাটা
pinch *n* চিমটি
pine *n* পাইন গাছ
pineapple *n* আনারস
pink *adj* ফ্যাকাশে লাল
pinpoint *v* চিহ্নিত করা
pint *n* পাঁইট
pioneer *n* প্রবর্তক
pious *adj* ধার্মিক
pipe *n* নল; বাদ্যযন্ত্র
pipeline *n* তেল বহনের পাইপের নল
piracy *n* গ্রন্থস্বত্বাপহরণ
pirate *n* গ্রন্থস্বত্বাপহারক
pistol *n* পিস্তল
pit *n* ফাঁদ; গর্ত
pitch *v* খাটানো; আছড়ে ফেলা; চেষ্টা করা
pitch-black *adj* পিচের মত কাল
pitcher *n* মাটির পাত্র
pitchfork *n* খড় ছোড়ার যন্ত্র
pitfall *n* বিপদ
pitiful *adj* দরদী
pity *n* করুণা
placard *n* ইস্তাহার
placate *v* শান্ত করা
place *n* স্থান
place *v* রাখা
placid *adj* শান্ত
plague *n* প্লেগ-রোগ
plain *n* সমতলভূমি, সহজবোধ্য

P

plain *adj* সমতল; স্পষ্ট
plainly *adv* সরলভাবে
plaintiff *n* মকদ্দমার বাদী
plan *v* পরিকল্পনা করা
plan *n* পরিকল্পনা
plane *n* বিমান; সমতলভূমি
planet *n* গ্রহ
plant *v* রোপন করা
plant *n* উদ্ভিদ
plaster *n* পলেস্তারা
plaster *v* পলেস্তারা লাগানো
plastic *n* প্লাসটিক
plate *n* ফলক
plateau *n* মালভূমি
platform *n* সমতল স্থান
platinum *n* প্ল্যাটিনাম
platoon *n* পদাতিক সৈন্য
plausible *adj* সম্ভব
play *v* খেলাধুলা করা
play *n* আমোদপ্রমোদ
player *n* খেলোয়াড়
playful *adj* ক্রীড়াশীল
playground *n* খেলার মাঠ
plea *n* আবেদন
plead *v* ওকালতি করা
pleasant *adj* মনোরম
please *v* দয়া করা
pleasing *adj* মনোরম
pleasure *n* আনন্দ
pleat *n* ভাঁজ
pleated *adj* ভাঁজ যুক্ত
pledge *v* জামিন রাখা
pledge *n* জামানত
plentiful *adj* প্রচুর
plenty *n* প্রাচুর্য
pliable *adj* নমনীয়
pliers *n* সাঁড়াশিবিশেষ
plot *n* ক্ষুদ্র জমি খন্ড
plot *v* ষড়যন্ত্র করা
plow *v* লাঙল দেওয়া
ploy *n* কাজ
pluck *v* টানিয়া তুলে ফেলা
plug *v* অবরুদ্ধ করা
plug *n* ছিপি
plum *n* ফলবিশেষ
plumber *n* জলের কলের মিস্ত্রী
plumbing *n* জলের কলের কাজ
plummet *v* পড়িয়া যাওয়া
plump *adj* মোটাসোটা
plunder *v* লুঠতরাজ করা
plunge *v* ঝাঁপ দেওয়া
plunge *n* ঝাঁপ
plural *n* বহুবচনাত্মক
plus *adj* যুক্ত
plush *adj* বৈভবপূর্ণ
plutonium *n* প্লুটোনিয়াম
pneumonia *n* নিউমোনিয়া রোগ
pocket *n* পকেট
poem *n* কবিতা
poet *n* কবি
poetry *n* কাব্য
poignant *adj* তীক্ষ্ণ
point *n* বিন্দু; চুড়া
point *v* নির্দিষ্ট করা

pointed *adj* তীক্ষ্ণ
pointless *adj* অর্থহীন
poise *n* স্থিতি
poison *v* বিষপ্রয়োগ করা
poison *n* বিষ
poisoning *n* বিষপ্রয়োগ
poisonous *adj* বিষাক্ত
Poland *n* পোল্যান্ড
polar *adj* মেরুসংক্রান্ত
pole *n* মেরু
police *n* পুলিশ
policeman *n* পুলিশ-কর্মচারী
policy *n* নীতি
polish *n* পালিশ
polish *v* পালিশ করা
Polish *adj* পোল্যাণ্ডের লোক
polite *adj* মার্জিত
politeness *n* মার্জিতভাব
politician *n* রাজনীতিক
politics *n* রাজনীতি
poll *n* মাথা, ভোটদান
pollen *n* পরাগ
pollute *v* নোংরা করা
pollution *n* দূষণ
polygamist *adj* বহুগামীতা
polygamy *n* বহুগামী
pomegranate *n* ফলবিশেষ
pomposity *n* দাম্ভিকতা
pond *n* পুকুর
ponder *v* চিন্তা করা
pontiff *n* প্রধান যাজক
pool *n* জলের ডোবা; খেলা
pool *v* একত্র করা
poor *n* দরিদ্র
poorly *adv* দরিদ্রভাবে
pop *v* শব্দ করা
popcorn *n* ভুট্টার খই
Pope *n* পোপ
poppy *n* পোস্ত
popular *adj* জনপ্রিয়
popularize *v* জনপ্রিয় করা
populate *v* বসবাস করা
population *n* জনসংখ্যা
porcelain *n* চীনামাটির পাত্র
porch *n* গাড়িবারান্দা
porcupine *n* শজারু
pore *n* লোমকূপ
pork *n* শূকরমাংস
porous *adj* সচ্ছিদ্র
port *n* বন্দর
portable *adj* সুবহ
portent *n* কুলক্ষণ
porter *n* মুটে
portion *n* অংশ
portrait *n* চিত্র
portray *v* বর্ণনা করা
Portugal *n* পর্তুগাল
Portuguese *adj* পর্তুগালদেশীয়
pose *v* ঘাবড়ে দেওয়া
pose *n* ভঙ্গি
posh *adj* চটকদার
position *n* অবস্থান
positive *adj* ধনাত্মক
possess *v* ভোগদখল করা

P

possession 130

possession *n* দখলিকৃত
possibility *n* সম্ভাবনা
possible *adj* সম্ভব
post *n* স্তম্ভ
post *v* ডাকে পাঠানো
post office *n* ডাকঘর
postage *n* ডাকমাসুল
postcard *n* পোস্টকার্ড
poster *n* প্রচারপত্র
posterity *n* উত্তরপুরুষ
postman *n* ডাককর্মী
postmark *n* ডাকের ছাপ
postpone *v* মুলতুবি রাখা
postponement *n* মুলতুবিকরণ
pot *n* পাত্র; গাঁজা
potato *n* আলু
potent *adj* শক্তিশালী
potential *adj* সম্ভাবনাময়
pothole *n* ঘটাকার গর্ত
poultry *n* মুরগী
pound *v* আঘাত করা
pound *n* খোঁয়াড়
pour *v* ঢালা
poverty *n* দারিদ্র
powder *n* চূর্ণ
power *n* ক্ষমতা; শক্তি
powerful *adj* ক্ষমতাবান
powerless *adj* ক্ষমতাহীন
practical *adj* ব্যবহারিক
practice *n* অনুশীলন
practice *v* অনুশীলন করা
practicing *adj* অনুশীলনকারী
pragmatist *adj* বাস্তবধর্মী
prairie *n* বৃক্ষহীনতৃণ
praise *v* প্রশংসা করা
praise *n* প্রশংসা
praiseworthy *adj* প্রশংসাযোগ্য
prank *n* দুষ্টুমিপূর্ণ ফাঁদ
prawn *n* চিংড়ি
pray *v* মিনতি করা
prayer *n* প্রার্থনা
preach *v* ধর্মোপদেশ দেওয়া
preacher *n* ধর্মোপদেষ্টা
preaching *n* ধর্মোপদেশ
preamble *n* ভূমিকা
precarious *adj* অনিশ্চিত
precaution *n* পূর্বাহ্ণিক সতর্কতা
precede *v* পূর্বসতর্কতা
precedent *n* অগ্রাধিকারপ্রাপ্ত
preceding *adj* পূর্ববর্তি
precept *n* নীতিবাক্য
precious *adj* বহুমূল্য
precipice *n* খাড়া পাহাড়
precipitate *v* ত্বরান্বিত করান
precise *adj* স্পষ্টরূপে নির্দিষ্ট
precision *n* যথাযথতা
precocious *adj* অকালপক্ক
precursor *n* অগ্রদূত
predecessor *n* পূর্ববর্তী
predicament *n* বিধেয়
predict *v* ভবিষ্যদবাণী করা
prediction *n* ভবিষ্যদবাণী
predilection *n* পক্ষপাতিত্বপূর্ণ
predisposed *adj* পূর্ব-প্রবণতা থাকা ব্যক্তি

P

predominate *v* প্রভাবসম্পন্ন হওয়া
preempt *v* দখল করা
prefabricate *v* আগে থেকে তৈরী
preface *n* ভূমিকা
prefer *v* বেশি পছন্দ করা
preference *n* বেশি পছন্দ
prefix *n* শব্দের আগে বসে এমন বর্ণ
pregnancy *n* গর্ভাবস্থা
pregnant *adj* গর্ভবতী
prehistoric *adj* প্রাগৈতিহাসিক
prejudice *n* পক্ষপাতিত্বপূর্ণ
preliminary *adj* প্রারম্ভিক
prelude *n* প্রস্তাবনা
premature *adj* কালের পূর্বে জাত
premeditate *v* পূর্বাহ্নেই চিন্তা করা
premeditation *n* পূর্বপরিকল্পনা
premier *adj* প্রধান
premise *n* হেতুবাক্য
premises *n* প্রাঙ্গনাদি
premonition *n* পূর্ববোধ
preoccupation *n* সর্বাগ্রে করণীয় কর্ম
preoccupy *v* পূর্বেই দখল করা
preparation *n* প্রস্তুতি
prepare *v* প্রস্তুতি নেওয়া
preposition *n* পদান্বয়ী অব্যয়, সম্বন্ধবাচক অব্যয়
prerequisite *n* পূর্বশর্ত
prerogative *n* বিশেষ ক্ষমতা
prescribe *v* বিধান দেওয়া
prescription *n* ঔষধাদির ব্যবস্থাপত্র
presence *n* উপস্থিতি
present *adj* উপস্থিত
present *v* উপস্থিত হওয়া
present *n* উপস্থিত
presentation *n* উপস্থাপনা
preserve *v* সংরক্ষণ করা
preside *v* সভাপতিত্ব করা
presidency *n* রাষ্ট্রপতিত্ব
president *n* রাষ্ট্রপতি
press *v* ইস্ত্রি করা
press *n* সংবাদমাধ্যম
pressing *adj* জরুরি
pressure *v* চাপ দেওয়া
pressure *n* চাপ
prestige *n* মর্যাদা
presume *v* বিশ্বাস করা
presumption *n* বিশ্বাস
presuppose *v* আগে থেকে ধরে নেওয়া
presupposition *n* পূর্ব-কল্পনা
pretend *v* ভান করা
pretense *n* মিথ্যা জাহির
pretension *n* ন্যায্য দাবি
pretty *adj* সচ্ছল
prevail *v* বিজয়লাভ করা
prevalent *adj* বিজয়লাভ
prevent *v* প্রতিরোধ করা
prevention *n* প্রতিরোধ
preventive *adj* প্রতিরোধী
preview *n* প্রাকদর্শন
previous *adj* প্রাক্তন
previously *adv* পূর্বেই
prey *n* শিকার
price *n* মূল্য
pricey *adj* দামী

P

prick *v* খোঁচা দেওয়া
pride *n* গর্ব
priest *n* পুরোহিত
priestess *n* মহিলা-যাজক
priesthood *n* যাজকগিরি
primacy *n* আদ্যতা
primarily *adv* প্রাথমিকভাবে
prime *adj* মৌলিক
primitive *adj* প্রারম্ভিক
prince *n* রাজকুমার
princess *n* রাজকুমারী
principal *adj* প্রধান
principle *n* মুল উপাদান
print *v* মুদ্রিত করা
print *n* মুদ্রিত অবস্থা
printer *n* মুদ্রন-যন্ত্র
printing *n* মুদ্রন
prior *adj* আগেকার
priority *n* অগ্রাধিকার
prism *n* সমান্তরাল বহুভুজ
prison *n* কারাগার
prisoner *n* বন্দি
privacy *n* গোপনীয়তা
private *adj* ব্যক্তিগত
privilege *n* সুযোগ-সুবিধা
prize *n* পুরস্কার
probability *n* সম্ভাবনা
probable *adj* সম্ভাব্য
probe *v* আবিষ্কার করা
probing *n* কৌতুহলী
problem *n* সমস্যা
problematic *adj* সমস্যাযুক্ত
procedure *n* প্রণালী
proceed *v* চলিতে থাকা
proceedings *n* অগ্রগমন
proceeds *n* লাভ
process *v* প্রক্রিয়াকরণ করা
process *n* প্রক্রিয়া
procession *n* শোভাযাত্রা
proclaim *v* ঘোষণা করা
proclamation *n* ঘোষণা
procrastinate *v* মুলতবি রাখা
procreate *v* সৃষ্টি করা
procure *v* ক্রয় করা
prod *v* খোঁচা দেওয়া
prodigious *adj* বিস্ময়কর
prodigy *n* দৈত্য, দানব
produce *v* উৎপন্ন করা
produce *n* ফসল
product *n* উৎপাদিত দ্রব্য
production *n* উৎপাদন
productive *adj* উৎপাদনশীল
profane *adj* অপবিত্র
profess *v* স্বীকার করা
profession *n* পেশা
professional *adj* পেশাদার
professor *n* অধ্যাপক
proficiency *n* দক্ষতা
proficient *adj* দক্ষ
profile *n* পরিলেখ
profit *v* লাভ করা
profit *n* লাভ
profitable *adj* লাভজনক
profound *adj* গভীর

P

program n কর্মসূচি
program v পরিকল্পনা করা
programmer n প্রোগ্রাম প্রস্তুতকারক
progress v উন্নতি করা
progress n উন্নতি
progressive adj প্রগতিশীল
prohibit v নিষেধ করা
prohibition n নিষেধ
project v পরিকল্পনা করা
project n প্রকল্প
projectile n প্রক্ষিপ্ত বস্তু
prologue n প্রস্তাবনা
prolong v প্রসারিত করা
promenade n ব্যায়াম
prominent adj সুস্পষ্ট
promiscuous adj লম্পট
promise n অঙ্গীকার
promote v উৎসাহিত করা
promotion n পদোন্নতি
prompt adj তৎপর
prone adj প্রবণ
pronoun n সর্বনাম
pronounce v উচ্চারণ করা
proof n প্রমাণ
propaganda n প্রচার
propagate v ছড়িয়ে দেওয়া
propel v সম্মুখে চালিত করা
propensity n প্রবৃত্তি
proper adj উপযুক্ত
properly adv নির্ভুলরূপে
property n সম্পত্তি
prophecy n ভবিষ্যবাণী

prophet n পয়গম্বর
proportion n সমানুপাত
proposal n প্রস্তাব
propose v প্রস্তাব দেওয়া
proposition n উক্তি
prose n গদ্য
prosecute v চালানো
prosecutor n অভিযোক্তা
prospect n সম্ভাবনা
prosper v সৌভাগ্যশালী করা
prosperity n সৌভাগ্য
prosperous adj সমৃদ্ধশালী
prostate n নতজানু
prostrate adj অবনমিত
protect v রক্ষা করা
protection n সুরক্ষা
protein n প্রোটিন
protest v বিরোধিতা করা
protest n বিরোধিতা
protocol n রীতি-নীতি
prototype n নমুনা
protract v বিলম্বিত করা
protracted adj বিলম্বিত
protrude v প্রলম্বিত হওয়া
proud adj গর্বিত
proudly adv গর্বিতভাবে
prove v প্রমাণ করা
proven adj প্রমাণিত
proverb n প্রবাদ
provide v প্রদান করা
providence n পরিণামদর্শিতা
providing that c প্রদান করা হচ্ছে যে

province *n* প্রদেশ
provision *n* বন্দোবস্ত
provisional *adj* সাময়িক
provocation *n* উত্তেজনা
provoke *v* উত্তেজিত করা
prow *n* জাহাজের অগ্রভাগ
prowler *n* আগন্তুক
proximity *n* নৈকট্য
proxy *n* পরিবর্ত
prudence *n* পরিণামদর্শিতা
prudent *adj* মিতব্যয়ী
prune *v* ছাঁটা
prune *n* শুষ্ক কুল
prurient *adj* কামুক
pseudonym *n* ছদ্মনাম
psychiatrist *n* মনস্তত্ত্ববিদ
psychiatry *n* মনোবিজ্ঞান
psychic *adj* মন-সংক্রান্ত
psychology *n* মনস্তত্ত্ব
psychopath *n* মানসিক ভারসাম্যহীন ব্যক্তি
puberty *n* বয়ঃসন্ধি
public *adj* সর্বজনবিদিত
publication *n* প্রকাশিত গ্রন্থ
publicity *n* প্রচার
publicly *adv* প্রকাশ্যে
publish *v* প্রকাশ করা
publisher *n* প্রকাশক
pudding *n* মিষ্টান্নবিশেষ
puerile *adj* বালসুলভ
puff *n* ফুৎকার
puffy *adj* স্ফীত
pull *v* বলপূর্বক টানিয়া আনা
pull ahead *v* এগিয়ে নিয়ে যাওয়া
pull down *v* ভাঙ্গিয়া ফেলা
pull out *v* বেরিয়ে যাওয়া
pulley *n* পুলি
pulp *n* মন্ড
pulpit *n* ধর্মপ্রচারের মঞ্চ
pulsate *v* ধুকধুক করা
pulse *n* নাড়ির স্পন্দন
pulverize *v* গুঁড়া করিবার যন্ত্র
pump *v* পাম্প দ্বারা তোলা
pumpkin *n* কুমড়ো
punch *v* ঘুঁসি মারা
punch *n* ঘুঁসি; ছিন্ন করার যন্ত্র
punctual *adj* সময়নিষ্ঠ
puncture *n* ক্ষুদ্র ছিদ্র
punish *v* শাস্তি দেওয়া
punishable *adj* শাস্তিযোগ্য
punishment *n* শাস্তি
pupil *n* ছাত্র; চোখের মণি
puppet *n* ছোট পুতুল
puppy *n* কুকুর ছানা
purchase *v* ক্রয় করা
purchase *n* ক্রয়
pure *adj* বিশুদ্ধ
puree *n* ঝোল
purgatory *n* প্রেতলোক
purge *n* শোধন
purge *v* বিশোধিত করা
purification *n* শোধন
purify *v* পবিত্র করা
purity *n* পবিত্রতা

purple *adj* বেগুনি রঙ
purpose *n* উদ্দেশ্য
purposely *adv* মতলব আঁটিয়া
purse *n* টাকার ব্যাগ
pursue *v* অনুসরণ করা
pursuit *n* অনুসরণ; পেশা
pus *n* পূঁজ
push *v* ধাক্কা দেওয়া
pushy *adj* উদ্যমশীল
put *iv* রাখা
put aside *v* সরিয়ে রাখা
put away *v* পরিত্যাগ করা
put off *v* স্থগিত রাখা
put out *v* নির্বাপিত করা
put up *v* উত্তোলন করা
put up with *v* সহ্য করা
putrid *adj* গলিত
puzzle *n* হেঁয়ালি
puzzling *adj* গোলমেলে
pyramid *n* পিরামিড
python *n* অজগর

Q

quagmire *n* কাদাভরা জমি
quail *n* ছোট পাখি
quake *v* কাঁপানো
qualify *v* যোগ্যতালাভ করা

quality *n* গুণ
qualm *n* সংশয়
quandary *n* উভয়সঙ্কট
quantity *n* পরিমাণ
quarrel *v* ঝগড়া করা
quarrel *n* ঝগড়া
quarrelsome *adj* ঝগড়াটে
quarry *n* খনির খাদ
quarter *n* সিকি
quarterly *adj* ত্রৈমাসিক
quarters *n* এক চতুর্থাংশ; শেষ আট প্রতিযোগীর প্রতিযোগিতা
quash *v* চূর্ণ করা
queen *n* রাণী
queer *adj* অদ্ভুত
quell *v* দমন করা
quench *v* নেভান
quest *n* অনুসন্ধান
question *v* প্রশ্ন করা
question *n* প্রশ্ন
questionable *adj* সন্দেহজনক
questionnaire *n* প্রশ্নমালা
queue *n* সারি
quick *adj* তাড়াতাড়ি
quicken *v* ত্বরান্বিত করান
quickly *adv* সত্বর
quicksand *n* চোরা বালি
quiet *adj* শান্ত
quietness *n* শান্তি
quilt *n* লেপ
quit *iv* ত্যাগ করা
quite *adv* সম্পূর্ণরূপে

quiver v কম্পিত হওয়া
quiz v সাধারণ জ্ঞানের প্রশ্ন করা
quotation n উদ্ধৃতি; দর
quote v পুনরাবৃত্তি করা; দর দেওয়া
quotient n ভাগফল

R

rabbi n ইহুদি ধর্মীয় নেতা
rabbit n খরগোশ
rabies n জলাতঙ্ক রোগ
raccoon n মাংসাশী জন্তুবিশেষ
race v দ্রুতবেগে দৌড়ান
race n বংশ; দৌড়বাজি
racism n বর্ণবিদ্বেষ
racist adj বর্ণবিদ্বেষী
racket n খেলার ব্যাট; কোলাহল
racketeering n অর্থাদি আদায়
radar n দিকনির্ণয়-যন্ত্র
radiation n রশ্মি বিচ্ছুরণ
radiator n তাপ বিকিরণ যন্ত্র
radical adj মূলগত
radio n রেডিও
radish n মূলা
radius n ব্যাসার্ধ
raffle n লটারী
raft n ভেলা
rag n ন্যাকড়া

rage n ক্ষিপ্ততা
ragged adj জরাজীর্ণ
raid n হানা
raid v হানা দেওয়া
raider n হানাদার
rail n রেলের লাইন
railroad n রেলপথ
rain n বৃষ্টি
rain v বৃষ্টিপাত হওয়া
rainbow n রামধনু
raincoat n বর্ষাতি
rainfall n বৃষ্টিপাত
rainy adj বৃষ্টিবহুল
raise n উত্তোলন
raise v উত্তোলন করা
raisin n কিশমিশ
rake n আঁকশি
rally n সমাবেশ
ram n পুরুষ ভেড়া
ram v জোরে ঘা দেওয়া
ramification n শাখাপ্রশাখা
ramp n আরোহন
rampage v তর্জন-গর্জন করা
rampant adj অবাধ
ranch n খামার
rancor n হিংসা
randomly adv এলোপাথাড়িভাবে
range n সারি; গোচারণভূমি
rank n সারি; স্থান
rank v ক্রমানুসারে সাজানো
ransack v তন্নতন্ন করে খোঁজা
ransom n মুক্তিপণ

ransom *v* মুক্তিপণের জন্য আটকে রাখা
rape *v* ধর্ষণ করা
rape *n* ধর্ষণ
rapid *adj* শীঘ্র
rapist *n* ধর্ষণকারী
rapport *n* সুসম্পর্ক
rare *adj* বিরল
rarely *adv* কদাচিত্
rascal *n* বদমাশ লোক
rash *v* বেপরোয়া
rash *n* ফুসকুড়ি
raspberry *n* ফলবিশেষ
rat *n* ইঁদুর
rate *n* দর
rate *v* মূল্যায়ন করা
rather *adv* বরং
ratification *n* অনুমোদন
ratify *v* অনুমোদন করা
ratio *n* অনুপাত
ration *n* রসদ
ration *v* মেপে ভাগ করা
rational *adj* যুক্তিসংক্রান্ত
rationalize *v* যুক্তিসম্মত ভাবে করা
rattle *v* ঘর্ঘর শব্দ করা
ravage *v* ধ্বংস করা
ravage *n* ধ্বংস
rave *v* উত্তেজিত হওয়া
raven *n* দাঁড়কাক
ravine *n* গিরিসঙ্কট
raw *adj* কাঁচা
ray *n* রশ্মি
raze *v* বিনষ্ট করা
razor *n* দাড়ি কামানোর খুর
reach *v* পৌঁছান
reach *n* নাগাল পাওয়া
react *v* সাড়া দেওয়া
reaction *n* প্রতিক্রিয়া
read *iv* পড়া
reader *n* পাঠক
readiness *n* তৎপরতা
reading *n* পাঠ
ready *adj* প্রস্তুত
real *adj* বাস্তব
realism *n* বাস্তববাদ
reality *n* বাস্তব
realize *v* অনুভব করা
really *adv* প্রকৃতপক্ষে
realm *n* রাজ্য
realty *n* স্থাবর সম্পত্তি
reap *v* ফসল তোলা
reappear *v* পুনরায় আসা
rear *v* লালনপালন করা
rear *n* পশ্চাদভাগ
rear *adj* পশ্চাদ্বর্তী
reason *v* তর্ক করা
reason *n* কারণ
reasonable *adj* যুক্তিসঙ্গত
reasoning *n* বিচারশক্তি
reassure *v* বিশ্বাস প্রদান করা
rebate *n* ছাড়
rebel *v* রাজদ্রোহ করা
rebel *n* রাজদ্রোহী
rebellion *n* রাজদ্রোহ
rebirth *n* নবজন্ম

rebound *v* প্রতিহত হয়ে আসা
rebuff *v* প্রত্যাখ্যান করা
rebuff *n* প্রত্যাখ্যান
rebuild *v* পুনর্নির্মাণ করা
rebuke *v* তিরস্কার করা
rebuke *n* তিরস্কার
rebut *v* খণ্ডন করা
recall *v* আবার ডেকে আনা
recant *v* প্রত্যাহার করা
recap *v* পুনরাবৃত্তি করা
recapture *v* প্রতিগ্রহণ করা
recede *v* ফিরে যাওয়া
receipt *n* প্রাপ্তি
receive *v* গ্রহণ করা
recent *adj* অভিনব
reception *n* অভ্যর্থনা
receptionist *n* অভ্যর্থনা কর্মী
receptive *adj* গ্রাহী
recess *n* অবসর
recession *n* পিছু হটা
recharge *v* রিচার্জ
recipe *n* পাকপ্রণালী
reciprocal *adj* পারস্পরিক
recital *n* অনুষ্ঠান
recite *v* আবৃত্তি করা
reckless *adj* হঠকারী
reckon *v* হিসাব করা
reckon on *v* নির্ভর করা
reclaim *v* পুনরুদ্ধার করা
recline *v* হেলিয়ে রাখা
recluse *n* সন্ন্যাসী
recognition *n* স্বীকৃতি
recognize *v* চিনিতে পারা
recollect *v* স্মরণ করা
recollection *n* স্মরণ
recommend *v* সুপারিশ করা
recompense *v* ক্ষতিপূরণ করা
recompense *n* ক্ষতিপূরণ
reconcile *v* মিটিয়ে নেওয়া
reconsider *v* পুনর্বিচার করা
reconstruct *v* পুনর্নির্মাণ করা
record *v* লিপিবদ্ধ করা
record *n* প্রমাণ
recorder *n* নিবেশক; লেখক
recording *n* ধ্বনিধারণ
recount *n* পুনর্গণনা
recoup *v* লোকসান পূরণ করা
recourse *v* আশ্রয় গ্রহণ করা
recourse *n* আশ্রয়
recover *v* উদ্ধার করা; সেরে ওঠা
recovery *n* আরোগ্যলাভ; উদ্ধার
recreate *v* পুনরায় সৃষ্টি করা
recreation *n* বিনোদন
recruit *v* ভর্তি করা
recruit *n* ভর্তি
recruitment *n* সদস্য গ্রহণ
rectangle *n* আয়তক্ষেত্র
rectangular *adj* আয়তাকার
rectify *v* সংশোধন করা
rector *n* অধিশিক্ষক
rectum *n* মলনালী
recuperate *v* পুনরুদ্ধার করা
recur *v* পুনরায় ঘটা
recurrence *n* পুনরাবৃত্তি

139 regularity

recycle *v* পুনরাবর্ত্তন
red *adj* লাল
red tape *n* লাল ফিতা
redden *v* লাল করা
redeem *v* দায়মুক্ত করা
redemption *n* মুক্তি
red-hot *adj* জ্বলন্ত
redo *v* পুনরায় করা
redouble *v* দ্বিগুণ করা
redress *v* ঠিক করা
reduce *v* রূপান্তরিত করা
redundant *adj* প্রচুর
reed *n* নলখাগড়া
reef *n* পালের অংশ
reel *n* লাটাই
reelect *v* পুনরায় নির্বাচন করা
reenactment *n* পুনর্ব্বিধিবদ্ধ
reentry *n* পুনঃপ্রবেশ
refer to *v* উল্লেখ করা
referee *n* বিচারক
reference *n* উল্লেখ
referendum *n* গণভোট
refill *v* ভরতি করা
refinance *v* পুনরায় পুঁজি প্রদান
refine *v* পরিশোধন করা
refinery *n* শোধনাগার
reflect *v* প্রতিফলিত করা
reflection *n* প্রতিফলন
reflexive *adj* চিন্তাশীল
reform *v* পুনর্গঠন করা
reform *n* পুনর্গঠন
refrain *v* আত্মদমন করা
refresh *v* সতেজ করা
refreshing *adj* সতেজকারক
refreshment *n* নবশক্তিপ্রাপ্তি
refrigerate *v* ঠান্ডা করা
refuel *v* আবার জ্বালানি ভরা
refuge *n* আশ্রয়স্থান
refugee *n* উদ্বাস্তু
refund *v* প্রত্যর্পণ করা
refund *n* প্রত্যর্পন
refurbish *v* পুনরায় নুতন করা
refusal *n* প্রত্যাখ্যান
refuse *v* প্রত্যাখ্যান করা
refuse *n* আবর্জনা
refute *v* খন্ডন করা
regain *v* ফিরিয়া পাওয়া
regal *adj* রাজকীয়
regard *v* গণ্য করা
regarding *pre* সম্পর্কে
regardless *adv* মনোযোগহীন
regards *n* সম্পর্ক
regeneration *n* পুনরুজ্জীবন
regent *n* শাসক
regime *n* শাসন
regiment *n* সেনাবাহিনী
region *n* অঞ্চল
regional *adj* আঞ্চলিক
register *v* নথিভুক্ত করা
registration *n* নথিভুক্তকরণ
regret *v* আক্ষেপ করা
regret *n* দুঃখপ্রকাশ
regrettable *adj* দুঃখজনক
regularity *n* নিয়মিত

R

regularly *adv* নিয়মিতভাবে
regulate *v* নিয়ন্ত্রিত করা
regulation *n* বিধি, আইন
rehabilitate *v* পুনর্বাসন
rehearsal *n* মহড়া
rehearse *v* মহড়া দেওয়া
reign *v* রাজ্যশাসন করা
reign *n* শাসন
reimburse *v* পরিশোধ করা
reimbursement *n* পরিশোধ করার অর্থ
rein *v* লাগাম দেওয়া
rein *n* লাগাম
reindeer *n* বলগা-হরিণ
reinforce *v* বাড়তি শক্তি জোগানো
reinforcements *n* বাড়তি লোক
reiterate *v* পুনরাবৃত্তি করা
reject *v* বাতিল করা
rejection *n* বাতিল
rejoice *v* আনন্দিত হওয়া
rejoin *v* পুনরায় যুক্ত হওয়া
rejuvenate *v* নবীন হওয়া
relapse *n* প্রত্যাবর্ত্তন
related *adj* সম্পর্কিত
relationship *n* আত্মীয়তা
relative *adj* আপেক্ষিক
relative *n* আত্মীয়-স্বজনাদি
relax *v* শিথিল করা
relaxation *n* বিনোদন
relaxing *adj* বিনোদনকারী
relay *v* বার্তা পাঠানো
release *v* মুক্তি দেওয়া
relegate *v* নির্বাসিত করা
relent *v* কোমল হওয়া
relentless *adj* কঠোর
relevant *adj* প্রাসঙ্গিক
reliable *adj* বিশ্বস্ত
reliance *n* আস্থা
relic *n* ধ্বংসাবশেষ
relief *n* মুক্তি; উপশম
relieve *v* উপশম করা
religion *n* ধর্ম
religious *adj* ধার্মিক
relinquish *v* পরিত্যাগ করা
relish *v* উপভোগ করা
relive *v* পুনরায় উপভোগ করা
relocate *v* স্থানান্তরিত করা
relocation *n* স্থানান্তর
reluctant *adj* অনিচ্ছুক
reluctantly *adv* অনিচ্ছাভরে
rely on *v* নির্ভর করা
remain *v* থাকা
remainder *n* বাকী
remaining *adj* অবশিষ্ট
remains *n* অবশিষ্ট অংশ
remake *v* পুনর্গঠন করা
remark *v* মন্তব্য করা
remark *n* মন্তব্য
remarkable *adj* লক্ষণীয়
remarry *v* পুনর্বিবাহ করা
remedy *v* উপশম করা
remedy *n* উপশমকারী বস্তু
remember *v* স্মরণ করা
remembrance *n* স্মৃতি
remind *v* স্মরণ করা

R

reminder *n* স্মারক
remission *n* উপশম
remit *v* পাঠানো
remittance *n* প্রেরণ করা অর্থ
remnant *n* বাকী
remodel *v* পুনর্গঠন করা
remorse *n* অনুশোচনা
remorseful *adj* অনুতপ্ত
remote *adj* দূরবর্তী
removal *n* অপসারণ
remove *v* সরানো
remunerate *v* পুরস্কৃত করা
renew *v* নবায়ন করা
renewal *n* নবায়ন
renounce *v* দাবি পরিত্যাগ করা
renovate *v* নবীকরণ করা
renovation *n* নবীকরণ
renowned *adj* বিখ্যাত
rent *n* ভাড়া
rent *v* ভাড়া দেওয়া
reorganize *v* পুনর্গঠিত করা
repair *v* মেরামত করা
reparation *n* ক্ষতিপূরণ
repatriate *v* প্রত্যাগমন করা
repay *v* পরিশোধ করা
repayment *n* পরিশোধ
repeal *v* বাতিল করা
repeal *n* বাতিল
repeat *v* পুনর্বার বলা
repel *v* প্রতিরোধ করা
repent *v* অনুতপ্ত হওয়া
repentance *n* অনুতাপ
repetition *n* পুনরাবৃত্তি
replace *v* পুনঃস্থাপিত করা
replacement *n* পুনঃস্থাপন
replay *n* পুনরায় চালানো
replenish *v* পুনরায় ভরতি করা
replete *adj* পূর্ণ
replica *n* অবিকল প্রতিরূপ
replicate *v* জবাব দেওয়া
reply *v* উত্তর দেওয়া
reply *n* উত্তর
report *n* প্রতিবেদন
report *v* জানানো
reportedly *adv* উক্তি অনুযায়ী
reporter *n* সংবাদদাতা
repose *v* আস্থা জ্ঞাপন
repose *n* বিশ্রাম
represent *v* প্রতিনিধিত্ব করা
repress *v* দমন করা
repression *n* দমন
reprieve *n* দন্ডদান স্থগিত রাখা
reprint *v* পুনরায় ছাপান
reprint *n* পুনরায় মুদ্রন
reprisal *n* বদলা
reproach *v* নিন্দা করা
reproach *n* নিন্দা
reproduce *v* পুনরুৎপাদন করা
reproduction *n* পুনরুৎপাদন
reptile *n* সরীসৃপ প্রাণী
republic *n* প্রজাতন্ত্র
repudiate *v* বর্জন করা
repugnant *adj* অরুচিকর
repulse *v* বিতাড়িত করা

R

repulse n বিতাড়ন
repulsive adj বিতাড়ক
reputation n খ্যাতি
reputedly adv খ্যাতি অনুযায়ী
request v অনুরোধ করা
request n অনুরোধ
require v দাবি করা
requirement n প্রয়োজন
rescue v মুক্ত করা
rescue n মুক্ত
research v গবেষণা করা
research n গবেষণা
resemblance n সাদৃশ্য
resemble v সদৃশ করা
resent v বিরক্তি প্রকাশ করা
resentment n বিরক্ত বোধ
reservation n সংরক্ষণ
reserve v সংরক্ষণ করা
reservoir n জলাধার
reside v বাস করা
residence n বাসস্থান
residue n অবশেষ
resign v ইস্তফা দেওয়া
resignation n ইস্তফা
resilient adj স্থিতিস্থাপক
resist v বাধা দেওয়া
resistance n বাধা
resolute adj স্থিরসঙ্কল্প
resolution n সংকল্প
resolve v গলানো
resort v সাহায্য নেওয়া
resounding adj সন্দেহাতীত

resource n সংস্থান
respect v সম্মান করা
respect n সম্মান
respectful adj সশ্রদ্ধ
respective adj নিজ নিজ
respiration n শ্বাস
respite n রেহাই
respond v জবাব দেওয়া
response n জবাব
responsibility n দায়িত্ব
responsible adj দায়ী
responsive adj উত্তরকারী
rest v বিশ্রাম করা
rest n বিশ্রাম
rest room n বিশ্রামাগার
restaurant n ভোজনালয়
restful adj শান্ত
restitution n পুনরুদ্ধার
restless adj অস্থির
restoration n পুনরুদ্ধার
restore v পুনরুদ্ধার করা
restrain v সংযত করা
restraint n আত্মনিয়ন্ত্রণ
restrict v সীমাবদ্ধ করা
result n ফল
resume v পুনরারম্ভ
resumption n পুনরারম্ভ করা
resurface v প্রত্যাবর্তন করা
resurrection n পুনরুত্থান
resuscitate v পুনর্জীবিত করা
retain v ধরে রাখা
retaliate v প্রতিশোধ নেওয়া

143 rigor

retaliation *n* প্রতিশোধ
retarded *adj* অল্পবুদ্ধি
retention *n* ধরে রাখা
retire *v* অবসর নেওয়া
retirement *n* অবসর গ্রহণ
retract *v* ফিরাইয়া আনা
retreat *v* হঠিয়া যাওয়া
retreat *n* নির্জন স্থান
retrieval *n* পুনরুদ্ধার
retrieve *v* পুনরুদ্ধার করা
retroactive *adj* বিপরীত ক্রিয়াশীল
return *v* ফিরিয়া আসা
return *n* ফেরত
reunion *n* পুনর্মিলন
reveal *v* প্রকাশ করা
revealing *adj* প্রকাশ্য
revel *v* আনন্দোৎসব করা
revelation *n* উদঘাটন
revenge *v* প্রতিশোধ গ্রহণ করা
revenge *n* প্রতিশোধ
revenue *n* রাজস্ব
reverence *n* শ্রদ্ধা
reversal *n* উল্টান
reverse *n* বিপরীত প্রান্ত
reversible *adj* পরিবর্তনসাধ্য
revert *v* প্রত্যাবর্তন
review *v* পুনর্বিচার করা
review *n* পুনর্বচার
revise *v* পুনঃপাঠ করা
revision *n* পুনঃপরীক্ষা
revive *v* জীবিত হওয়া
revoke *v* বাতিল করা
revolt *v* বিদ্রোহী হওয়া
revolt *n* বিদ্রোহ
revolting *adj* বিতৃষ্ণাজনক
revolve *v* ঘোরা
revolver *v* যে ঘোরে
revue *n* ছোট নাটক
revulsion *n* বিতৃষ্ণা
reward *v* পুরস্কৃত করা
reward *n* পুরস্কার
rewarding *adj* পুরস্কৃত
rheumatism *n* বাতরোগ
rhinoceros *n* গন্ডার
rhyme *n* কবিতা
rhythm *n* ছন্দ
rib *n* পাঁজর
ribbon *n* রেশমী ফিতা
rice *n* চাল
rich *adj* ধনী
rid of *iv* মুক্ত করা
riddle *n* ধাঁধাঁ
ride *iv* চড়া
ridge *n* প্রান্তরেখা
ridicule *v* উপহাস করা
ridicule *n* উপহাস
ridiculous *adj* হাস্যকর
rifle *n* রাইফেল
rift *n* চিড়
right *adv* ডানদিকে
right *adj* সত্য; উপযুক্ত
right *n* নির্ভুলতা
rigid *adj* দৃঢ়
rigor *n* শিহরণযুক্ত শীতবোধ

R

rim *n* চাকার বেড়
ring *iv* বাজানো
ring *n* আঙটি; ক্রীড়াস্থল
ringleader *n* দুর্বৃত্তদলের সর্দার
rinse *v* ধোওয়া
riot *v* দাঙ্গা করা
riot *n* দাঙ্গা
rip *v* ফাটিয়া যাওয়া
rip apart *v* ভেঙে ফাটিয়ে দেওয়া
rip off *v* প্রতারণা করা
ripe *adj* পাকা
ripen *v* পাকান
ripple *n* ছোট ঢেউ
rise *iv* ওঠা
risk *v* ঝুঁকি লওয়া
risk *n* ঝুঁকি
risky *adj* ঝুঁকিপূর্ণ
rite *n* আচার
rival *n* বিরোধী
rivalry *n* প্রতিদ্বন্দ্বিতা
river *n* নদী
rivet *v* পেরেক দ্বারা আঁটা
riveting *adj* আকর্ষণীয়
road *n* রাস্তা
roam *v* ঘুরে বেড়ান
roar *v* গর্জন করা
roar *n* গর্জন
roast *n* ঝলসান মাংস
roast *v* ঝলসানো
rob *v* লুন্ঠন করা
robber *n* ডাকাত
robbery *n* ডাকাতি
robe *n* পোশাক
robust *adj* শক্তসমর্থ
rock *n* পাহাড়
rock *v* দোলা
rocket *n* হাউই
rocky *adj* পর্বতবহুল
rod *n* লাঠি
rodent *n* তীক্ষ্ণদন্ত প্রাণী
roll *v* গড়ান
roll *n* আবর্তন
romance *n* প্রেম
roof *n* ছাদ
room *n* ঘর, কক্ষ
roomy *adj* প্রশস্ত
rooster *n* গৃহপালিত মোরগ
root *n* গাছের শিকড়
rope *n* দড়ি
rosary *n* গোলাপবাগ
rose *n* গোলাপ
rosy *adj* গোলাপ-সংক্রান্ত
rot *v* পচান
rot *n* পচন
rotate *v* সুতা কাটা
rotation *n* আবর্তন
rotten *adj* পচা
rough *adj* অসমতল
round *adj* গোলাকার
roundup *n* গ্রেপ্তার করা
rouse *v* জাগান
rousing *adj* উদ্দীপক
route *n* গমনপথ
routine *n* রুটীন

R

row *v* দাঁড় টানা
row *n* সারি
rowdy *adj* উচ্ছৃঙ্খল
royal *adj* রাজকীয়
royalty *n* রাজপদ
rub *v* ঘষা
rubber *n* রবার
rubbish *n* আবর্জনা
rubble *n* পাথরকুঁচি
ruby *n* চুনি
rudder *n* হাল
rude *adj* রূঢ়
rudeness *n* রূঢ়ভাব
rudimentary *adj* প্রাথমিক
rug *n* কম্বল
ruin *v* ধ্বংস করা
ruin *n* ধ্বংস
rule *v* শাসন করা
rule *n* শাসন
ruler *n* শাসক; স্কেল
rum *n* মদ্যবিশেষ
rumble *v* গুরু-গুরু শব্দ করা
rumble *n* গুরু-গুরু শব্দ
rumor *n* গুজব
run *iv* দৌড়ান
run away *v* পলায়ন করা
run into *v* দেখা হওয়া
run out *v* শেষ হওয়া
run over *v* চাপা দেওয়া
run up *v* দৌড়ে পৌঁছনো
runner *n* পলাতক
runway *n* বিমান নামার রাস্তা
rupture *n* ফাটা
rupture *v* ফেটে যাওয়া
rural *adj* গ্রাম্য
ruse *n* ছল
rush *v* দৌড়ান
Russia *n* রাশিয়া
Russian *adj* রাশিয়ার লোক
rust *v* মরচে ধরা
rust *n* মরচে বা জং
rustic *adj* গ্রাম্য
rust-proof *adj* মরচে ধরে না এমন
rusty *adj* মরচে ধরা
ruthless *adj* নির্মম
rye *n* ঘাস

S

sabotage *v* অন্তর্ঘাত করা
sabotage *n* অন্তর্ঘাত
sack *v* বস্তায় ভরা
sack *n* নগর লুন্ঠন; বস্তা
sacrament *n* সংস্কার
sacred *adj* পবিত্র
sacrifice *n* ত্যাগ
sacrilege *n* অপবিত্রকরণ
sad *adj* দুঃখিত
sadden *v* দুঃখিত হওয়া
saddle *n* জিন

sadist *n* ধর্ষকামী
sadness *n* দুঃখ
safe *adj* নিরাপদ
safe *n* সিন্দুক
safeguard *n* রক্ষা
safety *n* নিরাপত্তা
sail *n* পাল
sail *v* পাল তুলে যাত্রা করা
sailboat *n* পালতোলা নৌকা
sailor *n* নাবিক
saint *n* পবিত্র ব্যক্তি
salad *n* স্যালাড
salary *n* বেতন
sale *n* বিক্রয়
sale slip *n* বিক্রয় রসিদ
salesman *n* বিক্রেতা
saliva *n* লালা
salmon *n* মৎস্য বিশেষ
saloon *n* সেলুন
salt *n* লবণ
salty *adj* লবণাক্ত
salvage *v* উদ্ধার করা
salvation *n* উদ্ধার
same *adj* অনুরূপ
sample *n* নমুনা
sanctify *v* পবিত্র করা
sanction *v* মঞ্জুর করা
sanction *n* মঞ্জুরি
sanctity *n* পবিত্রতা
sanctuary *n* পবিত্র স্থান
sand *n* বালি
sandal *n* চটি; চন্দন

sandpaper *n* শিরিস-কাগজ
sandwich *n* পাউরুটির খাবার
sane *adj* প্রকৃতিস্থ
sanity *n* প্রকৃতিস্থতা
sap *n* বোকা
sap *v* ভিত নাড়ানো
sapphire *n* নীলা
sarcasm *n* তীব্র ব্যঙ্গ
sarcastic *adj* তীব্র ব্যঙ্গপূর্ণ
sardine *n* মাছবিশেষ
satanic *adj* শয়তান-সংক্রান্ত
satellite *n* উপগ্রহ
satire *n* বিদ্রূপ
satisfaction *n* পরিতৃপ্তি
satisfactory *adj* পরিতৃপ্তিকর
satisfy *v* সন্তুষ্ট করা
saturate *v* সিক্ত করা
Saturday *n* শনিবার
sauce *n* টক, আচার
saucepan *n* রান্নার পাত্র
saucer *n* ডিশ
sausage *n* শুয়োরের মাংসের খাদ্য
savage *adj* অসভ্য
savagery *n* অসভ্যতা
save *v* রক্ষা করা; সঞ্চয় করা
savings *n* জমা
savior *n* রক্ষাকর্তা
savor *v* উপভোগ করা
saw *iv* দেখা
saw *n* করাত
say *iv* বলা
saying *n* উক্তি

scaffolding *n* ভারা-বন্ধন
scald *v* বাষ্পে পোড়ান
scale *v* আরোহন করা
scale *n* স্কেল; আঁশ
scalp *n* মাথার খুলি
scam *n* ঠকবাজি
scamp *n* পাজী লোক
scan *v* নির্ণয় করা
scandal *n* কলঙ্ক
scandalize *v* কলঙ্কিত করা
scapegoat *n* শিকার
scar *n* ক্ষতচিহ্ন
scarce *adj* যথেষ্ট
scarcely *adv* সবে মাত্র
scarcity *n* অভাব
scare *v* আতঙ্কিত করা
scare *n* আতঙ্ক
scare away *v* ভয় পাইয়ে ভাগানো
scarf *n* মাফলার
scary *adj* ভীতি-উৎপাদক
scatter *v* ছড়ান
scenario *n* দৃশ্য-বিবরণী
scene *n* নাটকের দৃশ্য
scenery *n* দৃশ্যপটাবলী
scenic *adj* মনোরম
scent *n* গন্ধ
schedule *v* তালিকাভুক্ত করা
schedule *n* তালিকা; পরিকল্পনা
scheme *n* কর্ম-পরিকল্পনা
schism *n* বিভেদ; বিচ্ছিন্ন দল
scholar *n* বিদ্যান
scholarship *n* ছাত্রবৃত্তি
school *n* বিদ্যালয়
science *n* বিজ্ঞান
scientific *adj* বৈজ্ঞানিক
scientist *n* বিজ্ঞানী
scissors *n* কাঁচি
scoff *v* ব্যঙ্গ করা
scold *v* ভৎর্সনা করা
scolding *n* ভৎর্সনা করা
scooter *n* স্কুটার
scope *n* সুযোগ
scorch *v* ঈষদ দগ্ধ করা
score *n* হিসাব
score *v* রান করা
scorn *v* ঘৃণা করা
scornful *adj* ঘৃণাপূর্ণ
scorpion *n* বৃশ্চিক
scoundrel *n* পাজি
scour *v* মাজা
scourge *n* চাবুক
scout *n* চর
scramble *v* হামাগুড়ি দিয়ে চঢ়া
scrambled *adj* গিঁট-বন্ধনী
scrap *n* ছোট টুকরো
scrap *v* সংগ্রহ করা
scrape *v* ঘষিয়া ফেলা
scratch *v* আঁচড়ান
scratch *n* আঁচড়
scream *v* চিৎকার করা
scream *n* চিৎকার
screech *v* কর্কশ ধ্বনি করা
screen *n* পর্দা
screen *v* আশ্রয় দেওয়া

S

screw 148

screw *v* স্ক্রু দিয়া আটকান
screw *n* পেঁচ-কল, স্ক্রু
screwdriver *n* স্ক্রু লাগানোর যন্ত্র
scribble *v* তাড়াতাড়ি লেখা
script *n* হস্তাক্ষর
scroll *n* গোটানো
scrub *v* মাজা
scruples *n* নীতি
scrupulous *adj* নীতিপরায়ণ
scrutiny *n* বৈধতা বিচার
scuffle *n* ধাক্কাধাক্কি
sculptor *n* ভাস্কর
sculpture *n* ভাস্কর্য
sea *n* সমুদ্র
seafood *n* সামুদ্রিক খাবার
seagull *n* শঙ্খচিল
seal *v* ছাপ দেওয়া
seal *n* সীলমাছ, ছাপ
seal off *v* বেষ্টন করা
seam *n* সেলাই
seamless *adj* সেলাই বিহীন
seamstress *n* মেয়ে-দরজী
search *v* খোঁজ করা
search *n* খোঁজ
seashore *n* সমুদ্রতট
seasick *adj* সমুদ্রপীড়া
seaside *adj* সমুদ্রতীরবর্তী অঞ্চল
season *n* মরশুম
seasonal *adj* মরশুমী
seasoning *n* ঋতু
seat *n* আসন
seated *adj* আসীন
secede *v* অপসারণ করা
secluded *adj* নির্জনবাসী
seclusion *n* নির্জনতা
second *n* সাহায্যকারী; সময়
second *adj* দ্বিতীয়
secondary *adj* গৌণ
secrecy *n* গোপন
secret *n* গোপন
secretary *n* সম্পাদক
secretly *adv* গুপ্ত
sect *n* ধর্মসম্প্রদায়
section *n* বিভাগ
sector *n* বৃত্তকলা
secure *v* নিরাপদ করা
secure *adj* নিরাপদ
security *n* নিরাপত্তা
sedate *v* স্থির
sedation *n* বেদনা-নাশক ঔষধ
seduce *v* কুমন্ত্রণা দেওয়া
seduction *n* কুপথে চালিত করা
see *iv* দেখা
seed *n* বীজ
seedless *adj* বীজশূন্য
seedy *adj* বীজবহুল
seek *iv* খোঁজা
seem *v* দেখান
see-through *adj* শেষ পর্যন্ত করা
segment *n* রেখাংশ
segregate *v* আলাদা করা
segregation *n* নিঃসঙ্গ
seize *v* অধিকার করা
seizure *n* অধিকার, দখল

S

seldom *adv* কদাচিত্
select *v* নির্বাচন করা
selection *n* নির্বাচন
self-conscious *adj* আত্মসচেতন
self-esteem *n* আত্মসম্মান
self-evident *adj* স্বতঃসিদ্ধ
self-interest *n* স্বার্থ
selfish *adj* স্বার্থপর
selfishness *n* স্বার্থপরতা
self-respect *n* আত্মসম্মান
sell *iv* বিক্রয় করা
seller *n* বিক্রেতা
sellout *n* সব টিকিট বিক্রী হওয়া
semblance *n* সাদৃশ্য
semester *n* ছমাসব্যাপী পঠনকাল
seminary *n* শিক্ষাস্থান
senate *n* ব্যবস্থাপকসভা
senator *n* উক্ত সভার সভ্য
send *iv* প্রেরণ করা
sender *n* প্রেরক
senile *adj* জরাগ্রস্ত
senior *adj* বয়োজ্যেষ্ঠ
seniority *n* জ্যেষ্ঠত্ব
sensation *n* সংবেদন
sense *v* অনুভূতি লাভ করা
sense *n* জ্ঞান
senseless *adj* অচেতন
sensible *adj* ইন্দ্রিয়গ্রাহ্য
sensitive *adj* সংবেদনশীল
sensual *adj* ইন্দ্রিয়-সংক্রান্ত
sentence *v* শাস্তির হুকুম দেওয়া
sentence *n* বাক্য
sentiment *n* ভাবপ্রবণতা
sentimental *adj* ভাবপ্রবণ
sentry *n* প্রহরী
separate *v* পৃথক করা
separate *adj* পৃথক
separation *n* বিচ্ছেদ
September *n* সেপ্টেম্বর
sequel *n* পরিণাম
sequence *n* ক্রম
serenade *n* সান্ধ্যপ্রেমগীতি
serene *adj* শান্ত
serenity *n* সব ঠিক আছে
sergeant *n* সৈনিকদের পদবিশেষ
series *n* ধারাবাহিক বস্তুসমূহ
serious *adj* গুরুতর
seriousness *n* গাম্ভীর্য
sermon *n* ধর্মোপদেশ
serpent *n* সর্প
serum *n* সিরাম
servant *n* চাকর
serve *v* সেবা করা
service *n* কাজ
service *v* কাজ করা
session *n* বৈঠক, অধিবেশন
set *n* দল, ঝাঁক
set *iv* অস্ত যাওয়া; বসা
set about *v* আরম্ভ করা
set off *v* যাত্রা শুরু করা
set out *v* যাত্রা শুরু করা
set up *v* স্থাপন করা
setback *n* বাধা
setting *n* স্থাপন

S

settle 150

settle *v* বসবাস করা
settle down *v* নামাইয়া রাখা
settle for *v* স্বীকার করা
settlement *n* বন্দোবস্ত
settler *n* বসবাসকারী
setup *n* দৈহিক গঠন
seven *adj* সাত
seventeen *adj* সতের
seventh *adj* সপ্তম
seventy *adj* সত্তর
sever *v* পৃথক বা বিচ্ছিন্ন করা
several *adj* আলাদা
severance *n* পৃথকীকরণ
severe *adj* কঠোর, তীব্র
severity *n* কঠোরতা
sew *v* সেলাই করা
sewage *n* করল আবর্জনা
sewer *n* নর্দমা
sewing *n* সেলাইয়ের কাজ
sex *n* যৌনসংসর্গ
sexuality *n* লিঙ্গগত
shabby *adj* জীর্ণ
shack *n* কুটির বা গৃহ
shackle *n* শৃঙ্খল
shade *n* ছায়া
shadow *n* ছায়া
shady *adj* ছায়াময়
shake *iv* কম্পিত করা
shaken *adj* কম্পনরত
shaky *adj* কম্পনরত
shallow *adj* অগভীর
sham *n* ভান করা
shambles *n* বিশৃঙ্খল
shame *v* লজ্জা দেওয়া
shame *n* লজ্জা
shameful *adj* লজ্জাকর
shameless *adj* নির্লজ্জ
shape *v* গড়ে তোলা
shape *n* আকার
share *v* ভাগাভাগি করা
share *n* ভাগ
shareholder *n* অংশীদার
shark *n* হাঙ্গর
sharp *adj* ধারাল
sharpen *v* ধার দেওয়া
sharpener *n* ধার দিবার জিনিস
shatter *v* চূর্ণ-বিচূর্ণ করা
shattering *adj* বিধ্বস্ত
shave *v* কামানো
she *pro* সে
shear *iv* ছাঁটা
shed *iv* ত্যাগ করা
shed *n* ছাউনি
sheep *n* ভেড়া
sheet *n* চাদর; পাত
sheets *n* চাদর পাতা
shelf *n* তাক
shell *n* খোলা
shellfish *n* খোলসওয়ালা মাছ
shelter *v* আশ্রয় দেওয়া
shelter *n* আশ্রয়
shelves *n* বালুচর
shepherd *n* মেষপালক
sherry *n* শ্বেতবর্ণ মদবিশেষ

S

shrink

shield *v* রক্ষা করা
shield *n* রক্ষক; ঢাল
shift *n* পরিবর্তন, কৌশল
shift *v* পরিবর্তন করা
shine *iv* আলো বিকীর্ণ করা
shine *n* ঔজ্জ্বল্য
shiny *adj* উজ্জ্বল
ship *n* জাহাজ
ship *v* মাল পাঠানো
shipwreck *n* জাহাজডুবি
shipyard *n* জাহাজঘাটা
shirk *v* এড়াইয়া চলা
shirt *n* জামা
shiver *v* চূর্ণ-বিচূর্ণ করা
shiver *n* শিহরণ
shock *n* আঘাত
shock *v* আঘাত পাওয়া
shocking *adj* জঘন্য
shoddy *adj* নিকৃষ্ট
shoe *n* জুতা
shoe polish *n* জুতা পালিশ
shoe store *n* জুতার দোকান
shoelace *n* জুতার ফিতা
shoot *iv* গুলি করা
shoot down *v* গুলি করে নামানো
shop *n* দোকান
shop *v* কেনাকাটা করা
shoplifting *n* দোকান থেকে চুরি করা
shopping *n* কেনাকাটা
shore *n* উপকূল
short *adj* ছোট; অল্প; কম
shortage *n* ঘাটতি
shortcoming *n* বিচ্যুতি
shortcut *n* হ্রস্বতর পথ
shorten *v* খর্ব, ক্ষুদ্র
shorthand *n* শর্টহ্যাণ্ড
short-lived *adj* অল্পকালজীবী
shortly *adv* সংক্ষেপে; শীঘ্রই
shorts *n* হাফপ্যান্ট
shortsighted *adj* অদূরদর্শী
shot *n* সবেগে ক্ষেপণ
shotgun *n* সিসের গুলির বন্দুক
shoulder *n* কাঁধ
shout *v* চিৎকার করা
shout *n* চিৎকার
shouting *n* চিৎকার
shove *v* ধাক্কা দেওয়া
shove *n* ধাক্কা
shovel *n* বেলচা
shovel *v* বেলচা দিয়ে ফেলা
show *iv* দেখা দেওয়া
show off *v* সদম্ভে দেখান
show up *v* উপস্থিত হওয়া
showdown *n* প্রদর্শন
shower *n* বর্ষণ
shrapnel *n* ধারালো টুকরো
shred *v* কাটিয়া ফেলা
shred *n* টুকরা
shrewd *adj* চালাক
shriek *v* তীক্ষ্ণ চিৎকার করা
shriek *n* তীক্ষ্ণ চিৎকার
shrimp *n* চিংড়ি
shrine *n* পবিত্র স্থান
shrink *iv* সঙ্কুচিত করা

S

shroud 152

shroud *n* শবাচ্ছাদন-বস্ত্র
shrouded *adj* আবৃত
shrub *n* গুল্ম, ঝোপ
shrug *v* কাঁধ তোলা
shudder *n* কাঁপুনি
shudder *v* কম্পিত হওয়া
shuffle *v* এলোমেলো করা
shun *v* বর্জন করা
shut *iv* বন্ধ করা
shut off *v* বাদ দেওয়া
shut up *v* চুপ করান
shuttle *v* এদিক ওদিক যাওয়া
shy *adj* লাজুক
shyness *n* লজ্জা
sick *adj* অসুস্থ
sicken *v* অসুস্থ হওয়া
sickening *adj* ক্লান্তি
sickle *n* কাস্তে
sickness *n* অসুস্থতা
side *n* পার্শ্ব
sideburns *n* জুলপি
sidestep *v* পাশে সরিয়া যাওয়া
sidewalk *n* ফুটপাথ
sideways *adv* পার্শ্বের দিকে
siege *n* সৈন্যকর্তৃক অবরোধ
siege *v* অবরোধ করা
sift *v* পৃথক করা
sigh *n* দীর্ঘনিঃশ্বাস
sigh *v* দীর্ঘনিঃশ্বাস ফেলা
sight *n* দৃশ্য
sightseeing *v* দৃশ্যদর্শন
sign *v* চিহ্নিত করা
sign *n* চিহ্ন; দস্তখত
signal *n* সঙ্কেত
signal *v* সঙ্কেত করা
signature *n* স্বাক্ষর
significance *n* গুরুত্ব
significant *adj* গুরুত্বপূর্ণ
signify *v* গুরুত্বপূর্ণ হওয়া
silence *n* নিস্তব্ধতা
silence *v* চুপ করান
silent *adj* নিস্তব্ধ
silhouette *n* ছায়ামূর্তি
silk *n* রেশমী কাপড়
silly *adj* মূর্খ
silver *n* রৌপ্য
silver-plated *adj* রৌপ্যমন্ডিত
silversmith *n* রৌপ্যকার
silverware *n* রূপার জিনিসপত্র
similar *adj* সদৃশ
similarity *n* সাদৃশ্য
simmer *v* টগবগ করা
simple *adj* সহজ
simplicity *n* সহজত্ব
simplify *v* সহজ করা
simply *adv* শুধু
simulate *v* অনুকরণ করা
simultaneous *adj* একসাথে
sin *v* পাপ করা
sin *n* পাপ
since *c* যেহেতু
since *pre* অতঃপর
since then *adv* সেই হইতে
sincere *adj* সরল

S

sincerity n সরলতা
sinful adj পাপী
sing iv গান করা
singer n গায়ক
single n এক
single adj একমাত্র; অবিবাহিত
singlehanded adj একাহস্তে
single-minded adj একাগ্রচিত্ত
singular adj একবচনাত্মক
sinister adj অশুভ
sink iv ডুবে যাওয়া
sink n বর্জ্যের চৌবাচ্চা
sink in v ভিতরে প্রবেশ করা
sinner n পাপী
sip v চুমুক দেওয়া
sip n চুমুক
sir n মহাশয়
siren n সাইরেন
sirloin n গরুর দাবনার মাংস
sissy adj মেয়েলি
sister n বোন
sister-in-law n ননদ
sit iv বসা
site n অবস্থান
sitting n আসন
situated adj অবস্থিত
situation n অবস্থা
six adj ছয়
sixteen adj ষোল
sixth adj ষষ্ঠ
sixty adj ষাট
sizable adj বৃহদাকার

size up v আকার ঠিক করা
skate v তুষার পাদুকায় চড়া
skate n তুষার পাদুকা
skeleton n কঙ্কাল
skeptic adj অবিশ্বাসী
sketch v নকশা অঙ্কন করা
sketch n নকশা
sketchy adj নক্সার ন্যায় সংক্ষিপ্ত
ski v স্কি করা
skill n পটুতা
skillful adj দক্ষ
skim v দুধের সর তোলা
skin v ত্বক দিয়া আবৃত করা
skin n ত্বক
skinny adj চর্মসার
skip v লাফালাফি করা
skip n লাফ
skirmish n খন্ড যুদ্ধ
skirt n মেয়েদের পোশাক
skull n মাথার খুলি
sky n আকাশ
skylight n আকাশের আলো
skyscraper n অত্যুচ্চ অট্টালিকা
slab n ফলক
slack adj শিথিল করা
slacken v শিথিল করা
slacks n প্যান্টবিশেষ
slam v দড়াম করে বন্ধ করা
slander n অপবাদ
slanted adj ঢালু
slap n চড়
slap v চড় মারা

slash n ক্ষত
slash v ক্ষত করিয়া দেওয়া
slate n লিখিবার স্লেট
slaughter n জবাই
slaughter v জবাই করা
slave n ক্রীতদাস
slavery n দাসত্ব
slay iv হত্যা করা
sleazy adj নোংরা
sleep iv ঘুমান
sleep n ঘুম
sleeve n জামার হাতা
sleeveless adj হাতাহীন
sleigh n স্লেজ গাড়ি
slender adj পাতলা
slice v কাটা
slice n ফালি
slide iv পিছলাইয়া চলা
slightly adv সামান্য মাত্রায়
slim adj রোগা
slip v পিছলাইয়া যাওয়া
slip n পিছলান; টুকরা
slipper n চটিজুতা
slippery adj পিচ্ছিল
slit iv চেরা, ফালি করা
slob adj কাদাযুক্ত
slogan n বুলি
slope n ঢাল
sloppy adj জলপূর্ণ
slot n সরু ছিদ্র
slow adj মন্থর
slow down v আস্তে করা

slow motion n ধীরগতি
slowly adv ধীরে
sluggish adj অলস
slum n বস্তি
slump n অতিমন্দা
slump v বসে পড়া
slur v নিন্দা করা
sly adj চতুর
smack n স্বাদ
smack v স্বাদযুক্ত হওয়া
small adj ছোট
smallpox n বসন্ত রোগ
smart adj ফিটফাট
smash v চূর্ণবিচূর্ণ করা
smear n কলঙ্ক
smear v প্রলেপ দেওয়া
smell iv গন্ধযুক্ত হওয়া
smelly adj দুর্গন্ধযুক্ত
smile v হাসা
smile n হাস্য
smith n কর্মকার
smoke v ধূমপান করা
smoked adj ধোঁয়া
smoker n ধূমপানকারী
smoking gun n ধোঁয়া বেরোনো বন্দুক
smooth v মসৃণ হওয়া
smooth adj মসৃণ
smoothly adv সহজে
smoothness n মসৃণতা
smother v লুকাইয়া রাখা
smuggler n চোরাই চালান
snack n নাস্তা

155 solution

snack *v* নাস্তা করা
snail *n* শামুক
snake *n* সাপ
snap *v* কামড়ানো; রেগে যাওয়া
snapshot *n* ফটো
snare *v* ফাঁদে আটকান
snare *n* ফাঁদ
snatch *v* কাড়িয়া লওয়া
sneak *v* চুপি চুপি করা
sneeze *v* হাঁচি দেওয়া
sneeze *n* হাঁচি
sniff *v* শোঁকা
sniper *n* লুকিয়ে থাকা বন্দুকধারী
snitch *v* চুরি করা
snooze *v* ঝিমান
snore *n* নাক-ডাকান
snore *v* নাক ডাকা
snow *v* তুষারপাত হওয়া
snow *n* বরফ
snowfall *n* তুষারপাত
snowflake *n* তুষার কণা
snub *v* ধমক দেওয়া
snub *n* ধমক
soak *v* সিক্ত করা
soak in *v* ছড়াইয়া পড়া
soak up *v* শোষন করা
soar *v* উচ্চে ওড়া
sob *v* ফোঁপান
sob *n* ফোঁপানি
sober *adj* শান্ত
so-called *adj* তথাকথিত
sociable *adj* সমাজপ্রিয়
socialism *n* সমাজতন্ত্র
socialist *adj* সমাজতান্ত্রিক
socialize *v* সামাজিক করা
society *n* সমাজ
sock *n* মোজা
sod *n* ঘাসের চাপড়া
soda *n* সোডা
sofa *n* বিশ্রামের স্থান
soft *adj* নরম
soften *v* কোমল বা নরম করা
softly *adv* নরমভাবে
softness *n* নরম
soggy *adj* আর্দ্র
soil *v* ময়লা করা
soil *n* মাটি
soiled *adj* মৃত্তিকাযুক্ত
solace *n* সান্ত্বনা
solar *adj* সৌর
solder *v* রাং-ঝালাই করা
soldier *n* সৈনিক
sold-out *adj* সব বিক্রী হওয়া
sole *n* পদতল
sole *adj* একমাত্র
solely *adv* একাকী
solemn *adj* পবিত্র
solicit *v* জিজ্ঞাসা করা
solid *adj* কঠিন
solidarity *n* ঐক্য
solitary *adj* একাকী
solitude *n* নির্জনতা
soluble *adj* দ্রবণীয়
solution *n* সমাধান

S

solve *v* সমাধান করা
solvent *adj* দ্রাবক; শোধক্ষম
somber *adj* অন্ধকারাচ্ছন্ন
some *adj* কিছু
somebody *pro* কেহ
someday *adv* কোন এক দিন
somehow *adv* কোনোভাবে
someone *pro* কেহ
something *pro* কোন কিছু
sometimes *adv* কখনও কখনও
someway *adv* যে কোন পথে
somewhat *adv* কতকটা
son *n* পুত্র
song *n* গান
son-in-law *n* জামাতা
soon *adv* শীঘ্রই
soothe *v* শান্ত করা
sorcerer *n* যাদুকর
sorcery *n* যাদু
sore *n* ক্ষত
sore *adj* ক্ষতযুক্ত
sorrow *n* দুঃখ
sorrowful *adj* দুঃখিত
sorry *adj* দুঃখিত
sort *n* রকম, প্রকার
sort out *v* বিশৃঙ্খল
soul *n* আত্মা
sound *n* শব্দ; সুস্থ; গভীর
sound *v* শব্দ করা
sound out *v* অনুসন্ধান করা
soup *n* সুরুয়া, সুপ
sour *adj* অম্লস্বাদ
source *n* নদীর উৎস
south *n* দক্ষিণদিকে
southbound *adv* দক্ষিণদিকগামী
southeast *n* অগ্নিকোণ
southern *adj* দক্ষিণাভিমুখী
southerner *n* দক্ষিণাঞ্চলবাসী
southwest *n* নৈর্ঋত কোণ
souvenir *n* স্মৃতিচিহ্ন
sovereign *adj* সার্বভৌম
sovereignty *n* শ্রেষ্ঠত্ব
soviet *adj* সোভিয়েট্
sow *iv* বপন করা
spa *n* খনিজ জলের উৎস
space *n* জায়গা; মহাকাশ
space out *v* ব্যবধানের পরে করা
spacious *adj* প্রশস্ত
spade *n* কোদাল
Spain *n* স্পেইন
span *v* মাপা
span *n* কিছু সময়
Spaniard *n* স্পেইনের লোক
Spanish *adj* স্পেইনদেশীয়
spank *v* পশ্চাদদেশে মারা
spanking *n* জব্বর
spare *v* মিতব্যয়ী হওয়া
spare *adj* অল্প
spare part *n* যন্ত্রাংশ
sparingly *adv* যত্নশীলভাবে
spark *n* স্ফুলিঙ্গ
spark off *v* উত্তেজিত করা
spark plug *n* স্পার্ক প্লাগ
sparkle *v* স্ফুলিঙ্গ ছড়ান

sparrow n চড়াই পাখি
sparse adj বিরল
spasm n আক্ষেপ
speak iv কথা বলা
speaker n বক্তা; সভাপতি
spear n বল্লম
spearhead v বল্লমের ডগা
special adj বিশেষ
specialize v বিশেষজ্ঞ হওয়া
specialty n বৈশিষ্ট্যপূর্ণ
species n শ্রেণী
specific adj প্রজাতিগত
specimen n নমুনা
speck n ক্ষুদ্র দাগ
spectacle n চশমা
spectator n দর্শক
speculate v আন্দাজ করা
speculation n আন্দাজ
speech n কথা
speechless adj নীরব
speed iv গতিবেগ বাড়ান
speed n গতিবেগ
speedily adv পূর্ণবেগে
speedy adj দ্রুত
spell iv বানান করা
spell n জাদুমন্ত্র; পশলা
spelling n বানান
spend iv খরচ করা
spending n খরচ
sperm n শুক্রাণু
sphere n গোলক
spice n মশলা

spicy adj মশলাপূর্ণ
spider n মাকড়সা
spider web n মাকড়সার জাল
spill iv চলকাইয়া পড়িয়া যাওয়া
spill n ক্ষুদ্র কাঠের গোঁজ
spin iv সুতা কাটা
spine n মেরুদন্ড
spineless adj মেরুদন্ডহীন
spinster n চিরকুমারী
spirit n আত্মা
spiritual adj আধ্যাত্মিক
spit iv থুথু ফেলা
spite n আক্রোশ; ঘৃণা
spiteful adj আক্রোশপূর্ণ
splash v তরলের ঝাপটা মারা
splendid adj উজ্জ্বল
splendor n উজ্জ্বলতা
splint n টুকরা
splinter n টুকরা
splinter v টুকরা টুকরা করা
split n ফাটল
split iv ফাটা
split up v বিদীর্ণ করা
spoil v নষ্ট করা
spoils n লুঠ
sponge n স্পঞ্জ
sponsor n পৃষ্ঠপোষক
spontaneity n স্বাভাবিকত্ব
spontaneous adj স্বাভাবিক
spooky adj ভূতুড়ে
spool n লাটাই
spoon n চামচ

spoonful 158

spoonful *n* ভর্তি চামচ
sporadic *adj* বিক্ষিপ্ত
sport *n* খেলা
sportsman *n* ক্রীড়ানিপুণ ব্যক্তি
sporty *adj* খেলাধুলাপ্রিয়
spot *v* দেখা
spot *n* বিন্দু
spotless *adj* নিষ্কলঙ্ক
spotlight *n* আলোকপাত
spouse *n* পতি-পত্নী
sprain *v* মচকাইয়া ফেলা
sprawl *v* হাত-পা ছোঁড়া
spray *v* স্প্রে করা
spread *iv* ছড়াইয়া পড়া
spring *iv* লাফাইয়া ওঠা
spring *n* লাফ; বসন্তকাল
springboard *n* লাফানোর মঞ্চ
sprinkle *v* ছিটাইয়া দেওয়া
sprout *v* অঙ্কুরিত হওয়া
spruce up *v* পরিষ্কার করা
spur *v* অনুপ্রাণিত করা
spur *n* কাঁটা
spy *v* গোপনে খবর নেওয়া
spy *n* গুপ্তচর
squalid *adj* নোংরা
squander *v* অপব্যয় করা
square *adj* চৌকো
square *n* সমচতুর্ভুজ
squash *v* চেপটে দেওয়া
squeak *v* কর্কশ গলায় বলা
squeaky *adj* কর্কশ
squeamish *adj* পেটরোগা
squeeze *v* নিংড়ানো
squeeze in *v* ঢুকে পড়া
squeeze up *v* নিংড়ানো
squid *n* ছোট সামুদ্রিক প্রাণী
squirrel *n* কাঠবিড়াল
stab *v* ছুরি মারা
stab *n* ছুরিকাঘাত
stability *n* দৃঢ়তা
stable *adj* স্থির
stable *n* অশ্বশালা
stack *v* গাদা করা
stack *n* গাদা
staff *n* লাঠি; কর্মচারী
staff *v* নিয়োগ করা
stage *n* মঞ্চ; অবস্থা
stage *v* অভিনয় করা
stagger *v* টলতে টলতে চলা
staggering *adj* ঘূর্ণিত
stagnant *adj* নিশ্চল
stagnate *v* নিশ্চল হওয়া
stagnation *n* অচল অবস্থা
stain *v* রঞ্জিত করা
stain *n* দাগ
stair *n* সিঁড়ি
staircase *n* সিঁড়ি
stairs *n* সিঁড়ি
stake *n* খুঁটি
stake *v* খুঁটি পুতিয়া দেওয়া
stale *adj* বাসি
stalemate *n* চালমাত
stalk *v* সদর্পে চলা
stalk *n* বোঁটা

S

stall *n* অবস্থান
stall *v* পশুশালায় রাখা
stammer *v* তোতলাইয়া বলা
stamp *v* ছাপ দেওয়া
stamp *n* ছাপ
stamp out *v* উচ্ছেদ করা
stampede *n* ঠেলাঠেলি
stand *iv* দাঁড়ান
stand *n* দন্ডায়মান হওয়া
stand for *v* প্রার্থী হওয়া
stand out *v* বিশিষ্ট হওয়া
stand up *v* উঠিয়া দাঁড়ান
standard *n* মান
standardize *v* প্রমিত করা
standing *n* প্রতিপত্তি
standpoint *n* দৃষ্টিভঙ্গি
standstill *adj* বিরতি
staple *v* তার দিয়া বাঁধা
staple *n* তার
stapler *n* কাগজ আঁটার হাতযন্ত্র
star *n* তারা
starch *n* শ্বেতসার
starchy *adj* শ্বেতসারযুক্ত
stare *v* একদৃষ্টিতে দেখা
stark *adj* কঠিন
start *v* শুরু করা
start *n* শুরু
startle *v* চমকে দেওয়া
startled *adj* চমকে যাওয়া
starvation *n* অনাহার
starve *v* অনাহারে মরা
state *n* অবস্থা; রাষ্ট্র
state *v* বলা
statement *n* বিবৃতি
station *n* স্টেশন
stationary *adj* স্থির
stationery *n* লেখার সামগ্রী
statistic *n* পরিসংখ্যান-সংক্রান্ত
statue *n* খোদাই করা প্রতিমূর্তি
status *n* অবস্থা; পদমর্যাদা
statute *n* লিখিত আইন
staunch *adj* কট্টর
stay *v* থাকা
stay *n* অবস্থান
steady *adj* স্থিরবুদ্ধি
steak *n* মাংসের পুরু ফালি
steal *iv* চুরি করা
stealthy *adj* গোপনতাপূর্ণ
steam *n* বাষ্প
steel *n* ইস্পাত
steep *adj* কষ্টসাধ্য
stem *n* গাছের কান্ড
stem *v* বাঁধা দেওয়া
stench *n* দুর্গন্ধ
step *n* পদক্ষেপ
step *v* পদক্ষেপ নেওয়া
step down *v* পিছাইয়া পড়া
step out *v* বিরত হওয়া
step up *v* আগাইয়া আসা
stepbrother *n* সৎভাই
step-by-step *adv* ক্রমশঃ
stepdaughter *n* সপত্নীকন্যা
stepfather *n* বিপিতা
stepladder *n* ঘড়াঞ্চি

S

stepmother *n* বিমাতা
stepsister *n* বৈমাত্রেয় ভগিনী
stepson *n* সতীনের ছেলে
sterile *adj* বন্ধ্যা
sterilize *v* বন্ধ্যা করা
stern *n* কঠোর
stern *adj* কঠোর
sternly *adv* কঠোরভাবে
stew *n* অনেকক্ষণ সিদ্ধ মাংস
stewardess *n* যাত্রীসেবিকা
stick *n* লাঠি
stick *iv* গাঁথা
stick around *v* অপেক্ষা করা
stick out *v* প্রলম্বিত হওয়া
stick to *v* রক্ষা করা
sticker *n* আঠালো কাগজ
sticky *adj* চটচটে
stiff *adj* শক্ত
stiffen *v* কঠিন করা
stiffness *n* জেদী
stifle *v* শ্বাসরোধ করা
stifling *adj* শ্বাসরোধকারী
still *adj* স্থির
still *adv* তথাপি
stimulant *n* উত্তেজক ঔষধ
stimulate *v* উত্তেজিত করা
stimulus *n* উত্তেজনা
sting *iv* হুল ফুটান
sting *n* হুল
stinging *adj* তীব্র
stingy *adj* কৃপণ
stink *iv* দুর্গন্ধ ছাড়া
stink *n* দুর্গন্ধ
stinking *adj* দুর্গন্ধকারী
stipulate *v* চুক্তির শর্ত জানানো
stir *v* চালান
stir up *v* উত্তেজিত করা
stitch *v* সেলাই করা
stitch *n* সেলাই
stock *v* মজুত করা
stock *n* গাছের গুঁড়ি
stocking *n* মোজা
stockpile *n* মজুদ ভান্ডার
stockroom *n* গুদাম ঘর
stoic *adj* সুখ-দুঃখে নির্বিকার
stomach *n* পাকস্থলী
stone *n* পাথর
stone *v* পাথর ছুঁড়িয়া মারা
stool *n* মলত্যাগ
stop *v* থামা
stop *n* রোধ
stop by *v* হঠাত্ আসা বা পড়া
stop over *v* রাস্তায় থামা
storage *n* সঞ্চয়; গুদাম
store *v* মজুত করা
store *n* মজুত
stork *n* সারস
storm *n* ঝড়
stormy *adj* ঝঞ্ঝাবহুল
story *n* গল্প; বাড়ির তলা
stove *n* স্টোভ্
straight *adj* সোজা
straighten out *v* চিন্তা না করিয়া
strain *v* টান-টান করা

S

strain *n* চাপপ্রদান
strained *adj* জোর করা
strainer *n* ছাঁকনি
strait *n* প্রণালী
stranded *adj* আটকানো
strange *adj* অদ্ভুত
stranger *n* বিদেশী
strangle *v* শ্বাসরোধ করা
strap *n* চাবুক; বুকপেটী
strategy *n* কৌশল
straw *n* খড়
strawberry *n* ফলবিশেষ
stray *adj* দলছুট
stray *v* দলছুট হওয়া
stream *n* প্রবাহ
street *n* রাস্তা
streetcar *n* ট্রামগাড়ি
streetlight *n* রাস্তার আলো
strength *n* শক্তি
strengthen *v* অধিকতর সবল করা
strenuous *adj* তীব্র
stress *n* চাপ
stressful *adj* চাপপূর্ণ
stretch *n* নাগাল
stretch *v* নাগাল পাওয়া
stretcher *n* রোগী বয়ে নিয়ে যাবার শয্যা
strict *adj* কঠোর
strife *n* দ্বন্দ্ব
strike *n* ধর্মঘট
strike *iv* ধর্মঘট করা; আঘাত করা
strike back *v* প্রত্যাঘাত করা
strike out *v* মুছিয়া ফেলা

strike up *v* আরম্ভ করা
striking *adj* ধর্মঘটী
string *n* দড়ি
stringent *adj* কঠোর
strip *n* ফালি
strip *v* খোসা ছাড়ান
stripe *n* ডোরা
striped *adj* ডোরা-কাটা
strive *iv* চেষ্টা করা
stroke *n* আঘাত
stroll *v* হাঁটা
strong *adj* শক্তিশালী
structure *n* গঠন
struggle *v* কষ্ট করা
struggle *n* কষ্ট
stub *n* দন্তমূল
stubborn *adj* একগুঁয়ে
student *n* ছাত্র
study *v* অধ্যয়ন করা
stuff *n* বস্তু; দ্রব্য
stuff *v* পূর্ণ করা
stuffing *n* পুর
stuffy *adj* গুমোটভরা
stumble *v* হোঁচট খাওয়া
stun *v* হতবুদ্ধি করা
stunning *adj* আশ্চর্যজনক
stupendous *adj* বিশাল
stupid *adj* বোকা
stupidity *n* বোকামি
sturdy *adj* সবল
stutter *v* তোতলামি করা
style *n* ধরণ

subdue 162

subdue *v* কোমল করা
subdued *adj* কোমলীকৃত
subject *v* বশে আনা
subject *n* বিষয়
sublime *adj* সুমহান
submerge *v* জলমগ্ন করা
submissive *adj* বিনীত
submit *v* অনুগত হওয়া
subpoena *v* সপিনা দেওয়া
subpoena *n* সপিনা
subscribe *v* সহমত হওয়া
subscription *n* সদস্যতা
subsequent *adj* পরবর্তী
subsidiary *adj* অধীনস্থ
subsidize *v* ভরতুকি দেওয়া
subsidy *n* ভরতুকি
subsist *v* থাকা
substance *n* বিষয়বস্তু
substandard *adj* নিম্নমানের
substantial *adj* প্রকৃত
substitute *v* অন্যের পরিবর্তে
substitute *n* বদলি
subtitle *n* অতিরিক্ত শিরোনামা
subtle *adj* চতুর
subtract *v* বিয়োগ করা
subtraction *n* বিয়োগ
suburb *n* শহরতলি
subway *n* পথ
succeed *v* কৃতকার্য হওয়া
success *n* সাফল্য
successful *adj* কৃতকার্য
successor *n* উত্তরাধিকারী
succulent *adj* রসাল
succumb *v* মারা যাওয়া
such *adj* ঐরূপ
suck *v* চোষা
sucker *adj* চোষক
sudden *adj* আকস্মিক
suddenly *adv* সহসা
sue *v* অভিযোগ করা
suffer *v* কষ্ট পাওয়া
suffer from *v* কষ্ট পাওয়া
suffering *n* কষ্ট
sufficient *adj* যথেষ্ট
suffocate *v* শ্বাসরোধ করা
sugar *n* চিনি
suggest *v* প্রস্তাব করা
suggestion *n* প্রস্তাব
suggestive *adj* ইঙ্গিতপূর্ণ
suicide *n* আত্মহত্যা
suit *n* মামলা; পোশাক
suitable *adj* উপযোগী
suitcase *n* সুটকেস
sulfur *n* গন্ধক
sullen *adj* গোমড়ামুখো
sum *n* অঙ্ক
sum up *v* যোগ করা
summarize *v* সংক্ষেপ করা
summary *n* সংক্ষিপ্ত
summer *n* গ্রীষ্মকাল
summit *n* সর্বোচ্চ সীমা
summon *v* ডাকা
sumptuous *adj* ব্যয়সাধ্য
sun *n* সূর্য

S

sun block n সূর্যালোক আটকানোর সামগ্রী
sunburn n সূর্যালোকে পুড়ে যাওয়া
Sunday n রবিবার
sundown n সূর্যাস্ত
sunglasses n রোদ চশমা
sunken adj বসা
sunny adj রৌদ্রময়
sunrise n সূর্যোদয়
sunset n সূর্যাস্ত
superb adj চমৎকার
superfluous adj অতিরিক্ত
superior adj শ্রেষ্ঠ
superiority n শ্রেষ্ঠত্ব
supermarket n বড় বাজার
superpower n ক্ষমতাসম্পন্ন রাষ্ট্র
supersede v স্থানচ্যুত করা
superstition n কুসংস্কার
supervise v পরিদর্শন করা
supervision n পরিদর্শন
supper n নৈশ আহার
supple adj কোমল
supplier n সরবরাহকারী
supplies n সরবরাহ
supply v সরবরাহ করা
support v ভারবহন করা
supporter n সমর্থনকারী
suppose v মনে করা
supposing c যদি
supposition n অনুমান
suppress v দমন করা
supremacy n শ্রেষ্ঠতা
supreme adj শ্রেষ্ঠ

surcharge n অধিক চাপ
sure adj নিশ্চিত
surely adv নিশ্চয়রূপে
surf v জলের মধ্যে ভ্রমণ
surface n উপরিভাগ
surge n প্রচন্ড গতি
surgeon n অস্ত্রচিকিৎসক
surgical adv অস্ত্রোপচার বিষয়ক
surname n পদবি
surpass v অতিক্রম করা
surplus n অবশিষ্ট
surprise v বিস্মিত হওয়া
surprise n বিস্ময়
surrender v আত্মসমর্পণ করা
surround v বেষ্টন করা
surroundings n বেষ্টনী
surveillance n নজর
survey n নিরীক্ষা
survival n টিকে থাকা
survive v টিকে যাওয়া
survivor n অপেক্ষাকৃত দীর্ঘজীবী
susceptible adj সংবেদনশীল
suspect v ধারণা করা
suspect n সন্দেহভাজনব্যক্তি
suspend v ব্যর্থ হওয়া
suspenders n যে বরখাস্ত করে
suspense n দ্বিধা
suspension n সাময়িক বরখাস্ত
suspicion n সন্দেহ
suspicious adj সন্দেহপ্রবণ
sustain v সহ্য করা
sustenance n উপজীবিকা

swallow *v* গেলা
swamp *n* জলাভূমি
swamped *adj* জলাভূমিতেপূর্ণ
swan *n* রাজহংস
swap *v* বদল করা
swap *n* বদল
swarm *n* মৌমাছির ঝাঁক
swarm *v* একত্রিত হওয়া
sway *v* আন্দোলিত করা
swear *iv* শপথ করা
sweat *n* ঘাম
sweat *v* ঘাম পড়া
sweater *n* সোয়েটার
Sweden *n* সুইডেন
Swedish *adj* সুইডেনের ব্যক্তি
sweep *iv* ঝাড়ু দেওয়া
sweet *adj* মিষ্ট
sweeten *v* মিষ্ট করা
sweetheart *n* প্রণয়ী
sweetness *n* মিষ্টতা
sweets *n* মিষ্টতা
swell *iv* ফাঁপান
swelling *n* স্ফীতি
swift *adj* দ্রুতগামী
swim *iv* সাঁতার কাটা
swimmer *n* সাঁতারু
swimming *n* সাঁতার
swindle *v* প্রতারণা করা
swindle *n* প্রতারণা
swindler *n* প্রতারক
swing *iv* দোলা
swing *n* দোলনা
Swiss *adj* সুইজারল্যান্ড-দেশীয়
switch *v* সুইচ্ টেপা
switch *n* ইলেকট্রিকের সুইচ্
switch off *v* বাতি নিভান
switch on *v* বাতি জ্বালা
Switzerland *n* সুইজারল্যান্ড
swivel *v* ঘোরানো
swollen *adj* স্ফীত
sword *n* তরবারি
swordfish *n* তরওয়াল মাছ
syllable *n* অক্ষর
symbol *n* প্রতীক
symbolic *adj* প্রতীকরূপে ব্যবহৃত
symmetry *n* সামঞ্জস্য
sympathize *v* সহানুভূতি জানানো
sympathy *n* সহানুভূতি
symphony *n* ঐকতান
symptom *n* রোগের লক্ষণ
synagogue *n* গির্জা
synchronize *v* সমকালীন হওয়া
synod *n* গির্জাসমিতি
synonym *n* প্রতিশব্দ
synthesis *n* সমবায়
syphilis *n* যৌন-ব্যাধি বিশেষ
syringe *n* সিরিঞ্জ
syrup *n* সিরাপ
system *n* প্রণালী; রীতি
systematic *adj* নিয়মানুগ

T

table *n* টেবিল
tablecloth *n* টেবিলের কাপড়
tablespoon *n* চা-চামচ
tablet *n* ঔষধের বড়ি; ফলক
tack *n* মাথা বড় পেরেক
tackle *v* সমাধান করা
tact *n* কুশলী পরিচালনা
tactful *adj* কৌশলী
tactical *adj* কৌশল সম্বন্ধীয়
tactics *n* কৌশলী পন্থা
tag *n* ফিতার শেষের প্লাস্টিক
tail *n* লেজ
tail *v* অনুসরণ করা
tailor *n* দর্জি
tainted *adj* দাগযুক্ত
take *iv* লওয়া
take apart *v* অবরোহণ করা
take away *v* নিয়ে যাওয়া
take back *v* ফিরাইয়া লওয়া
take in *v* গ্রহণ করা
take off *v* অপসৃত করা
take out *v* নিষ্কাশিত করা
take over *v* অধিকার করা
tale *n* গল্প
talent *n* বিশেষ দক্ষতা
talk *v* কথা বলা
talkative *adj* গল্পপ্রিয়
tall *adj* লম্বা
tame *v* গৃহপালিত করা
tangent *n* বৃত্তাংশ
tangerine *n* ফলবিশেষ
tangible *adj* নির্দিষ্ট
tangle *n* জট পাকানো
tank *n* জলাধার
tanned *adj* তামাটে রং
tantamount to *adj* সমতুল্য
tantrum *n* রাগারাগি
tap *n* ছিপি
tap into *v* ভিতরে দেখা
tape *n* ফিতা
tape recorder *n* টেপ-রকর্ডার
tapestry *n* চিত্রিত পর্দা
tar *n* আলকাতরা
tarantula *n* বিশাল মাকড়সা
tardy *adv* মন্থর
target *n* লক্ষ্য
tariff *n* শুল্কের তালিকা
tarnish *v* মরচে ধরা
tart *n* তীক্ষ্ণ
tartar *n* দাঁতের ছাতা
task *n* করণীয় কাজ
taste *v* আস্বাদন করা
taste *n* স্বাদ
tasteful *adj* সুস্বাদু
tasteless *adj* স্বাদহীন
tasty *adj* সুস্বাদু
tavern *n* পানশালা
tax *n* কর
tea *n* চা
teach *iv* শেখান
teacher *n* শিক্ষক

team *n* দল
teapot *n* চা পাত্র
tear *iv* ছিন্ন করা
tear *n* চোখের জল
tearful *adj* অশ্রুপূর্ণ
tease *v* খেপান
teaspoon *n* চায়ের চামচ
technical *adj* প্রযুক্তিগত
technicality *n* সুক্ষ্ম পরিভাষা
technician *n* যন্ত্রবিত্
technique *n* প্রযুক্তি
technology *n* প্রযুক্তিবিদ্যা
tedious *adj* ক্লান্তিকর
tedium *n* ক্লান্তিদায়কতা
teenager *n* কিশোর, কিশোরী
teeth *n* দাঁত
telegram *n* তারবার্তা
telepathy *n* চিন্তায় যোগাযোগ
telephone *n* দূরভাষ
telescope *n* দূরবীন
televise *v* টেলিভিশনে সম্প্রচার
television *n* টেলিভিশন
tell *iv* বর্ণনা করা
teller *n* গণনাকারী
telling *adj* কার্যকর
temper *n* মেজাজ
temperature *n* তাপ
tempest *n* প্রচন্ড ঝড়
temple *n* মন্দির
temporary *adj* অস্থায়ী
tempt *v* পরীক্ষা করা
temptation *n* যে বস্তু প্রলুব্ধ করে
tempting *adj* প্রলুব্ধ
ten *adj* দশ
tenacity *n* সংসক্তি
tenant *n* ভাড়াটিয়া
tendency *n* প্রবণতা
tender *adj* কোমল
tenderness *n* কোমলতা
tennis *n* টেনিস খেলা
tenor *n* চড়া স্বর
tense *adj* উত্তেজনায় কঠিন
tension *n* কঠিন চাপ
tent *n* তাঁবু
tentacle *n* শুঁয়া
tentative *adj* পরীক্ষামূলক
tenth *n* দশম
tenuous *adj* অতি সরু
tepid *adj* অল্প গরম
term *n* সম্পর্ক
terminate *v* শেষ করা
terminology *n* পরিভাষা
termite *n* উইপোকা
terms *n* শর্তাবলী
terrace *n* চাতাল
terrain *n* ভূখন্ড
terrestrial *adj* পার্থিব
terrible *adj* ভয়ংকর
terrific *adj* ভয়ঙ্কর
terrify *v* আতঙ্কিত করা
terrifying *adj* আতঙ্কিত
territory *n* অঞ্চল
terror *n* সন্ত্রাস
terrorism *n* সন্ত্রাসবাদ

167 **thrifty**

terrorist *n* সন্ত্রাসবাদী
terrorize *v* সন্ত্রাস সৃষ্টি
terse *adj* সংক্ষিপ্ত
test *v* পরীক্ষা করা
test *n* পরীক্ষা
testament *n* সাক্ষ্য
testify *v* সাক্ষ্য দেওয়া
testimony *n* প্রামাণিক সাক্ষ্য
text *n* মূল পাঠ
textbook *n* বিদ্যালয়ের পাঠ্যপুস্তক
texture *n* গঠন
thank *v* ধন্যবাদ দেওয়া
thankful *adj* ধন্যবাদপূর্ণ
thanks *n* ধন্যবাদ
that *adj* ওটা
thaw *v* বরফ গলান
thaw *n* গলন
theater *n* নাট্যশালা
theft *n* চুরি
theme *n* বিষয়
themselves *pro* তাহারা স্বয়ং
then *adv* তখন
theologian *n* ধর্মতত্ববাদী
theology *n* ধর্মতত্ব
theory *n* তত্ব
therapy *n* চিকিৎসাবিদ্যা
there *adv* সেখানে
therefore *adv* সুতরাং
thermometer *n* তাপমাপক-যন্ত্র
thermostat *n* তাপস্থাপক
these *adj* এইগুলি
thesis *n* গবেষণাপত্র
they *pro* তাহারা
thick *adj* পুরু
thicken *v* মোটা হওয়া
thickness *n* ঘনত্ব
thief *n* চোর
thigh *n* উরু
thin *adj* সরু
thing *n* জিনিস
think *iv* চিন্তা করা
thinly *adv* সরুভাবে
third *adj* তৃতীয়
thirst *v* তৃষ্ণা
thirsty *adj* তৃষ্ণার্ত
thirteen *adj* তেরো
thirty *adj* ত্রিশ
this *adj* এই
thorn *n* কাঁটা
thorny *adj* কন্টকপূর্ণ
thorough *adj* পূর্ণাঙ্গ
those *adj* ওইগুলি
though *c* যদিও
thought *n* চিন্তা
thoughtful *adj* চিন্তাশীল
thousand *adj* হাজার
thread *v* সুতা পরান
thread *n* সুতা
threat *n* ভীতি
threaten *v* ভয় প্রদর্শন
three *adj* তিন
thresh *v* আছড়ান
threshold *n* চৌকাঠ
thrifty *adj* মিতব্যয়ী

T

thrill *v* শিহরিত করা
thrill *n* শিহরিত
thrive *v* সতেজ হইয়া ওঠা
throat *n* গলা
throb *n* ধড়ফড়ানি
throb *v* ধড়ফড় করা
thrombosis *n* ধমণীতে রক্ত জমাট বাধার রোগ
throne *n* রাজসিংহাসন
throng *n* ভিড়
through *pre* ভিতর দিয়া
throw *iv* ছোড়া
throw away *v* বর্জন করা
throw up *v* বমি করা
thug *n* দুবৃর্ত্ত
thumb *n* হাতের বুড়ো আঙ্গুল
thumbtack *n* এক ধরণের পিন
thunder *n* বজ্র
thunderbolt *n* বজ্র
thunderstorm *n* বজ্রবিদ্যুতসহ বৃষ্টি
Thursday *n* বৃহস্পতিবার
thus *adv* এইরূপে
thwart *v* ব্যর্থ করা
thyroid *n* গলদেশের গ্রন্থি
tickle *v* রোমাঞ্চিত করা
tickle *n* সুড়সুড়ি
ticklish *adj* ধাঁধাপূর্ণ
tidal wave *n* ঢেউ
tide *n* জোয়ার-ভাটা
tidy *adj* সুশৃঙ্খল
tie *v* দৃঢ় করা
tie *n* বন্ধন; পোশাক
tiger *n* বাঘ
tight *adj* আঁটসাঁট
tighten *v* আঁটসাঁট করা
tile *n* টালি
till *adv* তখন অবধি যখন
till *v* কর্ষন করা
tilt *v* কাত্ করা
timber *n* কাঠ
time *n* সময়
time *v* সময়মত করা
timeless *adj* নিরন্তর
timely *adj* সময়োচিত
times *n* যুগ
timetable *n* সময়সারণী
timid *adj* ভীরু
timidity *n* ভীরুতা
tin *n* টিন্
tiny *adj* ক্ষুদ্র
tip *n* সরু প্রান্ত
tiptoe *n* পদাঙ্গুলির ডগা
tire *n* গাড়ির চাকা
tire *v* ক্লান্ত হওয়া
tired *adj* ক্লান্ত
tiredness *n* ক্লান্তি
tireless *adj* ক্লান্তিহীন
tiresome *adj* ক্লান্তিকর
tissue *n* দেহের তন্তু
title *n* পদবি
to *pre* বরাবর
toad *n* ঘৃণ্য ব্যক্তি বা প্রাণী
toast *n* সেঁকা পাউরুটি
toaster *n* পাউরুটি সেঁকার যন্ত্র

T

tobacco *n* তামাক
today *adv* আজ
toddler *n* ছোট শিশু
toe *n* পায়ের আঙ্গুল
toenail *n* পায়ের নখ
together *adv* একসাথে
toil *v* কঠোর পরিশ্রম করা
toilet *n* স্নানঘর
token *n* চিহ্ন
tolerable *adj* সহনীয়
tolerance *n* সহ্যের সীমা
tolerate *v* সহ্য করা
toll *n* রাস্তার মাশুল
toll *v* ঘন্টা বাজা
tomato *n* টম্যাটো
tomb *n* কবর
tombstone *n* সমাধি-প্রস্তর
tomorrow *adv* আগামিকাল
ton *n* ওজনবিশেষ
tone *n* স্বরভঙ্গি
tongs *n* সাঁড়াশি
tongue *n* জিহ্বা
tonic *n* শক্তিদায়ক ঔষধ
tonight *adv* অদ্য রজনী
tonsil *n* টনসিল
too *adv* অধিকন্তু
tool *n* যন্ত্র
tooth *n* দাঁত
toothache *n* দাঁতের বেদনা
toothpick *n* খড়কে
top *n* লাট্টু; উপরে
topic *n* প্রসঙ্গ
topple *v* উল্টে দেওয়া
torch *n* টর্চ-লাইট
torment *v* পীড়ন করা
torment *n* পীড়ন
torrent *n* তীব্র স্রোত
torrid *adj* উষ্ণ
torso *n* দেহকাণ্ড
tortoise *n* কচ্ছপ
torture *n* মানসিক যন্ত্রণা
torture *v* যন্ত্রণা দেওয়া
toss *v* ছুঁড়ে দেওয়া
total *adj* সমগ্র
totalitarian *adj* একদলতন্ত্র
totality *n* সমষ্টি
touch *n* স্পর্শ
touch *v* স্পর্শ করা
touch on *v* কিছু বলা
touch up *v* মেরামত করা
touching *adj* স্পর্শ করে যায় এমন
tough *adj* মজবুত
toughen *v* মজবুত করা
tour *n* সফর
tourism *n* ভ্রমণ
tourist *n* ভ্রমণকারী
tournament *n* প্রতিযোগিতা
tow *v* গুণ টানা
tow truck *n* গাড়ি টেনে নিয়ে যাবার ট্রাক
towards *pre* দিকে
towel *n* তোয়ালে
tower *n* উঁচু অট্টালিকা
towering *adj* উঁচু
town *n* শহর

T

town hall n শহরের ভবন
toxic adj বিষাক্ত
toxin n অধিবিষ
toy n খেলনা
trace v অনুসন্ধান করা
track n রেললাইন
track v খুঁজে বার করা
traction n টেনে তোলার প্রক্রিয়া
tractor n যন্ত্রচালিত লাঙ্গল
trade n কারবার
trade v কারবার করা
trademark n ব্যবসার প্রতীক
trader n বণিক
tradition n ঐতিহ্য
traffic n পরিবহন
traffic v পাচার করা
tragedy n দুর্ঘটনা
tragic adj দুঃখজনক
trail v টানিয়া লওয়া
trail n লেজুর
trailer n চলচ্চিত্রের বিজ্ঞাপন
train n রেলগাড়ী
train v শিক্ষা দেওয়া
trainee n শিক্ষানবীশ
trainer n শিক্ষক
training n অনুশীলন
trait n বিশেষত্ব
traitor n বিশ্বাসঘাতক
trajectory n গতিপথ
tram n ট্রামগাড়ী
trample v পদদলিত করা
trance n সমাধি

tranquility n শান্তি
transaction n সম্পাদন
transcend v অতিক্রম করা
transcribe v নকল করা
transfer v স্থানান্তরিত করা
transfer n স্থানান্তরিতকরণ
transform v রূপান্তরিত করা
transformation n রূপান্তরকরণ
transfusion n পাত্রান্তর
transient adj ক্ষণকালীন
transit n পরিবহন
transition n পরিবর্তন
translate v অনুবাদ করা
translator n অনুবাদক
transmit v প্রেরণ করা
transparent adj স্বচ্ছ
transplant v প্রতিস্থাপন
transport v স্থানান্তরে লইয়া যাওয়া
trap n ফাঁদ
trap v ফাঁদে ফেলা
trash n জঞ্জাল
trash can n জঞ্জাল ফেলার পাত্র
traumatic adj আঘাতসংক্রান্ত
traumatize v আঘাত করা
travel v ভ্রমণ করা
traveler n ভ্রমণকারী
tray n চ্যাটালো পাত্র
treacherous adj বিশ্বাসঘাতী
treachery n বিশ্বাসঘাতকতা
tread iv পদদলিত করা
treason n রাষ্ট্রদ্রোহ
treasure n ধনদৌলত

treasurer n কোষাধ্যক্ষ
treat v চিকিৎসা করা
treat n ভোজ
treatment n চিকিৎসাপ্রণালী
treaty n চুক্তি
tree n গাছ
tremble v কাঁপান
tremendous adj প্রবল
tremor n কম্পন
trench n পরিখা
trend n মোড়
trendy adj কেতাদুরস্ত
trespass v অনধিকার প্রবেশ করা
trial n বিচার
triangle n ত্রিভুজ
tribe n জাতি
tribulation n দুরবস্থার কারণ
tribunal n বিচারাসন
tribute n কর
trick v ফাঁকি দেওয়া
trick n কৌশল; চালাকি
trickle v ফোঁটা ফোঁটা পড়া
tricky adj প্রবঞ্চক
trigger n বন্দুকের টিপকল
trigger v চালু করা
trim v পরিপাটি করা
trimester n ত্রিমাত্রা
trimmings n সজ্জা
trip n যাত্রা
trip v ভ্রমণে বাহির হওয়া
triple adj ত্রিগুণ
tripod n তেপায়া

triumph n জয়োৎসব
triumphant adj বিজয়ী
trivial adj তুচ্ছ
trivialize v নগণ্য করা
trolley n ঠেলা
troop n জনতা
trophy n জয়চিহ্ন
tropic n গ্রীষ্মমন্ডল
tropical adj গ্রীষ্মমন্ডলসংক্রান্ত
trouble n কষ্ট
trouble v কষ্ট দেওয়া
troublesome adj বিরক্তিজনক
trousers n পাজামাবিশেষ
trout n মৎস্যবিশেষ
truce n কলহশান্তি
truck n লরি
trucker n লরিচালক
trumped-up adj ঠকাইবার উদ্দেশ্য
trumpet n ভেরী
trunk n গাছের গুঁড়ি; ধড়; তোরঙ্গ
trust v বিশ্বাস করা
trust n বিশ্বাস
truth n সত্যতা
truthful adj সত্যবাদী
try v চেষ্টা করা
tub n টব
tuberculosis n ক্ষয়রোগ
Tuesday n মঙ্গলবার
tuition n শিক্ষাদান
tulip n সুন্দর পুষ্পবিশেষ
tumble v গড়ান
tummy n পেট

tumor *n* টিউমার
tumult *n* দাঙ্গা
tumultuous *adj* দাঙ্গাপূর্ণ
tuna *n* মাছবিশেষ
tune *n* স্বর
tune *v* সুর বাঁধা
tune up *v* সুর বাঁধিয়া লওয়া
tunic *n* আবরণ
tunnel *n* সুড়ঙ্গ পথ
turbine *n* টারবাইন
turbulence *n* বিক্ষেপ
turf *n* ঘাষের ছাওয়া জমি
Turk *adj* তুরস্কদেশীয় লোক
Turkey *n* তুরস্ক রাজ্য
turmoil *n* গোলমাল
turn *n* ঘূর্ণন
turn *v* ঘোরা, ঘোরান
turn back *v* ফিরিয়া আসা
turn down *v* প্রত্যাখ্যান করা
turn in *v* কৃতিত্ব দেওয়া
turn off *v* বন্ধ করা
turn on *v* চালু করা
turn out *v* নেভান
turn over *v* উল্টাইয়া যাওয়া
turn up *v* এসে পৌঁছনো
turret *n* গম্বুজ
turtle *n* কচ্ছপ
tusk *n* হস্তী দন্ত
tutor *n* শিক্ষক
tweezers *n* চিমটা
twelfth *adj* দ্বাদশ
twelve *adj* বারো
twentieth *adj* বিংশ
twenty *adj* কুড়ি
twice *adv* দ্বিগুণ
twilight *n* গোধূলি সময়
twin *n* যমজ
twinkle *v* ঝিকমিক করা
twist *v* পাক দেওয়া
twist *n* পাক; মোচড়
twisted *adj* বাঁকান
twister *n* প্রতারক
two *adj* দুই
tycoon *n* পুঁজিপতি
type *n* প্রকার
type *v* টাইপ করা
typical *adj* বিশেষ ধরণের
tyranny *n* অত্যাচার
tyrant *n* দুরাত্মা

U

ugliness *n* কদর্যতা
ugly *adj* কদর্য
ulcer *n* ঘা
ultimate *adj* চূড়ান্ত
ultimatum *n* শেষবারের মত সতর্কীকরণ
ultrasound *n* আলট্রাসাউণ্ড
umbrella *n* ছাতা
umpire *n* খেলার বিচারক

unable *adj* অক্ষম
unanimity *n* ঐক্যমত্
unarmed *adj* নিরস্ত্র
unassuming *adj* বিনীত, নম্র
unattached *adj* অসংযুক্ত
unavoidable *adj* অপরিহার্য
unaware *adj* জানে না এমন
unbearable *adj* অসহ্য
unbeatable *adj* অপরাজিত
unbelievable *adj* অবিশ্বাস্য
unbiased *adj* অপক্ষপাতী
unbroken *adj* অখন্ডিত
unbutton *v* বোতাম খোলা
uncertain *adj* অনিশ্চিত
uncle *n* কাকা
uncomfortable *adj* অস্বস্তিপূর্ণ
uncommon *adj* অসাধারণ
unconscious *adj* অচেতন
uncover *v* খোলা
undecided *adj* অমীমাংসিত
undeniable *adj* অনস্বীকার্য
under *pre* নীচে
undercover *adj* গুপ্ত
underdog *n* হতভাগ্য ব্যক্তি
undergo *v* সহ্য করা
underground *adj* মাটির তলায়
underlie *v* নীচে থাকা
underline *v* নীচে রেখা টানা
underlying *adj* নিম্নস্থ
undermine *v* নীচে গর্ত খোঁড়া
underneath *pre* নিম্নে
underpass *n* সুড়ঙ্গপথ
understand *v* বুঝিতে পারা
understandable *adj* বোধগম্য
understanding *n* বোধশক্তি
undertake *v* ধারণ করা
underwear *n* অন্তর্বাস
underwrite *v* নীচে স্বাক্ষর করা
undeserved *adj* অনুপযুক্ত
undesirable *adj* অবাঞ্ছিত
undisputed *adj* অবিসংবাদিত
undo *v* বাতিল করা
undoubtedly *adv* নিশ্চিতভাবে
undress *v* বিবস্ত্র করা
undue *adj* অসঙ্গত
unearth *v* খনন করা
uneasiness *n* অস্বস্তি
uneasy *adj* অস্থির
uneducated *adj* অশিক্ষিত
unemployed *adj* বেকার অবস্থা
unemployment *n* বেকারত্ব
unending *adj* চিরস্থায়ী
unequal *adj* অসমান
unequivocal *adj* স্পষ্ট
uneven *adj* অসমান
uneventful *adj* ঘটনাবিহীন
unexpected *adj* অপ্রত্যাশিত
unfailing *adj* অব্যর্থ
unfair *adj* অন্যায়
unfairly *adv* অশোভনভাবে
unfairness *n* বেআইনী
unfaithful *adj* বিশ্বাসঘাতক
unfamiliar *adj* অপরিচিত
unfasten *v* খোলা

unfavorable *adj* অশুভ
unfit *adj* অযোগ্য
unfold *v* ভাঁজ খোলা
unforeseen *adj* অচিন্তিতপূর্ব
unforgettable *adj* অবিস্মরণীয়
unfounded *adj* অপ্রতিষ্ঠিত
unfriendly *adj* বিরাগপূর্ণ
unfurnished *adj* আসবাবপত্রহীন
ungrateful *adj* অকৃতজ্ঞ
unhappiness *n* অসুখী ভাব
unhappy *adj* অসুখী
unharmed *adj* অক্ষত
unhealthy *adj* অস্বাস্থ্যকর
unheard-of *adj* অশ্রুতপূর্ব
unhurt *adj* অক্ষত
unification *n* সংযোজন
uniform *n* উর্দি
uniformity *n* সাম্য
unify *v* একীভূত করা
unilateral *adj* একপক্ষীয়
union *n* সম্মেলন
unique *adj* একমাত্র
unit *n* একক
unite *v* সংযোগ করা
unity *n* একতা
universal *adj* সার্বজনীন
universe *n* পৃথিবী
university *n* বিশ্ববিদ্যালয়
unjust *adj* অন্যায়
unjustified *adj* অসমর্থনীয়
unknown *adj* অজানা
unlawful *adj* বে-আইনী
unleaded *adj* সীসাহীন
unleash *v* ছাড়িয়া দেওয়া
unless *c* নতুবা
unlike *adj* অসদৃশ
unlikely *adj* অসম্ভাব্য
unlimited *adj* সীমাহীন
unload *v* ভারমুক্ত করা
unlock *v* তালা খুলিয়া ফেলা
unlucky *adj* হতভাগ্য
unmarried *adj* অবিবাহিত
unmask *v* মুখোস ত্যাগ করা
unmistakable *adj* অভ্রান্ত
unnecessary *adj* নিষ্প্রয়োজন
unnoticed *adj* অনাদৃত
unoccupied *adj* অনধিকৃত
unofficially *adv* বেসরকারীভাবে
unpack *v* খোলা
unpleasant *adj* অপ্রীতিকর
unplug *v* সংযোগছিন্ন করা
unpopular *adj* জনপ্রিয় নয়
unpredictable *adj* অপরিকল্পিত
unprofitable *adj* লাভহীন
unprotected *adj* অরক্ষিত
unravel *v* জট খোলা
unreal *adj* অবাস্তব
unrealistic *adj* অপ্রকৃত
unreasonable *adj* অযৌক্তিক
unrelated *adj* সম্পর্কহীন
unreliable *adj* অনির্ভরযোগ্য
unrest *n* অশান্তি
unsafe *adj* বিপজ্জনক
unselfish *adj* নিঃস্বার্থ

unspeakable *adj* অনির্বচনীয়
unstable *adj* ভারসাম্যহীন
unsteady *adj* চঞ্চল
unsuccessful *adj* অকৃতকার্য
unsuitable *adj* অনুপযোগী
unsuspecting *adj* সংশয়শূন্য
unthinkable *adj* অচিন্তনীয়
untie *v* খোলা
until *pre* যে পর্যন্ত
untimely *adj* অসাময়িক
untouchable *adj* অস্পৃশ্য
untrue *adj* মিথ্যা
unusual *adj* অসাধারণ
unveil *v* প্রকাশ করা
unwillingly *adv* অনিচ্ছুকভাবে
unwind *v* পাক খোলা
unwise *adj* অজ্ঞ
unwrap *v* ভাঁজ খোলা
upbringing *n* লালন-পালন
upcoming *adj* আগত
update *v* হালনাগাদ করা
upgrade *v* উন্নতি করা
upheaval *n* উত্তোলন
uphill *adv* শৈলোপরি
uphold *v* ধারণ করা
upholstery *n* কাপড়ের ঢাকনা
upkeep *n* রক্ষণাবেক্ষণ
upon *pre* উপরে
upper *adj* উচ্চতর
upright *adj* খাড়া
uprising *n* উত্থান হওয়া
uproar *n* গন্ডগোল
uproot *v* উপড়ান
upset *v* বিরক্ত করা
upside-down *adv* উল্টাইয়া দেওয়া
upstairs *adv* উপরের তলায়
uptight *adj* সোজা
up-to-date *adj* সাম্প্রতিকতম
upturn *n* উতক্ষেপ
upwards *adv* উচ্চে
urban *adj* শহুরে
urge *n* প্রেরণা
urge *v* অনুপ্রাণিত করা
urgency *n* ত্বরা
urgent *adj* জরুরী
urinate *v* প্রস্রাব করা
urine *n* প্রস্রাব
urn *n* পানপাত্র
us *pro* আমাদের
usage *n* ব্যবহার
use *v* ব্যবহার করা
use *n* ব্যবহার
used to *adj* অভ্যস্ত
useful *adj* কার্যকর
usefulness *n* কার্যকরীতা
useless *adj* অকেজো
user *n* যে ব্যবহার করে
usher *n* যিনি আসন দেখান
usual *adj* সাধারণ
usurp *v* অন্যায়ভাবে দখল করা
utensil *n* বাসন-কোসন
uterus *n* জরায়ু
utilize *v* সদ্ব্যবহার করা
utmost *adj* সর্বশেষ

U

utter *v* উচ্চারণ করা

V

vacancy *n* কর্মখালি
vacant *adj* খালি
vacate *v* খালি করা
vacation *n* অবকাশ
vaccinate *v* টীকা দেওয়া
vaccine *n* টীকা-সংক্রান্ত
vacillate *v* টলমল করা
vagrant *n* ভবঘুরে লোক
vague *adj* অস্পষ্ট
vain *adj* নিষ্ফল
vainly *adv* বৃথা
valiant *adj* সাহসিক
valid *adj* কার্যকর
validate *v* বৈধতা যাচাই
validity *n* বৈধতার সময়
valley *n* উপত্যকা
valuable *adj* মূল্যবান
value *n* মূল্য
value *v* মূল্য দেওয়া
valve *n* ভালভ
vampire *n* রক্তচোষা
van *n* মালবহন করার গাড়ি
vandal *n* ধ্বংসকারী
vandalism *n* ধ্বংস করা
vandalize *v* ধ্বংস করা
vanguard *n* অগ্রগামী সৈন্য
vanish *v* অদৃশ্য হওয়া
vanity *n* অহঙ্কার
vanquish *v* পরাভূত করা
vaporize *v* অদৃশ্য হওয়া
variable *adj* পরিবর্তনশীল
varied *adj* বিভিন্ন
variety *n* বিভিন্নতা
various *adj* বিভিন্ন
varnish *v* বার্নিশ করা
varnish *n* বার্নিশ
vary *v* পরিবর্তন করা
vase *n* ফুলদানি
vast *adj* প্রকান্ড
veal *n* বাছুরের মাংস
veer *v* দিক পরিবর্তন করা
vegetable *v* শাকসব্জি
vegetarian *v* নিরামিশাষী
vegetation *n* গাছপালা
vehicle *n* যানবাহন
veil *n* ঘোমটা
vein *n* শিরা
velocity *n* গতিবেগ
velvet *n* মখমল
venerate *v* ভক্তি করা
vengeance *n* প্রতিশোধ
venison *n* হরিণ-মাংস
venom *n* বিষ
vent *n* নির্গমন-পথ
ventilate *v* বাতাস করা
ventilation *n* বায়ুচলাচল

venture *v* ঝুঁকি লওয়া
venture *n* ঝুঁকি
verb *n* ক্রিয়াপদ, ক্রিয়া
verbally *adv* অক্ষরে অক্ষরে
verbatim *adv* আক্ষরিকভাবে
verdict *n* রায়
verge *n* প্রান্ত, কিনারা
verification *n* সত্যতা যাচাই
verify *v* সত্যতা যাচাই করা
versatile *adj* পরিবর্তনীয়
verse *n* পদ্য
versed *adj* বিশারদ, সুদক্ষ
version *n* অনুবাদ
versus *pre* বিপক্ষে
vertebra *n* শিরদাঁড়া
very *adv* অত্যন্ত
vessel *n* পাত্র
vest *n* পোশাক
vestige *n* পদচিহ্ন
veteran *n* প্রবীণ
veterinarian *n* পশু-চিকিৎসক
veto *v* বারণ করা
viaduct *n* সেতু
vibrant *adj* স্পন্দনশীল
vibrate *v* স্পন্দিত হওয়া
vibration *n* অনুকম্পন
vice *n* পাপ
vicinity *n* নৈকট্য
vicious *adj* পাপিষ্ঠ
victim *n* শিকার
victimize *v* প্রতারণা করা
victor *n* জয়ী
victorious *adj* জয়ী
victory *n* জয়
view *n* দর্শন
view *v* দেখা
viewpoint *n* দৃষ্টিভঙ্গি
vigil *n* জাগরণ
village *n* গ্রাম
villager *n* গ্রামবাসী
villain *n* চাষা
vindicate *v* মিথ্যা প্রমাণ করা
vindictive *adj* প্রতিহিংসাপরায়ণ
vine *n* আঙ্গুর গাছ
vinegar *n* সিরকা
vineyard *n* দ্রাক্ষাক্ষেত্র
violate *v* লঙ্ঘণ করা
violence *n* হিংসা
violent *adj* হিংসামূলক
violet *n* বেগুনি রঙ
violin *n* বেহালা
violinist *n* বীণাবাদক
viper *n* বিষধর সর্প
virgin *n* কুমারী
virginity *n* কুমারীত্ব
virile *adj* পুরুষোচিত
virility *n* পুরুষত্ব
virtually *adv* কার্যতঃ
virtue *n* গুণ
virtuous *adj* ধার্মিক
virulent *adj* বিষাক্ত
virus *n* সংক্রামক জীবাণু
visibility *n* দৃষ্টগোচরতা
visible *adj* দৃশ্যমান

vision *n* দৃষ্টি
visit *n* পরিদর্শন
visit *v* পরিদর্শন করা
visitor *n* পরিদর্শক
visual *adj* দৃশ্য
visualize *v* দৃষ্টগোচর করা
vital *adj* অতীব গুরুত্বপূর্ণ
vitality *n* জীবনীশক্তি
vitamin *n* খাদ্যপ্রাণ
vivacious *adj* সজীব
vivid *adj* জীবন্ত
vocabulary *n* শব্দতালিকা
vocation *n* পেশা
vogue *n* জনপ্রিয়তা
voice *n* স্বর
void *adj* খালি
volatile *adj* উদ্বায়ী
volcano *n* আগ্নেয়গিরি
volleyball *n* ভলিবলখেলা
voltage *n* বৈদ্যুতিক শক্তির পরিমাণ
volume *n* আয়তন
volunteer *n* স্বেচ্ছাসেবক
vomit *v* বমি করা
vomit *n* বমি
vote *v* নির্বাচন করা
vote *n* নির্বাচন
voting *n* ভোট প্রদান
vouch for *v* সাক্ষী হওয়া
voucher *n* দলিল
vow *v* অভিশাপ
vowel *n* স্বরবর্ণ
voyage *n* জলযাত্রা বা সমুদ্রযাত্রা

voyager *n* যাত্রাকারী
vulgar *adj* অশ্লীল
vulgarity *n* অশ্লীলতা
vulnerable *adj* ভেদ্য
vulture *n* শকুনি

W

wafer *n* ময়দার চাকতি
wag *v* আন্দোলিত করা
wage *n* পারিশ্রমিক
wage *v* লড়াই করা
wagon *n* রেলের মালগাড়ি
wail *v* বিলাপ করা
wail *n* বিলাপ
waist *n* কোমর
wait *v* অপেক্ষা করা
waiter *n* পরিচারক
waiting *n* প্রতীক্ষা
waitress *n* পরিচারিকা
waive *v* অব্যাহতি দেওয়া
wake up *iv* জেগে ওঠা
walk *v* হাঁটা
walk *n* পদক্ষেপ
walkout *n* ধর্মঘট
wall *n* দেওয়াল
wallet *n* থলি
walnut *n* আখরোট ফল

179 weapon

walrus *n* সিন্ধুঘোটক
waltz *n* নাচ
wander *v* ঘুরিয়া বেড়ান
wanderer *n* ভ্রমণকারী
wane *v* হ্রাস পাওয়া
want *v* চাওয়া
war *n* যুদ্ধ
ward *n* পাহারা দেওয়া
warden *n* প্রহরী
wardrobe *n* পোশাক রাখার আলমারি
warehouse *n* গুদামঘর
warfare *n* যুদ্ধের অবস্থা
warm *adj* গরম
warm up *v* গরম করা
warmth *n* উত্তাপ
warn *v* সতর্ক করা
warning *n* সতর্কীকরণ
warp *v* দুমড়ে যাওয়া
warped *adj* দুর্ঘটনা
warrant *v* দায়িত্বগ্রহণ করা
warrant *n* পরোয়ানা
warranty *n* অঙ্গীকারপত্র
warrior *n* যোদ্ধা
warship *n* যুদ্ধ জাহাজ
wart *n* আঁচিল
wary *adj* সতর্ক
wash *v* ধোয়া
washable *adj* ধোয়া যায় এমন
wasp *n* বোলতা
waste *v* নষ্ট করা
waste *n* আবর্জনা
waste basket *n* আবর্জনা ফেলার ঝুড়ি
wasteful *adj* অপব্যয়ী
watch *n* লক্ষ্য
watch *v* লক্ষ্য করা
watch out *v* সাবধান হওয়া
watchful *adj* সতর্ক
watchmaker *n* ঘড়ি-নির্মাতা
water *n* জল
water *v* জল সেচন করা
water down *v* তরল করা
water heater *n* জল উত্তাপনের যন্ত্র
waterfall *n* জলপ্রপাত
watermelon *n* তরমুজ
waterproof *adj* জলাভেদ্য
watershed *n* জলবিভাজিকা
watertight *adj* জলরোধক
watery *adj* জলসংক্রান্ত
watt *n* শক্তির একক
wave *n* তরঙ্গ
wave *v* হাত নাড়ানো
waver *v* ইতস্ততঃ করা
wavy *adj* তরঙ্গায়িত
wax *n* মোম
way *n* রাস্তা
way in *n* প্রবেশ-পথ
way out *n* বাহিরের পথ
we *pro* আমরা
weak *adj* দুর্বল
weaken *v* দুর্বল করা
weakness *n* দুর্বলতা
wealth *n* সম্পদ
wealthy *adj* ধনী
weapon *n* অস্ত্রশস্ত্র

W

wear *n* পরিধান
wear *iv* পরিধান করা
wear down *v* পরাস্ত করা
wear out *v* অবসন্ন হওয়া
weary *adj* ক্লান্ত
weather *n* আবহাওয়া
weave *iv* বয়ন করা
web *n* জাল; অন্তর্জাল
web site *n* ওয়েবসাইট
wed *iv* বিবাহ করা
wedding *n* বিবাহ
wedge *n* গোঁজ
Wednesday *n* বুধবার
weed *n* আগাছা
weed *v* বাদ দেওয়া
week *n* সপ্তাহ
weekday *adj* সপ্তাহের দিন
weekend *n* সপ্তাহান্ত
weekly *adv* সাপ্তাহিক
weep *iv* কাঁদা
weigh *v* ওজন করা
weight *n* ওজন
weird *adj* ভাগ্যগত
welcome *n* সাদর সম্ভাষণ
welcome *v* স্বাগতম
weld *v* ঝালাই করা
welder *n* সংযুক্তকারী
welfare *n* উন্নতি, মঙ্গল
well *n* ভাল
well-known *adj* সুপরিচিত
well-to-do *adj* সমৃদ্ধিসম্পন্ন
west *n* পশ্চিম
westbound *adv* পশ্চিমগামী
western *adj* পশ্চিমী
westerner *adj* পশ্চিম দেশের লেঅক
wet *adj* ভিজা
whale *n* তিমি
wharf *n* জাহাজঘাটা
what *adj* কি
whatever *adj* যে কোনও
wheat *n* গম
wheel *n* চাকা
wheelbarrow *n* ঠেলাগাড়ি
wheelchair *n* চাকা লাগানো চেয়ার
wheeze *v* সশব্দে শ্বাস নেওয়া
when *adv* কখন
whenever *adv* যখনই
where *adv* কোথায়
whereabouts *n* অবস্থান
whereas *c* যেহেতু
whereupon *c* যাহাতে
wherever *c* যে কোন স্থানে
whether *c* কিনা
which *adj* যাহা
while *c* যখন
whim *n* ঘ্যান ঘ্যান করা
whine *v* নাকী সুরে কাঁদা
whip *v* চাবুক মারা
whip *n* চাবুক
whirl *v* বেগে ঘোরা
whirlpool *n* আবর্ত
whiskers *n* গোঁফ
whisper *v* ফিসফিস করা
whisper *n* ফিসফিস শব্দ

W

whistle *v* শিষ দেওয়া
whistle *n* বাঁশি
white *adj* সাদা
whiten *v* সাদা করা
whittle *v* ছুরি দিয়া কাটা
who *pro* কে
whoever *pro* যে-কেহ
whole *adj* সম্পূর্ণ
wholehearted *adj* পুরো মন দিয়ে
wholesale *n* পাইকারী বিক্রয়
wholesome *adj* স্বাস্থ্যবান
whom *pro* কাহাকে
why *adv* কেন
wicked *adj* ক্ষতিকর
wickedness *n* দুষ্টতা
wide *adj* চওড়া
widely *adv* বহুদূর পর্যন্ত
widen *v* চওড়া করা
widespread *adj* সুদূরব্যাপ্ত
widow *n* বিধবা
widower *n* বিপত্নীক
width *n* প্রসার
wield *v* ব্যবহার করা
wife *n* স্ত্রী
wig *n* পরচুলা
wiggle *v* আন্দোলিত করা
wild *adj* বন্য
wild boar *n* বন্য শূকর
wilderness *n* ধূ ধূ প্রান্তর
wildlife *n* বন্যজীবন
will *n* ইচ্ছাশক্তি
willfully *adv* স্বেচ্ছাপ্রণোদিত
willing *adj* ইচ্ছুক
willingly *adv* ইচ্ছুকভাবে
willingness *n* স্বেচ্ছামত
willow *n* বৃক্ষবিশেষ
wily *adj* শঠ
wimp *adj* কাপুরুষ
win *iv* জেতা
win back *v* জিতে ফেরা
wind *n* বাতাস
wind *iv* বাতাস লাগান
wind up *v* শেষ করা
winding *adj* আঁকাবাঁকা
windmill *n* হাওয়া-কল
window *n* জানালা
windpipe *n* শ্বাসনালী
windshield *n* বায়ুপ্রতিরোধী
windy *adj* বায়ুময়
wine *n* মদ
winery *n* মদ প্রস্তুতকারক
wing *n* ডানা
wink *n* চোখ টিপুনি
wink *v* চোখ টেপা
winner *n* বিজেতা
winter *n* শীতকাল
wipe *v* চোখের জল মোছা
wipe out *v* প্রতিশোধ লওয়া
wire *n* তার, টেলিগ্রাম
wireless *adj* বেতার
wisdom *n* জ্ঞান
wise *adj* জ্ঞানী
wish *v* ইচ্ছা করা
wish *n* ইচ্ছা

wit *n* বুদ্ধি
witch *n* ডাইনী
witchcraft *n* যাদুবিদ্যা
with *pre* সহিত
withdraw *v* অপসারণ করা
withdrawal *n* অপসারণ
withdrawn *adj* অমিশুক
wither *v* ফুরিয়ে যাওয়া
withhold *iv* স্থগিত রাখা
within *pre* মধ্যে
without *pre* ছাড়া
withstand *v* বাধা দেওয়া
witness *n* প্রমাণ
witty *adj* রসিক
wives *n* স্ত্রীগণ
wizard *n* যাদুকর
wobble *v* টলমল করা
woes *n* দুঃখ
wolf *n* নেকড়ে
woman *n* স্ত্রীলোক
womb *n* গর্ভ
women *n* স্ত্রীজাতি
wonder *v* বিস্মিত হওয়া
wonder *n* বিস্ময়
wonderful *adj* চমৎকার
wood *n* কাঠ
wooden *adj* কাষ্ঠনির্মিত
wool *n* পশম
woolen *adj* পশমী
word *n* শব্দ
wording *n* শব্দ ব্যবহার
work *n* কাজ
work *v* কাজ করা
work out *v* সম্পন্ন করা
workable *adj* কার্যকর
workbook *n* কার্যপুস্তিকা
worker *n* শ্রমিক
workshop *n* কারখানা
world *n* পৃথিবী
worldly *adj* পার্থিব
worldwide *adj* পৃথিবীব্যাপী
worm *n* পোকা
worn-out *adj* জীর্ণ
worrisome *adj* বিরক্তিজনক
worry *v* চিন্তা করা
worry *n* বিরক্ত
worse *adj* অধিকতর মন্দ
worsen *v* অবনতি হওয়া
worship *n* পূজা
worst *adj* মন্দ
worth *adj* সমমূল্য
worthless *adj* বাজে
worthwhile *adj* প্রয়োজনীয়
worthy *adj* মূল্যবান
would-be *adj* হবু
wound *n* ক্ষত
wound *v* আহত করা
woven *adj* তাঁতী
wrap *v* জড়ান
wrap up *v* বিজড়িত করা
wrapping *n* আচ্ছাদন-বস্ত্র
wrath *n* ক্রোধ
wreath *n* মালা
wreck *v* ধ্বংস করা

W

wreckage *n* ভগ্নাবশেষ
wrench *n* মোচড়
wrestle *v* কুস্তি করা
wrestler *n* মল্লযোদ্ধা
wrestling *n* মল্লযুদ্ধ
wretched *adj* হতভাগ্য
wring *iv* পাকান
wrinkle *n* ভাঁজ
wrinkle *v* ভাঁজ করা
wrist *n* কবজি
write *iv* লেখা
write down *v* লিখিয়া রাখা
writer *n* লেখক
writhe *v* ছটফট করা
writing *n* লেখা
written *adj* লিখিত
wrong *adj* ভুল

X

X-mas *n* খ্রীস্টমাস
X-ray *n* রঞ্জনরশ্মি

Y

yam *n* রাঙা আলু
yard *n* গজ
yarn *n* সুতা
yawn *n* হাই
yawn *v* হাই তোলা
year *n* বৎসর
yearly *adv* প্রতি বৎসর
yearn *v* ব্যাকুল হওয়া
yeast *n* গ্যাঁজলা
yell *v* চিৎকার করা
yellow *adj* হলুদ
yes *adv* হ্যাঁ
yesterday *adv* গতকাল
yet *c* যাহা হউক
yield *v* জোগান
yield *n* উৎপন্ন বস্তু
yoke *n* সংযোজক
yolk *n* ডিমের কুসুম
you *pro* তুমি
young *adj* যুবক
youngster *n* যুববয়সী
your *adj* তোমার
yours *pro* তোমারটি
yourself *pro* তুমিই
youth *n* যৌবন
youthful *adj* যুবক

Z

zap *v* আঘাত করা
zeal *n* প্রবল আগ্রহ
zealous *adj* অত্যন্ত আগ্রহশীল
zebra *n* জেবরা
zero *n* শূন্য
zest *n* উৎসাহ
zinc *n* দস্তা
zip code *n* পিনকোড
zipper *n* চেইন
zone *n* বলয়
zoo *n* চিড়িয়াখানা
zoology *n* প্রাণিবিদ্যা

Bengali-English

Abbreviations

a - article
n - noun
e - exclamation
pro - pronoun
adj - adjective
adv - adverb
v - verb
iv - irregular verb
pre - preposition
c - conjunction

অ

অংশ *n* compartment, part, piece, portion
অংশগ্রহণ *n* participation
অংশগ্রহণ করা *v* participate
অংশীদার *n* partner, shareholder
অংশীদারিত্ব *n* partnership
অংশতঃ আবৃত করা *v* overlap
অংশদাতা *n* contributor
অকপটতা *n* ingenuity
অকাট্য *adj* irrefutable
অকার্যকর *adj* ineffective
অকার্যকর *n* annulment
অকার্যকর করা *v* annul; paralyze
অকালপক্ক *adj* precocious
অকুল করা *v* perturb
অকেজো *adj* useless
অক্টোপাস *n* octopus
অক্টোবর *n* October
অকৃতকার্য *adj* unsuccessful
অকৃতজ্ঞ *adj* ungrateful
অক্সিজেন *n* oxygen
অকৃতজ্ঞতা *n* ingratitude
অক্ষকাস্থি *n* collarbone
অক্ষত *adj* intact, unharmed, unhurt
অক্ষদণ্ড *n* axle
অক্ষম *adj* disabled, helpless, incapable, unable; impotent
অক্ষমতা *n* inability
অক্ষর *n* letter, character
অক্ষর সংক্রান্ত *adj* literal
অক্ষরে অক্ষরে *adv* verbally
অক্ষরেখা *n* axis
অক্ষাংশ *n* latitude
অক্ষিপক্ষ্ম *n* eyelash
অখণ্ডিত *adj* unbroken
অখণ্ডতা *n* integrity
অগভীর *adj* shallow
অগাধ *adj* abysmal
অগ্নিকোণ *n* southeast
অগ্নিগর্ভ *adj* fiery
অগ্নিশিখা *n* flame
অগ্নিসংযোগ *n* arson
অগ্নিসংযোগকারী *n* arsonist
অগ্ন্যাশয় *n* pancreas
অগ্রে *adv* ahead
অগ্রগামী সৈন্য *n* vanguard
অগ্রগতি *n* advancement, progress, headway
অগ্রদূত *n* precursor
অগ্রসর হওয়া *v* advance, go ahead, move forward
অগ্রগমন *n* advancement
অগ্রাধিকার *n* priority
অগ্রাধিকারপ্রাপ্ত *adj* Privileged
অগ্রাহ্য করা *v* discard, disregard, override
অঙ্ক *n* digit, sum
অঙ্কিত করা *v* picture, draw
অঙ্কিত চিত্রমালা *n* animation

অঙ্কিতচিত্র *n* painting
অঙ্কুরিত হওয়া *v* germinate, sprout
অঙ্গ *n* organ
অঙ্গচ্ছেদ করা *v* maim, mutilate
অঙ্গন *n* courtyard
অঙ্গভঙ্গি *n* gesture
অঙ্গভঙ্গি করা *v* gesticulate
অঙ্গ ব্যবচ্ছেদ বিদ্যা *n* anatomy
অঙ্গার *n* cinder
অঙ্গীকার *n* commitment, engagement, promise
অঙ্গীকার করা *v* commit
অঙ্গীকারপত্র *n* warranty
অঙ্গীকারবদ্ধ *adj* committed
অঙ্গীকৃত *adj* engaged
অঙ্গুলি *n* finger
অচল *adj* immobile
অচল অবস্থা *n* deadlock, stagnation
অচল করা *v* immobilize
অচিন্তনীয় *adj* unthinkable
অচিন্তিতপূর্ব *adj* unforeseen
অচেতন *adj* senseless, unconscious
অজগর *n* python
অজানা *adj* unknown
অজেয় *adj* invincible
অজ্ঞ *adj* ignorant, unwise
অজ্ঞেয়বাদী *n* agnostic
অজ্ঞতা *n* ignorance
অঞ্চল *n* area, region, territory
অট্টালিকা *n* building

অণু *n* molecule, particle
অণুবীক্ষণ যন্ত্র *n* microscope
অতঃপর *pre* since
অতল গহ্বর *n* abyss
অতিকথা *n* myth
অতি ক্ষুদ্রাকার *adj* miniature
অতি দরিদ্র *adj* needy
অতি দুর্বল *adj* feeble
অতি সুন্দর *adj* exquisite
অতি সরু *adj* tenuous
অতিক্রম করা *v* exceed, get over, overrun, surpass, transcend
অতি গুরুত্বপূর্ণ *adj* momentous
অতিথি *n* guest
অতিথিসেবা *n* hospitality
অতিমন্দা *n* slump
অতিরিক্ত *adj* additional, superfluous
অতিরিক্ত *adv* extra
অতিরিক্ত ভার *adj* overweight
অতিরিক্ত মাত্রা *n* overdose
অতিরিক্ত মদ্যপানের অসুস্থতা *n* alcoholism
অতিরিক্ত শিরোনাম *n* subtitle
অতিরিক্ত সময় *adv* overtime
অতিরঞ্জিত *adj* overdone
অতিরঞ্জিত করা *v* exaggerate, overstate
অতিলৌকিক *adj* occult
অতিশয় আনন্দ করা *v* exult
অতিশয় উজ্জ্বল *adj* dazzling
অতিশয় গোঁড়া *adj* fanatic

অতিশয় ঘৃণা *n* hatred, loathing
অতিশয় প্রিয় *adj* beloved
অতীত *adj* past
অতীব গুরুত্বপূর্ণ *adj* vital
অতৃপ্তিকর *adj* distasteful
অত্যধিক *adj* exorbitant
অত্যধিক চকচকে *adj* flashy
অত্যধিক পতন *n* downfall
অত্যধিক পরিমাণে *adv* exceedingly
অত্যধিক হাসিখুশি *adj* hilarious
অত্যন্ত *adj* extreme
অত্যন্ত *adv* very
অত্যন্ত আগ্রহশীল *adj* zealous
অত্যন্ত উত্তেজিত *adj* frenzied
অত্যন্ত কঠোর *adj* austere
অত্যন্ত ঘৃণা করা *v* abhor, detest
অত্যন্ত বিস্মিত হওয়া *v* astonish
অত্যন্ত বিস্ময়কর *adj* astonishing
অত্যন্ত বেশি *adj* astronomic
অত্যাচার *n* oppression
অত্যাচার করা *v* oppress
অত্যাচারী *adj* despotic
অত্যাবশ্যক *adj* essential
অত্যুচ্চ অট্টালিকা *n* skyscraper
অথবা *c* or
অদক্ষ *adj* inefficient
অদক্ষ লোক *n* layman
অদূরদর্শী *adj* indiscreet, shortsighted
অদূরদৃষ্টি *adj* nearsighted

অদৃশ্য *adj* invisible
অদৃশ্য *n* disappearance
অদৃশ্য হওয়া *v* disappear, fade, vanish, vaporize
অদৃশ্য হয়েছে *adj* faded
অদ্ভুত *adj* peculiar, queer, strange
অদ্য রজনী *adv* tonight
অদ্রাব্য *adj* insoluble
অধঃপতন *n* decadence, degeneration
অধঃপতিত *adj* degenerated
অধঃপতিত হওয়া *v* degenerate
অধিক *adj* excessive
অধিক চাপ *n* surcharge
অধিকতর মন্দ *adj* worse
অধিকতর সবল করা *v* strengthen
অধিকন্তু *adv* further, too
অধিক দাম নেওয়া *v* overcharge
অধিকার *n* claim
অধিকার করা *v* have, acquire, take over
অধিকার খোয়ান *v* forfeit
অধিকারচ্যুত করা *v* disinherit
অধিকারে থাকা *v* pertain
অধিকারে রাখা *v* occupy
অধিকারভুক্ত হওয়া *v* belong
অধিনায়ক *n* commander
অধিবাসী *n* inhabitant; inmate
অধিবিষ *n* toxin
অধিবেশন *n* session, conference
অধিবর্ষ *n* leap year
অধিরাজ্য *n* dominion

অধিশিক্ষক n rector
অধীনস্থ adj subsidiary
অধীর adj impatient
অধীরতা n impatience
অধুনা adv nowadays
অধোগতি n declension
অধ্যক্ষ n curator
অধ্যবসায়ী হওয়া v persevere
অধ্যয়ন করা v study
অধ্যাপক n professor
অধ্যাপনা-বিদ্যা n pedagogy
অধ্যায় n chapter
অধ্যুষিত adj infested
অনগ্রসর adj backward
অনধিকার প্রবেশ n intrusion
অনধিকার প্রবেশ v trespass, trespasser
অনধিকার প্রবেশকারী n intruder
অনধিকৃত adj unoccupied
অনন্য adj identical
অনন্যতা n identity
অনন্ত নরকভোগ n damnation
অনভিজ্ঞ adj inexperienced
অনমনীয় adj implacable, inflexible
অনস্বীকার্য adj undeniable
অনাথ n orphan
অনাথাশ্রম n orphanage
অনাদায়ী adj unrealized, outstanding
অনাদৃত adj unnoticed
অনাবৃত adj bare, exposed
অনাবৃত করা v dismantle; expose
অনাবৃষ্টি n drought
অনাস্থা n mistrust
অনাস্থা প্রকাশ করা v mistrust
অনাহার n starvation
অনাহারে মরা v starve
অনিচ্ছুক adj reluctant
অনিচ্ছুকভাবে adv unwillingly
অনিচ্ছাকৃতভাবে adv grudgingly
অনিচ্ছাভরে adv reluctantly
অনিদ্রা n insomnia
অনিন্দনীয় adj blameless
অনিপুণ adj inept
অনির্ণীত adj indecisive
অনির্দিষ্ট adj unspecific
অনির্বচনীয় adj inexplicable, unspeakable
অনির্ভরযোগ্য adj unreliable
অনিশ্চিত adj precarious, uncertain
অনিয়তাকার adj amorphous
অনিয়মিত adj infrequent, irregular
অনীহা n apathy
অনুকম্পন n vibration
অনুকরণ n caricature; copy
অনুকরণ করা v imitate, simulate, replicate
অনুকরণীয় adj exemplary
অনুকূল adj favorable
অনুগত হওয়া v submit
অনুগ্রহ n grace, favor
অনুগ্রহপূর্বক adv kindly

অনুগ্রহভাজন করা *v* ingratiate
অনুগৃহীত হওয়া *v* deign
অনুচ্ছেদ *n* paragraph
অনুতপ্ত *adj* remorseful
অনুতপ্ত ব্যক্তি *n* penitent
অনুতপ্ত হওয়া *v* repent
অনুতাপ *n* contrition, repentance
অনুমান করা যায় না এমন *adj* unpredictable
অনুপযুক্ত *adj* undeserved, unfit
অনুপযুক্ত হওয়া *v* disqualify
অনুপযোগী *adj* unsuitable
অনুপ্রাণিত করা *v* inspire, spur, urge
অনুপ্রবিষ্ট হওয়া *v* infiltrate
অনুপ্রবেশ *n* infiltration
অনুপস্থিত *adj* absent
অনুপস্থিতি *n* absence
অনুবাদ *n* translation; version
অনুবাদ করা *v* translate
অনুবাদক *n* translator
অনুভূতি *n* feeling, feelings, perception
অনুভূতি লাভ করা *v* sense
অনুভূতিনাশ *n* anesthesia
অনুভূতিনাশক ওষুধ (মরফিন) *n* morphine
অনুভূতিহীন *adj* dull, callous
অনুভব করা *v* feel, perceive, realize
অনুভব করেছিল *v* felt
অনুভূমিতভাবে *adv* level
অনুমান *n* conjecture, estimation, guess, supposition
অনুমান করা *v* forecast, guess
অনুমোদন *n* approval, authorization, ratification
অনুমোদন করা *v* allow, approve, authorize, ratify
অনুমতি *n* permission
অনুমতি দেওয়া *v* permit
অনুমতিপত্র *n* license
অনুরক্তি *n* affinity
অনুরাগ *n* affection
অনুরাগী *adj* fond
অনুরোধ *n* request
অনুরোধ করা *v* entreat, request
অনুরূপ *adj* corresponding, same
অনুরূপতা *n* analogy
অনুরূপভাবে *adv* likewise
অনুর্বর *adj* infertile
অনুলিপির যন্ত্র *n* copier
অনুশাসন *n* canyon
অনুশীলন *n* practice, training
অনুশীলন করা *v* practice
অনুশীলনকারী *adj* practicing
অনুশোচনা *n* remorse
অনুষ্ঠান *n* ceremony, recital
অনুসরণ *n* pursuit
অনুসরণ করা *v* follow, pursue, tail
অনুসিদ্ধান্ত *n* corollary
অনুসন্ধান *n* inquiry, quest
অনুসন্ধান করা *v* sound out, trace
অনেকক্ষণ সিদ্ধ মাংস *n* stew

অনৈতিক *adj* amoral, illegal
অনৈতিক কাজ *n* indiscretion
অন্য *adj* other
অন্য কেহ *adv* else
অন্য কোথাও *adv* elsewhere
অন্যথায় *adv* otherwise
অন্যমনস্ক করা *v* distract
অন্যায় *adj* unfair, unjust
অন্যায় *n* injustice
অন্যায়ভাবে দখল করা *v* usurp
অন্যের পরিবর্তে *v* substitute
অন্তঃপ্রবাহ *n* influx
অন্তর্গ্রহণ *n* intake
অন্তর্ঘাত *n* sabotage
অন্তর্ঘাত করা *v* sabotage
অন্তরঙ্গ *adj* intimate
অন্তরঙ্গ বন্ধু *n* confidant, crony
অন্তরঙ্গতা *n* intimacy
অন্তরীপ *n* cape
অন্তর্জাল *n* web
অন্তর্নিহিত *adj* implicit
অন্তর্বাস *n* lingerie, underwear
অন্তর্বর্তীকালীন *adj* interim
অন্তর্ভুক্ত করা *v* comprehend, comprise, include
অন্তর্ভুক্তি *n* involvement, inclusion
অন্তর্ভুক্তিকর *adv* inclusive
অন্তর্মুখী *adj* introvert
অন্ত্যেষ্টিক্রিয়া *n* funeral
অন্ত্রে ব্যথা সৃষ্টি করা *v* Gripe
অন্ধ *adj* blind
অন্ধ করা *v* blind

অন্ধকার *adj* gloomy, murk, dark
অন্ধকার *n* darkness
অন্ধকার করা *v* dim
অন্ধকারাচ্ছন্ন *adj* somber
অন্ধকারাচ্ছন্ন করা *v* darken
অন্ধকারময় *adj* dark
অন্ধকূপ *n* dungeon
অন্ত্র *n* intestine
অন্ধত্ব *n* blindness
অন্ধভাবে *adv* blindly
অন্ননালী *n* esophagus
অপকারী *adj* pernicious
অপকর্ম *v* malpractice
অপকৃষ্ট করা *v* debase
অপক্ষপাতী *adj* unbiased
অপছন্দ *n* disapproval, dislike
অপছন্দ করা *v* dislike
অপচ্ছায়া *n* phantom
অপটুতা *n* clumsiness
অপবাদ *n* slander
অপবিত্র *adj* profane
অপবিত্র করা *v* desecrate
অপবিত্রকরণ *n* sacrilege
অপব্যবহার *n* misuse
অপব্যয় করা *v* squander
অপব্যয়ী *adj* wasteful
অপমান *n* disgrace, insult
অপমান করা *v* disgrace, insult, mortify
অপমানজনক *adj* disgraceful
অপরাজিত *adj* unbeaten
অপরাজেয় *adj* unbeatable

অপরাধী *adj* criminal, guilty
অপরাধী *n* culprit
অপরিকল্পিত *adj* unplanned
অপরিচিত *adj* unfamiliar
অপরিণত *adj* immature
অপরিপক্কতা *n* immaturity
অপরিবাহক *n* insulation
অপরিবাহী করা *v* insulate
অপরিবর্তনীয় *adj* immutable, irreversible, constant
অপরিহার্য *adj* indispensable, unavoidable
অপরিহার্য অংশ *n* linchpin
অপরিহার্য করা *v* necessitate
অপরিহার্যতা *n* necessity
অপরূপ *adj* grotesque
অপরের খবরে উৎসাহী *adj* nosy
অপর্যাপ্ত *adj* insufficient
অপসারণ *n* diversion, removal, withdrawal
অপসারণ করা *v* secede, withdraw
অপসৃত করা *v* take off
অপহরণ *n* abduction, kidnapping
অপহরণ করা *v* abduct
অপহরণকারী *n* kidnapper
অপাঠ্য *adj* illegible
অপুষ্টি *n* malnutrition
অপূর্ব, ছবির মত *adj* picturesque
অপেক্ষা করা *v* wait, stick around
অপেক্ষাকৃত দীর্ঘজীবী *n* survivor
অপেক্ষার স্থান *n* lounge
অপেরা *n* opera

অ-পেশাদার, সৌখিন *adj* amateur
অপ্রকৃত *adj* unrealistic
অপ্রাসঙ্গিক *adj* impertinent, irrelevant
অপ্রাসঙ্গিকতা *n* impertinence
অপ্রীতিকর *adj* unpleasant
অপ্রচলিত *adj* old-fashioned, outmoded
অপূরণীয় *adj* irreparable
অপ্রতিরোধ্য *adj* irresistible
অপ্রতিষ্ঠিত *adj* unfounded
অপ্রত্যাশিত *adj* unexpected
অপ্রত্যাশিতভাবে *adv* abruptly
অপ্রত্যাহারযোগ্য *adj* irrevocable
অপ্রবেশ্য *adj* inaccessible
অপ্রয়োজনীয় *adj* needless
অফিস *n* bureau
অবকাশ *n* leisure, vacation
অবক্ষয় *v* atrophy
অবক্ষয় *n* decay
অবগতি *n* knowledge; awareness; acquaintance
অবতরণ *n* landing
অবতরণ করা *v* come down, get off, land
অবনত *adj* downcast
অবনত করা *v* humiliate
অবনতি *n* depression, deterioration
অবনতি হওয়া *v* deteriorate, worsen
অবনমিত *adj* prostrate

অববাহিকা *n* basin
অবমাননা *n* contempt
অবমূল্যায়ন *n* depreciation
অবরোধ *n* blockade, confinement
অবরোধ করা *v* beset, besiege, block, siege
অবরোহণ *n* descent
অবরোহণ করা *v* descend, dismount, take apart
অবর্ণিত *adj* pent-up
অবরুদ্ধ অবস্থা *n* blockage
অবরুদ্ধ করা *v* block, siege
অবশিষ্ট *adj* remaining
অবশিষ্ট অংশ *n* remains
অবশেষ *n* residue
অবশ্যম্ভাবী *adj* inevitable
অবশতা *n* numbness
অবসন্ন হওয়া *v* wear out
অবসর *n* recess
অবসর গ্রহণ *n* retirement
অবসর নেওয়া *v* retire
অবসর-বৃত্তি *n* pension
অবসান হওয়া *v* pass away
অবস্থা *n* status, state, stage, condition, situation
অবস্থাগত *adj* circumstantial
অবস্থান *n* location, position, site, stall, stay, whereabouts
অবস্থান নিরুপন করা *v* locate
অবস্থিত *adj* situated, located
অবস্থিতি *n* orientation
অবহেলা *n* negligence
অবহেলা করা *v* neglect, ignore
অবহেলাকারী *adj* negligent
অবাঞ্ছিত *adj* undesirable
অবাধ *adj* boundless; rampant
অবাধ্য *adj* disobedient
অবাধ্য *adj* defiant
অবাধ্যতা *n* defiance, disobedience
অবাস্তব *adj* abstract, unreal
অবিকল প্রতিরূপ *n* replica
অবিচ্ছিন্ন *adj* continuous
অবিচ্ছেদ্য *adj* inseparable
অবিবাহিত *adj* single, unmarried
অবিবাহিত পুরুষ *n* bachelor
অবিবাহিত স্ত্রীলোক *n* maiden
অবিভাজ্য *adj* indivisible
অবিরাম *adj* incessant, ceaselessly
অবিশ্বাস *n* disbelief, distrust
অবিশ্বাস করা *v* discredit, distrust
অবিশ্বাসী *adj* disloyal, skeptic
অবিশ্বাস্য *adj* incredible, mind-boggling, unbelievable
অবিশ্বস্ততা *n* disloyalty
অবিসংবাদিত *adj* undisputed
অবিস্মরণীয় *adj* unforgettable
অবৈধ *adj* illegitimate, illicit
অবৈধ *n* invalid
অবৈধভাবে দখল করা *v* encroach
অব্যবস্থা করা *v* mismanage
অব্যবহার *n* disuse
অব্যর্থ *adj* foolproof, unfailing
অব্যহতি দেওয়া *v* acquit

অভদ্রতা *n* discourtesy
অভাব *n* deficiency, deficit, lack, scarcity
অভাব ঘটা *v* lack
অভাবগ্রস্ত *adj* destitute
অভাবী *adj* indigent
অভাবপূর্ণ *adj* deficient
অভিকর্ষ *n* gravity
অভিগমন *n* access, approach
অভিগমন করা *v* approach
অভিগমনযোগ্য *adj* approachable
অভিজাত *adj* noble
অভিজাত *n* aristocrat
অভিজাত ব্যক্তি *n* nobleman
অভিজাত-তন্ত্র *n* aristocracy
অভিজাত বিশেষ (কাউন্ট) *n* count
অভিজ্ঞতা *n* experience
অভিযুক্ত করা *v* accuse, incriminate, indict
অভিযান *n* adventure, expedition, odyssey
অভিযোক্তা *n* prosecutor
অভিযোগ *n* accusation, allegation, charge, complaint
অভিযোগ অনুযায়ী *adv* allegedly
অভিযোগ করা *v* allege, complain, sue
অভিযোজন *n* adaptation, adjustment
অভিযোজনকারী *n* adapter
অভিযোজনযোগ্য *adj* adjustable, adaptable

অভিধান *n* dictionary
অভিনন্দন *n* congratulations
অভিনন্দিত করা *v* congratulate
অভিনব *adj* fancy
অভিনয় *n* acting
অভিনয় করা *v* act, stage
অভিনেতা *n* actor
অভিনেত্রী *n* actress
অভিন্ন *adj* identical
অভিবাদন করা *v* greet
অভিবাদন জানান *v* hail
অভিবাসী *n* immigrant
অভিবাসন *n* immigration
অভিবাসন করা *v* immigrate, migrate
অভিবাসনকারী *n* migrant
অভিভাবক *n* guardian
অভিশাপ *v* curse
অভিশাপ দেওয়া *v* ban, curse, cuss, damn
অভিষিক্তকরণ *n* crowning
অভিষেক *n* coronation, installation
অভিসন্ধি *n* concoction
অভ্যাস *n* habit
অভ্যাসগত *adj* habitual
অভ্যন্তরীণ *adj* inward
অভ্যন্তরীণ আবরণ *n* lining
অভ্যন্তরস্থ বস্তু *n* contents
অভ্যন্তরস্থ *adj* inlaid, inside, interior
অভ্যর্থনা *n* greetings, reception
অভ্যর্থনা কর্মী *n* receptionist

অভ্যস্ত *adj* used to
অভ্যস্ত করা *v* accustom
অভ্রান্ত *adj* infallible, unmistakable
অমঙ্গলকারী *adj* malevolent
অমঙ্গলকর *adj* mischievous
অমর *adj* immortal
অমরত্ব *n* immortality
অমান্য করা *v* defy, disobey
অমানুষিক *adj* inhuman
অমার্জিত *adj* crude
অমায়িক *adj* affable
অমিতব্যয় *n* extravagance
অমিতব্যয়ী *adj* extravagant
অমিশুক *adj* withdrawn
অমীমাংসিত *adj* undecided
অমূল্য *adj* invaluable
অম্ল *n* acid
অম্লতা *n* acidity
অম্লস্বাদ *adj* sour
অযথাযথ *adj* inaccurate, inappropriate, imprecise
অযুগ্ম *adj* Anglican
অযোগ্য *adj* illogical, irrational, unreasonable
অযৌক্তিক *n* building, edifice, mansion
অরক্ষিত *adj* defenseless, unprotected
অরণ্য *n* jungle
অরুচি *n* distaste
অরুচিকর *adj* repugnant
অর্কেস্ট্রা *n* orchestra

অর্গান-বাদক *n* organist
অর্জন *n* achievement, acquisition
অর্জন করা *v* achieve, deserve, merit
অর্জিত গুণ *n* accomplishment
অর্থ *n* meaning
অর্থ করা (সংক্ষেপে) *v* boil down to
অর্থ প্রকাশ করা *v* connote
অর্থ প্রদান *v* finance
অর্থ রাখার ছোট বাক্স *n* piggy bank
অর্থাদি আদায় *n* racketeering
অর্থ প্রেরণ *n* money order
অর্থবাহী *adj* meaningful
অর্থলোলুপ *adj* avaricious
অর্থহীন *adj* meaningless, pointless
অর্ধাংশ *n* half
অর্ধেক *adj* half
অর্পণ *n* delivery
অর্পণ করা *v* confer, delegate, offer
অলঙ্কার *n* ornament
অলঙ্কৃত করা *v* adorn
অলস *adj* idle, lazy, sluggish
অলিম্পিকস *n* Olympics
অলৌকিক *adj* miraculous
অলৌকিক আগমন *n* apparition
অলৌকিক ঘটনা *n* miracle
অল্প *adj* short, spare
অল্প গরম *adj* tepid
অল্পকালজীবী *adj* short-lived
অল্পবুদ্ধি *adj* retarded

অল্পবয়স্ক *n* juvenile
অল্পসংখ্যক *adj* few
অল্পসংখ্যক *n* little bit
অশান্তি *n* unrest
অশিক্ষিত *adj* illiterate, uneducated
অশোভন আচরণ *n* misconduct
অশোভনতা *n* indecency
অশোভনভাবে *adv* unfairly
অশ্ব-শাবক *n* colt
অশ্ব-শালা *n* stable
অশুভ *adj* sinister, unfavorable
অশুভ লক্ষণযুক্ত *adj* ominous
অশ্রুতপূর্ব *adj* unheard-of
অশ্রুপূর্ণ *adj* tearful
অশ্লীল *adj* obscene, vulgar
অশ্লীলতা *n* obscenity, vulgarity
অষ্টম *adj* eighth
অসংখ্য *adj* countless, innumerable
অসংগতি *n* contradiction
অসংযম *n* incontinence
অসংযুক্ত *adj* unattached
অসংবেদী *adj* insensitive
অসংলগ্ন *adj* incoherent
অসঙ্গত *adj* inconsistent, undue
অসচ্চরিত্র *adj* dissolute
অসৎকর্ম *n* misdemeanor
অসদৃশ *adj* unlike
অসন্তোষ *n* displeasure
অসন্তুষ্ট *adj* discontent, disgruntled, dissatisfied
অসন্তুষ্ট করা *v* offend
অসভ্য *adj* savage
অসভ্যতা *n* savagery
অসম *n* imbalance
অসমান *adj* unequal, uneven
অসমঞ্জস *adj* absurd
অসমতা *n* inequality
অসমতল *adj* rough
অসমর্থ *adj* incompetent
অসম্পূর্ণ *adj* incomplete
অসম্পূর্ণ কাজ *n* torso
অসম্ভব *adj* impossible
অসম্ভাব্য *adj* unlikely
অসম্ভাব্যতা *n* impossibility
অসম্মাজনক *adj* dishonorable
অসম্মান *n* dishonor, disrespect
অসম্মানকর *adj* disrespectful
অসম্মত হওয়া *v* disagree
অসম্মতি *n* disagreement
অসমর্থ করা *v* cripple
অসমর্থনীয় *adj* unjustified
অসহিষ্ণুতা *n* intolerance
অসহ্য *adj* intolerable, unbearable
অসাধু *adj* dishonest
অসাধারণ *adj* exceptional, outstanding; uncommon, unusual, singular
অসাধুতা *n* dishonesty
অসাবধান *adj* careless
অসাবধানতা *n* carelessness
অসামর্থ্য *n* disability, incompetence
অসাময়িক *adj* untimely

অসাড় *adj* numb
অসীম *adj* endless, infinite
অসীমতা *n* immensity
অসুখী *adj* unhappy
অসুখী অবস্থা *n* unhappiness
অসুবিধা *n* disadvantage, drawback
অসুবিধাজনক *adj* inconvenient
অসুস্থ *adj* sick
অসুস্থ হওয়া *v* sicken
অসুস্থতা *n* sickness
অসুস্থদের যান *n* ambulance
অস্ত যাওয়া *v* set
অস্তিত্ব *n* being, existence
অস্ত্র *n* weapon
অস্ত্র সজ্জিত করা *v* arm
অস্ত্রাগার *n* arsenal
অস্ত্র-চিকিৎসক *n* surgeon
অস্ত্রপচার বিষয়ক *adv* surgical
অস্থায়ী *adj* temporary
অস্থির *adj* restless, uneasy
অস্পষ্ট *adj* fuzzy, dim, indefinite, vague, faint
অস্পষ্টভাবে বলা *v* mumble
অস্পৃশ্য *adj* untouchable
অস্বচ্ছ *adj* opaque
অস্বস্তি *n* uneasiness
অস্বস্তিপূর্ণ *adj* uncomfortable
অস্বাভাবিক *adj* abnormal
অস্বাভাবিক, অদ্ভুত *adj* misfit
অস্বাভাবিকতা *n* abnormality
অস্বাস্থ্যকর *adj* unhealthy
অস্বীকার *n* denial
অস্বীকার করা *v* deny, disown
অস্বীকার্য *adj* inadmissible
অহঙ্কার *n* egoism, vanity
অহঙ্কার করা *v* boast
অহঙ্কারী *n* egoist
অ্যাংলিকান *n* anchovy
অ্যাপার্টমেন্ট *n* apartment
অ্যামোনিয়া *n* ammonia
অ্যালার্ম ঘড়ি *n* alarm clock
অ্যালুমিনিয়াম *n* aluminum
অ্যাসপারাগাস *n* asparagus
অ্যাসপিরিন *n* aspirin

আ

আইন *n* act, regulation, law, legislation
আইনগত *n* in-laws
আইনানুগ *adj* law-abiding
আইনী *adj* legal
আইন প্রণয়ন করা *v* legislate
আইন বিরোধী *v* outlaw
আইনসম্মত *adj* lawful, legitimate
আউন্স *n* ounce
আংশিক *adj* partial
আংশিকভাবে *adv* partially

আংশিকরূপে *adv* partly
আঁকশি *n* rake
আঁকড়া *n* clip
আঁকড়াইয়া ধরা *v* claw, grip
আঁচড় *n* scratch
আঁচড়ান *v* heckle; scratch
আঁচিল *n* mole, wart
আঁকা *v* draw
আঁকাবাঁকা *adj* devious; winding
আঁকিবার পেনসিল *n* crayon
আঁটা *v* fix
আঁটি *n* bundle
আঁটি বাঁধা *v* bundle
আঁটিয়া থাকা *v* adhere, hang on
আঁটিয়া দেওয়া *v* affix
আঁটিয়া ধরা *v* cling
আঁটভাবে *adv* closely
আঁটসাঁট *adj* tight
আঁটসাঁট করা *v* tighten
আঁশ *n* scale
আকরিক *n* ore
আকর্ষণ *n* charm
আকর্ষণ করা *v* attract, charm
আকর্ষণীয় *adj* attractive, riveting
আকর্ষণ-শক্তি *n* attraction
আকস্মিক *adj* accidental; sudden
আকস্মিক আঘাত *n* knock
আকস্মিক ঘটনা *n* contingency
আকাঙ্খা করা *v* covet
আকার *n* shape, size
আকার ঠিক করা *v* size up
আকারের থেকে বড় দেখানো *v* loom
আকাশ *n* sky
আকাশ সীমা *n* airspace
আকাশের আলো *n* skylight
আকুল আকাঙ্খা *n* longing
আকুল আকাঙ্খা করা *v* lust
আকৃতি *n* aspect
আকৃতি বিকৃত করা *v* deform
আকৃষ্ট করা *v* captivate
আকৃষ্ট হওয়া *v* gravitate
আক্রমণ *n* attack, invasion
আক্রমণ করা *v* attack
আক্রমণকারী *n* aggressor, assailant, attacker
আক্রোশ *n* spite
আক্রোশপূর্ণ *adj* spiteful
আক্ষরিকভাবে *adv* verbatim; literally
আক্ষেপ *n* cramp, spasm
আক্ষেপ করা *v* deplore, regret
আখরোট ফল *n* walnut
আগন্তুক *n* stranger
আগত *adj* upcoming
আগমন *n* coming
আগষ্ট মাস *n* August
আগা *n* crop
আগাইয়া আসা *v* step up
আগাছা *n* weed
আগাম সতর্ক করা *v* forewarn
আগামীকাল *adv* tomorrow
আগামী *adj* coming, forthcoming

আগে *pre* before
আগে থেকে *adv* beforehand
আগে থেকে তৈরী *v* prefabricate
আগে থেকে ধরে নেওয়া *v* presuppose
আগেকার *adj* prior
আগের বাকি অংশ *n* leftovers
আগুণ জ্বালানোর যন্ত্র *n* lighter
আগুন *n* fire
আগুন জ্বালান *v* fire
আগুন জ্বালানোর জায়গা *n* fireplace
আগুন ধরান *v* kindle
আগ্নেয়গিরি *n* volcano
আগ্নেয়গিরির মুখ *n* crater
আগ্রাসী *adj* aggressive
আগ্রাসন *n* aggression
আগ্রহের সহিত *adv* earnestly
আঘাত *n* hit, injury, shock, stroke
আঘাত করা *v* strike, hit, injure, pound, traumatize, zap
আঘাত পাওয়া *v* shock
আঘাত হানা *v* inflict
আঘাত সংক্রান্ত *adj* traumatic
আঙটা *n* hook
আঙটি *n* ring
আঙ্গুর *n* grape
আঙ্গুর গাছ *n* vine
আচরণ *n* conduct, behavior, demeanor, manners
আচরণ করা *v* behave
আচার *n* sauce, condiment; rite

আচার্য *n* dean
আছড়ান *v* thresh
আছড়ে ফেলা *v* pitch
আচ্ছাদিত দোকানের সমষ্টি *n* mall
আচ্ছাদন *n* deck
আচ্ছাদন-বস্ত্র *n* wrapping
আচ্ছন্ন করা *v* obsess
আচ্ছন্নতা *n* obsession
আজ *adv* today
আঞ্চলিক *adj* regional
আঞ্চলিক ভাষা *n* dialect
আট *adj* eight
আটক *n* detention
আটক করা *v* detain
আটকানো *adj* stranded
আটকে যাওয়া *v* bog down
আটকে ধরে রাখা *n* clutch
আটকে রাখা *v* hold up
আঠা *n* gum, paste, glue
আঠা দিয়ে লাগানো *v* paste
আঠারো *adj* eighteen
আঠাল *adj* adhesive
আঠালো কাগজ *n* sticker
আড্ডা দেওয়া *v* chat
আতঙ্ক *n* consternation, panic, phobia, scare
আতঙ্কিত *adj* terrified
আতঙ্কিত করা *v* appall, horrify, intimidate, scare, terrify
আতঙ্কজনক *adj* appalling, terrifying
আতশবাজি *n* fireworks

আত্মস্থতা *n* composure
আত্মা *n* soul, spirit
আত্মীয়তা *n* relationship
আত্মীয়-স্বজন *n* relative
আত্মদমন করা *v* refrain
আত্মনিয়ন্ত্রণ *n* restraint
আত্মবিশ্বাস *n* confidence
আত্মসাৎ করা *v* embezzle
আত্মসচেতন *adj* self-conscious
আত্মসম্মান *n* self-esteem, self-respect
আত্মসমর্পণ করা *v* surrender
আত্মহত্যা *n* suicide
আদমসুমারি *n* census
আদর *n* caress
আদর করা *v* caress, cuddle
আদর্শ *n* model
আদর্শ *adj* ideal
আদা *n* ginger
আদালত *n* court
আদেশ *n* order, command
আদেশ করা *v* command, order
আদ্যতা *n* primacy
আধার *n* container
আধিক্য *n* excess
আধ্যাত্মিক *adj* spiritual
আধুনিক *adj* modern
আধুনিক করা *v* modernize
আনকোরা নতুন *adj* brand-new
আনত হওয়া *v* bow
আনন্দ *n* enjoyment, joy, pleasure
আনন্দ করা *v* enjoy
আনন্দিত করা *v* cheer
আনন্দিত হওয়া *v* delight, rejoice
আনন্দে চিৎকাররত *adj* jubilant
আনন্দোৎসব করা *v* revel
আনন্দজনক *adj* desirable
আনন্দপূর্ণ *adj* glad
আনন্দময় *adj* festive
আনয়ন করা *v* bring
আনুগত্য *n* allegiance
আনুষ্ঠানিক *adj* formal
আনারস *n* pineapple
আন্তঃশিরা *adj* intravenous
আন্তঃসম্পর্ক করা *v* correlate
আন্তরিক *adj* cordial, heartfelt, hearty, insincere
আন্তরিকতা *n* insincerity
আন্তরিকতাপূর্ণ *adj* lean
আন্তর্দেশীয় *adv* inland
আন্দাজ *n* speculation
আন্দাজ করা *v* speculate
আন্দোলিত করা *v* convulse, sway, wag, wiggle
আন্দোলন *n* movement
আপত্তি *n* objection
আপত্তি করা *v* object
আপাত *adv* apparently
আপেক্ষিক *adj* comparative, relative
আপেল *n* apple
আপেলের রস *n* cider
আপেলের রসজাত *n* malice

আপ্যায়ন করা *v* entertain
আফিম *n* opium
আবছা *adj* obscure
আবছাভাব *n* obscurity
আবদ্ধ *adj* close
আবদ্ধ রাখা *v* intern
আবন্টন *n* allotment
আবন্টন করা *v* allot
আবর্জনা *n* junk, litter, refuse, rubbish, waste
আবর্জনা ফেলা *v* dump
আবর্জনা ফেলার ঝুড়ি *n* waste basket
আবর্জনা রাখার পাত্র *n* bin
আবরণ *n* tunic
আবর্ত *n* whirlpool
আবর্তন *n* roll, rotation
আবশ্যক *adj* necessary; mandatory
আবশ্যক করা *v* entail
আবহাওয়া *n* climate, weather
আবহাওয়া সম্বন্ধিত *adj* climatic
আবার জ্বালানি ভরা *v* refuel
আবার ডেকে আনা *v* recall
আবাস *n* dwelling
আবাহন করা *v* convene
আবির্ভাব *n* Advent
আবির্ভূত করান *v* evoke
আবিষ্কার *n* discovery
আবিষ্কার করা *v* discover, probe
আবৃত *adj* shrouded
আবৃত *n* coverage
আবৃত্তি করা *v* recite
আবেগ *n* emotion
আবেগতাড়িত *adj* impulsive
আবেগপূর্ণ *adj* emotional
আবেগসূচক উক্তি *n* exclamation
আবেদক *n* applicant
আবেদন *n* application, appeal, plea
আবেদন করা *v* appeal, apply
আভাস *n* hint, glimpse, inkling
আভাসে বোঝানো *v* imply
আভিজাত্য *n* nobility
আভরণ *n* garnish
আমদানি *n* importation
আমদানি করা *v* import
আমন্ত্রণ *n* invitation
আমন্ত্রণ করা *v* invite
আমরা *pro* we
আমলা *n* bureaucrat
আমাদের *pro* ours, us
আমাদের *adj* our
আমাদেরকে *pro* ourselves
আমার *adj* my
আমার *n* mine
আমার *pro* mine
আমি *pro* I
আমেরিকার অধিবাসী *adj* American
আমোদ-প্রমোদ *n* enjoyment, pastime
আমলাতন্ত্র *n* bureaucracy
আয় *n* income

আয়তক্ষেত্র *n* rectangle
আয়তন *n* volume
আয়তাকার *adj* oblong, rectangular
আয়না *n* looking glass, mirror
আয়ব্যয়ের হিসাব *n* budget
আয়ারল্যান্ড *n* Ireland
আয়ারল্যান্ড-দেশীয় *adj* Irish
আয়োডিন *n* iodine
আরব দেশীয় *adj* Arabic
আরম্ভ *n* beginning, inception
আরম্ভ করা *v* begin, commence, initiate, launch, originate, set about, strike up
আরক্তিম ভাব *n* blush
আরশোলা *n* cockroach
আরাম *n* comfort, ease
আরাম দেওয়া *v* ease
আরাম-কক্ষ *n* lounge
আরাম-কেদারা *n* armchair
আরামদায়ক *adj* comfortable, cozy
আরামপূর্ণ *adj* easy
আরামহীনতা *n* discomfort
আর্চবিশপ *n* archbishop
আরেকটি *adj* another
আরো *adj* more
আরো *adv* also
আরোগ্য হওয়া *v* heal
আরোগ্য-কর্তা *n* healer
আরোগ্য লাভ *n* recovery
আরোগ্যশালা *n* clinic
আরোগ্যসাধ্য *adj* curable
আরোপ *n* imposition
আরোপ করা *v* attribute; impose
আরোহণ *n* ramp
আরোহণ করা *v* climb, mount; scale
আর্টিচোক *n* artichoke
আর্থিক *adj* financial
আর্দ্র *adj* humid, soggy
আর্দ্রতা *n* humidity, moisture
আশীর্বাদ *n* benediction
আশীর্বাদক *n* benefactor
আলকাতরা *n* tar
আলখাল্লা *n* cassock, cloak
আলখাল্লা জাতীয় পোশাক *n* gown
আলগা *adj* loose
আলগা করা *v* loose
আলট্রাসাউণ্ড *n* ultrasound
আলতো স্পর্শ *n* graze
আলস্যে সময় কাটান *v* goof
আলাদা *adj* different
আলাদা *n* disparity
আলাদা করা *v* segregate
আলাদা খণ্ডাংশ *n* module
আলাদা হয়ে যাওয়া *v* drift apart
আলাপ *n* conversation
আলাপ করা *v* converse
আলিঙ্গন *n* embrace
আলিঙ্গন করা *v* clip, embrace
আলু *n* potato
আলুবোখারা *n* plum
আলো *n* light

আলোকচ্ছটা n blaze
আলো বিকীর্ণ করা v shine
আলোকিত n lighted
আলোকিত করা v brighten, illuminate
আলোকচিত্র v photograph
আলোকচিত্র শিল্পী n photographer
আলোকদায়ক adj luminous
আলোকপাত n spotlight
আলোকরশ্মি n beam
আলোক-সঙ্কেত n beacon
আলোচনা n discussion
আলোচনা করা v discuss
আলোর ঝলক n flash
আলোর বাল্ব n bulb
আলোড়ন n commotion
আশঙ্কা n misgiving
আশমানি adj blue
আশা n hope, expectation; expectancy
আশা করা v expect, hope
আশাপূর্ণ adv hopefully
আশাপ্রদ adj hopeful
আশাবাদ n optimism
আশাবাদী adj optimistic
আশাহীন adj hopeless
আশি adj eighty
আশীর্বাদ n blessing
আশীর্বাদ করা v bless
আশীর্বাদপ্রাপ্ত adj blessed
আশ্চর্যজনক adj stunning

আশ্রম n cloister
আশ্রয় n asylum
আশ্রয় গ্রহণ করা v recourse
আশ্রয় দেওয়া v screen, shelter
আশ্রয়স্থান n refuge
আশ্রয়স্থল n haven, recourse, shelter
আসক্ত adj addicted
আসক্তি n addiction
আসক্তিজনক adj addictive
আসন n seat
আসন গ্রহণ করা v sit
আসন্ন adj imminent, impending
আসবাবপত্র n furniture
আসবাবপত্র ও সাজসরঞ্জাম n furnishings
আসবাবপত্রহীন adj unfurnished
আসল adj genuine
আসা v come
আসামি n defendant
আসীন adj seated
আস্তাকুঁড় n dump
আস্তে করা v slow down
আস্থা n reliance
আস্থা জ্ঞাপন v repose
আস্বাদন করা v taste
আহার জোগান v board
আহার্য সামগ্রী n foodstuff
আহত করা v cut down, wound
আহরণ করা v derive
আহ্লাদ দেওয়া v pamper

আড়াআড়ি *adj* cross
আড়াআড়িভাবে *pre* across
আড়ি পাতিয়া শোনা *v* eavesdrop
আড়তদারি *n* agency

ই

ইংল্যান্ড *n* England
ইংল্যান্ডীয় *adj* English
ইংল্যান্ডীয় তাম্রমুদ্রা *n* penny
ইঁদুর *n* mice, rat
ইউরোপ *n* Europe
ইউরোপীয় *adj* European
ইঙ্গিত *v* hint
ইঙ্গিতপূর্ণ *adj* suggestive
ইচ্ছুক *adj* willing
ইচ্ছুকভাবে *adv* willingly
ইচ্ছা *n* desire, wish
ইচ্ছা করা *v* desire, wish
ইচ্ছাশক্তি *n* will
ইজারা *n* lease
ইজারা দেওয়া *v* lease
ইজারাদার *n* lessee
ইঞ্চি *n* inch
ইট *n* brick
ইতালী *n* Italy
ইতালীদেশীয় *adj* Italian
ইতিপূর্বে *adv* already, formerly
ইতিবাচক *adj* affirmative
ইতিমধ্যে *adv* meantime, meanwhile
ইতিহাস *n* history
ইতিহাস-রচয়িতা *n* historian
ইতস্ততঃ *adv* about
ইতস্ততঃ করা *v* hold back, waver
ইতস্ততঃভাব *n* indecision
ইনজেকশন *n* injection
ইনজেকশন দেওয়া *v* inject
ইন্দ্রিয় গ্রাহ্য ঘটনা *n* phenomenon
ইন্দ্রিয় *n* organ
ইন্দ্রিয়গ্রাহ্য *adj* sensible
ইন্দ্রিয়-সংক্রান্ত *adj* sensual
ইন্ধন সরবরাহ করা *v* fuel
ইনফ্লুয়েঞ্জা *n* flu, influenza
ইলাসটিক জাতীয় ফিতে *n* garter
ইলেকট্রিকের সুইচ্ *n* switch
ইশারা করা *v* beckon
ইশতিহার *adj* circular
ইসলামধর্মীয় *adj* Islamic
ইস্তাহার *n* placard
ইস্তফা *n* resignation
ইস্তফা দেওয়া *v* resign
ইস্ত্রি করা *v* iron, press
ইস্পাত *n* steel
ইহুদি ধর্ম *n* Judaism
ইহুদি ধর্মীয় নেতা *n* rabbi
ইহুদী *n* Jew
ইহুদীজাতি *adj* Jewish

ঈ

ঈগল পাখি *n* eagle
ঈর্ষা *n* jealousy
ঈর্ষান্বিত *adj* envious
ঈর্ষাপরায়ণ *adj* jealous
ঈশ্বরনিন্দা *n* blasphemy
ঈশ্বরনিন্দা করা *v* blaspheme
ঈশ্বরপ্রদত্ত ক্ষমতা *n* charisma
ঈষৎ ভোঁতা *n* bluntness
ঈষৎ স্বর্ণাভ কেশযুক্ত *adj* blond
ঈষৎধূসর *adj* grayish
ঈষদ দগ্ধ করা *v* scorch
ঈষদন্ধকার *n* gloom
ঈষদন্মুক্ত *adj* ajar
ঈষদুষ্ণ *adj* lukewarm

উ

উইপোকা *n* termite
উঁকি মারা *v* peep
উঁচু *adj* high, towering
উঁচু অট্টালিকা *n* tower
উঁচু করা *v* elevate, heighten
উঁচু জায়গা *n* elevation
উঁচু পাহাড় *n* mountain
উকিল *n* lawyer
উকুন *n* lice, louse
উকুন বাছা *adj* nitpicking
উকুনপূর্ণ *adj* lousy
উকো *n* file
উক্ত সভার সভ্য *n* senator
উক্তি *n* maxim, proposition, saying
উক্তি অনুযায়ী *adv* reportedly
উচ্চ *n* midair
উচ্চতা *n* altitude, height
উচ্চতর *adj* upper
উচ্চপদস্থ ব্যক্তি *n* dignitary
উচ্চরব *adj* loud
উচ্চরবে *adv* loudly
উচ্চস্বরে *adv* aloud
উচ্চহাস্য *n* laughter
উচ্চ চিৎকার *n* outcry
উচ্চ পাহাড় *n* cliff
উচ্চ শব্দে ঝগড়া *n* brawl
উচ্চাকাঙ্খা *n* ambition
উচ্চাকাঙ্খী *adj* ambitious
উচ্চাভিলাস করা *v* aspire
উচ্চারণ করা *v* pronounce, utter
উচ্চারণ ভঙ্গি *n* accent
উচ্চে *adv* highly, upwards
উচ্চে ওড়া *v* soar
উচ্ছৃঙ্খল *adj* rowdy
উচ্ছেদ করা *v* evict, oust, stamp out
উজ্জ্বল *adj* bright, shiny, splendid, light

উজ্জ্বল আলো *n* floodlight
উজ্জ্বলতা *n* brightness, splendor
উট *n* camel
উটপাখি *n* ostrich
উঠিয়া দাঁড়ান *v* stand up
উঠে যাওয়া *n* lift-off
উতকট্ স্বদেশভক্ত *adj* racist
উতক্ষেপ *n* upturn
উত্তপ্ত করা *v* heat
উত্তম *adj* better
উত্তমর্ণ *n* creditor
উত্তর *n* answer, reply
উত্তর দান করে এমন *adj* responsive
উত্তর দিক *n* north
উত্তর দেওয়া *v* answer, reply
উত্তরপূর্ব দিক *n* northeast
উত্তরপুরুষ *n* posterity
উত্তরাঞ্চলবাসী *adj* northerner
উত্তরাধিকার *n* heritage, inheritance
উত্তরাধিকারী *n* heir, successor
উত্তরাধিকারী হওয়া *v* inherit
উত্তরাধিকারে দেওয়া *v* hand down
উত্তাপ *n* warmth
উত্তাপন *n* heating
উত্তীর্ণ হওয়া *v* pass
উত্তুরে *adj* northern
উত্তেজক ঔষধ *n* stimulant
উত্তেজিত করা *v* exasperate, irritate, ferment, provoke, spark off, excite, stimulate, stir up
উত্তেজিত হওয়া *v* rave
উত্তেজনা *n* excitement, ferment, furor, provocation, stimulus
উত্তেজনা *adj* breathtaking
উত্তেজনায় কঠীন *adj* uptight
উত্তেজনায় কঠিন *adj* tense
উত্তোলন *n* hoist, raise, upheaval
উত্তোলন করা *v* put up, raise
উৎপাদিত দ্রব্য *n* output, product
উৎপাদন *n* generation, production
উৎপাদন করা *v* cause
উৎপাদনশীল *adj* productive
উৎপত্তি *n* origin
উৎপন্ন করা *v* produce
উৎপন্ন বস্তু *n* yield
উৎসুক *adj* fervent
উৎসাহ *n* enthusiasm, zest
উৎসাহ দেওয়া *v* encourage, hearten
উৎসাহিত করা *v* enthuse, promote
উৎসাহী *adj* passionate
উৎসাহদায়ক *n* incentive
উৎসব *n* festivity
উৎসর্গ *n* consecration, dedication, devotion
উৎসর্গ করা *v* consecrate, dedicate, devote
উৎপাদক *n* factor
উত্থান *n* uprising
উত্থান করা *v* arise
উদগিরণ *n* eruption

উ

উদঘাটন *n* revelation
উদযাপন করা *v* celebrate
উদার দান *n* bounty
উদারচেতা *adj* broadminded
উদারভাবে *adv* broadly
উদাসীন *adj* indifferent
উদাসীনতা *n* indifference
উদাহরণ *n* example
উদীয়মান *n* orient
উদযাপন *n* celebration
উদ্দীপক *adj* exciting, rousing
উদ্দীপক উপক্ষার *n* caffeine
উদ্দেশ্য *n* motive, intention, objective, purpose
উদ্দেশ্য করা *v* mean, drive at
উদ্দেশ্য করিয়া বলা *v* address
উদ্ধত *adj* arrogant, audacious, insolent
উদ্ধতভাব *n* audacity
উদ্ধার *n* recovery, salvation
উদ্ধার করা *v* recover, salvage
উদ্ধৃত করা *v* extract
উদ্ধৃত বাক্য *n* excerpt
উদ্ধৃতি *n* quotation
উদ্বাস্তু *n* refugee
উদ্বায়ী *adj* volatile
উদ্বিগ্ন *adj* anxious, apprehensive
উদ্বেগ *n* anxiety, concern
উদ্বেল *adj* frantic
উদ্বৃত্ত *n* surplus
উদ্বোধন করা *v* inaugurate
উদ্বোধনী *n* inauguration
উদ্ভট *adj* bizarre
উদ্ভাবন *n* invention
উদ্ভাবন করা *v* invent
উদ্ভিদ *n* plant
উদ্ভিদবিদ্যা *n* botany
উদ্যমশীল *adj* pushy
উদ্যানপথ *n* boulevard
উদ্যোক্তা *n* entrepreneur
উনানবিশেষ *n* heater
উন্নত করা *v* enhance
উন্নতি *n* advancement, improvement, progress
উন্নতি করা *v* improve, progress, upgrade
উন্নতিসাধন করা *v* advance
উন্মত্ত *adj* frenetic, insane, berserk
উন্মত্ততা *n* insanity
উন্মত্তভাবে *adv* madly
উন্মাদ *adj* demented, lunatic, mad, maniac
উন্মাদনা *n* euphoria, madness
উন্মুক্ত *adj* open
উন্মুক্ত ক্রীড়াঙ্গন *n* amphitheater
উপকূল *n* coast, shore
উপকূলবর্তী *adj* coastal
উপকূলরেখা *n* coastline
উপকৃত ব্যক্তি *n* beneficiary
উপকৃত হওয়া *v* benefit
উপকথা *n* fable, legend
উপগ্রহ *n* satellite
উপাঙ্গের যন্ত্রণা *n* appendicitis

উপচে ওঠা v overflow
উপজাত n by-product
উপজীবিকা n sustenance
উপত্যকা n valley
উপাদান n component, element, material
উপদেশ n advice
উপদেশপূর্ণ ক্ষুদ্র গল্প n parable
উপদ্বীপ n peninsula
উপনাম n nickname
উপনিবেশ n colony
উপনিবেশ স্থাপন n colonization
উপনিবেশ স্থাপন করা v colonize
উপন্যাস n novel
উপাধি-পত্র n diploma
উপপুরোহিত n deacon
উপবাস করা v fast
উপভোক্তা n consumer
উপভোগ করা v enjoy, relish
উপভোগ্য adj enjoyable
উপযুক্ত adj fit, right, competent, deserving, eligible, expedient, fitting, pertinent, proper
উপযুক্ত করা v fit
উপযুক্তরূপে adv duly
উপযোগিতা n expediency
উপযোগী adj suitable
উপর থেকে দেখা v overlook
উপর দিয়ে পথ n crosswalk
উপরিভাগ n surface
উপরে pre above, on, over, upon
উপরে n top

উপরে উঠা v ascend
উপরে টেনে আনা v overhaul
উপরের কোট n overcoat
উপরের তলায় adv upstairs
উপলব্ধি n realization; grasp
উপলব্ধি করা v realize, grasp
উপশম n relief, remission
উপশম করা v alleviate, relieve, remedy
উপশমকারী বস্তু n remedy
উপসংহার n ending
উপসাগর n bay, gulf
উপস্থাপন n introduction
উপস্থাপনা n presentation
উপস্থিত adj present
উপস্থিত n present
উপস্থিত হওয়া v attain, present
উপস্থিতি n appearance, attendance, presence
উপস্হিত হওয়া v appear, show up
উপহার n offering
উপহাস n mockery, ridicule
উপহাস করা v deride, ridicule
উপহ্রদ n lagoon
উপড়ান v uproot
উপার্জন n earnings
উপার্জন করা v earn, obtain
উপায় n mean
উপেক্ষা করা v over look
উভচর adj amphibious
উভয় adj both

উভয় সঙ্কট *n* dilemma
উভয়সঙ্কট *n* quandary
উরু *n* thigh
উর্দ্দী *n* uniform
উর্ধ্বকমা *n* apostrophe
উর্বর *adj* fertile
উর্বর করা *v* enrich, fertilize
উর্বরতা *n* fertility
উলঙ্গ *adj* naked
উল্কা *n* meteor
উল্টা পিঠে লেখা *v* endorse
উল্টাইয়া যাওয়া *v* capsize, turn over, overturn
উল্টাইয়া দেওয়া *adv* upside-down
উল্টান *n* reversal
উল্টাভাবে গোনা *n* countdown
উল্টে দেওয়া *v* topple
উল্টোদিকে *adv* inside out
উল্লাস *n* cheers
উল্লাসজনক *adj* exhilarating
উল্লেখ *n* mention, reference
উল্লেখ করা *v* mention, refer to
উল্লেখযোগ্য *adj* noteworthy
উষা *n* dawn
উষ্ণ মন্ডলীয় *adj* torrid
উষ্ণপ্রস্রবণ *n* geyser
উড়ে যাওয়া *v* flush
উড়োজাহাজ *n* aircraft

ঊ

ঊনিশ *adj* nineteen
ঊরু *n* ham
ঊর্ধ্বে তোলা *v* lift

ঋ

ঋণ *n* debt, loan
ঋণ করা *v* loan
ঋণী *n* debtor
ঋণী থাকা *v* owe
ঋতু *n* seasoning

এ

এঁটে যাওয়া *v* jam
এই *adj* this
এই কারণ হইতে *adv* hence
এইগুলি *adj* these
এইরূপে *adv* thus
এই সময় পর্যন্ত *adv* hitherto
এক *adj* one
এক *n* single

একক *n* unit
এক কামড় *n* morsel
একগুঁয়ে *adj* obstinate, stubborn
একগুঁয়েমি *n* obstinacy
একঘরে *n* castaway
একঘেয়ে *adj* monotonous
একঘেয়েমি *n* monotony
এক চতুর্থাংশ *n* quarters
একচেটিয়া *v* monopolize
একচেটিয়া *n* monopoly
একজাতীয় *adj* akin
একজাতীয় বর্শা *n* harpoon
একজনও নয় *pro* no one
একটু একটু করে *adv* little by little
একটি *a* a, an
একতলা *n* ground floor
একতা *n* unity
একতান হওয়া *v* harmonize
একতার অভাব *n* disunity
একত্র করা *v* aggregate, combine, forge, lump together, pool
একত্র রাখা *v* hang around
একত্র হওয়া *v* get together
একত্রিকরণ করা *v* integrate
একত্রিত করা *v* assemble, desegregate
একত্রিত হওয়া *v* swarm
একত্রীভূত করা *v* incorporate
একত্রে জড়ানো *v* intertwine
একদল তন্ত্র *adj* totalitarian
এক দৃষ্টিতে দেখা *v* gaze, stare
এক ধরনের কাঠ *n* mahogany
এক ধরনের গাছ *n* oak
এক ধরনের গিটার *n* bass
এক ধরনের নাচ *n* ball
এক ধরনের পিন *n* thumbtack
এক ধরনের বাদাম *n* hazelnut
এক ধরনের মটর *n* chick
এক ধরনের মুরগী *n* broiler
এক ধরনের সীম *n* kidney bean
একনায়ক *n* dictator
একনায়কত্ব *n* dictatorship
একনায়ক-সংক্রান্ত *adj* dictatorial
একপক্ষীয় *adj* unilateral
এক পায়ে লাফান *v* hop
একপার্শ্বে *adv* aside
একবার যখন *c* once
একবার মাত্র *adv* once
একবিবাহ *n* monogamy
একমাত্র *adj* single, sole, unique
একমুঠো *n* handful
একমত হওয়া *v* consent
একর *n* acre
এক রাতে *adv* overnight
একসঙ্গে কাজ *n* collaboration
একসঙ্গে কাজ করা *v* collaborate
একসাথে *adj* concurrent, simultaneous
একসাথে *adv* together
একসাথে প্রাতরাশ ও মধ্যাহ্নভোজ *n* brunch
একসাথে বর্তমান থাকা *v* coexist
একাকী *adj* alone, solitary

একাকী *adv* lonely, solely
একাকীত্ব *n* loneliness
একাগ্রচিত্ত *adj* single-minded
একাদশ *adj* eleventh
একাহস্তে *adj* singlehanded
একীকরণ *n* integration
একীভূত করা *v* unify
এখানে *adv* here
এখন *adv* now
এগার *adj* eleven
এগিয়ে নিয়ে যাওয়া *v* pull ahead
এগিয়ে যাওয়া *v* head for, move forward
এগিয়ে দেওয়া *v* pass around
এছাড়া *pre* besides
এঞ্জিন *n* engine
এতদতিরিক্ত *adv* furthermore
এতদ্বারা *adv* hereby
এতে *pre* at
এদিক ওদিক যাওয়া *v* shuttle
এপ্রিল মাস *n* April
এবং *c* and
এবড়ো-খেবড়ো *adj* bumpy
এমনকি আরো *c* even more
এলোপাথাড়িভাবে *adv* randomly
এলোমেলো করা *v* shuffle
এসে পৌঁছলো *v* turn up
এড়াইয়া চলা *v* shirk
এড়াইয়া যাওয়া *v* bypass
এড়ান *v* dodge
এড়ানো *adj* evasive
এড়ানোর চেষ্টা *n* evasion

ঐ

ঐক্য *n* solidarity
ঐকতান *n* chorus, harmony, symphony
ঐকতান সঙ্গীত *n* choir
ঐকমত্য *n* unanimity
ঐগুলি *adj* those
ঐচ্ছিক *adj* optional
ঐতিহ্য *n* legacy, tradition
ঐন্দ্রজালিক *adj* magical
ঐরূপ *adj* such
ঐশ্বরিক *adj* divine

ও

ওক বৃক্ষের ফল *n* acorn
ওকালতি করা *v* advocate, plead
ওজন *n* weight
ওজন করা *v* balance, weigh
ওজন বিশেষ *n* ton
ওট দিয়ে তৈরী খাবার *n* oatmeal

ওটা *adj* that
ওঠা *v* rise, get up, go up
ওঠা-নামা করা *v* fluctuate
ওত পাতিয়া থাকা *v* lurk
ওমলেট *n* omelet
ওয়েবসাইট *n* web site
ওরাং-ওটাং *n* orangutan
ওষুধ বিক্রেতা *n* pharmacist
ওড়া *v* fly

ঔ

ঔজ্জ্বল্য *n* shine
ঔদ্ধত্য *n* arrogance
ঔপনিবেশিক *adj* colonial
ঔপন্যাসিক *n* novelist
ঔষধ *n* drug, medicine
ঔষধ প্রয়োগ *n* medication
ঔষধে ব্যবহার্য *adj* medicinal
ঔষধাদির ব্যবস্থাপত্র *n* prescription
ঔষধালয় *n* pharmacy
ঔষধের দোকান *n* drugstore
ঔষধের বড়ি *n* tablet, pill
ঔষধের মাত্রা *n* dosage

ক

কক্ষ *n* room, chamber
কক্ষপথ *n* orbit
কখন *adv* when
কখনও *adv* ever
কখনও কখনও *adv* sometimes
কখনও নয় *adv* never
কচি শীম *n* green bean
কচ্ছপ *n* tortoise, turtle
কট্টর *adj* staunch
কঠিন *adj* difficult, hard, solid, stark
কঠিন করা *v* harden, stiffen
কঠিন চাপ *n* tension
কঠিন প্রস্তর *n* gangster
কঠোর *adj* severe, drastic, grueling, relentless, stern, strict, stringent
কঠোর পরিশ্রম করা *v* toil
কঠোরতা *n* austerity, harshness, severity
কঠোরভাবে *adv* harshly, sternly
কড মাছ *n* cod
কতকটা *adv* somewhat
কথা *n* speech
কথা বলা *v* speak, talk
কথোপকথন *n* dialogue
কদাচিৎ *adv* rarely, seldom
কদর্য *adj* nasty

কদর্য *adj* ugly
কদর্যতা *n* ugliness
কটাক্ষ *n* innuendo
কটাক্ষ করা *v* insinuate
কনুই *n* elbow
কন্যা *n* daughter
কন্টকপূর্ণ *adj* thorny
কন্ঠ রোধ করা *v* gag, muzzle
কন্ঠনালী *n* gorge
কন্ঠহার *n* necklace
কন্দ *n* bulb
কপাল *n* front, forehead
কপিকল *n* elevator
কর ধার্য করা *v* levy
কঙ্কাল *n* skeleton
কফি *n* coffee
কবি *n* poet
কবিতা *n* poem, rhyme
কবজা *n* hinge
কবজা পরান *v* hinge
কবজি *n* wrist
কবর *n* tomb
কবর দেওয়া *v* bury
কবরখানা *n* catacomb, cemetery, grave
কম *adj* short
কমলালেবু *n* orange
কমানো *n* lessen
কমিটি *n* committee
কমে যাওয়া *v* decline
কম্পন *n* frequency, tremor
কম্পনরত *adj* shaken, shaky
কম্বল *n* blanket, rug
কম্পিউটারের বিট *n* bit
কম্পিত করা *v* shake
কম্পিত হওয়া *v* quiver, shudder
কয়েকটি *adj* several
কর *n* tax, tribute
করণীয় কাজ *n* task
করমর্দন *n* handshake
করা *v* do
করাত *n* chainsaw, saw
করাল দর্শন *adj* grim
করুণ *adj* pathetic
করুণা *n* pity
করুণাময় *adj* gracious, merciful
করিতে থাকা *v* keep on
কর্কটক্রান্তি *n* midsummer
কর্কটরোগ *n* cancer
কর্কটরোগ সংক্রান্ত *adj* cancerous
কর্কশ *adj* harsh, hoarse, squeaky
কর্কশ গলায় বলা *v* squeak
কর্কশ ধ্বনি করা *v* screech
কর্কশ শব্দ করা *v* jar
কর্কশভাবে *adv* gravely
কর্ণধার *n* pilot
কর্ণপটহ *n* eardrum
কর্ণমল *n* earwax
কর্ণশূল *n* earache
কর্তনকারী *n* cutter
কর্তব্য *n* duty
কর্তা *n* boss

ক

কর্তৃত্ব *n* authority, domination, mastery
কর্তৃত্ব করা *v* master
কর্তৃত্বপ্রিয় *adj* bossy
কর্তৃত্বব্যঞ্জক *adj* imposing
কর্তন *n* clipping, cut
কর্দমাক্ত *adj* muddy
কর্ম *n* action
কর্মকার *n* smith
কর্মকর্তা *n* employer, officer
কর্মখালি *n* vacancy
কর্মচারী *n* staff, employee
কর্মতৎপরতা *n* activity
কর্মদক্ষতা *n* competence
কর্মসূচি *n* program
কর্মের স্বীকৃতি *n* gratuity
কর্ম-পরিকল্পনা *n* scheme
কর্ষণোপযোগী *adj* arable
কর্ষন করা *v* till
কর্মপ্রচেষ্টা *n* enterprise
কলঙ্ক *n* blemish, calumny, scandal, smear
কলঙ্ক রটনা করা *v* malign
কলঙ্কিত *adj* blurred
কলঙ্কিত করা *v* blemish, denigrate, scandalize
কলহশান্তি *n* truce
কলা *n* banana; humanities
কলুষিত *adj* deprave
কলুষিত করা *v* contaminate
কলুষিতকরণ *n* contamination
কলেজ *n* college
কলের করাতবিশেষ *n* jigsaw
কলেরা *n* cholera
কলম *n* pen
কল্পনা *n* imagination, fantasy
কল্পনা করা *v* conceive, devise, imagine
কল্পনাশক্তি *n* imagination
কয়লা *n* coal
কষ্ট *n* hardship, struggle, suffering, trouble
কষ্ট করা *v* struggle
কষ্ট দেওয়া *v* pester, distress, trouble
কষ্টকর *adj* distressing
কষ্টসাধ্য *adj* arduous, cumbersome, steep
কষ্টসহকারে *adv* hardly
কষ্টসহিষ্ণু *adj* hardy
কশাঘাত করা *v* lash
কসাই *n* butcher
কসাইখানা *n* butchery
কল্পিত কাহিনি *n* fiction
কড়-মড় শব্দ *adj* crunchy
কাঁকর *n* gravel
কাঁকড়া *n* crab
কাঁচা *adj* crude, raw
কাঁচ *n* glass
কাঁচি *n* scissors
কাঁচের ঘর বিশেষ *n* greenhouse
কাঁচের জিনিসপত্র *n* glassware
কাঁটাচামচ *n* cutlery
কাঁদা *v* weep, cry

কাঁধ *n* shoulder
কাঁধ তোলা *v* shrug
কাঁপা *v* flicker
কাঁপান *v* tremble
কাঁপানো *v* quake
কাঁপুনি *n* shudder
কাউন্ট-পত্নী *n* countess
কাক *n* crow
কাকা *n* uncle
কা-কা শব্দ করা *v* crow
কাগজ *n* paper
কাগজ আঁটার হাতযন্ত্র *n* stapler
কাগজ নিয়ে যাবার ফাইল *n* folder
কাগজি বাদাম *n* almond
কাগজের ক্লিপ *n* paperclip
কাগজের ধারে খালি জায়গা *n* margin
কাছে *adv* nearly
কাজ *n* act, ploy, function, job, service, work
কাজ করা *v* service, work
কাজ থেকে বাদ দেয়া *v* lay off
কাজে লাগা *v* avail
কাজে লাগান *v* capitalize; exploit
কাজে নিয়োজিত ব্যক্তিবর্গ *n* commission
কাটা *v* cut, slice
কাটা *n* incision; fork; spur; thorn
কাটিয়া ফেলা *v* shred
কাটিয়া বাদ দেওয়া *v* cut out
কাঠ *n* lumber, timber, wood
কাঠকয়লা *n* charcoal
কাঠগড়া *n* dock
কাঠামো *n* framework
কাঠবিড়াল *n* squirrel
কাঠিন্য *n* hardness
কাতর হওয়া *v* afflict
কাৎ করা *v* tilt
কাদা *n* mud
কাদাযুক্ত *adj* slob
কাদাভরা জমি *n* quagmire
কাদামাটি *n* clay
কান *n* ear
কানের গহনা *n* earring
কাপুরুষ *n* coward, wimp
কাপড় *n* cloth
কাপড় ঝোলানোর সামগ্রী *n* hanger
কাপড় ধোয়া *n* laundry
কাপড়ের ঢাকনা *n* upholstery
কাপড় বিশেষ *n* jeans
কাবু করা *v* overpower
কাব্য *n* poetry
কামনা *n* craving
কামনা করা *v* crave
কামলালসা *n* lust
কামড়ানো *v* snap
কামান *n* cannon
কামান বাহিনী *n* battery
কামানের গোলা *n* bombshell
কামানের পাল্লা *n* gunshot
কামানের বারুদ *n* gunpowder

কামানের সারি *n* artillery
কামানো *v* shave
কামার *n* blacksmith
কামুক *adj* lustful prurient
কামোদ্দীপক *adj* aphrodisiac
কারও চেয়ে ভালো করা *v* outperform
কারখানা *n* factory, mill, workshop
কারণ *n* cause, reason
কারণ *c* because
কারণে *adv* owing to
কারবার *n* trade
কারবার করা *v* trade
কারাগার *n* jail, prison
কারাগারে পাঠান *v* jail
কারাপাল *n* jailer
কারারুদ্ধ করা *v* imprison, incarcerate
কারিগর *n* artisan, craftsman, mechanic
কার্ডবোর্ড *n* cardboard
কার্তুজ *n* cartridge
কার্য *n* deed
কার্যকর *adj* efficient, useful, valid, workable
কার্যকারীতা *n* usefulness
কার্যতঃ *adv* virtually
কার্যতালিকা *n* agenda
কার্যনির্বাহী *n* executive
কার্যপুস্তিকা *n* workbook
কার্যবিবরণী *n* Proceedings

কার্যাদি চালান *v* get along
কার্যাদি সাধনের উপায় *n* means
কার্যে পরিণত করা *v* implement
কালক্রম *n* chronology
কালচক্র *n* cycle
কালবোধক কৃদন্ত *n* participle
কালশিরা *n* bruise
কালশিরা ফেলে দেওয়া *v* bruise
কালাতিক্রান্ত *adj* overdue
কালি *n* ink
কালি লেপন করা *v* blur
কালের পূর্বে জাত *adj* premature
কালো *adj* black
কালোচুল থাকা মহিলা *adj* brunette
কাল্পনিক *adj* fictitious
কাশা *v* cough
কাশি *n* cough
কাষ্ঠনির্মিত *adj* wooden
কাষ্ঠফলক *n* board
কাস্তে *n* sickle
কাহাকে *pro* whom
কাড়িয়া লওয়া *v* snatch
কিছু *adj* some
কিছু বলা *v* touch on
কিছু সময় *n* span
কিছু-না *n* nothing
কিছুর ক্ষুদ্রাকার নকল *n* model
কিছুর জন্য আবেদন করা *v* apply for
কিনা *c* whether

কিনারা *n* verge, brink, edge
কিন্তু *c* but
কি-বোর্ড *n* keyboard
কিভাবে *adv* how
কিমা *v* mince
কিলোওয়াট *n* kilowatt
কিলোগ্রাম *n* kilogram
কিলোমিটার *n* kilometer
কিশোর *n* adolescent, teenager
কিশমিশ *n* raisin
কিস্তি *n* installment
কী *adj* what
কীটনাশক *n* pesticide
কীটবিশেষ *n* flea
কুঁচকি *n* groin
কুঁজ *n* hump, hunch
কুঁজো *adj* hunched
কুঁজো লোক *n* hunchback
কুঁড়ি *n* bud
কুঁড়ি ফোটা *v* bloom
কড়িকাঠ *n* beam
কুঁড়ে লোক *n* laziness
কুঁড়েঘর *n* booth
কুকাজ করা *v* commit
কুকুর *n* dog
কুকুর ছানা *n* puppy
কুকুর বিশেষ *n* greyhound
কুকর্মের সহকারিতা *n* complicity
কুখ্যাত *adj* infamous, notorious
কুচকাওয়াজ *n* drill, parade
কুচকাওয়াজ করা *v* drill
কুচানো *v* chop
কুঞ্চিত *adj* curly
কুঞ্চিত কুন্তল *n* curl
কুঞ্চিত করা *v* curl
কুটীর *n* cabin, chalet
কুটির *n* cottage, hut
কুটির বা গৃহ *n* shack
কুঠার *n* bill; axe
কুঠুরি *n* closet
কুণ্ডলিত *adj* convoluted
কুপথে চালিত করা *n* seduction
কুপন *n* coupon
কুপিয়ে কাটা *v* hack
কুফল *n* mischief
কুমন্ত্রণা দেওয়া *v* seduce
কুমড়ো *n* pumpkin
কুমার *n* celibacy
কুমারী *n* virgin
কুমারীত্ব *n* virginity
কুমারব্রতী *adj* celibate
কুমির *n* crocodile
কুয়াশা *n* fog, haze, mist
কুয়াশাচ্ছন্ন *adj* foggy, hazy, misty
কুলক্ষণ *n* portent
কুলপি বরফ *n* ice cream
কুলপতি *n* patriarch
কুশলী পরিচালনা *n* tact

ক

কুশলী লক্ষ্যভেদী *n* marksman
কুষ্ঠব্যাধি *n* leprosy
কুষ্ঠরোগী *n* leper
কুসংস্কার *n* superstition
কুস্তি করা *v* wrestle
কুস্তিতে মাত করা *v* pin
কুড়াইয়া লওয়া *v* pick up
কুড়ি *adj* twenty
কূটনীতি *n* diplomacy
কূটনীতিক সংক্রান্ত *adj* diplomatic
কূটনীতিবিদ্ *n* diplomat
কূটবুদ্ধিপ্রসূত *adj* impolite
কৃতকার্য *adj* successful
কৃতকার্য হওয়া *v* succeed
কৃতিত্ব *n* feat
কৃতিত্ব দেওয়া *v* turn in
কৃতিস্বত্ব *n* patent
কৃতিস্বত্ব নেওয়া *v* patent
কৃতজ্ঞ *adj* grateful
কৃতজ্ঞতা *n* gratitude
কৃত্তিম *adj* fake
কৃত্রিম *adj* artificial
কৃপণ *adj* stingy
কৃপণ *n* miser
কৃশ *adj* attenuating
কৃষক *n* peasant
কৃষি *n* agriculture
কৃষিক্ষেত্র *n* farm
কৃষি-সংক্রান্ত *adj* agricultural
কৃষ্টি *n* culture
কৃষ্ণ-নীলবর্ণ *adj* livid
কৃষ্ণসার মৃগ *n* antelope
কে *pro* who
কেক *n* cake
কেটে যাওয়া *v* boil over
কেটে দেওয়া *v* cross out
কেতাদুরস্ত *adj* trendy
কেতলি *n* kettle
কেদারা *n* chair
কেন *adv* why
কেনা *v* buy
কেনাকাটা করা *v* market, shop
কেনাকাটা *n* shopping
কেন্দ্র *n* center
কেন্দ্রবিন্দু *n* focus
কেন্দ্রস্থল *n* hub
কেন্দ্রীভূত করা *v* center, centralize, concentrate, focus on
কেন্দ্রীয় *adj* central
কেন্দ্রীয় দফতর *n* headquarters
কেবলমাত্র *adv* merely, only
কেরানি *n* clerk
কেরানি সংক্রান্ত *adj* clerical
কেশকর্তন *n* haircut
কেশসংক্রান্ত *adj* hairy
কেশহীন *adj* bald
কেহ *pro* somebody, someone
কেহ নহে *pro* nobody, none

কৈশোর *adj* juvenile
কৈশোর *n* adolescence
কোকেন *n* cocaine
কোকো *n* cocoa
কোট *n* coat, jacket
কোটিপতি *n* millionaire
কোণ *n* angle, corner
কোণঠাসা করা *v* corner
কোথাও না *adv* nowhere
কোথায় *adv* where
কোদাল *n* spade
কোন *adj* any
কোন এক দিন *adv* someday
কোন কিছু *pro* something
কোনোভাবে *adv* somehow
কোনোমতে *adv* barely
কোনটাই নয় *adj* neither
কোনটাই নয় *adv* neither
কোমর *n* waist
কোমর বন্ধনী *n* belt
কোমরের পশ্চাদ্ভাগ *n* loin
কোমল *adj* supple, tender
কোমল করা *v* subdue
কোমলতা *n* tenderness, softness
কোমল বা নরম করা *v* soften
কোমল হওয়া *v* relent
কোমলীকৃত *adj* subdued
কোল *n* lap
কোলাহল *n* racket
কোলাহলপূর্ণ *adj* noisy
কোলাহলপূর্বক *adv* noisily
কোলেস্টেরল *n* cholesterol
কোলবালিশ *v* bolster
কোষাধ্যক্ষ *n* cashier, treasurer
কোষ্ঠকাঠিন্য *n* constipation
কোষ্ঠবদ্ধ *adj* constipated
কোষ্ঠবদ্ধ করা *v* constipate
কৌটা *n* casket
কৌটো খোলার যন্ত্র *n* can opener
কৌতুকাভিনেতা *n* comedian
কৌতুকপূর্ণ *adj* funny
কৌতুকশিল্পী *n* joker
কৌতূহল *n* curiosity
কৌতুহলপূর্ণ *adj* interesting
কৌতুহলী *adj* interested, curious
কৌশল সম্বন্ধীয় *adj* tactical
কৌশল *n* trick, strategy
কৌশলী *adj* handy, tactful
কৌশলী পন্থা *n* tactics
কৌশলী পরিচালনা *n* maneuver
কৌশলে এড়ান *v* evade
ক্যাঁচ্-ক্যাঁচ শব্দ *n* creak
ক্যাঙ্গারু *n* kangaroo
ক্যাথলিক *adj* catholic
ক্যানেস্তারা *n* canister
ক্যাপসুল *n* capsule
ক্যাফিন ছাড়া *adj* decaf
ক্যামেরা *n* camera

ক্যারাট *n* carat
ক্যারাটে *n* karate
ক্যারাভ্যান *n* caravan
ক্যালেন্ডার *n* calendar
ক্যালরি *n* calorie
ক্রয় *n* purchase
ক্রয় করা *v* purchase
ক্রম *n* sequence
ক্রমানুসারে সাজানো *v* rank
ক্রমে ক্রমে *adv* piecemeal
ক্রমনিম্ন ভূমি *adv* downhill
ক্রমবিভক্ত করা *v* graduate
ক্রমশ *adj* gradual
ক্রমশ বাড়া *v* escalate
ক্রমশঃ *adv* step-by-step
ক্রয় করা *v* procure
ক্রিকেট খেলায় একটি কাজ *v* field
ক্রিয়া *n* operation, verb
ক্রিয়া বিশেষণ *n* adverb
ক্রিয়াপদ *n* gerund, verb
ক্রিয়াবিধি *n* mechanism
ক্রিয়াবিশেষণ *n* adverb
ক্রীতদাস *n* slave
ক্রীড়ানিপুণ ব্যক্তি *n* sportsman
ক্রীড়াবিদ *n* athlete
ক্রীড়াভূমি *n* arena
ক্রীড়াশীল *adj* playful
ক্রীড়াস্থল *n* ring
ক্রুদ্ধ *adj* irate
ক্রুদ্ধ করা *v* infuriate
ক্রুদ্ধ হওয়া *v* anger
ক্রুশ *n* cross
ক্রুশ কাঠ *n* crucifix
ক্রুশ কাষ্ঠে মৃত্যু *n* crucifixion
ক্রুশে প্রাণ বধ করা *v* crucify
ক্রেতা *n* buyer
ক্রোধ *n* anger, wrath
ক্রোধ *adj* angry
ক্রোধন্মত্ত *adj* furious
ক্রোধন্মত্তভাবে *adv* furiously
ক্রোধপ্রকাশ করা *v* flare-up
ক্লান্ত *adj* tired, weary
ক্লান্ত করা *v* overdo
ক্লান্ত হওয়া *v* tire
ক্লান্তি *n* exhaustion, fatigue, tiredness
ক্লান্তিকর *adj* exhausting, tedious, tiresome, sickening
ক্লান্তিদায়কতা *n* tedium
ক্লান্তিহীন *adj* tireless
ক্লিক করা *v* click

ক্ষ

ক্ষণ *n* moment
ক্ষণকালীন *adj* transient
ক্ষণস্থায়ী হওয়া *v* fleet
ক্ষণস্থায়ীভাবে *adv* momentarily
ক্ষত *n* gash, slash, sore, wound, hurt
ক্ষত করিয়া দেওয়া *v* slash, hurt
ক্ষতি *n* damage, deprivation, detriment, harm, loss
ক্ষতি করা *v* damage, harm
ক্ষতিকার ছত্রাক *n* mildew
ক্ষতিকারক নয় *adj* benign
ক্ষতিকর *adj* damaging, harmful, hurtful, injurious, malignant, noxious
ক্ষতিজনক *adj* detrimental
ক্ষতিপূরণ *n* compensation, recompense, reparation
ক্ষতিপূরণ করা *v* recompense
ক্ষতিপূরণ দেওয়া *v* compensate
ক্ষতচিহ্ন *n* scar
ক্ষতযুক্ত *adj* sore
ক্ষতবিক্ষত করা *v* mangle
ক্ষতস্থান পরিষ্কার *n* dressing
ক্ষণিক দৃষ্টি *n* glimpse
ক্ষণিক প্রবল যন্ত্রণা *n* pang

ক্ষমা *n* grace, amnesty, apology, excuse, forgiveness, mercy
ক্ষমা করা *v* absolve, condone, excuse, exonerate, forgive
ক্ষমা চাওয়া *v* apologize
ক্ষমার অযোগ্য *adj* inexcusable
ক্ষমাহীন *adj* merciless
ক্ষমতা *n* power, capacity
ক্ষমতাবান *adj* powerful
ক্ষমতাসম্পন্ন রাষ্ট্র *n* superpower
ক্ষমতাহীন *adj* powerless
ক্ষয় করা *v* corrode, eat away, gnaw
ক্ষয়ক্ষতি থেকে নিরাপত্তা *n* indemnity
ক্ষয়ক্ষতি পূরণের নিশ্চয়তা দেওয়া *v* indemnify
ক্ষয়প্রাপ্ত *adj* emaciated
ক্ষয়রোগ *n* tuberculosis
ক্ষুদ্র *adj* little, petite, tiny
ক্ষুদ্র *n* anecdote
ক্ষুদ্র উপসাগর *n* cove
ক্ষুদ্র কক্ষ *n* cabinet
ক্ষুদ্র কাঠের গোঁজ *n* spill
ক্ষুদ্র কুঠার *n* hatchet
ক্ষুদ্র গ্রাম *n* hamlet
ক্ষুদ্র চিহ্নযুক্ত *adj* freckled
ক্ষুদ্র ছিদ্র *n* puncture
ক্ষুদ্র জমি খন্ড *n* plot
ক্ষুদ্র দাগ *n* speck

ক্ষুদ্র নদী *n* burn
ক্ষুদ্র পুস্তিকা *n* brochure
ক্ষুদ্রগোলক *n* globule
ক্ষুদ্রতম *adj* least
ক্ষুদ্রতর *adj* less, lesser
ক্ষুদ্রতর *n* minor
ক্ষুধা *n* appetite, hunger
ক্ষুধা বাড়ানোর বস্তু *n* appetizer
ক্ষুধার্ত *adj* hungry
ক্ষেত্র *n* area
ক্ষেপণাস্ত্র *n* missile
ক্ষিপ্ততা *n* rage
ক্ষীণদৃষ্টি *adj* myopic

খ

খচ্চর *n* mule
খঞ্জের যষ্ঠি *n* crutch
খতিয়ান *n* ledger
খনন করা *v* dig, excavate, unearth
খনি-অঞ্চল *n* minefield
খনিজ জলের উৎস *n* spa
খনিজ পদার্থ *n* mineral
খনিজভূমি *n* field
খনির খাদ *n* quarry
খনি-শ্রমিক *n* miner
খণ্ডন করা *v* rebut
খণ্ড-বিখণ্ড *n* disintegration
খণ্ড-বিখণ্ড হওয়া *v* disintegrate
খন্ড যুদ্ধ *n* skirmish
খন্ডন করা *v* refute
খবর *n* news
খরগোশ *n* hare, rabbit
খরচ *n* debit, spending
খরচ করা *v* spend
খরচ পড়া *v* cost
খরিদ্দার *n* customer
খর্ব *v* shorten
খর্ব করা *v* belittle
খড় *n* hay, straw
খড়কে *n* toothpick
খড় ছোড়ার যন্ত্র *n* pitchfork
খড়ি *n* chalk
খড়ি দিয়ে লেখার বোর্ড *n* chalkboard
খড়ের গাদা *n* haystack
খাঁচা *n* cage
খাঁজ *n* dent, groove
খাঁজ কাটা *v* dent
খাঁটি *adj* neat
খাঁড়ি *n* creek
খাওয়া *v* eat
খাওয়া নিয়ন্ত্রণ করা *v* diet
খাওয়ান *v* feed, nourish

থাট *n* bed
থাটানো *v* pitch
থাত *n* ditch
থাদ *n* cavern, chasm
থাদ্য *n* food
থাদ্যের পদ *n* dish
থাদ্য-দ্রব্যাদির ভান্ডার *n* pantry
থাদ্য-পানীয়ের দোকান *n* canteen
থাদ্যপ্রাণ *n* vitamin
থাদ্যশস্য *n* cereal
থাপছাড়া *n* oddity
থাবার ঘর *n* dining room
থাবি থাওয়া *v* gasp
থাম *n* envelope
থামথেয়ালি *adj* arbitrary
থামথেয়ালী *adj* eccentric
থামার *n* farm, ranch
থামচে ধরা *v* nip
থারাপ কাজের সঙ্গী *n* accomplice
থারাপ ব্যবহার করা *v* misbehave
থারাপভাবে *adv* badly
থাল *n* channel, canal
থালি *adj* empty, vacant, void
থালি করণ *n* clearance
থালি করা *v* deplete, empty, evacuate, vacate
থাড়া *adj* erect, upright
থাড়া করা *v* erect
থাড়া পাহাড় *n* precipice

থ

থিঁচুনি *adj* fit
থিঁচুনি *n* convulsion
থিল *n* bolt
থিল দেওয়া *v* bar
থিল লাগান *v* bolt
থিলান *n* arch
থিড়কির দরজা *n* backdoor
থুঁজে বার করা *v* track, detect, find out
থুঁটি *n* stake
থুঁটি পুতিয়া দেওয়া *v* stake
থুঁত *n* defect
থুঁত থাকা *adj* defective
থুঁত ধরা *v* nibble
থুঁত হওয়া *v* defect
থুঁতথুঁতে *adj* choosy
থুনে *adj* bloody
থুব নিকটবর্তী *adj* nearby
থুব সম্ভবত *n* likelihood, likeness
থুলে কথা বলা *v* open up
থুলে ফেলা *v* break open
থুস্কি *n* dandruff
থেজুর *n* date
থেপান *v* tease
থেপামি *n* fad
থেলনা *n* toy
থেলা *n* game, sport
থেলা শুরু *n* kickoff
থেলাধূলা করা *v* play

খেলাধূলাপ্রিয় *adj* sporty
খেলাধূলা-সম্বন্ধীয় *adj* athletic
খেলার বিচারক *n* umpire
খেলার ব্যাট *n* racket, bat
খেলার মাঠ *n* playground
খেলোয়াড় *n* player
খেয়াঘাট *n* ferry
খেয়ালি *adj* moody
খেসারত দেওয়া *v* expiate
খেসারতমূলক *n* expiation
খোঁচা দেওয়া *v* prick, prod
খোঁজ *n* search
খোঁজ করা *v* search
খোঁজা *v* find, seek
খোঁজার যন্ত্র *n* detector
খোঁয়াড় *n* pound
খোঁড়া *v* mine
খোঁড়া লোক *adj* cripple
খোঁড়াইয়া চলা *n* limp
খোঁড়ান *v* limp
খোদাই *n* inscription
খোদাই করা *v* carve, emboss, engrave
খোদাই করা প্রতিমূর্তি *n* statue
খোদাই করা সামগ্রী *n* engraving
খোপ *n* bay
খোবানি *n* apricot
খোল *n* crust; shell
খোলসওয়ালা মাছ *n* shellfish
খোলা *v* open, uncover, unfasten, unpack, untie; disclose
খোলাখুলি ভাব *n* openness
খোলাযুক্ত *adj* crusty
খোস *v* itch
খোসা *n* hull, strip
খোসা ছাড়ানো *v* peel
খোসাওয়ালা *adj* husky
খোসপাঁচড়ায় পূর্ণ *n* itchiness
খ্যাতি *n* fame, reputation
খ্যাতি অনুযায়ী *adv* reputedly
খ্যাতিমান ব্যক্তি *n* celebrity
খ্রীষ্টধর্ম *n* Christianity
খ্রীষ্টধর্ম-সংক্রান্ত *adj* Christian
খ্রীস্টান ভিক্ষু *n* friar
খ্রীস্টের উপদেশাবলী *n* gospel
খ্রীস্টমাস *n* X-mas

গ

গছানো *v* palm
গজ *n* yard
গজগজ করা *v* grouch
গজদন্ত *n* ivory
গজরানো *v* grumble
গঠন *n* texture; constitution, formation, frame, structure

গঠন করা *v* make, constitute, frame
গঠিত হওয়া *v* consist
গণনা *n* count, calculation
গণনা করা *v* calculate, count, compute
গণনাকারী *n* calculator, counter, computer
গণ-বিচার *v* lynch
গণভোট *n* referendum
গণহত্যা *n* massacre
গণিতশাস্ত্র *n* math
গণ্য করা *v* regard
গণ্ডি অতিক্রম করা *v* overstep
গণতান্ত্রিক *adj* democratic
গণতন্ত্র *n* democracy
গত রাত্রি *adv* last night
গতকাল *adv* yesterday
গতি *n* motion, move
গতিপথ *n* course, trajectory
গতিবেগ *n* speed, velocity
গতিবেগ বাড়ান *v* speed
গতিময় *adj* mobile
গতিহীন *adj* motionless
গদা *n* club
গদি *n* cushion
গদ্য *n* prose
গন্ডগোল *n* uproar
গন্ডার *n* rhinoceros
গন্তব্যস্থল *n* destination
গন্ধ *n* odor, scent
গন্ধ নিরুপণ যন্ত্র *n* odometer
গন্ধক *n* sulfur
গন্ধযুক্ত হওয়া *v* smell
গবাদি পশু *n* cattle
গবেষণা *n* research
গবেষণা করা *v* research
গবেষণাপত্র *n* thesis
গব্যশালা *n* dairy farm
গভীর *adj* deep, profound
গভীর আবেগ *n* intensity
গভীর আর্তনাদ *n* groan
গভীর আর্তনাদ করা *v* groan
গভীর হওয়া *v* deepen
গভীরতা *n* depth
গম *n* wheat
গমগমে স্বরে কথা বলা *v* boom
গমনপথ *n* route
গম্বুজ *n* dome, turret
গরম *adj* hot, warm
গরম করা *v* warm up
গরিলা *n* gorilla
গরিলা যুদ্ধ *n* guerrilla
গরু *n* cow
গরুর গাড়ি *n* cart
গরুর দাবনার মাংস *n* sirloin
গর্জন *n* bark, howl, roar
গর্জন করা *v* bark, growl, howl, roar

গর্ত *n* gutter, pit, burrow, cavity, hole
গর্ত *adj* hollow
গর্তের মধ্যে পড়া *v* cave in
গর্ব *n* pride
গর্বিত *adj* proud, elated, haughty
গর্বিতভাবে *adv* proudly
গর্ভ *n* womb
গর্ভাবস্থা *n* pregnancy
গড় *n* average
গড়ান *v* roll, tumble
গর্ভধারণ *n* conception
গর্ভধারণ করা *v* conceive
গর্ভধারণকাল *n* gestation
গর্ভপাত *n* abortion
গর্ভপাত করান *v* abort
গর্ভপাত হওয়া *v* miscarry
গর্ভবতী *adj* pregnant
গর্ভস্রাব *n* miscarriage
গলা *n* neck, throat
গলাধঃকরণ *v* ingest
গলাধ্যকরণ *v* guzzle
গলানো *v* resolve
গলাবন্ধ *n* muffler
গলি *n* aisle
গলিত *adj* putrid
গলিপথ *n* alley
গলিয়া য়াওয়া *v* melt
গলদা-চিংড়ি *n* lobster
গলদেশের গ্রন্থি *n* thyroid
গলন *n* fusion, thaw
গল-ব্লাডার *n* gall bladder
গল্প *n* story, tale
গল্পপ্রিয় *adj* talkative
গয়নার দোকান *n* jewelry store
গড়-প্রাচীর *n* bulwark
গড়িয়া তোলা *n* buildup
গড়ে তোলা *v* shape
গাঁজা *n* pot
গাঁথা *v* stick
গাছ *n* tree
গাছের কান্ড *n* stem
গাছের গুঁড়ি *n* trunk, log, stock
গাছের ছাল *n* bark
গাছের ডাল *n* bough
গাছের শিকড় *n* root
গাছপালা *n* vegetation
গাছ বিশেষ *n* elm
গাজর *n* carrot
গাঢ় আলিঙ্গন *n* hug
গাঢ় আলিঙ্গন করা *v* hug
গাদা *n* stack
গাদা করা *v* stack
গাদাগাদি করা *v* huddle
গাধা *n* donkey
গান *n* song
গান করা *v* sing
গামলা *n* basin; manger

গাম্ভীর্য *n* seriousness
গায়ক *n* singer
গায়কপক্ষী *n* canary
গারগল করা *v* gargle
গাল *n* cheek
গালাগালি দেওয়া *v* abuse, manhandle
গালিগালাজ *n* hail, abuse
গালিগালাজপূর্ণ *adj* abusive
গালিচা *n* carpet
গালের হাড় *n* cheekbone
গাড়ি চালান *v* drive
গাড়ি ছিনতাই করা *v* hijack
গাড়ি টেনে নিয়ে যাবার ট্রাক *n* tow truck
গাড়ি রাখা *v* park
গাড়ি রাখার স্থান *n* parking
গাড়িবারান্দা *n* drive, porch
গাড়ির কামরা *n* coach
গাড়ির চাকা *n* tire
গাড়ি *n* car
গিঁট, বন্ধনী *n* tie
গিরিপথ *n* pass
গিরিসঙ্কট *n* ravine
গির্জা *n* church, synagogue
গির্জার উপাসনা *n* liturgy
গির্জার বেঞ্চি *n* pew
গির্জাসমিতি *n* synod
গির্জার বসার জায়গা *n* nave
গিলিয়া ফেলা *v* consume
গিলে খাওয়া *v* gobble
গীতকবিতা *n* lyrics
গীত-কবিতা *n* lay
গুঁড়া করা *v* grind
গুঁড়া করিবার যন্ত্র *v* pulverize
গুচ্ছ *n* bunch, flock
গুচ্ছ *adj* lots
গুজব *n* gossip, rumor
গুজব রটাইয়া বেড়ান *v* gossip
গুটিসুটি মারা *v* crouch
গুণ *n* quality , virtue
গুণ করা *v* multiply
গুণ টানা *v* tow
গুণন *n* multiplication
গুণাঙ্ক *n* coefficient
গুণিতক *adj* multiple
গুঞ্জন *n* buzz
গুঞ্জন করা *v* buzz , hum
গুদাম *n* storage
গুদাম ঘর *n* stockroom
গুদামঘর *n* warehouse
গুপ্ত *adj* clandestine, confidential, undercover
গুপ্ত রহস্যপূর্ণ *adj* mysterious
গুপ্তঘাতক *n* assassin
গুপ্তচর *n* spy
গুপ্তরহস্যপূর্ণ *adj* mystic
গুপ্তহত্যা *n* assassination

গ

গুবরে-পোকা *n* beetle
গুমোটভরা *adj* stuffy
গুরুভার *adj* burdensome, caring
গুহা *n* cavern, cave, den
গুরু-গুরু শব্দ *n* rumble
গুরু-গুরু শব্দ করা *v* rumble
গুরুত্ব *n* heaviness, importance, significance
গুরুত্ব দেওয়া *v* matter
গুরুত্বপূর্ণ *adj* grave, significant
গুরুত্বপূর্ণ হওয়া *v* signify
গুরুতর *adj* serious
গুরুতর অপরাধ *n* felony
গুলি করা *v* shoot
গুলি করে নামানো *v* shoot down
গুল্ম *n* shrub
গুড়ি গুড়ি বৃষ্টি *n* drizzle
গুড়ি গুড়ি বৃষ্টি হওয়া *v* drizzle
গৃহকর্ত্রী *n* hostess, lady
গৃহিণী *n* housewife, mistress
গৃহের বাইরে *adv* outdoor
গৃহপালিত *adj* domestic
গৃহপালিত করা *v* domesticate, tame
গৃহপালিত পশুসমূহ *n* livestock
গৃহপালিত মোরগ *n* rooster
গৃহমধ্যে *adv* indoor
গৃহস্থালির কাজ *n* housework
গৃহস্থালী ব্যবস্থাপক *n* housekeeper

গৃহহীন *adj* homeless
গোল পাথর *n* cobblestone
গেঁটেবাত *n* gout
গেঁয়ো লোক *n* clown
গেলা *v* swallow
গেলাস *n* glass
গোঁজ *n* wedge
গোঁফ *n* mustache
গোঁড়া *adj* orthodox
গোঁড়ামি *n* bigotry
গোঁড়া ভক্ত *n* fan, bigot
গোঁয়ার *adj* adamant
গোগ্রাসে গেলা *v* devour
গোঙান *v* moan
গোঙানি *n* moan
গোচারণ ভূমি *n* range
গোছা *n* batch
গোছানো *v* pack
গোটা পাউরুটি *n* loaf
গোটানো *n* scroll
গোধূলি *n* dusk
গোধূলি সময় *n* twilight
গোপন *n* secrecy, secret
গোপন করা *v* conceal
গোপন স্থান থেকে আক্রমণ করা *v* ambush
গোপনতাপূর্ণ *adj* stealthy
গোপনীয়তা *n* privacy
গোপনে খবর নেওয়া *v* spy

গোপনে হত্যা করা v assassinate
গোবর n dung
গোমাংস n beef
গোমড়ামুখো adj sullen
গোয়েন্দা n detective
গোয়েন্দাগিরি n espionage
গোল n goal; globe; sphere
গোলকধাঁধা n labyrinth
গোলগাল adj chubby
গোলমাল n disturbance, noise, turmoil
গোলমাল করা v clamor, disturb
গোলমেলে adj puzzling
গোলমরিচ n bell pepper, pepper
গোলরক্ষক n goalkeeper
গোলাকার adj round, circular
গোলাগুলি বর্ষণ n crossfire
গোলাপ n rose
গোলাপবাগ n rosary
গোলাপ-সংক্রান্ত adj rosy
গোলাবাড়ির উঠান n farmyard
গোলার্ধ n hemisphere
গোষ্ঠী n group
গোড়ালি n ankle, heel
গৌণ adj secondary
গ্যাঁজলা n yeast
গ্যারেজ n garage
গ্যালারি n gallery
গ্যালন n gallon
গ্যাস n gas
গ্রন্থকার n author
গ্রন্থাগার n library
গ্রন্থাগারিক n librarian
গ্রন্থি n articulation, gland
গ্রন্থপঞ্জি n bibliography
গ্রন্থস্বত্ব n copyright
গ্রন্থস্বত্বাপহারক n pirate
গ্রন্থস্বত্বাপহরণ n piracy
গ্রহ n planet
গ্রহাণু n asteroid
গ্রহণ n eclipse
গ্রহণ করা v hold, accept, assume, receive, take in
গ্রহণযোগ্য adj acceptable
গ্রহণযোগ্যতা n acceptance
গ্রানাইট পাথর n granite
গ্রাম n village
গ্রাম্য adj rural, rustic
গ্রামবাসী n villager
গ্রাস n gulp
গ্রাস করা v engulf, gulp
গ্রাসকারী n glutton
গ্রাহী adj receptive
গ্রাহ্য করা v ignore
গ্রাহ্য না করা v brush aside
গ্রিল adj charbroil
গ্রীকদেশীয় adj Greek
গ্রীনল্যান্ড n Greenland

গ্রীষ্মকাল *n* summer
গ্রীষ্মমন্ডল *n* tropic
গ্রীষ্মমন্ডলসংক্রান্ত *adj* tropical
গ্রীস *n* Greece
গ্রেপ্তার *n* arrest
গ্রেপ্তার করা *v* arrest, intercept, apprehend

ঘ

ঘটনা *n* case, episode, event, happening, incident, occurrence
ঘটনাকাল *n* occasion
ঘটনাক্রমে *adv* incidentally
ঘটনাবিহীন *adj* uneventful
ঘটা *v* come about, happen, occur
ঘটাকার গর্ত *n* pothole
ঘন্টা *n* bell; hour
ঘন্টাঘর *n* belfry
ঘন্টা বাজা *v* toll, ring
ঘন *adj* cubic
ঘন করা *v* condense
ঘনক্ষেত্র *n* cube
ঘনীভবন *n* condensation
ঘনত্ব *n* density, thickness
ঘর *n* room
ঘরে প্রবেশ *v* check in
ঘর্ঘর শব্দ করা *v* rattle
ঘরোয়া *adj* informal
ঘর্ষণ *n* friction
ঘষা *v* rub
ঘষিয়া ফেলা *v* scrape
ঘড়াঞ্চি *n* stepladder
ঘড়ি *n* clock
ঘড়ি-নির্মাতা *n* watchmaker
ঘড়ির ডায়াল *n* dial
ঘা *n* ulcer
ঘাটতি *n* shortage
ঘাবড়ে দেওয়া *v* pose
ঘাম *n* perspiration, sweat
ঘাম পড়া *v* sweat
ঘামা *v* perspire
ঘাষের ছাওয়া জমি *n* turf
ঘাস *n* grass, rye
ঘাস ছেঁটে দেওয়া *v* mow
ঘাসের চাপড়া *n* sod
ঘাসের বাগান *n* lawn
ঘিরে ধরা *v* mob
ঘুঁসি *n* punch
ঘুঁসি মারা *v* punch
ঘুঘু পাখি *n* dove
ঘুম *n* sleep
ঘুমাইবার স্থান *n* bunk bed
ঘুমান *v* sleep
ঘুমানো *v* nap

ঘুরিয়া বেড়ান v wander
ঘুরে বেড়ান v roam
ঘুরে বেড়ানো v loiter
ঘুষ n bribe, graft, kickback
ঘুষদান n bribery
ঘুষ দেওয়া v bribe, buy off, graft
ঘুড়ি n kite
ঘূর্ণিত adj staggering
ঘূর্ণন n turn
ঘৃণা n spite, disdain
ঘৃণা করা v hate, scorn, abhor
ঘৃণাপূর্ণ adj hateful, scornful
ঘৃণ্য adj despicable, detestable, obnoxious
ঘৃণ্য ব্যক্তি বা প্রাণী n toad
ঘেরা n barricade
ঘোমটা n veil
ঘোরা v turn, revolve
ঘোরান v turn
ঘোরান পথ n detour
ঘোরানো v swivel
ঘোষক n announcer, herald
ঘোষণা n announcement, declaration, proclamation
ঘোষণা করা v announce, declare, herald, proclaim; give out
ঘোড়া n horse
ঘ্যান ঘ্যান করা n whim
ঘ্যানঘ্যান adj nagging
ঘ্যানঘ্যান করা v nag
ঘ্রাণ n savor, smell

চ

চওড়া adj wide
চওড়া করা v broaden, widen
চকচকে adj ablaze, glossy
চকোলেট n chocolate
চকোলেট বিশেষ n bubble gum
চক্রান্ত করা v connive
চক্রান্তমূলক adj intriguing
চঞ্চল adj fickle, unsteady
চটকদার adj posh
চটচটে adj sticky
চটি n sandal
চটিজুতা n slipper
চতুর adj cunning, deft, foxy, sly, subtle
চতুর্থ adj fourth
চতুর্দিকে adv about, around
চন্দন n sandal
চন্দ্র n moon
চপ n chop
চপার n chopper
চমকে যাওয়া adj startled

চমকে দেওয়া *v* startle
চমৎকার *adj* fantastic, glorious, magnificent, superb, wonderful
চয়ন করা *v* pick
চর *n* scout
চরম অপকারিতা *n* malignancy
চরম অবস্থা *n* extremities
চরম দুর্দশা *n* distress
চরম পরিণতি *n* climax
চরম সঙ্কটপূর্ণ *adj* critical
চরমপন্থী *adj* extremist
চরস *n* hashish
চরান *v* graze
চরিত্র *n* character
চরিত্রের নীচতা *n* pettiness
চর্বি মাখান *v* grease
চর্বিতুল্য পদার্থ *n* grease
চর্বিযুক্ত *adj* greasy
চর্মের কাগজ *n* parchment
চর্মসার *adj* skinny
চলকাইয়া পড়িয়া যাওয়া *v* spill
চলিতে থাকা *v* go on, proceed
চলচ্চিত্র *n* cinema, film, movie
চলচ্চিত্র তোলা *v* film
চলচ্চিত্রের বিজ্ঞাপন *n* trailer
চলতি *adj* coarse
চলন্ত সিঁড়ি *n* escalator
চলমান *adj* ongoing
চল্লিশ *adj* forty

চশমা *n* eyeglasses, lens, spectacle
চড় *n* slap
চড় মারা *v* slap
চড়া *adv* aboard
চড়া *v* ride
চড়া দামে *adv* dearly
চড়া স্বর *n* tenor
চড়াই পাখি *n* sparrow
চাঁই *n* cob
চাঁদা *n* contribution
চাঁদা দেওয়া *v* contribute
চাঁদোয়া *n* awning
চা *n* tea
চাওয়া *v* want
চা পাত্র *n* teapot
চাকা *n* wheel
চাকা লাগানো চেয়ার *n* wheelchair
চাকার বেড় *n* rim
চাকতি *n* disk
চাকর *n* attendant, servant
চাকরি *n* job, employment
চা-চামচ *n* tablespoon
চাটু *n* pan
চাতাল *n* terrace
চাতুরি *n* guile
চাদর *n* sheet
চাদর পাতা *n* sheets
চাপ *n* pressure, stress
চাপ দেওয়া *v* depress, pressure

চাপ প্রদান করা v lobby
চাপা adj covert
চাপা দেওয়া v cushion, hush up, run over
চাপা দেওয়া n cover-up
চাপপূর্ণ adj stressful
চাপপ্রদান n strain
চাপমানযন্ত্র n barometer
চাপড় n pat
চাবুক n strap, scourge, whip
চাবুক মারা v whip
চাবি n key
চাবির রিং n key ring
চামচ n spoon
চার adj four
চারিদিকে স্থল থাকা adj landlocked
চারণ-ভূমি n pasture
চাল n rice
চালমাত n stalemate
চালাক adj clever, shrewd
চালাকি n trick
চালান n invoice
চালান v stir
চালান দেওয়া মাল n consignment
চালানো v prosecute
চালু করা v trigger, turn-on
চালু থাকা adv last
চালু রাখা v carry on
চালিয়ে যাওয়া v continue

চায়ের চামচ n teaspoon
চাষ n cultivation, farming
চাষ করা v cultivate, farm
চাষা n villain
চাষী n farmer
চাহিদাপত্র n bill
চাহিদাপত্র পাঠানো v bill
চিংড়ি n prawn, shrimp
চিকিৎসক n physician
চিকিৎসা n cure
চিকিৎসা করা v treat
চিকিৎসাপ্রণালী n treatment
চিকিৎসাবিদ্যা n therapy
চিকিৎসার অসাধ্য adj incurable
চিঠি n letter
চিতাবাঘ n leopard, panther
চিৎকার n cry, scream, shout, shouting
চিৎকার করা v call out, cry out, exclaim, scream, shout, yell
চিত্তাকর্ষক adj impressive
চিত্তবিভ্রম হওয়া v hallucinate
চিত্র n drawing, portrait
চিত্রকর n artist, painter
চিত্রিত পর্দা n tapestry
চিত্রলেখ-সংক্রান্ত adj graphic
চিনি n sugar
চিনিতে পারা v recognize
চিন্তা n thought

চিন্তা করা *v* think, figure out, ponder
চিন্তা না করিয়া *v* straighten out
চিন্তাশীল *adj* reflexive, thoughtful
চিন্তায় যোগাযোগ *n* telepathy
চিবুক *n* chin
চিবানো *v* munch
চিবোনো *v* chew
চিমটা *n* tweezers
চিমটি *n* pinch
চিমটি কাটা *v* pinch
চিমনি *n* chimney
চিরকুমারী *n* spinster
চিরুনি *n* hairbrush
চিরুনী *n* comb
চিরন্তন *n* eternity
চিরস্থায়ী *adj* everlasting, unending
চিমটি কাটা *v* nip
চিল *n* kite
চিলেকোঠা *n* attic
চিহ্ন *n* sign, token
চিহ্নিত করা *v* pinpoint; sign
চিহ্নিত করার যন্ত্র *n* marker
চিড় *n* rift
চিড় খাওয়া *v* crack
চিড়িয়াখানা *n* zoo
চীনামাটি *n* ceramic
চীনামাটির পাত্র *n* porcelain
চুক্তি *n* contract, agreement, covenant, pact, treaty, accord
চুক্তি করা *v* contract
চুক্তির শর্ত জানানো *v* stipulate
চুক্তি সংক্রান্ত *adj* federal
চুন *n* lime
চুনাপাথর *n* limestone
চুনি *n* ruby
চুপ করান *v* muffle, shut up, silence
চুপি চুপি করা *v* sneak
চুমুক *n* sip
চুমুক দেওয়া *v* sip
চুম্বকীয় *adj* magnetic
চুম্বন *n* kiss
চুম্বন করা *v* kiss
চুরি *n* theft
চুরি করা *v* steal, burglarize; snitch
চুরুট *n* cigar
চূর্ণ *n* powder
চূর্ণ করা *v* quash
চূর্ণবিচূর্ণ করা *v* smash
চূর্ণ-বিচূর্ণ করা *v* shatter, shiver
চুল *n* hair
চুল কাটেন যিনি *n* hairdresser
চুলের কাট *n* bangs
চুলের বিন্যাস *n* hairdo
চুল্লি *n* furnace, oven
চুল্লির সামনের অংশ *n* hearth
চূড়া *n* apex
চূড়ান্ত *adj* conclusive; ultimate

চূড়ান্ত বিপর্যয়কর *adj* crushing
চেইন *n* zipper
চেক বই *n* checkbook
চেতনা *n* consciousness
চেপটে দেওয়া *v* squash
চেরা *v* slit
চেরি ফল *n* cherry
চেষ্টা *n* essay, endeavor, exertion
চেষ্টা করা *v* strive, attempt, endeavor, try
চেহারা *n* figure
চোখ *n* eye
চোখ টিপুনি *n* wink
চোখ টেপা *v* wink
চোখ পিটপিট করা *v* blink
চোখ বেঁধে দেওয়া *v* blindfold
চোখের ছানি *n* cataract
চোখের জল *n* tear
চোখের জল মোছা *v* wipe
চোখের পাতা *n* eyelid
চোখের মণি *n* pupil
চোখ-সম্পর্কিত *adj* optical
চোঙের ব্যাস *n* caliber
চোদ্দ *adj* fourteen
চোর *n* thief
চোরা বালি *n* quicksand
চোরাই চালান *n* smuggler
চোষক *adj* sucker
চোষা *v* suck
চোয়াল *n* jaw
চৌকাঠ *n* threshold
চৌকো *adj* square
চৌমাথা *n* crossroads
চৌম্বকত্ব *n* magnetism
চৌর্য *n* larceny
চৌহাদ্দি *adj* bound
চ্যাটালো পাত্র *n* tray
চ্যান্সেলর *n* chancellor
চ্যাপটা করা *v* flatten

ছ

ছক্কা *n* dice
ছটফটে *adj* jumpy
ছটফট করা *v* writhe
ছত্রাক *n* fungus, mushroom
ছত্রীবাহিনী *n* paratrooper
ছদ্মনাম *n* pseudonym
ছদ্মনামা *adj* anonymous
ছদ্মনামযুক্ত *n* anonymity
ছদ্মবেশ *n* camouflage, disguise
ছদ্মবেশ করা *v* camouflage
ছদ্মবেশ নেওয়া *v* disguise
ছন্দ *n* rhythm

ছবি *n* image, picture
ছমাসব্যাপী পঠনকাল *n* semester
ছয় *adj* six
ছল *n* hoax, ruse
ছলনাময় *adj* elusive
ছড়াইয়া পড়া *v* spread, soak in
ছড়ান *v* dissipate, scatter
ছড়িয়ে দেওয়া *v* propagate
ছাঁকনি *n* strainer
ছাঁচ *n* mold; block
ছাঁচে তৈয়ারী *adj* moldy
ছাঁচে ফেলা *v* mold
ছাঁটা *v* shear, prune
ছাই *n* ash
ছাইদানি *n* ashtray
ছাউনি *n* shed
ছাগী *n* nanny
ছাগল *n* goat
ছাতা *n* umbrella
ছাত্র *n* pupil, student
ছাত্রবৃত্তি *n* scholarship
ছাদ *n* ceiling, roof
ছাপ দেওয়া *v* seal, stamp
ছাপ মেরে দেওয়া *v* impress
ছাপাইয়া যাওয়া *v* excel, outdo
ছাপিয়ে যাওয়া *v* outshine; outweigh
ছারপোকা *n* bug
ছায়া *n* shade, shadow
ছায়াপথ *n* galaxy
ছায়াময় *adj* shady
ছায়ামূর্তি *n* silhouette
ছাড় *n* concession; discount, rebate
ছাড় দেওয়া *v* discount
ছাড়া *pre* without
ছাড়ানোর যন্ত্র *n* peel
ছাড়িয়া দেওয়া *v* give away, unleash
ছাড়পত্র *n* pass, passport
ছিঁচকে চুরি করা *v* pilfer
ছিটাইয়া দেওয়া *v* sprinkle
ছিদ্র *n* leak
ছিদ্র করা *v* drill, bore
ছিদ্র করার যন্ত্র *n* drill
ছিনতাই করা *n* hijack
ছিন্ন করা *v* tear
ছিন্ন করার যন্ত্র *n* punch
ছিপি *n* cork, plug, tap
ছুঁড়ে দেওয়া *v* toss
ছুটির দিন *n* holiday
ছুতোর *n* carpenter
ছুতোরগিরি *n* carpentry
ছুরি *n* knife
ছুরি দিয়া কাটা *v* whittle
ছুরি মারা *v* stab
ছুরিকাঘাত *n* stab
ছুরির ফলা *n* blade

ছেঁটে দেওয়া *v* crop
ছেদন করা *v* intersect
ছেনালি করা *v* flirt
ছেলেমানুষী *adj* childish
ছোকরা *adj* brat
ছোট *adj* short, small
ছোট ঘর *n* cubicle, kiosk
ছোট টুকরা *n* crumb
ছোট টুকরো *n* scrap
ছোট ঢেউ *n* ripple
ছোট নাটক *n* revue
ছোট নৌকা বিশেষ *n* canoe
ছোট পাখি *n* quail
ছোট পিপা *n* keg
ছোট পুতুল *n* puppet
ছোট বন্দুক *n* handgun
ছোট বর্শা *n* dart
ছোট বাক্স *n* briefcase
ছোট বোমা *n* grenade
ছোট শিশু *n* toddler
ছোট স্কার্ট *n* miniskirt
ছোট সামুদ্রিক প্রাণী *n* squid
ছোরা *n* dagger
ছোলা *n* gram
ছোড়া *v* throw
ছ্যাঁকা দেওয়া *v* brand

জ

জংশন *n* junction
জঘন্য *adj* atrocious, awful, heinous, rubbish
জঙ্গল *n* forest
জঞ্জাল *n* garbage, trash, rubbish
জট *n* knot
জট খোলা *v* disentangle, unravel
জট পাকানো *n* tangle
জটিল *adj* complex, intricate
জটিল অবস্থা *n* complication
জটিল করা *v* complicate
জটিলতা *n* complexity
জাঁকাল *adj* gorgeous, ostentatious
জাগান *v* arouse, rouse
জনাকীর্ণ *adj* crowded
জন্য *pre* because of, for
জনতা *n* crowd, mob
জনপদ *n* borough
জনপ্রিয় *adj* popular
জনপ্রিয় করা *v* popularize
জনপ্রিয় নয় *adj* unpopular
জনপ্রিয়তা *n* vogue
জনবহুল *adj* congested
জনশূন্যতা *n* desolation
জনশ্রুতি *n* hearsay
জনসংখ্যা *n* population

জনসমূহ *n* people
জনহীন *adj* deserted
জন্ম *n* birth
জন্মগত *adj* innate; genetic
জন্ম দেওয়া *v* generate
জন্ম নেয়া *v* born
জন্ম হওয়া *v* be born
জন্মদাতা *n* generator
জন্মদিন *n* birthday
জবাই *n* slaughter
জবাই করা *v* slaughter
জবাব *n* response
জবাব দেওয়া *v* answer, respond
জব্দকরণ *n* seizure
জব্বর *n* excellent
জমা *n* deposit, savings
জমা কাজ *n* backlog
জমা করিয়া রাখা *v* hoard
জমা দেওয়া *v* lodge
জমাট *n* concrete
জমাট করা *v* freeze
জমাট বাঁধা *v* coagulate
জমাটবাঁধা *adj* freezing, gory
জমাটবদ্ধ *adj* concrete
জমান *v* amass, pile up
জমি ভরাট করা *n* landfill
জমিদার *n* landlord
জমির সার *n* manure
জমে যাওয়া *v* curdle
জয় *n* conquest, victory
জয়চিহ্ন *n* trophy
জয়ী *n* conqueror, victor
জয়ী *adj* victorious
জয়োৎসব *n* triumph
জরাগ্রস্ত *adj* senile
জরাজীর্ণ *adj* decrepit, ragged
জরায়ু *n* uterus
জরিমানা *n* fine, penalty
জরিমানা করা *v* fine, penalize
জরুরি *adj* pressing, urgent
জরুরি অবস্থা *n* emergency
জল *n* water
জল উত্তাপনের যন্ত্র *n* water heater
জল বসন্ত *n* chicken pox
জল সেচন করা *v* irrigate, water
জলা মাটি *n* bog
জলাতঙ্ক রোগ *n* rabies
জলাধার *n* cistern, reservoir, tank
জলাভেদ্য *adj* waterproof
জলাভূমি *n* swamp
জলাভূমিতেপূর্ণ *adj* swamped
জলচর পক্ষিবিশেষ *n* pelican
জলজ *adj* aquatic
জলযাত্রা বা সমুদ্রযাত্রা *n* voyage
জলযান *n* launch
জলনির্গমন পথ *n* floodgate
জলনিষ্কাশন *n* drainage
জলপাই *n* olive

জলপূর্ণ *adj* sloppy
জলপ্রপাত *n* cataract, cascade, chute, waterfall
জল-প্লাবিত করা *v* flood
জলবিভাজিকা *n* watershed
জলমুক্ত করা *v* dehydrate
জলমগ্ন করা *v* submerge
জলরোধক *adj* watertight
জলসংক্রান্ত *adj* watery
জলসেচন *n* irrigation
জলে ঝাঁপ দেওয়া *v* dive
জলের আধার বিশেষ *n* jug
জলের কলের কাজ *n* plumbing
জলের কলের মিস্ত্রী *n* plumber
জলের ডোবা *n* pool
জলের মধ্যে ভ্রমণ *v* surf
জড় করা *v* gather, muster, accumulate
জড়বাদ *n* materialism
জড় বুদ্ধিসম্পন্ন ব্যক্তি *adj* moron
জড়ান *v* wrap
জড়িত *v* involved
জড়িত করা *v* involve
জড়িত থাকা *v* concern
জড়িয়ে ফেলা *v* entangle
জাগুয়ার *n* jaguar
জাগতিক *adj* cosmic
জাগরণ *n* awakening, vigil
জাগ্রত হইয়াছে এমন *adj* awake

জাত *n* caste
জাতি *n* nation, tribe
জাতিগত *adj* generic
জাতিগত বিবাদ *n* feud
জাতিচ্যুত *adj* outcast
জাতীয় *adj* national
জাতীয়করণ করা *v* nationalize
জাতীয়তা *n* nationality
জাদুঘর *n* museum
জাদুমুগ্ধ করা *v* enchant
জাদুমন্ত্র *n* spell
জানা *v* know
জানানো *v* convey, report
জানালা *n* window
জানে না এমন *adj* unaware
জানুয়ারী মাস *n* January
জাপান *n* Japan
জাপানী *adj* Japanese
জামা *n* shirt
জামাকাপড় পরানো *v* clothe
জামাতা *n* son-in-law
জামানত *n* bail, pledge
জামানতে মুক্ত করা বা হওয়া *v* bail out
জামার কলার *n* collar
জামার হাতা *n* sleeve
জামিন *n* guarantee
জামিন রাখা *v* pledge
জামিনদার *n* guarantor

জামজাতীয় ফল n blackberry
জায়গা n space
জারজ সন্তান n bastard
জারি করা v issue
জার্মান ভাষা adj German
জার্মানী n Germany
জাল n web, net, network
জাল করা v fake, falsify
জালিয়াতি n forgery
জালের বুনানী n mesh
জাহাজ n ship
জাহাজ থেকে জলে পড়া adv overboard
জাহাজঘাটা n wharf, dock; shipyard
জাহাজে তোলা v embark
জাহাজের অগ্রভাগ n bow, prow
জাহাজডুবি n shipwreck
জিজ্ঞাসা করা v ask, inquire, solicit
জিতে ফেরা v win back
জিদ n persistence
জিন n gene; saddle
জিনিষপত্র n belongings
জিনিস n thing
জিম্মি n hostage
জিরাফ n giraffe
জিহ্বা n tongue
জীব n creature
জীবাণু n germ

জীবানু n bacteria, microbe
জীবানুনাশক n antibiotic
জীবানুমুক্ত করা v pasteurize
জীবাশ্ম n fossil
জীবিকা n bread, livelihood
জীবিত adj live
জীবিত হওয়া v revive
জীবদেহের মলকোষ n cyst
জীবন n life
জীবনকাল adj lifetime
জীবনী n biography
জীবনীশক্তি n vitality
জীবনে মানিয়া চলা v live up
জীবনযাত্রা n lifestyle
জীবনযাপন করা v live off
জীবন্ত adj alive, lively, vivid
জীববিজ্ঞান সংক্রান্ত adj biological
জীববিদ্যা n biology
জীবসংস্থা n organism
জীর্ণ adj dilapidated, shabby, worn-out
জুতা n footwear, shoe
জুতা পালিশ n shoe polish
জুতার দোকান n shoe store
জুতার ফিতা n shoelace
জুতো n boot
জুন n June
জুরিবর্গ n jury
জুলাই n July

জুলপি n sideburns
জুলুম করা v extort
জুলুমবাজ ব্যক্তি n bully
জুয়াখেলা v gamble
জুয়ার পুরস্কার n jackpot
জেগে ওঠা v wake up
জেটিতে পৌঁছান v dock
জেতা v win
জেদ ধরে রাখা v insist
জেদী n stiffness
জেবরা n zebra
জেরা করা v interrogate
জেলা n district
জেলি n jam
জেলে n fisherman
জোঁক n leech
জোগান v yield
জোচ্চোর n con man
জোট n coalition
জোতা v hitch up
জোর n emphasis, pressure
জোর করা adj strained
জোর করিয়া আদায় n extortion
জোর করে ঢুকে পড়া v intrude
জোর খাটানো ব্যক্তি adj overbearing
জোর জবরদস্তি adj compelling
জোর দেওয়া v emphasize
জোরাজুরি না করা v waive

জোরে আঘাত n bump
জোরে ঘা দেওয়া v ram
জোরে টানা v haul
জোরদার করা v boost
জোড় adj even
জোড় n pair
জোয়ার-ভাটা n tide
জ্ঞাতসারে adv knowingly
জ্ঞান n knowledge, sense
জ্ঞান n wisdom
জ্ঞানী adj wise
জ্ঞাপন করা v brief, communicate, inform
জ্বর n fever
জ্বরভাবগ্রস্ত adj feverish
জ্বলন্ত adj ablaze, ardent, red-hot
জ্বলন্ত অঙ্গার n embers
জ্বলন্ত কাষ্ঠখন্ড n brand
জ্বালাতনকর adj irritating
জ্বালান v enlighten
জ্বালানী দ্রব্য n fuel
জ্বালানীকাঠ n firewood
জ্যামিতি n geometry
জ্যেষ্ঠ n elder
জ্যেষ্ঠত্ব n seniority
জ্যোতির্বিজ্ঞান n astronomy
জ্যোতির্বিজ্ঞানী n astronomer
জ্যোতিষি n astrologer
জ্যোতিষ-শাস্ত্র n astrology

ঝ

ঝকমক করা *v* glitter
ঝগড়া *n* quarrel
ঝগড়া করা *v* broil, quarrel
ঝগড়াটে *adj* contentious, quarrelsome
ঝঞ্ঝাবহুল *adj* stormy
ঝরান *v* exude
ঝর্না *n* fountain
ঝলসান *v* parch
ঝলসান মাংস *n* roast
ঝলসানো *v* roast
ঝলসে রান্না *n* barbecue
ঝড় *n* storm
ঝড়ো *adj* gusty
ঝাঁক *n* set, cluster
ঝাঁক বাঁধা *v* cluster
ঝাঁকুনি *n* hitch, jerk
ঝাঁকুনি দেওয়া *v* jerk
ঝাঁটা *n* sweep
ঝাঁপ দেওয়া *v* plunge
ঝাপটান *v* flutter
ঝাপসা *adj* fuzzy, blurred
ঝামেলায় জড়ান *v* embroil
ঝালাই করা *v* weld
ঝালিয়ে নেওয়া *v* brush up
ঝাড়ু দেওয়া *v* sweep
ঝিঁঝিঁপোকা *n* cricket
ঝি *n* maid
ঝিকমিক করা *v* twinkle
ঝিনুক *n* clam, oyster
ঝিমান *v* snooze
ঝিল্লি *n* membrane
ঝুঁকি *n* risk, venture
ঝুঁকি *adj* hazardous
ঝুঁকি লওয়া *v* risk, venture
ঝুঁকিপূর্ণ *adj* risky
ঝুলকালি *n* grime
ঝুলান *v* hang
ঝুড়ি *n* basket
ঝোঁক *n* leaning, penchant
ঝোঁকা *v* bend, lean
ঝোপ *n* shrub, bush
ঝোল *n* broth, puree
ঝোলা *v* bag
ঝোলান *v* hang up
ঝোলান বস্তু *n* pendant

ট

টক *n* sauce
টগবগ করা *v* simmer
টনসিল *n* tonsil
টম্যাটো *n* tomato
টব *n* tub
টর্চ *n* flashlight
টর্চ-লাইট *n* torch
টলতে টলতে চলা *v* stagger
টলমল করা *v* vacillate, wobble
টহল *n* patrol
টাইপ করা *v* type
টাকা *n* money
টাকা নেওয়ার জানলা *n* counter
টাকা প্রদান *n* payment
টাকার ব্যাগ *n* purse
টান ধরা *p* cramped
টানা *v* draw, drag
টানিয়া তুলে ফেলা *v* pluck
টানিয়া লওয়া *v* trail
টান-টান করা *v* strain
টারবাইন *n* turbine
টালি *n* tile
টিউমার *n* tumor
টিকে যাওয়া *v* survive
টিকে থাকা *n* survival
টিন্ *n* tin
টিনে সংরক্ষিত *adj* canned
টিয়া পাখি বিশেষ *n* parakeet
টীকা *n* annotation, note
টীকা দেওয়া *v* vaccinate
টীকা লেখা *v* annotate
টীকাকরণ *v* immunize
টীকা-সংক্রান্ত *n* vaccine
টুকিটাকি কাজ *n* chore
টুকিটাকি জিনিষপত্র *v* fry
টুকরা *n* slip; chunk, fragment, shred, splint, splinter
টুকরা টুকরা করা *v* splinter
টুকরা-টুকরা হওয়া *v* crumble
টুকরো *n* bit
টুকরো করে কাটা *v* dice
টুকরো টুকরো হওয়া *v* come apart
টুপি *n* cap, hat
টুপি বিশেষ *n* beret
টেঁকসই *adj* durable
টেকসঁই *adj* lingering
টেক্কা *n* ace
টেনিস খেলা *n* tennis
টেনে তোলার প্রক্রিয়া *n* traction
টেপ-রকর্ডার *n* tape recorder
টেবিল *n* table
টেবিলের কাপড় *n* tablecloth
টেলিগ্রাম *n* wire
টেলিফোন করা *v* phone

টেলিফোনের শব্দ *n* dial tone
টেলিভিশন *n* television
টেলিভিশনে সম্প্রচার *v* televise
টেলিভিশনের ব্যাণ্ড *n* channel
টোকা দেওয়া *v* knock
ট্যাক্সি *n* cab
ট্রামগাড়ি *n* streetcar
ট্রামগাড়ী *n* tram

ঠ

ঠকাইবার উদ্দেশ্য *adj* trumped-up
ঠকবাজি *n* scam
ঠাকুরদাদা *n* granddad
ঠাট্টা *n* joke
ঠাট্টা করা *v* joke
ঠান্ডা *adj* cool, chilly, cold, cooling
ঠান্ডা করা *v* chill, refrigerate
ঠান্ডা ঘর *n* icebox
ঠান্ডা ভাব *n* coldness
ঠান্ডা হওয়া *v* chill out
ঠিক *adj* exact
ঠিক করা *v* redress
ঠিকভাবে কাজ না করা *v* malfunction
ঠিকভাবে কাজে অসমর্থ *n* malfunction
ঠিকরে আসা *v* bound
ঠিক হওয়া *v* ought to
ঠিকা *n* contract
ঠিকানা *n* address
ঠেলা *n* trolley
ঠেলাগাড়ি *n* wheelbarrow
ঠেলাঠেলি *n* stampede
ঠেসে ভরা *v* cram
ঠোঁট *n* lip
ঠোকর *n* peck
ঠোকর দেওয়া *v* peck

ড

ডলার *n* dollar
ডাইনী *n* witch
ডাইনোসর *n* dinosaur
ডাক *n* call
ডাককর্মী *n* postman
ডাকঘর *n* post office
ডাক দেওয়া *v* call
ডাক যোগে পাঠান *v* mail
ডাকবাক্স *n* mailbox

ডাক বহনের থলি *n* mail
ডাক মাসুল *n* postage
ডাক হরকরা *n* mailman
ডাকা *v* motion, summon
ডাকাত *n* robber
ডাকাতি *n* robbery
ডাকে পাঠানো *v* post
ডাকে পাঠানো পার্সেল *n* parcel post
ডাকের ছাপ *n* postmark
ডাক্তার *n* doctor
ডাঙ্গা *n* land
ডানা *n* fin; wing
ডানদিকে *adv* right
ডায়াবিটিস রোগী *adj* diabetic
ডালিম *n* pomegranate
ডিউক-পৎমী *n* duchess
ডিনামাইট *n* dynamite
ডিম *n* egg
ডিমের কুসুম *n* yolk
ডিমের পায়েস *n* custard
ডিমের সাদা অংশ *n* egg white
ডিম্বকোষ *n* ovary
ডিম্বাকৃতি *adj* oval
ডিশ *n* saucer
ডিসেম্বর *n* December
ডুব দেওয়া *v* duck
ডুবুরি *n* diver
ডুমুর *n* fig
ডুবন্ত *adj* sunken
ডুবে যাওয়া *v* sink; drown
ডেনমার্ক *n* Denmark
ডেস্ক *n* desk
ডোরা *n* stripe
ডোরা-কাটা *adj* striped
ড্রাগন *n* dragon

ঢ

ঢুকিতে দেওয়া *v* let in
ঢুকে পড়া *v* squeeze in
ঢাক *n* drum
ঢাকা দেওয়া *v* cap, cover, cover up
ঢাকিয়া ফেলা *v* envelop
ঢাকনা *n* cover
ঢাল *n* shield, slope
ঢালু *adj* slanted
ঢাল *v* incline
ঢালা *v* pour
ঢালাইয়ের স্থান *n* foundry
ঢালিয়া দেওয়া *n* infusion
ঢিলা *adj* loose
ঢিলা করা *v* veer
ঢেউ *n* tidal wave

ঢেকুর *n* belch, burp
ঢেকুর তোলা *v* belch, burp
ঢেকে ফেলা *v* overshadow
ঢেকে রাখা *v* mask
ঢেলে দেওয়া *n* outpouring
ঢোকা *v* get in, go in
ঢোলা *adj* baggy

ত

তখন *adv* then
তখন অবধি যখন *adv* till
তছনছ *n* disruption
তছনছ করা *v* disrupt
তঞ্চন *n* coagulation
তৎক্ষণাৎ *adv* immediately
তৎপর *adj* prompt
তৎপরতা *n* readiness
তৎসত্ত্বেও *adv* nevertheless
তৎসত্ত্বেও *c* nonetheless
তত্ব *n* theory
তত্বাবধান করা *v* mind, oversee
তত্বাবধায়ক *n* caretaker, supervisor
তথাকথিত *adj* so-called
তথাপি *adv* still
তথ্য *n* data, information
তথ্য-সংরক্ষণ *n* database
তদন্ত *n* inquisition, investigation
তদন্ত করা *v* investigate, look into
তন্তু *n* fiber
তন্দ্রা *n* doze
তন্দ্রাচ্ছন্ন হওয়া *v* doze
তন্নতন্ন করে খোঁজা *v* ransack
তরওয়াল মাছ *n* swordfish
তরঙ্গ *n* wave
তরঙ্গায়িত *adj* wavy
তরফে *adv* behalf (on)
তরবারি *n* sword
তরমুজ *n* melon; watermelon
তরল *n* liquid
তরল আবর্জনা *n* sewage
তরল করা *v* dilute, water down
তরল ছাঁকনি *n* filter
তরল জ্বালানি চালিত *adj* hydraulic
তরল পদার্থ *n* fluid, liquid
তরল বস্তু *n* liquor
তরলের ঝাপটা মারা *v* splash
তরুণ *adj* juvenile
তরোয়াল খেলা *n* fencing
তরোয়াল খেলা করা *v* fence
তর্জন-গর্জন করা *v* rampage
তর্ক *n* argument
তর্ক করা *v* argue

তর্কাতীত *adj* indisputable
তর্কাতর্কি *n* altercation, debate
তর্কাতর্কি করা *v* debate
তর্কপ্রিয় *adj* debatable
তল *n* facet
তলদেশ *n* bottom
তলহীন *adj* bottomless
তহবিল *n* fund
তহবিলে জমা দেওয়া *v* fund
তড়িতবিদ্ *n* electrician
তাঁত *n* loom
তাঁতী *adj* woven
তাঁবু *n* pavilion, tent
তাক *n* shelf
তাকান *v* look at
তাছাড়া *adv* moreover
তাজা *adj* fresh
তাজা রাখা *v* embalm
তাৎক্ষণিক *n* instant
তাৎক্ষণিকভাবে *adv* instantly
তাপ *n* heat, temperature
তাপ বিকিরণ যন্ত্র *n* radiator
তাপপ্রবাহ *n* heat wave
তাপমাত্রা *n* degree
তাপমাপক-যন্ত্র *n* thermometer
তাপস্থাপক *n* thermostat
তামা *n* copper
তামাক *n* tobacco
তামাটে রং *adj* tanned

তার *n* wire, staple
তার দিয়া বাঁধা *v* staple
তারকা-চিহ্ন *n* asterisk
তারবার্তা *n* telegram
তারবিহীন *adj* cordless
তারা *n* star
তারিখ *n* date
তারিখ দেওয়া *v* date
তাল *n* beat
তালু *n* palate
তালগোল *n* mix-up
তালা *n* lock, padlock
তালা খুলিয়া ফেলা *v* unlock
তালা দেওয়া *v* lock
তালা বন্ধ রাখা *v* lock up
তালা ভেঙ্গে প্রবেশ *v* break in
তালাওয়ালা *n* locksmith
তালি *n* patch
তালি দেওয়া *v* applaud, clap
তালি মারা *v* botch, patch
তালিকা *n* schedule; list, catalog; enrollment
তালিকা দেওয়া *v* list
তালিকাভুক্ত করা *v* catalog, enlist, schedule
তাহার *adj* her; his
তাহার *pro* hers; his
তাহারা *pro* they
তাহারা স্বয়ং *pro* themselves

তাড়াইয়া দেওয়া *v* chase away
তাড়াতাড়ি *adj* quick
তাড়াতাড়ি *adv* hurriedly
তাড়াতাড়ি করা *v* hurry up
তাড়াতাড়ি লেখা *v* scribble
তাড়াহুড়া *n* fuss
তাড়িয়ে দেওয়া *v* drive away
তাড়না *n* impulse
তিক্ত *adj* bitter
তিক্ত করা *v* embitter
তিক্ততা *n* bitterness
তিক্ততার সহিত *adv* bitterly
তিতির পক্ষী *n* partridge
তিন *adj* three
তিনিই *pro* herself
তিমি *n* whale
তিরস্কার *n* admonition, rebuke, condemnation
তিরস্কার করা *v* admonish, condemn, rebuke
তির্যক *adj* diagonal
তির্যক্ গতি *n* glance
তিড়িং লাফ *n* bounce
তীক্ষ্ণ *adj* acute, edgy, pointed
তীক্ষ্ণ *n* pie, tart
তীক্ষ্ণ চিৎকার *n* shriek
তীক্ষ্ণ চিৎকার করা *v* shriek
তীক্ষ্ণদন্ত প্রাণী *n* rodent
তীক্ষ্ণবুদ্ধি *adj* cute
তীক্ষ্ম বুদ্ধিসম্পন্ন *adj* astute
তীব্র *adj* severe, acute, intense, intensive, stinging, strenuous
তীব্র চাহনি *n* glare
তীব্রতা *v* intensify
তীব্রতা হ্রাস করা *v* defuse
তীব্র-দুর্গন্ধময় *adj* fetid
তীব্র প্রতিক্রিয়া *n* backlash
তীব্র ব্যঙ্গ *n* sarcasm
তীব্র ব্যঙ্গপূর্ণ *adj* sarcastic
তীব্র স্রোত *n* torrent
তীর *n* arrow
তীরের দিকে *adv* ashore
তীর্থযাত্রা *n* pilgrimage
তীর্থযাত্রী *n* pilgrim
তুচ্ছ *adj* paltry, trivial
তুচ্ছ *n* banality
তুমি *pro* you
তুমিই *pro* yourself
তুরস্ক রাজ্য *n* Turkey
তুরস্কদেশীয় লোক *adj* Turk
তুলনা *n* comparison
তুলনা করা *v* compare
তুলনামূলকভাবে বেড়ে যাওয়া *v* outgrow
তুলনামূলকভাবে বেগে দৌড়নো *v* outrun
তুলনামূলকভাবে স্থায়ী হওয়া *v* outlast
তুলনীয় *adj* comparable

তুলি *n* brush
তুলো *n* cotton
তুষার *n* frost
তুষার কণা *n* snowflake
তুষার ঝড় *n* blizzard
তুষার পাদুকা *n* skate
তুষার পাদুকায় চড়া *v* skate
তুষারাবৃত *adj* frostbitten
তুষারপাত *n* snowfall
তুষারপাত হওয়া *v* snow
তুষারপূর্ণ *adj* frosty
তৃতীয় *adj* third
তৃণভূমি *n* meadow
তৃণমূল *adj* grassroots
তৃপ্ত করা *n* fulfillment
তৃপ্তিকর *adj* delicate
তৃপ্তিকরতা *n* delicacy
তৃপ্তিহীন *adj* insatiable
তৃষ্ণা *v* thirst
তৃষ্ণার্ত *adj* thirsty
তেজস্বী *adj* dashing
তেপায়া *n* tripod
তেরো *adj* thirteen
তেল *n* oil
তেল বহনের পাইপের নল *n* pipeline
তেড়ে যাওয়া *v* dash
তৈলাক্ত পদার্থ লাগানো *v* lubricate
তৈলাক্তকরণ *n* lubrication

তৈলাদি লেপন করা *v* anoint
তোতাপাখি *n* parrot
তোতলাইয়া বলা *v* stammer
তোতলামি করা *v* stutter
তোমার *adj* your
তোমারটি *pro* yours
তোয়ালে *n* towel
তোয়ালে বিশেষ *n* diaper
তোরঙ্গ *n* trunk
তোরণ *n* gate
তোলা *v* hoist
তোষামোদ *n* adulation, flattery
তোষামোদ করা *v* flatter
ত্যাগ *n* sacrifice
ত্যাগ করা *v* quit
ত্বক *n* skin
ত্বক দিয়া আবৃত করা *v* skin
ত্বরা *n* haste, urgency
ত্বরান্বিত করান *v* precipitate, quicken
ত্রিগুণ *adj* triple
ত্রিভুজ *n* triangle
ত্রিমাত্রা *n* trimester
ত্রিশ *adj* thirty
ত্রুটি *n* imperfection, error
ত্রুটি থাকা *v* lapse
ত্রুটিপূর্ণ *adj* incorrect
ত্রুটিবিচ্যুতি *n* lapse
ত্রুটিহীনতা *n* perfection

ত্রৈমাসিক *adj* quarterly

থ

থলি *n* bag, wallet
থাকা *v* exist, remain, stay
থাবা *n* fang; paw
থামা *v* stop
থালা *n* dish
থালা ধোয়ার যন্ত্র *n* dishwasher
থুথু ফেলা *v* spit
থেকে *pre* from
থেকে আসা *v* come from

দ

দংশন *n* bite
দংশন করা *v* bite
দক্ষ *adj* capable, expert, proficient, skillful
দক্ষতা *n* faculty, proficiency
দক্ষিণাঞ্চলবাসী *n* southerner
দক্ষিণাভিমুখী *adj* southern
দক্ষিণদিকগামী *adv* southbound
দক্ষিণদিকে *n* south
দখল *n* seizure
দখল করা *v* preempt
দখলিকৃত *n* possession
দগ্ধ করা *v* burn
দণ্ড *n* baton
দণ্ডিত ব্যক্তি *v* convict
দণ্ডযোগ্য অপরাধ *n* crime
দন্ডাজ্ঞা *n* conviction
দন্ডায়মান হওয়া *n* stand
দন্ডদান স্থগিত রাখা *n* reprieve
দন্তচিকিৎসক *n* dentist
দন্ত্য *adj* dental
দন্তমূল *n* stub
দপ্তর *n* office
দফা *n* item
দমকল কর্মী *n* firefighter
দমকল-কর্মী *n* fireman
দমন *n* repression
দমন করা *v* curb, quell, repress, suppress
দম্পতি *n* couple
দম্ভ করা *v* brag
দয়া *n* clemency
দয়া করা *v* please
দর *n* quotation, bid, rate
দর দেওয়া *v* quote, bid
দরওয়ান *n* janitor
দরকষাকষি *n* negotiation

দর-কষাকষি *n* bargain, bargaining
দর-কষাকষি করা *v* bargain, haggle
দরখাস্ত *n* petition
দরজা *n* door
দরজার আগের ধাপ *n* doorstep
দরজার তালা *n* latch
দরদী *adj* pitiful
দরুন *adv* owing to
দরুন *pre* because of
দরাজ *adj* lavish
দরিদ্র *n* poor
দরিদ্রভাবে *adv* poorly
দর্জি *n* tailor
দর্শক *n* bystander, onlooker, spectator
দর্শন *n* philosophy, view
দল *n* set, band, gang, outfit, party, team
দল ভাঙ্গিয়া যাওয়া *v* disband
দলিল *n* voucher
দলিল প্রদর্শন *n* documentation
দলিলসংক্রান্ত *n* documentary
দলছুট *adj* stray
দলছুট হওয়া *v* stray
দলত্যাগ করা *v* break away
দলবদ্ধ গাড়ি *n* convoy
দশ *adj* ten
দশ বৎসর কাল *n* decade
দশ সেন্টের রৌপ্যমুদ্রা *n* dime
দশম *n* tenth
দশমিক *adj* decimal
দশলক্ষ *n* million
দস্যু *n* bandit
দস্তখত *n* sign
দস্তা *n* zinc
দস্তানা *n* glove
দস্তুরি *n* commission
দহন *n* combustion
দড়াম করে বন্ধ করা *v* slam
দড়ি *n* cord, cable, rope, string
দড়ির ফাঁস *n* lasso
দড়ির ফাঁস দিয়ে ধরা *v* lasso
দড়ির ফাঁসবিশেষ *n* noose
দাঁত *n* tooth
দাঁতওয়ালা চাকা *n* gear
দাতা *n* donor
দাঁতের ছাতা *n* tartar
দাঁতের পাটি *n* dentures
দাঁতের বেদনা *n* toothache
দাঁড় *n* oar
দাঁড় টানা *v* row
দাঁড় বহা *v* paddle
দাঁড়কাক *n* raven
দাঁড়যন্ত্র *n* lever
দাঁড়ান *v* stand
দাঁড়িপাল্লা *n* balance
দাই *n* midwife
দাগ *n* mark, stain

দাগ *n* blot
দাগ দেওয়া *v* mark
দাগ লাগানো *v* blot
দাগযুক্ত *adj* tainted
দাঙ্গা *n* riot, tumult
দাঙ্গা করা *v* riot
দাঙ্গাপূর্ণ *adj* tumultuous
দাতব্য *adj* charitable
দান *n* donation, gift, grant
দান করা *v* donate
দানব *n* prodigy
দানবীয় *adj* gigantic
দানশীলতা *n* generosity
দাবা *n* chess
দাবি *n* claim, demand
দাবি করা *v* claim, demand, require
দাবি পরিত্যাগ করা *v* back down, disclaim, renounce
দাবিকারী *adj* demanding
দামী *adj* costly, pricey
দাম্পত্য *adj* conjugal
দাম্ভিক *adj* conceited, lofty
দাম্ভিকতা *n* pomposity
দায় *n* liability
দায়গ্রস্ত করা *v* embarrass
দায়িত্ব *n* guarantee, responsibility
দায়িত্বগ্রহণ করা *v* guarantee, warrant
দায়ী *adj* liable, responsible
দায়ী করা *v* incur
দায়বদ্ধ করা *v* obligate
দায়বদ্ধতা *n* obligation
দায়মুক্ত করা *v* redeem
দারিদ্র *n* poverty
দারুচিনি *n* cinnamon
দারুন উত্তাপ *n* ardor
দার্শনিক *n* philosopher
দালান *n* corridor, lobby
দাসত্ব *n* slavery
দাসত্ববন্ধন *n* bondage
দাহ করা *v* cremate
দাহ্য *adj* flammable
দাহ্য পদার্থ *n* combustible
দাহ্যতা *n* inflammation
দাড়ি *n* beard
দাড়ি কামানোর খুর *n* razor
দিক নির্ণয় যন্ত্র *n* compass
দিকে *pre* towards
দিকনির্ণয়-যন্ত্র *n* radar
দিকনির্দেশ *n* direction
দিকভ্রান্ত *adj* disoriented
দিগন্ত *n* horizon
দিগন্তস্থিত *adj* horizontal
দিন *n* day
দিনলিপি *n* diary
দিবা-স্বপ্ন *v* daydream
দীক্ষা *n* baptism

দীক্ষিত করা *v* baptize
দীপ *n* lamp
দীর্ঘ *adj* long
দীর্ঘ করা *v* lengthen
দীর্ঘকাল থাকা *v* linger, persist
দীর্ঘায়িত করা *v* long for
দীর্ঘদিন টিকে থাকা *v* outlive
দীর্ঘনিঃশ্বাস *n* sigh
দীর্ঘনিঃশ্বাস ফেলা *v* sigh
দীর্ঘ-সূত্র *adj* long-term
দীর্ঘস্থায়ী *adj* chronic
দীর্ঘস্থায়ী অচেতনতা *n* coma
দুঃখ *n* grief, grievance, sadness, sorrow, woes
দুঃখ দেওয়া *v* grieve
দুঃখিত *adj* sad, sorrowful, sorry
দুঃখিত হওয়া *v* sadden
দুঃখজনক *adj* regrettable, tragic
দুঃখপ্রকাশ *n* regret
দুই *adj* two
দুগ্ধ *n* milk
দুগ্ধবৎ *adj* milky
দুধের সর *n* cream
দুধের সর তোলা *v* skim
দুবার পরীক্ষিত *v* double-check
দুমড়ে যাওয়া *v* warp
দুরবস্থার কারণ *n* tribulation
দুরাত্মা *n* tyrant
দুর্গ *n* castle, fort
দুর্গন্ধ *n* stench, stink
দুর্গন্ধ *adj* stinking
দুর্গন্ধ ছাড়া *v* stink
দুর্গন্ধযুক্ত *adj* smelly
দুর্গন্ধনাশক *n* deodorant
দুর্ঘটনা *n* accident, disaster, tragedy
দুর্ঘটনামূলক *adj* disastrous
দুর্দশা *n* adversity, affliction, misery
দুর্দশাগ্রস্থ *adj* miserable
দুর্দশাপূর্ণ *adj* harrowing
দুর্নীতি *n* corruption
দুর্নীতি করা *v* corrupt
দুর্নীতিগ্রস্ত *adj* corrupt
দুর্বল *adj* frail, flimsy, weak
দুর্বল করা *v* impair, weaken
দুর্বলতা *n* frailty, weakness
দুর্বৃত্ত *n* thug
দুর্বৃত্তদলের সর্দার *n* ringleader
দুর্ব্যবহার *n* mistreatment
দুর্ব্যবহার করা *v* mistreat
দুর্ভাগ্য *n* misfortune
দুর্ভিক্ষ *n* famine
দুষ্করতা *n* difficulty
দুষ্টতা *n* wickedness
দুষ্টু *adj* naughty
দূষণ *n* pollution
দুষ্টুমিপূর্ণ ফাঁদ *n* prank
দূত *n* envoy

দূতাবাস *n* mission, embassy
দূর করা *v* eliminate
দূরত্ব *n* distance
দূরদর্শন করা *v* foresee
দূরবর্তী *adj* faraway, remote
দূরবীন *n* binoculars, telescope
দূরভাষ *n* telephone
দূরীভূত করা *v* dispel
দূরে *adv* afar, away
দূরে থাকা *v* avoid
দূরে সরানো *v* avert
দূরস্থ *adj* distant
দৃশ্য *n* outlook, perspective, sight
দৃশ্যদর্শন *v* sightseeing
দৃশ্যপটাবলী *n* scenery
দৃশ্য-বিবরণী *n* scenario
দৃশ্যমান *adj* visible
দৃষ্টগোচর করা *v* visualize
দৃষ্টগোচরতা *n* visibility
দৃষ্টান্ত দেওয়া *v* exemplify
দৃষ্টি *n* eyesight, vision; look
দৃষ্টি আকর্ষণকারী *adj* eye-catching
দৃষ্টিপাত করা *v* behold, look
দৃষ্টিভঙ্গি *n* standpoint, viewpoint
দৃষ্টিশক্তি পরীক্ষক *n* optician
দৃষ্টি সম্পর্কিত *adj* visual
দৃঢ় *adj* rigid
দৃঢ় উক্তি *n* insistence
দৃঢ় করা *v* establish, fasten
দৃঢ়তা *n* stability
দৃঢ়তাসহকারে বলা *v* affirm
দৃঢ়ভাবে চাপা *v* impact
দৃঢ়মুষ্টি *n* grip
দেউলিয়া *adj* bankrupt
দেউলিয়া অবস্থা *n* bankruptcy
দেউলিয়া করা *v* bankrupt
দেওয়া *v* give
দেওয়াল *n* wall
দেখা *v* see, view
দেখা করতে আসা *v* drop in
দেখা দেওয়া *v* show
দেখা হওয়া *v* run into
দেখান *v* seem
দেনা পরিশোধ করা *v* pay off
দেবী *n* goddess
দেবতা *n* deity, divinity
দেবদূত *n* angel
দেবদূতগণ *n* hierarchy
দেবদূতসংক্রান্ত *adj* angelic
দেবমূর্তি *n* idol
দেয় *adj* due
দেরাজ *n* cupboard
দেরি করে *adj* belated
দেরী *n* delay
দেরী করান *n* hang-up, delay
দেশ *n* country
দেশান্তরী *n* emigrant
দেশান্তরী হওয়া *v* emigrate

দেশের *adj* country
দেশ-প্রেমিক *n* patriot
দেহ *n* body
দেহের অঙ্গ *n* limb
দেহের তন্তু *n* tissue
দেহরক্ষী *n* lifeguard
দৈত্য *n* prodigy; giant; monster
দৈবাত *adj* casual
দৈববাণী *n* oracle
দৈর্ঘ্য *n* length
দৈর্ঘ্য বরাবর *pre* along
দৈর্ঘ্যের একক *adj* metric
দৈহিক *adj* bodily
দৈহিক গঠন *n* setup
দোকান *n* shop
দোকান থেকে চুরি করা *n* shoplifting
দোভাষি *n* interpreter
দোল *n* swing
দোলক *n* pendulum
দোলনশয্যা *n* hammock
দোলনা *n* cradle
দোলা *v* swing, rock
দোলান *v* dangle
দোষ *n* delinquency, fault, flaw, guilt
দোষারোপ *n* blame
দোষারোপ করা *v* blame, denounce
দোষী *adj* delinquent
দোষী ব্যক্তি *n* felon
দোষযুক্ত *adj* faulty
দৌড়ান *v* run, rush
দৌড়ে পৌঁছনো *v* run up
দৌড়ের এক চক্কর *n* lap
দৌড়বাজি *n* race
দ্যুতি *n* gloss
দ্বন্দ্ব *n* strife
দ্বন্দ্বযুদ্ধ *n* duel
দ্বাদশ *adj* twelfth
দ্বারঘন্টা *n* doorbell
দ্বারা *pre* by
দ্বারদেশ *n* doorway
দ্বিগুণ *adj* double
দ্বিগুণ *adv* twice
দ্বিগুণ করা *v* double
দ্বিতীয় *adj* second
দ্বিধা *n* hesitation; suspense
দ্বিধা করা *v* hesitate
দ্বিধাগ্রস্ত *adj* hesitant
দ্বিধাহীন *adj* confident
দ্বি-বিবাহ *n* bigamy
দ্বিভাষিক *adj* bilingual
দ্বিমাসিক *adj* bimonthly
দ্বীপ *n* island, isle
দ্বৈত *adj* dual
দ্রবণীয় *adj* soluble
দ্রব্য *n* stuff

দ্রাক্ষা শর্করা *n* glucose
দ্রাক্ষাক্ষেত্র *n* vineyard
দ্রাক্ষালতা *n* grapevine
দ্রাঘিমা *n* longitude
দ্রাবক *adj* solvent
দ্রুত *adj* fast, speedy
দ্রুত অগ্রসর করান *v* hurry
দ্রুত প্রেরণ করা *v* dispatch
দ্রুত বিকাশ *n* boom
দ্রুতগামী *adj* express, swift
দ্রুততর করা *v* accelerate
দ্রুতবেগে *adv* hastily
দ্রুতবেগে দৌড়ান *v* race

ধ

ধনুক *n* bow
ধনাত্বক *adj* positive
ধনী *adj* rich, wealthy
ধনদৌলত *n* treasure
ধনসম্পত্তি *n* asset
ধনসম্পদ *n* opulence
ধন্যবাদ *n* thanks
ধন্যবাদ দেওয়া *v* thank
ধন্যবাদপূর্ণ *adj* thankful
ধমক *n* snub
ধমক দেওয়া *v* snub
ধমণীতে রক্ত জমাট বাধার রোগ *n* thrombosis
ধমনী *n* artery
ধরা *v* catch
ধরা *n* holdup
ধরে ফেলা *v* catch up
ধরে রাখা *v* hold on to, retain
ধরণ *n* mode, style
ধর্ম *n* religion
ধর্মঘট *n* strike, walkout
ধর্মঘট করা *v* strike
ধর্মঘটী *adj* striking
ধর্মতৎত্ব *n* theology
ধর্মতৎত্ববাদী *n* theologian
ধর্মপ্রচারক *n* apostle, missionary
ধর্মপ্রচারক সম্পর্কিত *adj* apostolic
ধর্মপ্রচারের মঞ্চ *n* pulpit
ধর্মবিরোধী *adj* heretic
ধর্মবিশ্বাস *n* cult
ধর্ম্মযোদ্ধা *n* crusader
ধর্ম্মযুদ্ধ *n* crusade
ধর্ম্মমত *n* creed
ধর্মযাজক *n* pastor
ধর্মযাজকের পদে শপথ *n* ordination
ধর্মযাজক বিশেষ *n* bishop
ধর্মসভা *n* congregation

ধ

ধর্মসম্প্রদায় *n* sect
ধর্মান্তরিত ব্যক্তি *n* convert
ধর্মীয় শিক্ষা *n* Catholicism
ধর্মে অবিশ্বাস *n* infidelity
ধর্মোপদেশ *n* homily, preaching, sermon
ধর্মোপদেশ দেওয়া *v* preach
ধর্মোপদেষ্টা *n* preacher
ধর্ষকামী *n* sadist
ধর্ষণ *n* rape
ধর্ষণ করা *v* rape
ধর্ষণকারী *n* rapist
ধড় *n* trunk
ধড়ফড় করা *v* throb
ধড়ফড়ানি *n* throb
ধাঁধাঁ *n* riddle
ধাঁধাপূর্ণ *adj* ticklish
ধাওয়া *n* chase
ধাওয়া করা *v* chase
ধাক্কা *n* collision, concussion, jolt, shove
ধাক্কা খাওয়া *v* collide
ধাক্কা দেওয়া *v* jolt, push, shove
ধাক্কাধাক্কি *n* scuffle
ধাক্কা-ধাক্কি *n* hustle
ধাতু *n* metal
ধাতুপিন্ড *n* ingot
ধাতব *adj* metallic
ধাপ *n* grade
ধাপ্পা *n* bluff
ধাপ্পা দেওয়া *v* bluff
ধার *n* Lent
ধার দিবার জিনিস *n* sharpener
ধার দেওয়া *v* lend; sharpen
ধারণ *n* retention
ধার মেটানো *v* liquidate
ধার লওয়া *v* borrow
ধারাবাহিক *adj* consecutive
ধারাবাহিক বস্তুসমূহ *n* series
ধারাবাহিকতা *n* continuation
ধারাবিবরণী *n* chronicle
ধারাল *adj* sharp
ধারণ করা *v* contain, uphold
ধারণা *n* concept, idea, notion, opinion
ধারণা করা *v* suspect
ধারণাতীত *adj* incalculable
ধার্মিক *adj* holy, pious, religious, virtuous
ধার্মিকতা *n* piety
ধীরগতি *n* slow motion
ধীরে *adv* slowly
ধীরে ধীরে সঞ্চারিত করা *v* instill
ধুকধুক করা *v* pulsate
ধুলা *n* dirt, dust
ধুলিপূর্ণ *adj* dusty
ধূ দূ প্রান্তর *n* wilderness
ধূপ *n* incense

ধূমকেতু *n* comet
ধূমপান করা *v* smoke
ধূমপানকারী *n* smoker
ধূসরবর্ণ *adj* gray
ধৃষ্ট *adj* cheeky, cocky
ধৈর্য *n* patience
ধোঁয়া *n* fume, smoke
ধোঁয়া বেরোনো বন্দুক *n* smoking gun
ধোওয়া *v* dry-clean, rinse
ধোয়া *v* wash
ধোয়া যায় এমন *adj* washable
ধ্বংস *n* demolition, devastation, ravage, ruin, vandalism
ধ্বংস করা *v* bulldoze, decimate, demolish, destroy, eradicate, ravage, ruin, vandalize, wreck
ধ্বংস হওয়া *v* break down
ধ্বংসকাণ্ড *n* holocaust
ধ্বংসকারী *n* destroyer, vandal
ধ্বংসাবশেষ *n* debris, relic
ধ্বংসের দিকে ঠেলে রাখা *adj* doomed
ধ্বনি সম্বন্ধীয় *adj* acoustic
ধ্বনিধারণ *n* recording
ধ্বসে যাওয়া *n* collapse
ধ্বসে যাওয়া *v* collapse
ধ্যান *n* meditation
ধ্যান করা *v* meditate

ন

নকল *adj* counterfeit, dummy
নকল *n* imitation
নকল করা *v* copy, counterfeit, transcribe
নকশা *n* cartoon, chart, diagram, draft, pattern, sketch
নকশা অঙ্কন করা *v* sketch
নকশা আঁকা *n* lay-out
নকশা করা *v* draft
নক্সা *n* design
নক্সার ন্যায় সংক্ষিপ্ত *adj* sketchy
নক্ষত্রপুঞ্জ *n* constellation
নখ *n* nail
নগণ্য *adj* insignificant
নগণ্য করা *v* trivialize
নগদ *n* cash
নগরদুর্গ *n* fortress
নগরপাল *n* mayor
নগরমধ্যস্থিত প্রেক্ষাগৃহ *n* city hall
নগ্ন *adj* nude
নগ্নতা *n* nudity
নগ্নতাবাদ *n* nudism
নগ্নতাবাদী *n* nudist
নগ্নপদ *adj* barefoot
নগর লুন্ঠন *n* sack
নজর *n* surveillance

নজির *n* instance
নঞর্থক *adj* negative
নত করা *v* bend down
নত করান *v* bring down
নতজানু হওয়া *v* kneel, genuflect
নতুবা *c* unless
নথি *n* dossier
নথিভুক্ত করা *v* log, register
নথিভুক্তকরণ *n* registration
নদী *n* river
নদী বা হ্রদের কিনারা *n* brim
নদীর উৎস *n* source
নদীর তীর *n* bank
নদীর মোহানা *n* estuary
ননদ *n* sister-in-law
নবজন্ম *n* rebirth
নবপরিণীতা *adj* newlywed
নবম *adj* ninth
নবশক্তিপ্রাপ্তি *n* refreshment
নবাগত ব্যক্তি *n* newcomer
নবায়ন *n* renewal
নবায়ন করা *v* renew
নবীকরণ *n* renovation
নবীকরণ করা *v* renovate
নবীন হওয়া *v* rejuvenate
নব্বই *adj* ninety
নভেম্বর *n* November
নমুনা *n* prototype, sample, specimen

নমনীয় *adj* flexible, pliable
নমনীয় কলাসমূহ *n* ligament
নম্র *adj* unassuming, down-to-earth, modest; bland, mellow
নম্রতা *n* humility
নযীর *n* precedent
নয় *adj* nine
নরওয়ে *n* Norway
নরওয়েবাসী *adj* Norwegian
নরক *n* hell
নরখাদক *n* cannibal
নরত্ব আরোপ করা *v* personify
নরম *adj* mellow, soft
নরম জিনিষ *n* padding
নরহত্যা *n* genocide, homicide, manslaughter, murder
নরহত্যাকারী *n* murderer
নরহত্যার যন্ত্র *n* guillotine
নর্দমা *n* kennel, sewer
নল *n* pipe, duct
নলখাগড়া *n* reed
নলাকৃতি ফাঁপা বস্তু *n* cylinder
নষ্ট করা *v* spoil, waste
নষ্ট হওয়া *v* perish
নষ্ট হতে পারে এমন *adj* perishable
নহে *c* nor
নড়ান *v* budge
না *adv* not
নাইট্রোজেন *n* nitrogen

নাক *n* nose
নাক ডাকা *v* snore
নাকচ করা *v* overrule
নাকী সুরে কাঁদা *v* whine
নাক-ডাকান *n* snore
নাগাল *n* stretch, reach
নাগাল ধরা *v* overtake
নাগাল পাওয়া *v* stretch
নাগরিক *n* citizen
নাগরিকত্ব *n* citizenship
নাচ *n* dance
নাচঘর *n* ballroom
নাচা *v* dance
নাছোড়বান্দা *adj* persistent
নাটকীয় করা *v* dramatize
নাটকের অঙ্ক *n* act
নাটকের দৃশ্য *n* scene
নাটক-সম্বন্ধীয় *adj* dramatic
নাটিকার বিরাম *n* interlude
নাট্যশালা *n* theater
নাতি *n* grandson
নাতি-নাতনি *n* grandchild
নাপিত *n* barber
নাবালক *n* minor
নাবালক *adj* minor
নাবিক *n* sailor
নাভি *n* belly button, navel
নাম *n* name
নাম দেওয়া *v* name
নামকরণ *n* christening
নামকরণ করা *v* christen
নামতালিকাভুক্ত করান *v* enroll
নামা *v* get down
নামাইয়া দেওয়া *v* let down
নামাইয়া রাখা *v* settle down
নামান *v* get down to
নামিয়া যাওয়া *v* go down
নামের আদ্যক্ষর লেখা *v* initial
নায়ক *n* hero
নারকীয়তা *n* outrage
নারিকেল *n* coconut
নালা *n* aqueduct, dike
নালিশ করা *v* chide
নাশকতা *n* mayhem
নাশপাতি *n* pear
নাসারন্ধ্র *n* nostril
নাস্তা *n* snack
নাস্তা করা *v* snack
নাস্তিক *adj* godless
নাস্তিক *n* atheist
নাস্তিকতা *n* atheism
নাড়িভূড়ি বা অন্ত্র *n* bowel
নাড়ির স্পন্দন *n* pulse
নায়িকা *n* heroin
নিকৃষ্ট *adj* shoddy
নিউমোনিয়া রোগ *n* pneumonia
নিংড়ানো *v* squeeze, squeeze up
নিঃশ্বাস ফেলা *v* expire

ন

নিঃশব্দে *adv* gingerly
নিঃসঙ্গ *n* segregation
নিঃসন্তান *adj* childless
নিঃস্ব *adj* penniless
নিঃস্বার্থ *adj* unselfish
নিকটে *pre* close to, near
নিকটতম *adj* closed
নিকটবর্তী হওয়া *v* border on
নিকাশ করা *v* drain
নিকেল *n* nickel
নিকোটীন *n* nicotine
নিক্ষেপ করা *v* cast
নিখুঁত *adj* flawless
নিজ নিজ *adj* respective
নিজস্ব *adj* own
নিত-কনে *n* bridesmaid
নিতবর *n* best man
নিতম্ব *n* bum, butt
নিদ্রা হতে জাগা *v* awake
নিদ্রালু *adj* drowsy
নিদ্রিত *adj* asleep
নিন্দনীয়তা *n* culpability
নিন্দা *n* reproach
নিন্দা করা *v* disapprove, reproach, slur, criticize
নিন্দা সূচক *adj* derogatory
নিবারণ করা *v* fend
নিবিড় *adj* compact, dense
নিবেদন *n* offer
নিবেশক *n* recorder
নিমজ্জিত হওয়া *v* go under
নিমজ্জন *n* immersion, merger
নিমজ্জন করা *v* merge
নিম্ন *adj* lower
নিম্নে *pre* below, beneath, underneath
নিম্নে *adv* down
নিম্নতর *adj* inferior
নিম্নদেশে *adv* below
নিম্নমানের *adj* substandard
নিম্নস্থ *adj* underlying
নিযুক্ত করা *v* appoint; engage
নিযুক্তি *n* appointment
নিরন্তর *adj* timeless
নিরপেক্ষ *adj* impartial, neutral
নিরবচ্ছিন্নতা *n* continuity
নিরস্ত্র *adj* unarmed
নিরস্ত্র করা *v* disarm
নিরস্ত্রীকরণ *n* disarmament
নিরানন্দ *adj* dejected, dismal
নিরাপত্তা *n* safety, security
নিরাপদ *adj* safe, secure
নিরাপদ করা *v* secure
নিরামিশাষী *v* vegetarian
নিরাশ *adj* desperate
নিরাশ করা *v* disappoint
নিরীক্ষা *n* survey
নিরীক্ষণ *n* observation

নিরুৎসাহ *adj* disinterested
নিরুৎসাহ করা *v* discourage, dishearten
নিরুৎসাহজনক *adj* discouraging
নিরুদ্দিষ্ট *adj* missing
নিরুপণ *n* assessment
নিরুপণ করা *v* assess
নিরেট *adj* blunt
নির্গত হওয়া *v* emerge
নির্গমন-পথ *n* vent
নির্গমনশীল *adj* effusive
নির্গমপথ *n* outlet
নির্গমরত *adj* outgoing
নির্জন *adj* desolate, lonesome
নির্জন স্থান *n* retreat
নির্জনতা *n* seclusion, solitude
নির্জনবাসী *adj* secluded
নির্জনবাসী *n* hermit
নির্ণয় করা *v* scan
নির্দিষ্ট *adj* definite, tangible
নির্দিষ্ট কাজ *n* assignment
নির্দিষ্ট করা *v* assign, point
নির্দিষ্ট পরিমাণে ঋণ ভাগ করা *v* amortize
নির্দিষ্ট সময়সীমা *n* deadline
নির্দেশ *n* briefing, indication
নির্দেশ করা *v* indicate
নির্দেশ দেওয়া *v* instruct
নির্দেশক *n* instructor
নির্দেশপুস্তিকা *adj* manual
নির্দোষ *adj* harmless
নির্দোষ *n* absolution
নির্ধারণ *n* appraisal
নির্ধারণ করা *v* appraise
নির্ধন করা *adj* impoverished
নির্বাচন *n* selection, vote
নির্বাচন করা *v* elect, select, vote
নির্বাপিত *adj* extinct
নির্বাপিত করা *v* extinguish, put out, banish, deport
নির্বাসন *n* banishment, deportation, exile
নির্বাসিত করা *v* exile, relegate
নির্বোধ *adj* dull, mindless
নির্বোধ *n* idiot; innocence
নির্ভর করা *v* depend, lean on, reckon on, rely on
নির্ভরযোগ্য *adj* dependable
নির্ভরতা *n* dependence
নির্ভরশীল *adj* dependent
নির্ভুল *adj* perfect
নির্ভুলতা *n* right
নির্ভুলভাবে *adv* okay
নির্ভুলরূপে *adv* properly
নির্ভয় *adj* intrepid
নির্মাণ *n* construction
নির্মাণ করা *v* build, construct, manufacture

নির্মাণমূলক *adj* constructive
নির্মাতা *n* builder
নির্মম *adj* ruthless
নির্মূল করা *v* annihilate
নির্যাতন করা *v* persecute
নিয়ে যাওয়া *v* take away
নিয়োগ *n* deployment
নিয়োগ করা *v* deploy, employ, staff
নিয়ন্ত্রক যন্ত্র *n* conditioner
নিয়ন্ত্রিত করা *v* limit, regulate
নিয়ম *n* norm
নিয়মানুগ *adj* systematic
নিয়মানুযায়ী *adj* methodical
নিয়মাবলী *n* code
নিয়মিত *n* regularity
নিয়মিতভাবে *adv* regularly
নির্লজ্জ *adj* shameless
নিলাম *n* auction
নিলাম করা *v* auction
নিলামদার *n* auctioneer
নিশান *n* banner
নিশ্চিত *adj* certain, definitive, sure
নিশ্চিত উক্তি *n* assertion
নিশ্চিত করা *v* ascertain, confirm, ensure; insure
নিশ্চিত প্রমাণ *n* confirmation
নিশ্চিতভাবে *adv* undoubtedly
নিশ্চিন্ত *adj* carefree
নিশ্চেষ্ট *adj* passive
নিশ্চয় করিয়া বলা *v* assert, assure
নিশ্চয়তা *n* assurance
নিশ্চল *adj* stagnant
নিশ্চল হওয়া *v* stagnate
নিশ্চয়তা *n* certainty
নিশ্চয়রূপে *adv* surely
নিষিদ্ধ করা *v* inhibit
নিষিদ্ধ-পণ্য *n* contraband
নিষেধ *n* prohibition
নিষেধ করা *v* prohibit
নিষ্কাশিত করা *v* take out
নিষ্কর্মা *n* bum
নিষ্কলঙ্ক *adj* immaculate, spotless
নিষ্ঠুর *adj* cruel
নিষ্ঠুরতা *n* cruelty
নিষ্পাপ *adj* impeccable, innocent
নিষ্প্রয়োজন *adj* unnecessary
নিষ্ফল *adj* vain
নিষ্পত্তিযোগ্য *adj* disposable
নিস্তব্ধ *adj* silent
নিস্তব্ধতা *n* silence, hush
নিস্তেজ *adj* down
নিস্তেজ হওয়া *v* languish
নিস্প্রদীপন *n* blackness, blackout
নীচুতা *n* meanness
নীচু *adj* low; humble
নীচু *adv* humbly
নীচে *pre* under

নীচে গর্ত খোঁড়া *v* undermine
নীচে থাকা *v* underlie
নীচে রেখা টানা *v* underline
নীচে স্বাক্ষর করা *v* underwrite
নীচতলার *adv* downstairs
নীতি *n* policy, scruples
নীতি পরায়ণ *adj* scrupulous
নীতি বাক্য *n* motto, precept
নীতিভ্রষ্ট করা *v* demoralize
নীতিশাস্ত্র *n* ethics
নীতিহীন *adj* immoral
নীতিহীনতা *n* immorality
নীরব *adj* mute, speechless
নীরস *n* pedestrian
নীল *adj* blue
নীলা *n* sapphire
নুড়ি *n* pebble
নূতন *adj* new
নূতনের পরিবর্তন *n* innovation
নূতনত্ব *n* novelty
নূতনভাবে *adv* afresh, newly
নেংটি ইঁদুর *n* mouse
নেকটাই *n* necktie
নেকড়ে *n* wolf
নেতা *n* leader
নেতৃত্ব *n* leadership
নেতৃত্বকর *adj* leading
নেদারল্যাণ্ডস *n* Netherlands
নেভান *v* quench, turn out
নেহাই *n* anvil
নৈর্ঋত কোণ *n* southwest
নৈকট্য *n* proximity, vicinity
নৈতিক *adj* ethical, moral
নৈতিকতা *n* morality
নৈরাজ্যবাদ *n* anarchy
নৈরাজ্যবাদী *n* anarchist
নৈরাশ্য *n* despair, disappointment, discouragement, frustration, pessimism
নৈরাশ্যবাদী *adj* pessimistic
নৈরাশ্যব্যঞ্জক *adj* disappointing
নৈশ আহার *n* supper
নোংরা *adj* dirty, foul, lewd, sleazy, squalid
নোংরা করা *v* pollute
নোঙ্গর *n* anchor
নোটবই *n* notebook
নৌকা *n* craft, ark, boat
নৌ-চালন *n* navigation
নৌ-চালনা করা *v* navigate
নৌ-বাহিনী *n* navy
নৌ-বাহিনীর নীল রং *adj* navy blue
ন্যাকড়া *n* rag
ন্যায্য দাবি *n* pretension
ন্যায্যতা প্রতিপাদন করা *v* justify
ন্যায়বিচার *n* justice

ন

প

পকেট *n* pocket
পকেটমার *n* pickpocket
পক্ষপাতিত্বপূর্ণ *n* predilection, prejudice
পক্ষপাতপূর্ণ *n* bias
পক্ষভুক্ত লোক *n* partisan
পক্ষাঘাত *n* paralysis
পক্ষী *n* bird
পক্ষে লড়াই করা *v* champion
পঙতিবিন্যাস *v* line up
পঙ্গু *adj* lame
পঙ্গপাল *n* locust
পচন *n* rot
পচনশীল ক্ষত *n* gangrene
পচা *adj* rotten
পচান *v* rot
পচিয়া যাওয়া *v* decompose
পীচ *n* peach
পচে যাওয়া *v* decay
পছন্দ *n* choice, fondness, liking, pick
পছন্দ *adj* loving
পছন্দ *pre* like
পছন্দ করা *v* care for, like, pick
পণ *n* bet
পণ্যদ্রব্য *n* merchandise
পঞ্চাশ *adj* fifty
পঞ্চভূজ *n* pentagon
পঞ্চম *adj* fifth
পঞ্জিকা *n* almanac
পটকা-বাজি *n* firecracker
পট্টি *n* bandage
পট্টি দিয়া বাঁধা *v* bandage
পটুতা *n* skill
পতঙ্গবিশেষ *n* moth
পতাকা *n* banner, flag
পতন *n* fall, decline, drop, overthrow
পতন ঘটানো *v* overthrow
পতি-পত্নী *n* spouse
পত্র *n* epistle
পত্রলেখক *n* correspondent
পত্রাদির প্রাপক *n* addressee
পত্রিকা *n* journal, newspaper, magazine
পথ *n* subway
পদক *n* medal
পথ কেটে দেওয়া *v* channel
পদক্ষেপ *n* initiative; step; footstep, walk
পদক্ষেপ নেওয়া *v* step
পথখরচ *n* mileage
পথ-খরচ *n* fare
পথ ছাড়িয়া দেওয়া *v* fall back
পথ থেকে সরে যাওয়া *n* deviation

পথিক *n* passer-by
পথ নির্দেশ *n* guidance
পথপঞ্জি *n* guidebook
পথ প্রদর্শক *n* guide
পথ প্রদর্শন করা *v* guide
পথভ্রষ্ট করা *v* pervert
পথ্য *n* diet
পদ *n* degree
পদচিহ্ন *n* footprint, vestige
পদচ্যুত করা *v* degrade
পদচ্যুতি করা *n* dismissal
পদচ্যুতিকারক *adj* degrading
পদতল *n* feet, sole
পদ ত্যাগ *n* abdication
পদ ত্যাগ করা *v* abdicate
পদদলিত *adj* downtrodden
পদদলিত করা *v* tread, trample
পদবি *n* surname, title
পদবী *n* last name
পদমর্যাদা *n* status
পদসংক্রান্ত *adj* official
পদ-সংক্রান্ত *n* pedal
পদাঙ্গুলির ডগা *n* tiptoe
পদাতিক সৈন্য *n* platoon
পদান্বয়ী অব্যয় *n* preposition
পদাবনতি *n* degradation
পদার্থ *n* matter
পদার্থবিদ্যা *n* physics
পদোন্নতি *n* promotion

পদ্য *n* verse
পনির *n* cheese
পনেরো *adj* fifteen
পবিত্র *adj* sacred, solemn
পবিত্র করা *v* purify, sanctify
পবিত্র ব্যক্তি *n* saint
পবিত্র স্থান *n* sanctuary, shrine
পবিত্রতা *n* purity, sanctity
পয়গম্বর *n* prophet
পয়োনালী *n* gutter
পরগাছা *n* parasite
পরবর্তী কালে *adj* later
পরবর্তী কালে *adv* later, afterwards
পরবর্তী *adj* latter, next, subsequent
পরম সুখ *n* bliss
পরমাণু *n* atom
পরমানন্দ *n* delight
পরমানন্দদায়ক *adj* delightful, ecstatic
পরমোৎকৃষ্ট *adj* excellent
পরস্পর *adj* each other
পরস্পর সাক্ষাৎ *n* interview
পরাগ *n* pollen
পরাজিত *n* loser
পরাজিত করা *v* conquer
পরাভূত করা *v* vanquish
পরামর্শ *n* consultation, counsel
পরামর্শ দেওয়া *v* advise, counsel

পরামর্শ নেওয়া *v* consult
পরামর্শদাতা *n* adviser, counselor
পরাস্ত করা *v* wear down
পরিকল্পনা *n* schedule, design, blueprint, plan
পরিকল্পনা করা *v* plan, program, project
পরিখা *n* trench
পরিচর্যা করা *v* look after
পরিচয় করা *v* acquaint
পরিচারক *n* waiter
পরিচারিকা *n* waitress
পরিচালক *n* conductor, director
পরিচালকবর্গ *n* directors
পরিচালনা *n* direction
পরিচালনসাধ্য *adj* manageable
পরিচালনা করা *v* lead, direct, manage
পরিচিত করান *v* introduce
পরিচ্ছন্নতা *n* cleanliness, clearness
পরিণতি *n* fate
পরিণাম *n* eventuality, sequel
পরিণামে *adj* consequent
পরিণামে *adv* eventually
পরিণামদর্শি *n* providence, prudence
পরিতৃপ্ত *adj* content
পরিতৃপ্ত করা *v* content
পরিতৃপ্তি *n* satisfaction
পরিতৃপ্তিকর *adj* satisfactory
পরিত্যক্ত *adj* derelict
পরিত্যাগ *n* abandonment
পরিত্যাগ করা *v* forsake, abandon, desert, give up, put away, relinquish
পরিদর্শক *n* inspector; visitor
পরিদর্শন *n* inspection, supervision; visit
পরিদর্শন করা *v* inspect, supervise; visit
পরিদৃশ্য *n* panorama
পরিধান *n* wear
পরিধান করা *v* wear, dress
পরিধাবক *n* dresser
পরিধি *n* compass
পরিপক্কতা *n* maturity
পরিপাক *n* digestion
পরিপাক করা *v* digest
পরিপাক প্রণালী *n* assimilation
পরিপাটি করা *v* trim
পরিপূর্ণ *adj* full
পরিপূর্ণ করা *v* fulfill
পরিপূর্ণ থাকা *v* abound
পরিবার *n* family, household
পরিবাহী *n* conductor
পরিবেশ *n* circumstance; environment
পরিবেষ্টিত স্থান *n* enclave
পরিবেষ্টন *n* enclosure

পরিবেষ্টন করা *v* cordon off, encircle, enclose, encompass

পরিব্যাপ্ত হওয়া *v* permeate

পরিবর্ত *n* proxy

পরিবর্তিত করা *v* alter, convert

পরিবর্তে *n* lieu, alteration, change, conversion, transition

পরিবর্তে *adv* instead

পরিবর্তন করা *v* change, shift, vary

পরিবর্তন ঘটান *v* mutate

পরিবর্তনীয় *adj* versatile

পরিবর্তনশীল *adj* variable

পরিবর্তনসাধ্য *adj* reversible

পরিবহন *n* traffic, transit

পরিভাষা *n* terminology

পরিভ্রমণ করা *v* explore

পরিমাণ *n* deal, quantity

পরিমাপ করা *v* measure

পরিমাপন *n* measurement

পরিমিত করা *v* modify

পরিলেখ *n* profile

পরিশিষ্ট *n* appendix

পরিশোধ *n* repayment

পরিশোধ করা *v* reimburse, repay

পরিশোধ করার অর্থ *n* reimbursement

পরিশোধন করা *v* refine

পরিশোধনীয় *adj* payable

পরিশ্রম *n* diligence, labor

পরিশ্রমী *adj* diligent, industrious

পরিষ্কার *adj* clean

পরিষ্কার করা *v* clean, mop, spruce up

পরিষ্কার ভাবে *adv* clearly

পরিষ্কারক পদার্থ *n* detergent

পরিষ্করণ *n* clearance

পরিসংখ্যান *n* statistics

পরিসীমা *n* circuit, perimeter

পরিসেবিকা *n* nurse

পরিস্রাবণ করা *v* filter

পরিহার *n* avoidance

পরিহার্য *adj* avoidable

পরী *n* fairy

পরীক্ষা *n* examination, experiment, test; check up

পরীক্ষা করা *v* examine, tempt, test

পরীক্ষাগার *n* laboratory

পরীক্ষামূলক *adj* tentative

পরচুলা *n* wig

পরচুলার ক্ষুদ্র গুচ্ছ *n* hairpiece

পরিচয় *n* identity

পরিস্থিতি সম্পর্কে জানানো *n* orientation

পরে *pre* after

পরোক্ষ *adj* indirect

পরোক্ষ উল্লেখ *n* allusion

পরোপকারেচ্ছু *adj* benevolent

প

পরোপকারের ইচ্ছা *n* benevolence
পরোয়ানা *n* warrant
পর্তুগাল *n* Portugal
পর্তুগালদেশীয় *adj* Portuguese
পর্দা *n* curtain, drape, screen
পর্ব *n* period, phase
পর্বত *n* mount
পর্বতবহুল *adj* rocky
পর্বতশৃঙ্গ *n* peak
পর্যাপ্ত *adj* adequate
পর্যায়ক্রমিক *adj* alternate
পর্যায়ক্রমে করা *v* alternate
পর্যবেক্ষণ করা *v* contemplate, monitor
পর্ষদ *n* board
পলাতক *n* deserter
পলায়ণ করা *v* get away
পলায়ন *n* guy
পলায়ন করা *v* flee, run away
পলায়নপর *n* fugitive
পল্লী অঞ্চল *n* countryside
পলেস্তারা *n* plaster
পলেস্তারা লাগানো *v* plaster
পশু *n* animal, beast
পশুচর্ম *n* leather
পশু-চিকিৎসক *n* veterinarian
পশুপক্ষীর নখর *n* claw
পশম *n* fur, wool
পশমাবৃত *adj* furry
পশমি গেঞ্জিবিশেষ *n* jersey
পশমী *adj* woolen
পশলা *n* spell
পশুর নাক ও মুখ *n* muzzle
পশুশাবক *n* cub
পশুশালায় রাখা *v* stall
পশুসুলভ *adj* brute
পশ্চাদদেশে মারা *v* spank
পশ্চাদদৃষ্টি *n* hindsight
পশ্চাদপট *n* background
পশ্চাদ্ভাগ *n* back, rear
পশ্চাৎদিকে যাওয়া *v* back
পশ্চিম *n* west
পশ্চিম দেশের লেঅক *adj* westerner
পশ্চিমগামী *adv* westbound
পশ্চিমী *adj* western
পড়া *v* read
পড়িয়া যাওয়া *v* fall, plummet
পড়ে যাওয়া *v* fall down
পাঁইট *n* pint
পাঁউরুটি বিশেষ *n* baguette
পাঁচ *adj* five
পাঁচ-মিশালী *adj* assorted; promiscuous
পাঁচড়া *v* itch
পাঁজর *n* rib
পা *n* leg
পাইকারী বিক্রয় *n* wholesale
পাইকারীভাবে *adv* grossly

পাইন গাছ *n* pine
পাউরুটি ও মাংসের খাবার *n* hamburger
পাউরুটি সেঁকার যন্ত্র *n* toaster
পাউরুটির খাবার *n* sandwich
পাওনাদার *n* payee
পাওয়া *v* get
পাক *n* twist
পাক খোলা *v* unwind
পাক দেওয়া *v* twist
পাকা *adj* ripe
পাকান *v* ripen
পাকপ্রণালী *n* recipe
পাকস্থলী *n* stomach
পাকস্থলী সংক্রান্ত *adj* gastric
পাখা *n* fan
পাখির চঞ্চু *n* bill
পাখির ছানা *n* chick
পাখির ঠোঁট *n* beak
পাখির পালক *n* feather
পাখির বাসা *n* nest
পাগল *n* madman
পাগলামি *n* craziness, lunacy
পাচক *adj* digestive
পাচার করা *v* traffic
পাছা *n* hip
পাজামা *n* pajamas, pants
পাজামাবিশেষ *n* trousers
পাজি *n* scoundrel
পাজী লোক *n* scamp
পাটাতন *n* deck
পাটীগণিত *n* arithmetic
পাট্টাদাতা *n* lessor
পাঠ *n* lesson, reading
পাঠ করা *v* read out, go through
পাঠক *n* reader
পাঠানো *v* remit
পাঠ-পরীক্ষা করা *v* look through
পাত *n* sheet
পাতা *n* leaf
পাতাসমূহ *n* leaves
পাতন করা *v* distill
পাতলা *adj* attenuating
পাতলা *adj* slender
পাতলা করা *v* attenuate
পাত্র *n* pot, casserole, vessel
পাত্রাদির ঢাকনা *n* lid
পাত্রান্তর *n* transfusion
পাথর *n* boulder, stone
পাথর ছুঁড়িয়া মারা *v* stone
পাথরকুঁচি *n* rubble
পাদটীকা *n* footnote
পান করা *v* drink
পানপাত্র *n* chalice
পানশালা *n* tavern
পানশালার পরিবেশক *n* bartender
পানশালার পুরুষ পরিবেশক *n* barman

প

পানশালার মহিলা পরিবেশক *n* barmaid
পানাসক্ত *n* drinker
পানীয় *n* beverage, drink
পানীয় প্রস্তুত করা *v* brew
পানের উপযুক্ত *adj* drinkable
পান্ডিত্যাভিমানী *adj* pedantic
পান্ডিত্যপূর্ণ *adj* learned
পাণ্ডুলিপি *n* manuscript
পান্না *n* emerald
পাপ *n* offense, sin, vice
পাপ করা *v* sin
পাপিষ্ঠ *adj* vicious
পাপিয়া *n* nightingale
পাপী *adj* sinful
পাপী *n* sinner
পাপমূলক *adj* offensive
পা ফেলা *v* pace
পাম্প দ্বারা তোলা *v* pump
পায়রা *n* pigeon
পায়ে চলা পথ *n* path
পায়ের আঙ্গুল *n* toe
পায়ের কড়া *n* corn
পায়ের খুর *n* hoof
পায়ের নখ *n* toenail
পায়ের পাতা *n* foot
পায়ের মাংস *n* calf
পারদ *n* mercury
পারমাণবিক *adj* atomic, nuclear
পারস্পরিক *adj* reciprocal
পারস্পরিকভাবে *adv* mutually
পার হওয়া *v* cross
পারা *v* may, can
পারিপার্শ্বিক *adj* surrounding
পারিবারিক *adj* homely
পারিশ্রমিক *n* wage
পার্থক্য *n* difference, discrepancy, distinction
পার্থক্যসূচক *adj* distinctive
পার্থিব *adj* terrestrial, worldly
পার্বত্য *adj* mountainous
পার্শ্ব *n* side
পার্শ্ব থেকে *adv* aside from
পার্শ্বীয় *adj* lateral
পার্শ্বে *pre* beside
পার্শ্বের দিকে *adv* sideways
পার্শ্বদেশ *n* flank
পার্শ্বপথ *n* bypass
পাল *n* sail
পাল তুলে যাত্রা করা *v* sail
পালান *v* elude
পালিশ *n* polish
পালিশ করা *v* polish
পালের অংশ *n* reef
পালটা আক্রমণ চালানো *v* hit back
পালটে তৈরী করা *n* mold
পালতোলা নৌকা *n* sailboat
পালন *n* maintenance

পালন করা *v* maintain
পাশ দিয়া যাওয়া *v* get by
পাশাখেলা বিশেষ *n* hazard
পাশাপাশি *adj* collateral, abreast
পাশাপাশি *pre* alongside
পাশে সরিয়া যাওয়া *v* sidestep
পাশের বাড়ি *adj* next door
পাশব *adj* bestial
পাশব ব্যবহার করা *v* brutalize
পাশবিক *adj* brutal
পাশবিকতা *n* bestiality, brutality
পাহারা *n* guard
পাহারা দেওয়া *n* ward
পাহারা দেওয়া *v* guard
পাহাড় *n* hill; rock
পাহাড়িয়া *adj* hilly
পাহাড়ের চূড়া *n* hilltop
পাহাড়ের ঢাল *n* hillside
পাড় *n* hem
পিচ *n* asphalt
পিচের মত কাল *adj* pitch-black
পিছাইয়া পড়া *v* fall behind, step down
পিচ্ছিল *adj* slippery
পিছনে হেলান *v* lean back
পিছনের দিকে *pre* behind
পিছনের প্রাঙ্গন *n* backyard
পিছনদিক *n* back
পিছনদিকে *adv* backwards
পিছলাইয়া চলা *v* slide
পিছলাইয়া যাওয়া *v* slip
পিছলান *n* slip
পিছিয়ে আসা *v* move back
পিছিয়ে যাওয়া *v* chicken out
পিছিয়ে দেওয়া *v* defer
পিয়ানো *n* piano
পিয়ানোবাদক *n* pianist
পিঠা *n* pastry
পিঠের ব্যাগ *n* backpack
পিতামাতা *n* parents
পিতামহ *n* grandfather
পিতামহী *n* granny
পিতৃত্ব *n* fatherhood, paternity
পিতৃতুল্য *adj* fatherly
পিন *n* pin
পিনকোড *n* zip code
পিণ্ড *n* clot, mass
পিত্ত *n* bile
পিপা *n* drum
পিপীলিকা *n* ant
পিপে *n* barrel
পিপের কল *n* faucet
পিরামিড *n* pyramid
পিশাচ *n* demon
পিসীমা *n* aunt
পিস্তল *n* pistol
পীড়া *n* ailment, illness
পীড়ন *n* torment

প

পীড়ন করা *v* agonize, torment
পীড়িত *adj* ailing
পুঁজি *n* funds
পুঁজিপতি *n* capitalist, tycoon
পুঁজিবাদ *n* capitalism
পুঁটুলি *n* gag
পুঁথিগত *adv* literally
পুংজাতীয় *n* male
পুকুর *n* pond
পুঙ্খানুপুঙ্খ বর্ণনা *n* detail
পুতুল *n* doll
পুত্র *n* son
পুত্রবধূ *n* daughter-in-law
পুনঃপাঠ করা *v* revise
পুনঃপরীক্ষা *n* revision
পুনঃপ্রবেশ *n* reentry
পুনঃস্থাপিত করা *v* replace
পুনঃস্থাপন *n* replacement
পুনর্গঠিত করা *v* reorganize
পুনর্গঠন *n* reform
পুনর্গঠন করা *v* reform, remake, remodel
পুনর্গণনা *n* recount
পুনরাবৃত্তি *n* recurrence, repetition
পুনরাবৃত্তি করা *v* quote, recap, reiterate
পুনরাবর্তন *v* recycle
পুনরারম্ভ *n* resumption
পুনরারম্ভ করা *v* resume
পুনরায় *adv* again, anew
পুনরায় আসা *v* reappear
পুনরায় উপভোগ করা *v* relive
পুনরায় করা *v* redo
পুনরায় ঘটা *v* recur
পুনরায় চালানো *n* replay
পুনরায় ছাপান *v* reprint
পুনরায় যুক্ত হওয়া *v* rejoin
পুনরায় নির্বাচন করা *v* reelect
পুনরায় নুতন করা *v* refurbish
পুনরায় পুঁজি প্রদান *v* refinance
পুনরায় ভরতি করা *v* replenish
পুনরায় মুদ্রন *n* reprint
পুনরায় সৃষ্টি করা *v* recreate
পুনর্জীবিত করা *v* resuscitate
পুনরুজ্জীবন *n* regeneration
পুনরুৎপাদন *n* reproduction
পুনরুৎপাদন করা *v* reproduce
পুনরুত্থান *n* resurrection
পুনরুদ্ধার *n* restoration, retrieval
পুনরুদ্ধার করা *v* restore, retrieve
পুনর্বার বলা *v* repeat
পুনর্বাসন *v* rehabilitate
পুনর্বিচার করা *v* reconsider, review
পুনর্বিবাহ করা *v* remarry
পুনর্বিচার *n* review
পুনর্বিধিবদ্ধ *n* reenactment
পুনর্মিলন *n* reunion

পুর *n* stuffing
পুরানো *adj* old
পুরু *adj* thick
পুরুষ ভেড়া *n* ram
পুরষ্কার *n* award
পুরাতত্ব *n* archaeology
পুরুষগণ *n* men
পুরুষালী *adj* masculine
পুরুষোচিত *adj* virile
পুরুষত্ব *n* virility
পুরুষ-বন্ধু *n* boyfriend
পুরস্কার *n* prize, reward
পুরস্কৃত *adj* rewarding
পুরস্কৃত করা *v* remunerate, reward
পুরো মন দিয়ে *adj* wholehearted
পুরোবর্তী *pre* ahead
পুরোভাগ *n* forefront
পুরোভূমি *n* foreground
পুরোহিত *n* chaplain, priest
পুলি *n* pulley
পুলিশ সদস্য *n* police, cop, policeman
পুষ্টি *n* nutrition
পুষ্টিকর *adj* nutritious
পুষ্টিকর খাদ্য *n* nourishment
পুষ্প মাল্য *n* garland
পুষ্পদল *n* petal
পুস্তকের আকার *n* format
পুস্তকের দোকান *n* bookstore
পুস্তক বিক্রেতা *n* bookseller
পুস্তিকা *n* booklet, pamphlet
পূঁজ *n* foresight
পূজা *n* worship
পূরণ করা *v* make up for
পূর্ণ *adj* replete
পূর্ণতাপ্রাপ্ত *adj* mature
পূর্ণবয়স্ক *n* grown-up
পূর্ণবিকাশ *n* heyday
পূর্ণবেগে *adv* speedily
পূর্ণ করা *v* charge, fill
পূর্ণাঙ্গ *adj* thorough
পূর্ব *adj* eastern
পূর্ব-কল্পনা *n* presupposition
পূর্বগামিতা *adj* leaded
পূর্বদর্শন *n* preview
পূর্বদিক *n* east
পূর্বদিকের ব্যক্তি *n* easterner
পূর্বপরিকল্পনা *n* premeditation
পূর্বপুরুষ *n* ancestor, grandparents
পূর্বপুরুষগণ *n* antecedents
পূর্ব-প্রবণতা থাকা ব্যক্তি *adj* predisposed
পূর্ব প্রস্তুতি ব্যতীত *adv* impromptu
পূর্ব প্রস্তুতি ব্যতীত করা *v* improvise
পূর্ববর্তী *adj* antecedent, predecessor, preceding
পূর্ববর্তীতা *n* antecedence
পূর্বমুখে যাওয়া *adj* eastbound

প

পূর্ববোধ n premonition
পূর্বরাগ n courtship
পূর্বশর্ত n prerequisite
পূর্বসতর্কতা v precede
পূর্বানুমান n anticipation
পূর্বানুমান করা n foretaste
পূর্বাহ্নিক সতর্কতা n precaution
পূর্বাহ্নেই চিন্তা করা v premeditate
পূর্বাভাস দেওয়া v foreshadow
পূর্বাভিমুখে adv eastward
পূর্বেই adv previously
পূর্বেই দখল করা v preoccupy
পূর্বেই বলা v foretell
পৃথক adj aloof, distinct, separate
পৃথক করা v detach, distinguish, separate
পৃথক বা বিচ্ছিন্ন করা v sever
পৃথকীকৃত adj detached
পৃথকীকরণ n severance
পৃথকভাবে adv asunder
পৃথিবী n globe, earth, world
পৃথিবীব্যাপী adj worldwide
পৃষ্ঠা n page
পৃষ্ঠাঙ্কন n endorsement
পৃষ্ঠপোষকতা n backing
পৃষ্ঠপোষক n patron, sponsor
পৃষ্ঠপোষকতা n patronage
পৃষ্ঠপোষকতা করা v patronize
পৃষ্ঠলেখ n endorsement

পেঁচ-কল n screw
পেঁচা n owl
পেঁয়াজ n onion
পেকে ওঠা v fester
পেঙ্গুইন n penguin
পেট n abdomen, belly, tummy
পেটিকা n pack
পেটে ব্যাথা n colic
পেটের অসুখ n diarrhea
পেটরোগা adj squeamish
পেট্রোলিয়াম n petroleum
পেট্রল n gasoline
পেনসিল n pencil
পেনিসিলিন n penicillin
পেয়াদা n bailiff
পেয়ালা n cup
পেরেক n nail
পেরেক দ্বারা আঁটা v rivet
পেরেক মারা v nail
পেশা n occupation, profession
পেশাদার adj professional
পৈত্রিক সম্পত্তি n patrimony
পৈশাচিক adj diabolical
পোকা n worm
পোকামাকড় n pest
পোক্ত করা v consolidate
পোতাশ্রয় n harbor
পোতসমূহ n fleet
পোপ n Pope

পোপের আখ্যা *n* holiness
পোপের পদ *n* papacy
পোল *n* viaduct
পোল্যাণ্ডের লোক *adj* Polish
পোল্যান্ড *n* Poland
পোশাক *n* apparel, clothing, costume
পোশাক রাখার আলমারি *n* wardrobe
পোশাক-পরিচ্ছদ *n* clothes
পোষা জন্তু *n* pet
পোষাক *n* dress
পোষ্যগ্রহণ *n* adoption
পোষ্যগ্রহণ করা *v* adopt
পোষ্যরূপে গৃহীত এমন *adj* adoptive
পোস্টকার্ড *n* postcard
পোস্ত *n* poppy
পোড়াইয়া কালো করা *v* char
পৌঁছান *v* arrive, reach
পৌঁছান *n* arrival
পৌঁছে দেওয়া *v* deliver
পৌর *adj* civic
পৌরুষ *n* manliness
পৌরুষত্ব *adj* manly
পৌরসভা *n* corporation
প্যান্টবিশেষ *n* slacks
প্রকল্প *n* hypothesis; project
প্রকান্ড *adj* monstrous, vast
প্রকার *n* sort, type
প্রকাশ *n* display, expression
প্রকাশ করা *v* display, express, publish, reveal, unveil
প্রকাশক *n* publisher
প্রকাশিত গ্রন্থ *n* publication
প্রকাশিত হওয়া *v* come out
প্রকাশ্য *adj* revealing
প্রকাশ্য অপমান *n* affront
প্রকাশ্যে *adv* publicly
প্রকাশ্যে অপমান করা *v* affront
প্রকাশযোগ্যতার বিচার *n* censorship
প্রকৃত *adj* authentic, factual, substantial
প্রকৃত ঘটনা *n* fact
প্রকৃতি *n* nature
প্রকৃতি পদ *adj* derivative
প্রকৃতিস্থ *adj* sane
প্রকৃতিস্থতা *n* sanity
প্রকৃতপক্ষে *adv* indeed, really
প্রক্রিয়া *n* process
প্রক্রিয়াকরণ করা *v* process
প্রক্ষিপ্ত বস্তু *n* projectile
প্রখর দীপ্তি পাওয়া *v* glow
প্রগতিশীল *adj* progressive
প্রচেষ্টা *n* attempt
প্রচেষ্টা করা *v* contend
প্রচন্ড আক্রমণ *n* assault, onslaught
প্রচন্ড আক্রমণ করা *v* assail, assault

প

প্রচন্ড ক্রোধ *n* fury
প্রচন্ড গতি *n* surge
প্রচন্ড ঝড় *n* tempest
প্রচন্ডবেগে ধাবমান *adj* impetuous
প্রচলন *n* fashion
প্রচলিত *adj* conventional, current
প্রচার *n* circulation; propaganda; publicity
প্রচার অভিযান *n* campaign
প্রচার করা *v* diffuse, disseminate
প্রচারপত্র *n* poster
প্রচুর *adj* abundant, plentiful, redundant
প্রচুর *n* bumper
প্রচুর পরিমাণে *adv* much
প্রচুর পরিমানে জন্মান *v* flourish
প্রচুর বৃষ্টিপাত *n* downpour
প্রজাতিগত *adj* specific
প্রজাতন্ত্র *n* republic
প্রজাপতি *n* butterfly
প্রজ্বলিত *adv* alight
প্রজ্বলিত করা *v* ignite
প্রণয়ী *n* sweetheart
প্রণালী *n* system, manner, method, procedure; strait
প্রণোদিত করা *v* exhort, indoctrinate
প্রতারক *n* cheat, cheater, swindler, twister
প্রতারিত করা *v* beguile, dupe
প্রতারণা *n* deceit, deception, fraud, swindle
প্রতারণা করা *v* cheat, deceive, defraud, delude, swindle, victimize
প্রতারণাপূর্ণ *adj* deceitful, deceptive, fraudulent
প্রতারণাপূর্ণ কৌশল *n* gimmick
প্রতি ঘন্টায় *adv* hourly
প্রতি বৎসর *adv* yearly
প্রতিকৃতি *n* icon
প্রতিক্রিয়া *n* effect, feedback, reaction
প্রতিক্রিয়াপ্রবণ *adj* allergic
প্রতিক্রিয়াশীলতা *n* allergy
প্রতিগ্রহণ করা *v* recapture
প্রতিচিত্র *n* blueprint
প্রতিটি *adv* apiece
প্রতিযোগিতা *n* competition, contest, match, tournament
প্রতিযোগিতা করা *v* compete
প্রতিযোগিতামূলক *adj* competitive
প্রতিযোগিতায় বিজয়ী *n* champion
প্রতিযোগী *n* competitor, contestant
প্রতিদ্বন্দ্বিতা *n* rivalry
প্রতিদ্বন্দ্বিতামূলক *adj* challenging
প্রতিদ্বন্দ্বী *n* contender
প্রতিধ্বনি *n* echo
প্রতিনিধি *n* agent, delegate

প্রতিনিধিত্ব *n* delegation
প্রতিনিধিত্ব করা *v* represent
প্রতিনিবৃত্ত করা *v* dissuade
প্রতিপক্ষ *n* opponent, opposition
প্রতিপত্তি *n* standing
প্রতিফলিত করা *v* reflect
প্রতিফলন *n* reflection
প্রতিবাদ করা *v* contradict
প্রতিবিম্ব *n* image
প্রতিবেদন *n* report
প্রতিবেশিত্ব *n* neighborhood
প্রতিবেশী *n* neighbor
প্রতিবন্ধক *n* barrier, bottleneck, hurdle
প্রতিভা *n* genius
প্রতিমা পূজা *n* idolatry
প্রতিমূর্তি *n* effigy
প্রতিরক্ষা *n* defense
প্রতিরোধ *n* deterrence, prevention
প্রতিরোধ করা *v* defend, prevent, repel
প্রতিরোধক *n* defender
প্রতিরোধী *adj* preventive
প্রতিরূপ *n* cloning
প্রতিরূপ *n* counterpart
প্রতিরূপ করা *v* clone
প্রতিলিপি *n* photocopy
প্রতিলিপি করা *v* duplicate
প্রতিলিপিকরণ *n* duplication
প্রতিশোধ *n* retaliation, revenge, vengeance
প্রতিশোধ গ্রহণ করা *v* revenge
প্রতিশোধ নেওয়া *v* retaliate
প্রতিশোধ লওয়া *v* avenge, wipe out
প্রতিশব্দ *n* synonym
প্রতিষ্ঠা *n* foundation
প্রতিষ্ঠাতা *n* founder
প্রতিষ্ঠান *n* institution, organization
প্রতিস্থাপন *v* transplant
প্রতিহিংসাপরায়ণ *adj* vindictive
প্রতিহত করা *v* fend off
প্রতিহত হয়ে আসা *v* rebound
প্রতীক *n* emblem, symbol
প্রতীক *n* badge
প্রতীকরূপে ব্যবহৃত *adj* symbolic
প্রতীক্ষা *n* waiting
প্রতীক্ষা করা *v* await, look forward
প্রতীয়মান *adj* apparent, palpable
প্রত্যক্ষ সাক্ষী *n* eyewitness
প্রত্যাখ্যান *n* rebuff, refusal
প্রত্যাখ্যান করা *v* rebuff, refuse, turn down
প্রত্যাগমন করা *v* repatriate
প্রত্যাঘাত করা *v* strike back
প্রত্যাবর্তন *n* recession, revert, relapse

প্রত্যাবর্তন করা *v* come back, go back, resurface

প্রত্যাবর্তন করা *n* comeback

প্রত্যাশা করা *v* anticipate

প্রত্যাহার করা *v* recant

প্রত্যায়িত করা *v* certify

প্রত্যায়ন করা *v* attest

প্রত্যেক *adj* each, every

প্রত্যেক ব্যক্তি *pro* everybody

প্রত্যেকে *pro* everyone

প্রত্যেকের জন্য *pre* per

প্রত্যেকদিন *adj* everyday

প্রত্যর্পণ করা *v* refund

প্রত্যর্পন *n* refund

প্রত্যয় জাগানো *adj* convincing

প্রত্যয়িত করেন এমন উকিল *n* notary

প্রত্যয়যোগ্য *adj* credible

প্রত্যহ *adv* daily

প্রথা *n* custom

প্রথম *adj* first

প্রথম ছেদ *n* comma

প্রথম প্রদত্ত অর্থ *n* down payment

প্রথম ব্যক্তি *n* foreman

প্রথম স্থান *n* lead

প্রথা অনুসারে আচরণ *n* conformity

প্রথানুযায়ী *adj* customary

প্রথানুসারী *adj* conformist

প্রদক্ষিণ *n* circuit, circulation

প্রদক্ষিণ করা *v* circle

প্রদর্শন *n* showdown

প্রদর্শন করা *v* demonstrate, exhibit

প্রদর্শনী *n* exhibition

প্রদান করা *v* pay, award, bestow, grant, hand in, hand over, provide

প্রদান করা হচ্ছে যে *c* providing that

প্রদেশ *n* county, province

প্রদেয় *n* due

প্রধান *n* head, major

প্রধান *adj* main, premier, principal

প্রধান যাজক *n* pontiff

প্রধান নৌ সেনাপতি *n* admiral

প্রধান পাচক *n* chef

প্রধান পথ *n* highway

প্রধান বৈশিষ্ট্য *n* highlight

প্রধান ব্যক্তি *n* chief

প্রধান ভৃত্য *n* butler

প্রধানতঃ *adv* chiefly, mainly

প্রফুল্ল *adj* bright, jolly, jovial, merry

প্রফুল্ল করা *v* cheer up

প্রবণ *adj* prone

প্রবণতা *n* aptitude, inclination, tendency

প্রবঞ্চক *adj* tricky

প্রবন্ধ *n* essay, article

প্রবর্তক *n* initiator, pioneer

প্রবর্তক *adj* persuasive
প্রবর্তন *n* persuasion
প্রবর্তিত করা *v* persuade
প্রবল *adj* tremendous
প্রবল আগ্রহ *n* zeal
প্রবল উত্তেজনা *n* frenzy
প্রবল ঘূর্ণবাত্যা *n* cyclone
প্রবল বাতাস *n* gale
প্রবল বাত্যা *n* blast
প্রবল সামুদ্রিক ঝড় *n* hurricane
প্রবাদ *n* proverb
প্রবাহ *n* flow, stream
প্রবাহিত করা *v* circulate
প্রবাহিত হওয়া *v* emanate, flow
প্রবীণ *n* veteran
প্রবৃত্তি *n* propensity
প্রাপ্যতা *n* availability
প্রবেশ *n* admission, entrance, entry
প্রবেশ *v* enter
প্রবেশ করা *v* come in, log in
প্রবেশ করান *v* insert
প্রবেশকারী *adj* incoming
প্রবেশাধিকার *n* admittance, access
প্রবেশানুমতি দেওয়া *v* admit
প্রবেশ-পথ *n* hallway
প্রভাব *n* ascendancy, impact, influence

প্রভাব বিস্তার *n* leverage
প্রভাব সমাপ্ত করা *v* neutralize
প্রভাবিত করা *v* affect
প্রভাবশালী *adj* influential
প্রভাবসম্পন্ন হওয়া *v* predominate
প্রভু *n* lord
প্রভুত্ব *n* lordship
প্রভুত্বকামী ব্যক্তি *adj* authoritarian
প্রভুত্বব্যঞ্জক *adj* domineering
প্রমাণ *n* evidence, proof, record, witness
প্রমাণ করা *v* prove
প্রমাণ খন্ডন করা *v* debunk, disprove
প্রমাণিত *adj* proven
প্রমাণদায়ক *adj* demonstrative
প্রমাণসিদ্ধ *v* authenticate
প্রমিত করা *v* standardize
প্রমোদোদ্যান *n* park
প্রমোদভ্রমণ *n* excursion
প্রমোদ-ভ্রমণ *n* outing
প্রযুক্তি *n* technique
প্রযুক্তিগত *adj* technical
প্রযুক্তিবিদ্যা *n* technology
প্রযোজ্য *adj* applicable
প্রয়োগ *n* application
প্রয়োগ করা *v* exert
প্রয়োজন *n* need, requirement
প্রয়োজন বোধ করা *v* need

প

প্রয়োজনীয় *adj* worthwhile
প্ররোচিত করা *v* induce, instigate
প্ররোচনা *n* incitement
প্রলেপ *n* coat
প্রলেপ দেওয়া *v* smear
প্রলোভিত করা *v* entice
প্রলোভন *n* bribe, bait, enticement
প্রলোভনকারী *adj* enticing
প্রলুব্ধ *adj* tempting
প্রলুব্ধ করা *v* lure, allure
প্রলম্বিত হওয়া *v* protrude, stick out
প্রশংসা *n* admiration, appreciation, applause, commendation, compliment, praise
প্রশংসা করা *v* acclaim, admire, appreciate, praise
প্রশংসাপত্র *n* certificate
প্রশংসাযোগ্য *adj* praiseworthy
প্রশস্ত *adj* ample, broad, roomy, spacious
প্রশান্তি *n* calm
প্রশ্ন *n* question
প্রশ্ন করা *v* question
প্রশ্নোত্তরে শিক্ষাদান *n* catechism
প্রশ্নমালা *n* questionnaire
প্রশ্রয় দেওয়া *v* indulge
প্রশ্রয়দাতা *adj* indulgent
প্রসঙ্গ *n* context, topic
প্রসাধন *n* toilet
প্রসাধনী দ্রব্য *n* cosmetic
প্রসাধনদ্রব্যবিশেষ *n* cologne
প্রসার *n* extent, width
প্রসারিত *adj* outstretched
প্রসারিত করা *v* enlarge, extend, prolong
প্রসারণ *n* enlargement, extension
প্রসিদ্ধ *adj* illustrious
প্রস্তাব *n* proposal, suggestion
প্রস্তাব করা *v* suggest
প্রস্তাব দেওয়া *v* propose
প্রস্তাবনা *n* prelude, prologue
প্রস্তুত *adj* ready
প্রস্তুত করা *v* concoct
প্রস্তুতকারক *n* maker
প্রস্তুতি *n* preparation
প্রস্তুতি নেওয়া *v* prepare
প্রস্তরীভূত *adj* petrified
প্রস্থ *n* breadth
প্রস্থান *n* departure, exit
প্রস্থান করা *v* depart, go away
প্রস্রাব *n* urine
প্রস্রাব করা *v* urinate
প্রহার *n* beating
প্রহৃত *adj* beaten
প্রহরা *n* custody
প্রহরী *n* custodian, sentry, warden, guard
প্রহসন *n* comedy

প্রাকদর্শন *n* preview
প্রাকৃতিক *adj* natural
প্রাকৃতিক ভূ-দৃশ্য *n* landscape
প্রাকৃতিকভাবে *adv* naturally
প্রাক্তন *adj* former, previous
প্রাক্তন *n* past
প্রাগৈতিহাসিক *adj* prehistoric
প্রাঙ্গন *n* compound
প্রাঙ্গনাদি *n* premises
প্রাচীন *adj* ancient, antiquated, archaic
প্রাচীনকাল *adj* long-standing
প্রাচীনকাল *n* antiquity
প্রাচীর-গাত্রের ছিদ্র *n* loophole
প্রাচুর্য *n* abundance, plenty
প্রাচ্য *adj* oriental
প্রাণবন্ত *adj* brisk
প্রাণিদেহজ রসবিশেষ *n* hormone
প্রাণিবিদ্যা *n* zoology
প্রাণী *n* creature, animal
প্রাণীর অন্ত্র *n* gut
প্রাতঃরাশ *n* breakfast
প্রাথমিক *adj* elementary, rudimentary
প্রাথমিকভাবে *adv* initially, primarily
প্রাদুর্ভাব *n* outbreak
প্রাধান্য *n* advantage
প্রান্ত *n* verge, fringe
প্রান্তীয় *adj* marginal
প্রান্তরেখা *n* ridge
প্রাপ্তি *n* attainment, receipt
প্রাপ্তব্য *adj* available
প্রাপ্তবয়স্ক *n* adult
প্রামাণিক *adj* crucial
প্রামাণিক সাক্ষ্য *n* testimony
প্রায় *adv* almost
প্রায়ই *adv* often
প্রায়শ্চিত্ব *n* penance
প্রায়শ্চিত্ত *n* atonement
প্রায়শ্চিত্ত করা *v* atone
প্রারম্ভ *n* debut, outset
প্রারম্ভিক *adj* initial, preliminary, primitive
প্রারম্ভিক *n* initial
প্রার্থনা *n* prayer
প্রার্থনা *n* litany
প্রার্থী *n* candidate
প্রার্থী হওয়া *v* stand for
প্রার্থীপদ *n* candidacy
প্রাসঙ্গিক *adj* relevant
প্রাসাদ *n* palace
প্রিয় *adj* darling, dear, favorite
প্রেক্ষাগার *n* auditorium
প্রেত *n* ghost
প্রেতলোক *n* purgatory
প্রেম *n* romance
প্রেমিক *n* lover

প্রেরক *n* sender
প্রেরণাদায়ী *adj* charismatic
প্রেরণ *n* emission
প্রেরণ করা *v* send, emit, transmit
প্রেরণ করা অর্থ *n* remittance
প্রেরণা *n* motive, inspiration, urge
প্রেরণা যোগান *v* motivate
প্রেরিত খবর *n* errand
প্রেরিত বার্তা *n* message
প্রোগ্রাম প্রস্তুতকারক *n* programmer
প্রোটিন *n* protein
প্লাবিত করা *v* inundate
প্লাবন *n* cataclysm
প্লুটোনিয়াম *n* plutonium
প্লাস্টিক *n* plastic
প্লেগ-রোগ *n* plague
প্ল্যাটিনাম *n* platinum

ফ

ফটো *n* photo, snapshot
ফটো তোলা *n* photography
ফরমাস মত বানানো *adj* custom-made
ফরাসী *adj* French
ফল *n* consequence, result; fruit
ফলপ্রদ *adj* effective
ফলপ্রসু *adj* fruitful
ফলবিশেষ *n* plum, pomegranate, raspberry, strawberry, tangerine
ফলমূলাদির রস *n* juice
ফসফরাস *n* phosphorus
ফসল *n* produce
ফসল তোলা *v* reap
ফুলদানি *n* vase
ফুসকুড়ি *n* rash
ফুসফুস *n* lung
ফাঁদ *n* trap, snare
ফাঁদে আটকান *v* snare
ফাঁদে ফেলা *v* trap
ফাঁপান *v* swell
ফাঁপিয়ে তোলা *v* pad
ফাঁস করা *v* divulge
ফাঁসিকাঠ *n* gallows
ফাইল *n* file
ফাইলজাত করা *v* file
ফাঁক ফাটল *n* gap
ফাঁকা *adj* blank
ফাঁকি দেওয়া *v* trick
ফাটা *n* rupture
ফাটিয়া যাওয়া *v* rip, split
ফাটল *n* breach, cleft, crack, crevice
ফারমান *n* charter
ফালি *n* chip, slice, strip
ফালি করা *v* slit

ফিউজ *n* fuse
ফিটফাট *adj* smart
ফিতা *n* band, tape
ফিতার শেষের প্লাস্টিক *n* tag
ফিতে *n* lace
ফিনল্যাণ্ডজাত *adj* Finnish
ফিনল্যান্ড *n* Finland
ফিরাইয়া আনা *v* retract
ফিরাইয়া লওয়া *v* take back
ফিরিয়া আসা *v* get back, return, turn back
ফিরিয়া পাওয়া *v* regain
ফিরিয়ে আনা *v* bring back
ফিরে যাওয়া *v* recede
ফিসফিস করা *v* whisper
ফিসফিস শব্দ *n* whisper
ফুঁ দিয়া নেভান *v* blow out
ফুটকি *n* point
ফুটপাথ *n* pavement, sidewalk
ফুটবল *n* football
ফুটা হওয়া *n* leakage
ফুটি *n* cantaloupe
ফুল *n* flower
ফুল ফোটা *v* blossom
ফলক *n* tablet, plate, slab
ফুলকপি *n* cauliflower
ফলাফল *n* fallout, outcome
ফুলের টব *n* flowerpot
ফুলবিশেষ *n* carnation, daisy
ফুরিয়ে যাওয়া *v* wither
ফেটে পড়া *v* burst into
ফুৎকার *n* puff
ফেনা *n* foam
ফেব্রুয়ারি *n* February
ফেরত *n* return
ফেরত দেওয়া *v* give back
ফেরিওয়ালা *n* hawk
ফেল করা *v* flunk, fail
ফেলে দেওয়া *v* junk
ফোঁটা *n* freckle
ফোঁটা ফোঁটা পড়া *v* trickle
ফোঁপান *v* sob
ফোঁপানি *n* sob
ফোটা *v* boil
ফোন *n* phone
ফোলান *v* inflate
ফোসকা *n* blister
ফ্যাকাশে লাল *adj* pink
ফ্রান্স *n* France
ফ্ল্যাট *n* condo, apartment

ফ

ব

বই *n* book
বই নাড়াচাড়া করা *v* browse
বই রাখার আলমারি *n* bookcase
বংশ *n* race, ancestry, clan
বংশগত *adj* hereditary
বংশধর *n* descendant
বংশ বৃদ্ধি করা *v* breed
বকবক করা *v* babble
বক্তা *n* speaker
বক্তৃতা *n* lecture
বক্র *adj* oblique
বক্র করা *v* curve, flex
বক্র রেখা *n* curve
বক্রোক্তি *n* insinuation
বক্ষ *n* chest, bosom, bust
বগল *n* armpit
বগলস্ *n* buckle
বগলস্ আঁটা *v* buckle up
বজরা *n* barge
বজ্র *n* thunder, thunderbolt
বজ্রবিদ্যুতসহ বৃষ্টি *n* thunderstorm
বণিক *n* trader
বঞ্চিত *adj* deprived
বঞ্চিত করা *v* deprive
বদ্ধমুল *adj* ingrained
বদমাশ লোক *n* rascal
বদমেজাজি *adj* grumpy
বদমেজাজী *adj* grouchy
বদল *n* swap
বদল করা *v* swap
বদলা *n* reprisal
বদলি *n* substitute
বদহজম *n* indigestion
বধির *adj* deaf, deafening
বধির করা *v* deafen
বধিরতা *n* deafness
বনবিড়াল *n* lynx
বনিযাদ *n* basis
বন্য *adj* wild
বন্য শূকর *n* wild boar
বন্যা *n* deluge, flood, flooding
বন্যজীবন *n* wildlife
বন্টন *n* deal, dispensation, distribution
বন্টন করা *v* distribute, allocate
বন্টন করিয়া দেওয়া *v* dispense
বন্দনা *n* chant
বন্দর *n* port
বন্দুক *n* gun, gunfire
বন্দুকাদির আগ্নেয়াস্ত্র *n* firearm
বন্দুকের টিপকল *n* trigger
বন্দুক-ধারী *n* gunman
বন্দুকবিশেষ *n* machine gun
বন্দি *n* prisoner
বন্দিত্ব *n* captivity

বন্দী *n* captive, capture
বন্দী করা *v* capture
বন্দোবস্ত *n* provision, settlement
বন্ধ অবস্থা *n* closure
বন্ধ করা *v* shut, close, turn off
বন্ধক *n* mortgage
বন্ধক দেওয়া *v* pawn
বন্ধকী কারবারি *n* pawnbroker
বন্ধন *n* cord, tie, bond
বন্ধন *adj* binding
বন্ধন করা *v* bind
বন্ধন থেকে মুক্তি *v* emancipate
বন্ধনী *n* bracket, clamp
বন্ধনী দেওয়া *v* brace for
বন্ধু *n* buddy, friend
বন্ধু করা *v* befriend
বন্ধুত্ব *n* friendship
বন্ধুত্বপুর্ণ *adj* amicable
বন্ধ্যা *adj* barren, sterile
বন্ধ্যা করা *v* sterilize
বটিকা *n* pellet
বৎসর *n* year
বপন করা *v* sow
বমি *n* vomit
বমি করা *v* throw up, vomit
বমি-বমি ভাব *n* nausea
বয়ঃকনিষ্ঠ *adj* junior
বয়ন করা *v* weave, knit
বয়লার *n* boiler
বয়স *n* age
বয়স্ক *adj* elderly
বয়ঃসন্ধি *n* puberty
বয়া *n* buoy
বয়াম *n* jar
বয়ে যাওয়া *v* elapse
বয়োজ্যেষ্ঠ *adj* senior
বর *n* bridegroom, groom
বরং *adv* rather
বরফ *n* ice, snow
বরফ গলান *v* thaw
বরফ গলানো *v* defrost
বরফকুঁচি *n* ice cube
বরফের চটি *v* ice skate
বরফঠান্ডা *adj* ice-cold
বরফবৎ শীতল *adj* icy
বরাবর *pre* to
বরাহ *n* boar
বর্জন *n* exception, omission
বর্জন করা *v* boycott, repudiate, shun, throw away
বর্জ্যের চৌবাচ্চা *n* sink
বর্ণ *n* complexion
বর্ণনা *n* description
বর্ণনা করা *v* tell, define, describe, narrate, portray
বর্ণনামূলক *adj* descriptive
বর্ণনামূলক তালিকা *n* inventory
বর্ণমালা *n* alphabet

বর্ণবাদ *n* racism
বর্তমান *n* current
বর্তমানে *adv* currently
বর্ধিত করা *v* augment
বর্বর *n* barbarian
বর্বরোচিত কাজ *n* atrocity
বর্বরতা *n* barbarism
বর্বরসুলভ *adj* barbaric
বর্ম *n* armor
বল *n* ball
বলগা-হরিণ *n* reindeer
বলটু *n* bolt
বলদ *n* oxen
বল পূর্বক টানিয়া আনা *v* pull
বল প্রয়োগ *n* coercion, compulsion
বল প্রয়োগ *adv* forcibly
বল প্রয়োগ করা *v* coerce, enforce, force
বলবান *adj* energetic
বলয় *n* zone
বলা *v* say, state
বলিষ্ঠ *adj* ironic
বল্লম *n* spear
বল্লমের ডগা *v* spearhead
বশে আনা *v* subject
বশ্যতা *n* docility
বর্ষাতি *n* raincoat
বর্ষণ *n* fall; shower
বসতি স্থাপন করা *v* settle
বসন্ত রোগ *n* smallpox
বসন্তকাল *n* spring
বসবাস করা *v* inhabit, populate, settle
বসবাসের যোগ্য *adj* inhabitable
বসা *v* set, sit
বসে পড়া *v* slump
বস্তু *n* article, stuff
বস্তু থেকে নির্মিত চাদর *n* linen
বস্তা *n* sack, bale
বস্তায় ভরা *v* sack
বস্তি *n* slum
বহন *n* conduct, carriage
বহন করা *v* carry, conduct
বহনীয় *adj* bearable
বহিঃস্থ *adj* exterior, outer
বহিরাক্রমণ *n* invader
বহিরাগত *n* alien, loner, outsider
বহির্দেশে সমর্পণ *n* extradition
বহির্দেশে সমর্পণ করা *n* extradite
বহির্বাস *n* apron
বহির্বিভাগের রোগী *n* outpatient
বহির্ভাগীয় *adv* outside
বহির্মুখী *adj* extroverted, outward
বহিষ্কার *n* ban
বহিষ্কার করা *v* expel
বহু *adj* many
বহুগামী *n* polygamy
বহুগামীতা *adj* polygamist

ব

বহুদূর পর্যন্ত *adv* widely
বহুদূরে *adv* beyond, farther
বহু-দূরে *adv* far
বহুবচনাৎমক *n* plural
বহুবর্ষব্যাপী *adj* perennial
বহুমূত্র রোগ *n* diabetes
বহুমূল্য *adj* precious
বহুসংখ্যক *adj* numerous
বহু সংখ্যা *n* multitude
বহ্নুৎসব *n* bonfire
বড় *adj* great
বড় টুকরো *n* block
বড় পাখি *n* pheasant
বড় বাজার *n* supermarket
বড় বাটি বা গামলা *n* bowl
বড় হইয়া ওঠা *v* grow up
বড় হাতের অক্ষর *n* capital letter
বড়দিন *n* Christmas
বাঁকা *adj* cranky, crooked
বাঁকা ছাঁদের অক্ষর *adj* italics
বাঁকান *adj* twisted
বাঁট *n* hilt
বাঁধ *n* barrage
বাঁদর *n* monkey
বাঁধা দেওয়া *v* stem
বাঁধাকপি *n* cabbage
বাঁশ *n* bamboo
বাঁশি *n* flute, whistle
বাঁশি বিশেষ *n* cornet
বাঁশিবিশেষ *n* clarinet
বাইবেল *n* bible
বাইবেল-সংক্রান্ত *adj* biblical
বাকপটুতা *adv* fluently
বাকপটুতা *n* eloquence
বাকি *n* dues
বাকী *n* remainder, remnant
বাক্য *n* sentence
বাক্যবাগীশ *adj* garrulous
বাক্যাংশ *n* clause
বাক্যে প্রকাশ করা *v* articulate
বাক্স *n* case, box
বাগান *n* garden, orchard
বাগযন্ত্র *n* larynx
বাগদত্ত *n* fiancé
বাগধারা *n* idiom
বাঘ *n* tiger
বাছাই করা *v* choose
বাছুর *n* calf
বাছুরের মাংস *n* veal
বাজানো *v* ring
বাজার *n* bazaar, market
বাজি *n* bet
বাজি ধরা *v* bet
বাজীগর *n* juggler
বাজে *adj* crappy, worthless
বাজে উক্তি *n* crap
বাজেয়াপ্ত করা *v* confiscate, impound

বাজেয়াপ্ত করণ n confiscation
বাজপাখি n leash
বাটালি n chisel
বাণিজ্য n commerce
বাণিজ্যিক adj commercial
বাণিজ্যদূত n consul
বাণিজ্যদূতের দফতর n consulate
বাত n arthritis
বাতাস n air, wind
বাতাস করা v air, ventilate
বাতাস লাগান v wind
বাতাস সৃষ্টি করা v blow
বাতাসে দোলা v flaunt
বাতি জ্বালা v switch on
বাতি নিভান v switch off
বাতিঘর n lighthouse
বাতির ঝাড় n chandelier
বাতিরঢাকনা n lampshade
বাতিল n cancellation, rejection, repeal
বাতিল করা v abrogate, call off, cancel, invalidate, nullify, reject, repeal, revoke, undo
বাতিস্তম্ভ n lamppost
বাতরোগ n rheumatism
বাদ দিয়া যাওয়া v miss
বাদ দেওয়া v exclude, leave out, omit; weed
বাদাম n nut

বাদামী adj brown
বাদামে পূর্ণ adj nutty
বাদামের খোলা n nut-shell
বাদামবিশেষ n chestnut
বাদুড় n bat
বাদ্যযন্ত্র n pipe
বাদ্যযন্ত্রবিশেষ n accordion
বাদ্যযন্ত্র-বিশেষ n guitar
বাধা n barrier, hindrance, impediment, obstacle, obstruction, resistance, setback
বাধা দেওয়া v clog, deter, hinder, oppose, resist, withstand
বাধাদান n interruption
বাধাদান করা v interrupt
বাধ্য adj amenable, bound for, docile, obedient, obliged
বাধ্য করা v compel, oblige
বাধ্য করান v constrain
বাধ্য হওয়া v must, have to
বাধ্যতা n obedience
বাধ্যতামূলক adj compulsory, obligatory
বাধ্যতামূলক অন্তর্ভুক্তি n conscript
বাধ্যবাধকতা n constraint
বানান n spelling
বানান করা v spell
বানরজাতীয় প্রাণী n ape
বাবা n dad, father
বাবহার করা v use

বাম *n* left
বাম দিকে *adv* left
বাম পার্শ্বস্থ *adj* left
বামন *n* dwarf
বায়ুচলাচল *n* ventilation
বায়ুপ্রতিরোধী *n* windshield
বায়ুমন্ডল-সংক্রান্ত *adj* atmospheric
বায়ুময় *adj* windy
বায়ুরোধক *adj* hermetic
বায়ুরোধী *adj* airtight
বায়ুহমন্ডল *n* atmosphere
বার বার করেন যিনি *adj* compulsive
বার বার বলা *v* hammer
বার বার মারা *v* beat, batter
বারবার যাওয়া *v* frequent
বারংবার *adj* frequent
বারান্দা *n* balcony
বারো *n* dozen
বারো *adj* twelve
বারণ করা *v* veto
বার্তা পাঠানো *v* relay
বার্তাবহ *n* messenger
বার্ধক্য *n* old age
বার্নিশ *n* varnish
বার্নিশ করা *v* varnish
বার্লি *n* barley
বার্ষিক *adj* annual
বার্ষিকী *n* anniversary
বালক *n* boy, lad
বালি *n* sand
বালিকা *n* girl
বালিশ *n* pillow
বালিশের ওয়াড় *n* pillowcase
বালুচর *n* shelves
বাল্যকাল *n* boyhood, childhood
বালতি *n* bucket, pail
বালসুলভ *adj* puerile
বাষ্প *n* fumes, steam
বাষ্পীভূত করা *v* evaporate
বাষ্পে পোড়ান *v* scald
বাষ্পশোধন করা *v* fumigate
বাস *n* bus
বাস করা *v* dwell, live, reside
বাস মাছ *n* bass
বাস্কেটবল *n* basketball
বাসাবাড়ি *n* lodging
বাসার জন্য মন খারাপ *adj* homesick
বাসি *adj* stale
বাসচ্যুত করা *v* dislodge
বাসে করে যাওয়া *v* bus
বাসের শহর *n* hometown
বাসযোগ্য *adj* habitable
বাস্তব *adj* concrete, real
বাস্তব *n* reality
বাস্তব্যবিদ্যা *n* ecology
বাস্তবধর্মী *adj* pragmatist

ব

ব

বাস্তববাদ *n* realism
বাসন-কোসন *n* utensil
বাসস্থান *n* residence
বাহক *n* bearer, courier
বাহির হইয়া যাওয়া *v* log off
বাহির হওয়া *v* get out
বাহিরে *adv* out
বাহিরে যাওয়া *v* go out
বাহিরের *adj* extraneous
বাহিরের পথ *n* way out
বাহু *n* arm
বাহুযুক্ত *adj* armed
বাহ্যিক *adj* external
বাহ্যরূপ *n* guise
বাড়তি টাকা *n* bonus
বাড়তি লোক *n* reinforcements
বাড়তি শক্তি জোগানো *v* reinforce
বাড়ানো *v* beef up
বাড়ি *n* home, house
বাড়িওয়ালী *n* landlady
বাড়ির অঙ্গনে রাস্তা *n* driveway
বাড়ির কাজ *n* homework
বাড়ির তলা *n* story
বাড়ির বাহিরে *adv* outdoors
বাড়িয়ে দেওয়া *v* aggravate
বাড়ীর সম্মুভাগ *n* frontage
বিংশ *adj* twentieth
বিকলাঙ্গতা *n* deformity
বিকল্প *n* alternative, option
বিকাশ *n* development
বিকাশ করা *v* develop
বিকৃত *adj* perverse
বিকৃত করা *v* distort
বিকৃতমস্তিষ্ক *adj* crazy
বিকৃতস্বভাব *n* pervert
বিক্রয় *n* sale
বিক্রয় করা *v* sell
বিক্রয় রসিদ *n* sale slip
বিক্রয়ার্থে প্রচার করা *v* canvas
বিক্রেতা *n* salesman, seller
বিক্ষিপ্ত *adj* distraught, sporadic
বিক্ষিপ্ত করা *v* disperse
বিক্ষেপ *n* turbulence
বিক্ষোভকারী *n* agitator
বিখ্যাত *adj* illustrious, famous, renowned
বিচক্ষণতা *n* discretion
বিচার *n* doom, judgment
বিচার *n* trial
বিচার সভা *n* bench
বিচারক *n* arbiter, judge, referee
বিচারালয় *n* courthouse
বিচারাসন *n* tribunal
বিচারশক্তি *n* reasoning
বিচ্যুতি *n* shortcoming
বিছানার চাদর *n* bedspread
বিচ্ছিন্ন *v* cut off
বিচ্ছিন্ন করা *v* break off, isolate

বিচ্ছিন্ন দল *n* schism
বিচ্ছিন্ন হওয়া *v* break
বিচ্ছিন্নতা *n* isolation
বিচ্ছেদ *n* break, separation
বিচ্ছেদ হওয়া *adj* estranged
বিজেতা *n* winner
বিজ্ঞপ্তি *n* bulletin, notice
বিজ্ঞপ্তিপত্র *n* notification
বিজ্ঞান *n* science
বিজ্ঞানী *n* scientist
বিজ্ঞাপিত করা *v* advertise
বিজ্ঞাপন *n* advertising
বিজলী *n* electricity
বিজয়লাভ *adj* prevalent
বিজয়লাভ করা *v* prevail
বিজয়ী *adj* triumphant
বিজয়ী *n* champion
বিজড়িত *n* implication
বিজড়িত করা *v* implicate
বিজোড় *adj* odd
বিতর্ক *n* controversy
বিতর্কিত *adj* controversial
বিতাড়ক *adj* repulsive
বিতাড়িত করা *v* repulse
বিতাড়ন *n* expulsion, repulse
বিতৃষ্ণা *n* revulsion
বিতৃষ্নাজনক *adj* revolting
বিদারক *n* piercing
বিদায় *int* bye
বিদায় *n* farewell
বিদায় করা *v* dismiss
বিদায়গ্রহণ *n* parting
বিদিত করান *v* notify
বিদীর্ণ করা *v* split up
বিদেশাগত *adj* exotic
বিদেশী *adj* foreign
বিদেশী *n* stranger
বিদেশী ব্যক্তি *n* foreigner
বিদেশে *adv* abroad
বিদেশে রপ্তানিকরণ *n* exploitation
বিদ্যান *n* scholar
বিদ্যালয় *n* school
বিদ্যালয় সংক্রান্ত *adj* academic
বিদ্যালয়ের পাঠ্যপুস্তক *n* textbook
বিদ্যুত *n* current, lightning
বিদ্যুতকোষ *n* battery
বিদ্যুতের সাহায্যে জোড়া *v* galvanize
বিদ্যুৎপৃষ্ঠ *v* electrocute
বিদ্যুৎসঞ্চার করা *v* electrify
বিদ্ধ করা *v* penetrate, perforate
বিদ্বান *adj* literate
বিদ্বেষ *n* animosity, antipathy
বিদ্বেষ করা *v* envy
বিদ্রোহ *n* insurgency, insurrection, mutiny, revolt
বিদ্রোহী হওয়া *v* revolt
বিদ্রূপ *n* mockery

ব

বিদ্রূপ *n* satire
বিদ্রুপ করা *v* mock
বিধবা *n* widow
বিধর্মী *adj* pagan
বিধান দেওয়া *v* prescribe
বিধানকর্তা *n* lawmaker
বিধানসভা *n* legislature
বিধি *n* regulation
বিধিবর্হিভূত *n* informality
বিধেয় *n* predicament
বিধ্বস্ত *adj* shattering
বিধ্বস্ত করা *v* devastate
বিধ্বস্তকারী *adj* devastating
বিধর্মি মত *n* heresy
বিনত *adj* lowly
বিনষ্ট করা *v* exterminate, raze
বিনা ভাড়ায় ভ্রমণ *v* hitchhike
বিনাশ *n* destruction
বিনাশকারী *adj* destructive
বিনিময় *n* interchange
বিনিময় করা *v* barter, commute, exchange, interchange
বিনিয়োগ *n* investment
বিনিয়োগ করা *v* invest
বিনিয়োগকারী *n* investor
বিনীত *adj* unassuming, courteous, submissive
বিনুনি *n* braid
বিনোদন *n* entertainment, recreation, relaxation
বিনোদনকারী *adj* entertaining, relaxing
বিন্যস্ত করা *v* grade, organize
বিন্যাস *n* arrangement, distribution
বিন্দু *n* point, dot, spot
বিন্দু বিন্দু পতন *n* drip
বিন্দু বিন্দু পতন *v* drop, drip
বিপক্ষ *n* adversary
বিপক্ষে *pre* against, versus
বিপজ্জনক *adj* dangerous, unsafe
বিপত্নীক *n* widower
বিপদসংকুল *adj* perilous
বিপথ গমন *n* aberration
বিপথগামী *v* astray
বিপথে চালিত *adj* misguided
বিপথে চালিত করা *v* mislead
বিপথে চালনা *adj* misleading
বিপদ *n* danger, peril, pitfall
বিপদগ্রস্ত করা *v* endanger
বিপদশঙ্কাপূর্ণ *adj* alarming
বিপদসঙ্কেত *n* alarm
বিপন্ন করা *v* jeopardize
বিপরীত *adj* adverse, contrary, opposite
বিপরীত *n* opposite
বিপরীত ক্রিয়াশীল *adj* retroactive

বিপরীত ক্রমে *adv* conversely
বিপরীত প্রান্ত *n* reverse
বিপরীত শক্তি *v* offset
বিপরীত হওয়া *v* contrast
বিপরীতে *adv* opposite
বিপর্যয় *n* calamity, catastrophe
বিপিতা *n* stepfather
বিফল করা *v* counteract
বিবর *n* beaver
বিবরণ দেওয়া *v* detail
বিবর্ণ *adj* bleak
বিবর্তিত হওয়া *v* evolve
বিবর্তন *n* evolution
বিবর্ধক *n* amplifier
বিবর্ধিত করা *v* magnify
বিবর্ধন করা *v* amplify
বিবস্ত্র করা *v* undress
বিবাদ *n* conflict, dispute
বিবাদ করা *v* dispute
বিবাহ *n* marriage, matrimony, wedding
বিবাহ করা *v* wed, marry
বিবাহিত *adj* married
বিবাহবিচ্ছেদ করা *v* divorce
বিবাহবিচ্ছেদ হওয়া ব্যক্তি *n* divorcee
বিবাহবন্ধন ছেদ *n* divorce
বিবাহসংক্রান্ত *adj* marital
বিবাহ-সম্বন্ধিয় *adj* bridal
বিবেক *n* conscience
বিবেচনা *n* consideration
বিবেচনা করা *v* consider, deem, envisage
বিবেচনা না করে *adj* irrespective
বিবৃতি *n* statement
বিভাগ *n* division, department, section
বিভাজ্য *adj* divisible
বিভাজন করা *v* part
বিভিন্ন *adj* diverse, varied, various
বিভীষিকা *n* horror
বিভিন্নতা *n* variety
বিভেদ *n* schism
বিভোর হওয়া *adj* engrossed
বিভ্রম *n* illusion
বিভ্রান্ত করা *v* confuse
বিভ্রান্তি *n* confusion
বিভ্রান্তিকর *adj* confusing
বিমা *n* insurance
বিমাতা *n* stepmother
বিমান *n* plane, airplane
বিমানক্ষেত্র *n* airfield
বিমানক্ষেত্রের জমি *n* airstrip
বিমান চালানোর বিদ্যা *n* aviation
বিমান নামার রাস্তা *n* runway
বিমান পরিবহন সংস্থা *n* airline
বিমান ভাড়া *n* airfare
বিমানের সামনের অংশ *n* cockpit

ব

ব

বিমানছত্র *n* parachute
বিমানবন্দর *n* airport
বিমানবাহিত ডাক *n* airmail
বিযুক্ত করা *v* disconnect
বিয়ার *n* beer
বিয়ের কনে *n* bride
বিয়োগ *adj* minus
বিয়োগ *n* subtraction
বিয়োগ করা *v* deduct, subtract
বিয়োগ ব্যথা *n* bereavement
বিয়োগযোগ্য *adj* deductible
বিরক্ত *adj* fed up
বিরক্ত *n* worry
বিরক্ত করা *v* annoy, bother, bug, displease, upset
বিরক্ত বোধ *n* resentment
বিরক্তি *n* boredom, chagrin
বিরক্তি প্রকাশ *v* depreciate
বিরক্তি প্রকাশ করা *v* resent
বিরক্তিকর *adj* annoying, boring, bothersome, disagreeable, displeasing, disturbing
বিরক্তিকর *n* nuisance
বিরত থাকা *v* abstain
বিরত হওয়া *v* leave, desist, step out
বিরতি *n* standstill, abstinence
বিরল *adj* rare
বিরুদ্ধ *adj* conflicting
বিরূপ *adj* averse
বিরূপতা *n* aversion
বিরাগ *n* disgust
বিরাগজনক *adj* disgusting
বিরাগপূর্ণ *adj* indisposed, unfriendly
বিরামকাল *n* interval
বিরামহীন *adv* nonstop
বিরোধ *n* discord
বিরোধ করা *v* conflict
বিরোধিতা *n* protest
বিরোধিতা করা *v* oppose, counter, protest
বিরোধী *adj* discordant
বিরোধী *n* rival
বিলম্বিত *adj* protracted
বিলম্বিত করা *v* protract
বিলম্বে *adv* late
বিলয় *n* annihilation
বিলাপ *n* wail
বিলাপ করা *v* wail
বিলাস *n* luxury
বিলাসপূর্ণ *adj* luxurious
বিলিয়ার্ড-খেলা *n* billiards
বিলোপ করা *v* delete
বিলুপ্ত হওয়া *v* die out
বিশারদ *adj* versed
বিশাল *adj* enormous, huge, immense, massive, stupendous

বিশাল *n* mammoth
বিশাল মাকড়সা *n* tarantula
বিশালতা *n* magnitude
বিশিষ্ট *adj* notable
বিশিষ্ট হওয়া *v* stand out
বিশুদ্ধ *adj* pure
বিশুদ্ধ করা *v* cleanse
বিশৃঙ্খল *adj* awkward, chaotic, disorganized, messy
বিশৃঙ্খল করা *v* muddle, mess up
বিশৃঙ্খলা *n* chaos, muddle, shambles
বিশৃঙ্খলতা *n* disorder
বিশপের এলাকা *n* diocese
বিশেষ *adj* particular, special
বিশেষ কাজ *n* mission
বিশেষ ক্ষমতা *n* prerogative
বিশেষ দক্ষতা *n* talent
বিশেষ ধরনের *adj* typical
বিশেষজ্ঞ হওয়া *v* specialize
বিশেষণ *n* adjective
বিশেষত্ব *n* trait
বিশেষভাবে *adv* especially
বিশেষভাবে বোঝানো *v* impress
বিশেষরূপে *adv* particularly
বিশেষ্য *n* noun
বিশোধিত করা *v* purge
বিশোষক *adj* absorbent
বিশপের অধীন গির্জা *n* cathedral

বিশ্বকোষ *n* encyclopedia
বিশ্ববিদ্যালয় *n* university
বিশ্বস্ত *adj* loyal, reliable
বিশ্বস্ত অনুচর *n* henchman
বিশ্বস্ততা *n* fidelity, loyalty
বিশ্বাস *n* belief, faith, presumption, trust
বিশ্বাস করা *v* believe, confide, presume, trust
বিশ্বাস করা কঠিন *adj* improbable
বিশ্বাস প্রদান করা *v* reassure
বিশ্বাসঘাতক *n* betrayal, traitor
বিশ্বাসঘাতক *adj* unfaithful
বিশ্বাসঘাতকতা *n* treachery
বিশ্বাসঘাতকতা করা *v* betray
বিশ্বাসঘাতী *adj* treacherous
বিশ্বাসভঙ্গ করা *v* double-cross
বিশ্বাসযোগ্য *adj* believable
বিশ্বাসযোগ্যতা *n* credibility
বিশ্বাসস্থাপন করা *v* entrust
বিশ্বাসহীন *adj* cynic
বিশ্বাসহীনতা *n* cynicism
বিশ্বাসী *adj* faithful
বিশ্বাসী *n* believer
বিশ্রাম *n* repose, rest
বিশ্রাম করা *v* rest
বিশ্রামাগার *n* rest room
বিশ্রামের স্থান *n* couch, sofa
বিশ্লেষণ *n* analysis

বিশ্লেষণ করা *v* analyze
বিষ *n* poison, venom
বিষঘ্ন *n* antidote
বিষণ্ণকারী *adj* depressing
বিষণ্ণ হওয়া *v* dull
বিষধর সর্প *n* viper
বিষপ্রয়োগ *n* poisoning
বিষপ্রয়োগ করা *v* poison
বিষয় *n* affair, subject, theme
বিষয়বস্তু *n* substance
বিষাক্ত *adj* poisonous, toxic, virulent
বিষাক্ত দ্রব্য *n* cyanide
বিষাদগ্রস্ততা *n* depression
বিষাদভাব *n* melancholy
বিষুবরেখা *n* equator
বিসদৃশ *adj* dissimilar
বিস্কুট *n* biscuit
বিস্তার *n* dispersal
বিস্তৃত করা *v* expand
বিস্তৃতি *n* expansion
বিস্তৃতভাবে *adv* in depth
বিস্ফোরক *adj* explosive
বিস্ফোরিত হওয়া *v* explode
বিস্ফোরণ *n* detonation, explosion, outburst
বিস্ফোরণ হওয়া *v* erupt
বিস্ফোরণকারী বস্তু *n* detonator
বিস্মিত করা *v* amaze
বিস্মিত হওয়া *v* surprise, wonder
বিস্ময়কর *adj* amazing
বিস্ময় *n* marvel, surprise, wonder
বিস্ময়কর *adj* marvelous, prodigious
বিস্ময় বিহ্বলতা *n* amazement
বিস্মৃতি *n* oblivion
বিস্মৃতি পরায়ণ *adj* oblivious
বিহ্বল করা *v* overwhelm
বিহ্বলতা *n* maze
বিড়াল *n* cat
বিড়ালছানা *n* kitten
বিড়বিড় *n* murmur
বিড়বিড় করা *v* murmur
বীজ *n* seed
বীজগণিত *n* algebra
বীজবহুল *adj* seedy
বীজশূন্য *adj* seedless
বীট *n* beet
বীণাজাতীয় বাদ্যযন্ত্র *n* harp
বীণাবাদক *n* violinist
বীরত্বপূর্ণ সহিষ্ণুতা *n* fortitude
বীর-সম্বন্ধীয় *adj* heroic
বুকপেটী *n* strap
বুকে ব্যথা বা চাপ *n* angina
বুকে হাঁটিয়া চলা *v* creep
বুঝিতে পারা *v* understand
বুঝে ওঠা *v* fathom out
বুটি তোলা *v* embroider

বুদ্ধি *n* wit
বুদ্ধিমান *adj* intelligent
বুদ্বুদ *n* bubble
বুধবার *n* Wednesday
বুনো ষাঁড়বিশেষ *n* bison
বুরুশ *n* brush
বুরুশ করা *v* brush
বুলি *n* slogan
বুলেট *n* bullet
বৃক্ক *n* kidney
বৃক্ষের কলম *n* graft
বৃক্ষবিশেষ *n* cypress, willow
বৃক্ষহীনতৃণ *n* prairie
বৃত্ত *n* circle
বৃত্তকলা *n* sector
বৃত্তাংশ *n* tangent
বৃত্তি *n* career
বৃত্তের পরিধির অংশ *n* arc
বৃথা *adv* vainly
বৃদ্ধ *adj* old
বৃদ্ধি *n* growth, increase, increment
বৃদ্ধি পাওয়া *v* grow
বৃদ্ধি হচ্ছিল *adj* increasing
বৃদ্ধিকরণ *n* boost
বৃশ্চিক *n* scorpion
বৃষ্টি *n* rain
বৃষ্টিপাত *n* rainfall
বৃষ্টিপাত হওয়া *v* rain
বৃষ্টিবহুল *adj* rainy
বৃহৎ *adj* big, large, major
বৃহৎ কুম্ভীর বিশেষ *n* alligator
বৃহৎ করা *v* madden
বৃহৎ স্থলবাহিনী *n* battalion
বৃহদাকার *adj* sizable
বৃহদাকার মেডেল *n* medallion
বৃহদান্ত্র *n* colon
বৃহস্পতিবার *n* Thursday
বেঁটে *n* midget
বেআইনী *n* unfairness
বে-আইনী *adj* unlawful
বেকসুর খালাস *n* acquittal
বেকার *adj* jobless
বেকার অবস্থা *adj* unemployed
বেকারত্ব *n* unemployment
বেগ বর্ধক বস্তু *n* accelerator
বেগে ঘোরা *v* whirl
বেগে নিক্ষেপ করা *v* lash out
বেগবর্ধনের শক্তি *n* pick-up
বেগমান *adj* fleeting
বেগুনি রঙ *adj* purple
বেগুনি রঙ *n* violet
বেচাকেনা *n* business
বেঠিক *adj* improper
বেঞ্চি *n* bench
বেত *n* cane
বেতার *adj* wireless
বেতার প্রচারক *n* broadcaster

বেতারযন্ত্র *n* earphones
বেতন *n* fee, pay, salary
বেতনের হিসাব *n* payroll
বেতনের হিসাবের পরচা *n* pay slip
বেত্রাঘাত করা *v* flog
বেদখল করা *v* expropriate
বেদনা *n* ache, pain
বেদনাদায়ক *adj* bitter
বেদনা-নাশক ঔষধ *n* sedation
বেদী *n* altar
বেদে *n* gypsy
বেপরোয়া *v* rash
বেপরোয়া আচরণ *n* escapade
বেমানান *adj* incompatible
বের করে দেওয়া *v* eject
বেরিয়ে যাওয়া *v* move out
বেলচা *n* shovel
বেলচা দিয়ে ফেলা *v* shovel
বেলজিয়াম *n* Belgium
বেলজিয়াম-দেশীয় *adj* Belgian
বেলুন *n* balloon
বেশি পছন্দ *n* preference
বেশি পছন্দ করা *v* prefer
বেশি মূল্য দেওয়া *v* overrate
বেশি মূল্যায়ন করা *v* overestimate
বেশ্যালয় *n* brothel
বেষ্টন করা *v* seal off, surround
বেষ্টনী *n* cordon
বেসবল *n* baseball
বেসরকারী *adj* off-the-record
বেসরকারীভাবে *adv* unofficially
বেহালা *n* fiddle, violin
বেড়া *n* fence
বেড়া দেওয়া *v* fence
বেড়া নির্মাণ *n* fencing
বৈকাল *n* afternoon
বৈচিত্র্য *n* diversity
বৈচিত্র্যপূর্ণ করা *v* diversify
বৈজ্ঞানিক *adj* scientific
বৈঠক *n* session
বৈঠকখানা *n* living room
বৈঠা *n* paddle
বৈদ্যুতিক *adj* electric
বৈদ্যুতিক শক্তির পরিমাণ *n* voltage
বৈদ্যুতিক সঙ্কেত যন্ত্র *n* buzzer
বৈদ্যুতিন *adj* electronic
বৈধ করা *v* legalize
বৈধ রূপ দেওয়া *v* formalize
বৈধতা *n* legality
বৈধতা যাচাই *v* validate
বৈধতা বিচার *n* scrutiny
বৈধতার সময় *n* validity
বৈভবপূর্ণ *adj* plush
বৈমাত্রেয় ভগিনী *n* stepsister
বৈমানিক *n* aviator
বৈশিষ্ট্য *n* parameters
বৈশিষ্ট্য *adj* characteristic
বৈশিষ্ট্যপূর্ণ *n* specialty

বৈষম্য *n* discrimination
বৈষম্য করা *v* discriminate
বৈসাদৃশ্য *n* contrast
বোঁটা *n* stalk
বোকা *adj* jerk, stupid, foolish
বোকা *n* fool, sap, stupid
বোকা লোক *n* goof
বোকামি *n* nonsense, stupidity
বোকার মত হাসা *v* giggle
বোঝা *n* freight, load
বোঝাই *adj* loaded
বোঝাই করা *v* burden, load
বোঝান *v* denote
বোঝানো *v* convince
বোতল *n* bottle
বোতলে পোরা *v* bottle
বোতলের ছিপি *n* cap
বোতাম *n* button
বোতাম খোলা *v* unbutton
বোতামের ঘর *n* buttonhole
বোধগম্য *adj* understandable
বোধশক্তি *n* understanding
বোন *n* sister
বোবা *adj* dumb
বোবা লোক *n* dummy
বোমা *n* bomb
বোমা ছোঁড়া *v* bomb
বোমা ফেলা *n* bombing
বোলতা *n* wasp
বোলিং করা *v* bowl
বজায় রাখা *v* keep up
ব্যক্তিগত *adj* personal, private
ব্যক্তি নহে এমন *adj* impersonal
ব্যক্তিত্ব *n* personality
ব্যগ্র *adj* avid
ব্যগ্র বা আকুল *adj* eager
ব্যগ্রতা *n* eagerness
ব্যঙ্গ করা *v* scoff
ব্যঞ্জনবর্ণ *n* consonant
ব্যতিরেকে *pre* barring
ব্যতীত *pre* except
ব্যবচ্ছেদ *n* amputation
ব্যবচ্ছেদ করা *v* amputate
ব্যবধানে *adv* apart
ব্যবধানের পরে করা *v* space out
ব্যবসা করা *v* deal
ব্যবসা বন্ধ করা *n* liquidation
ব্যবসায়-প্রতিষ্ঠান *n* firm
ব্যবসায়িক কেন্দ্র *n* downtown
ব্যবসায়িক ছাপ *n* brand
ব্যবসায়ী *n* businessman, dealer, merchant
ব্যবসার প্রতীক *n* trademark
ব্যবস্থা করা *v* charter, dispose
ব্যবস্থাপক *n* manager
ব্যবস্থাপকসভা *n* senate
ব্যবহার *n* usage, use, consumption

ব

ব্যবহার করা *v* exercise, use
ব্যবহারিক *adj* practical
ব্যবহারিক জ্ঞান *n* know-how
ব্যবহারিক নির্দেশিকা *n* manual
ব্যভিচার *n* adultery
ব্যয় *n* expenditure, expense
ব্যয় নির্বাহ করা *v* defray, spend
ব্যয়বহুল *adj* expensive
ব্যয়সাধ্য *adj* affordable
ব্যর্থ *adj* failed, undone
ব্যর্থ করা *v* foil, thwart
ব্যর্থ হওয়া *v* backfire, fail, fall through
ব্যর্থতা *n* failure, futility
ব্যস্ত *adj* busy
ব্যস্ততা *adj* hectic
ব্যস্ততা সহকারে *adv* busily
ব্যস্তবাগীশ *adj* fussy
ব্যস্তসমস্ত *adj* bustling
ব্যাংক *n* bank
ব্যাকরণ *n* grammar
ব্যাকুল হওয়া *v* yearn
ব্যাখ্যা *n* illustration, interpretation
ব্যাখ্যা করা *v* explain, illustrate
ব্যাঙ *n* frog
ব্যাপক ধ্বংস *n* havoc
ব্যাপক নরহত্যা *n* carnage
ব্যায়াম *n* promenade
ব্যায়াম *n* exercise
ব্যায়াম করা *v* exercise
ব্যায়ামের স্থান *n* gymnasium
ব্যায়ামবিদ্ *n* acrobat
ব্যালট *n* ballot
ব্যাস *n* diameter
ব্যাসার্ধ *n* radius
ব্যাহত করা *v* frustrate
ব্যূহভেদ *n* breakthrough
ব্রণ *n* pimple
ব্রাউজার *n* browser
ব্রানডি *n* brandy
ব্রিটেন *n* Britain
ব্রিটেনের *adj* British
ব্রেক *n* brake
ব্রেক কসিয়া থামান *v* brake
ব্রেসলেট *n* bracelet
ব্রেসিয়ার *n* bra
ব্রোঞ্জ *n* bronze
ব্লাউজ *n* blouse
ব্ল্যাক-বোর্ড *n* blackboard
ব্ল্যাকমেল *n* blackmail
ব্ল্যাকমেল করা *v* blackmail

ভ

ভক্ত *adj* devout
ভক্ত *n* disciple
ভক্তি করা *v* venerate
ভগবান *n* God
ভগ্নদশা *n* disrepair
ভগ্নাংশ *n* fraction
ভগ্নাবশেষ *n* wreckage
ভঙ্গ *n* fracture
ভঙ্গ করা *v* dissolve
ভঙ্গ হওয়া *v* break up
ভঙ্গি *n* pose
ভঙ্গুর *adj* frail, breakable, brittle, broken, fragile
ভজন *n* carol
ভজনালয় *n* chapel
ভদ্র *adj* civil, genteel, gentle
ভদ্রতা *n* courtesy, etiquette, gentleness, mannerism
ভদ্রমহিলা *n* madam
ভদ্রলোক *n* gentleman
ভন্ডামি *n* hypocrisy
ভন্ডামিপূর্ণ *adj* hypocrite
ভবঘুরে লোক *n* vagrant
ভবিষ্যৎ *n* future
ভবিষ্যতে *adv* hereafter
ভবিষ্যদবাণী *n* prediction; prophecy
ভবিষ্যদবাণী করা *v* predict
ভবিষ্যদ্বাণীমূলক *adj* fateful
ভয় *n* fear, fright
ভয় *adj* frightening
ভয়ংকর *adj* terrible
ভয়ঙ্কর *adj* gruesome, hideous, horrendous, terrific
ভয় পাইয়ে ভাগানো *v* scare away
ভয় পাওয়া *v* dismay
ভয় প্রদর্শন *v* threaten
ভয়ানক *adj* dreadful
ভয়াবহ *adj* dire, grisly, horrible
ভয়ার্ত *adj* aghast
ভয়ের অনুভূতি *n* dismay
ভরা *n* filling
ভর্জিত *adj* fried
ভর্তি *n* recruit
ভরতি করা *v* refill
ভর্তি করা *v* recruit
ভর্তি চামচ *n* spoonful
ভর্তুকি *n* subsidy
ভর্তুকি দেওয়া *v* subsidize
ভর্ৎসনা *n* scolding
ভর্ৎসনা করা *v* scold
ভলিবল-খেলা *n* volleyball
ভল্লুক *n* bear
ভস্ম *n* ash

ভূখন্ড *n* terrain
ভূগর্ভস্থ ঘর *n* cellar
ভূগোলবিদ্যা *n* geography
ভাঁজ *n* pleat, wrinkle
ভাঁজ করা *v* fold, wrinkle
ভাঁজ খোলা *v* unfold, unwrap
ভাঁজ যুক্ত *adj* pleated
ভাঁজ হওয়া *v* crease
ভাঁজের দাগ *n* crease
ভাই *n* brother
ভাইঝি *n* niece
ভাইপো *n* nephew
ভাগ *n* division, share
ভাগ করা *v* divide
ভাগফল *n* quotient
ভাগাভাগি করা *v* share
ভাগ্য *n* fate, destiny, fortune
ভাগ্য পরীক্ষা *n* ordeal
ভাগ্যগত *adj* weird
ভাগ্যবান *adj* lucky
ভাঙ্গা *n* breakdown, crash
ভাঙ্গিয়া ফেলা *v* pull down
ভাঙিয়া ফেলা *v* crush
ভাজক *n* denominator
ভাজা *n* grill
ভাজা *v* grill, fry
ভাজার চাটু *n* frying pan
ভাজ্য *n* dividend
ভাটা পড়া *v* ebb

ভাটিখানা *n* brewery
ভাতা *n* allowance
ভাতৃত্ব *n* brotherhood
ভাতৃবৎ *adj* brotherly
ভান করা *v* act, feign, pretend
ভান করা *n* sham
ভান-করা *adj* fabulous
ভাব বিনিময় *n* communion
ভাবাবেগ *n* passion
ভাবপ্রবণ *adj* sentimental
ভাবপ্রবণতা *n* sentiment
ভার *n* burden
ভার গ্রহণ *n* assumption
ভারবহন করা *v* support
ভারমুক্ত করা *v* unload
ভারসাম্য রক্ষা করা *v* poise
ভারসাম্য *n* balance, equilibrium
ভারসাম্যহীন *adj* unstable
ভারাক্রান্ত *adj* laden
ভারা-বন্ধন *n* scaffolding
ভারী *adj* bulky, heavy
ভারী বোঝা *n* bulk
ভারী মাল *n* cargo
ভাল *adj* good, fine
ভাল *n* well
ভালো *adv* fine
ভালবাসা *n* love
ভালবাসা *v* love
ভালো লাগা *n* affinity

ভালভ *n* valve
ভাষা *n* language
ভাষান্তর করা *v* interpret
ভাসিতে ভাসিতে *adv* adrift
ভাসন্ত *adv* afloat
ভাসমান থাকা *v* hover
ভাসমান হওয়া *v* float
ভাস্কর *n* sculptor
ভাস্কর্য *n* sculpture
ভাড়া *n* rent
ভাড়া করা *v* hire
ভাড়া দেওয়া *v* rent
ভাড়াটিয়া *n* tenant
ভিক্ষা *n* alms
ভিক্ষা করা *v* beg
ভিক্ষাদান *n* charity
ভিক্ষু *n* monk
ভিক্ষুক *n* beggar
ভিজা *adj* wet
ভিত নাড়ানো *v* sap
ভিতর দিয়া *pre* through
ভিতরকার *adj* inner
ভিতরে *pre* in, inside
ভিতরে গ্রথিত *adj* built-in
ভিতরে দেখা *v* tap into
ভিতরে প্রবেশ করা *v* sink in
ভিতরের দিকে *adv* inwards
ভিত্তি *n* basis, base, groundwork
ভিত্তিপ্রস্তর *n* cornerstone
ভিত্তিহীন *adj* baseless, groundless
ভিন্নমত হওয়া *v* dissent
ভিন্নমত-পোষক *adj* dissident
ভিড় *n* throng
ভিড় করা *v* crowd
ভিড়াক্রান্ত *adj* overcrowded
ভীত *adj* afraid, daunting
ভীত করা *v* daunt, frighten
ভীতি *n* menace, dread, threat
ভীতি-উৎপাদক *adj* scary
ভীতি-উদ্রেককারী *adj* formidable
ভীতিজনক *adj* awesome, dreaded
ভীরু *adj* fearful, timid
ভীরুতা *n* cowardice, timidity
ভীরুতার সহিত *adv* cowardly
ভীষণ ঠান্ডা *n* chill
ভুট্টার খই *n* popcorn
ভুল *n* error, mistake
ভুল *adj* wrong
ভুল করা *v* mistake, err
ভুল করা *adj* mistaken
ভুল গণনা করা *v* miscalculate
ভুল ধারণা *v* misconstrue
ভুলবিচার করা *v* misjudge
ভুল বোঝাবুঝি *v* misunderstand
ভুল ব্যাখ্যা করা *v* misinterpret
ভুল স্থানে রাখা *v* misplace
ভুলিয়া যাওয়া *v* forget
ভুরু *n* eyebrow

ভ

ভূত *n* ghost, devil
ভূতের রোজা *n* exorcist
ভূতুড়ে *adj* eerie, spooky
ভূবিদ্যা *n* geology
ভূমিকা *n* foreword, preamble, preface
ভূমিকম্প *n* earthquake
ভেঙে দেওয়া *n* dissolution
ভেঙ্গে পড়া *v* crash
ভেঙে ফাটিয়ে দেওয়া *v* rip apart
ভেজাল *adj* impure
ভেজাল মেশান *v* adulterate
ভেদ করা *v* pierce
ভেদন *n* perforation
ভেদ্য *adj* vulnerable
ভেরী *n* trumpet
ভেলকি দেখান *v* conjure up
ভেলা *n* raft
ভেষজ *n* herb
ভেসে যাওয়া *v* drift
ভেড়া *n* sheep
ভোঁতা করা *v* deaden
ভোঁদড় *n* otter
ভোগ করা *v* bear
ভোগদখল করা *v* own, possess
ভোগদখলকারী *n* occupant
ভোজ *n* feast, treat, dinner
ভোজন *n* glut, meal
ভোজন করা *v* dine
ভোজনকারী *n* diner
ভোজনালয় *n* cafeteria, restaurant
ভোজনালয়ের খাদ্যতালিকা *n* menu
ভোজসভা *n* banquet
ভোজ্য *adj* edible
ভোট *n* election
ভোটদান *n* poll
ভোট প্রদান *n* voting
ভোটাধিকার *n* franchise
ভোলানো *v* coax
ভ্রাতৃতুল্য *adj* fraternal
ভ্রাতৃবর্গ *n* brethren
ভ্রাতৃসঙ্ঘ *n* fraternity
ভ্রান্ত *adj* erroneous; devious
ভ্রান্ত ধারণা *n* fallacy
ভ্রু *n* brow
ভ্রুকুটি করা *v* frown
ভ্রূণ *n* embryo, fetus
ভ্রমণ *n* drive, hike, journey; tour
ভ্রমণ করা *v* travel
ভ্রমণকারী *n* tourist, traveler, wanderer
ভ্রমণকালে থামা *v* halt
ভ্রমণপথ *n* itinerary
ভ্রমণে যাওয়া *v* hike
ভ্রমণে বাহির হওয়া *v* trip
ভ্রমশীল *adj* erroneous
ভ্রষ্টতা *n* depravity

ম

মই *n* ladder
মকদ্দমা *n* litigation
মকদ্দমা করা *v* litigate
মকদ্দমার বাদী *n* plaintiff
মক্কেল *n* client
মক্কেলগণ *n* clientele
মখমল *n* velvet
মগ *n* mug
মগজধোলাই *v* brainwash
মগ্ন হওয়া *v* immerse
মঙ্গল *n* welfare
মঙ্গলগ্রহ *n* Mars
মঙ্গলবার *n* Tuesday
মচকাইয়া ফেলা *v* sprain
মচমচে *adj* crisp
মচমচে তরঙ্গায়িত *adj* crispy
মজা *n* fun
মজা করা *v* mess around
মজার *adj* comical
মজবুত *adj* tough
মজবুত করা *v* toughen
মজুত *n* store
মজুত করা *v* stock, store
মজুদ ভান্ডার *n* stockpile
মজ্জা *n* marrow
মটর *n* pea
মটরদানা *n* peanut
মঠ *n* abbey, convent, monastery
মঠাধ্যক্ষ *n* abbot
মঠ-সম্বন্ধিয় *adj* monastic
মণিকার *n* jeweler
মত *adj* like, similar
মতবাদ *n* doctrine
মত-বিজ্ঞান *n* ideology
মতলব আঁটিয়া *adv* purposely
মতাদর্শে অনুগত *adj* oriented
মতানুসারে *pre* according to
মতামতধারী *adj* opinionated
মতের অমিল হওয়া *v* differ
মতের একতা *n* consent
মৎসকুমারী *n* mermaid
মৎস্য বিশেষ *n* salmon
মৎস্যতুল্য *adj* fishy
মৎস্যবিশেষ *n* trout
মত্ত *adj* intoxicated
মদ *n* wine
মদত দেওয়া *v* pander
মদ প্রস্তুতকারক *n* winery
মদ্যপ *adj* alcoholic
মদ্য বিশেষ *n* aperitif, rum
মঞ্চ *n* stage
মঞ্জুর করা *v* sanction
মঞ্জুরি *n* sanction
মধু *n* honey

মধুচন্দ্রিমা *n* honeymoon
মধ্য *adj* medium
মধ্য *n* middle
মধ্যবিত্ত *adj* bourgeois
মধ্যবর্তী হওয়া *v* intervene
মধ্যরাত্রি *n* midnight
মধ্যস্থতা *n* arbitration, intercession
মধ্যস্থতা করা *v* intercede, mediate, negotiate
মধ্যস্থতাকারী *n* intermediary, mediator, middleman
মধ্যযুগীয় *adj* medieval
মধ্যপন্থি *adj* moderate
মধ্যাহ্ন *n* midday, noon
মধ্যাহ্নভোজ *n* lunch
মধ্যে *pre* among, between, within
মন *n* mind
মন পাবার চেষ্টা *v* court
মন মজানো *v* mash
মন-সংক্রান্ত *adj* psychic
মনস্তাপ *n* mortification
মনস্তত্ব *n* psychology
মনস্তত্ববিদ *n* psychiatrist
মনস্থ করা *v* intend
মনিব *n* master
মনুষ্যশিকার *n* manhunt
মনে করা *v* suppose
মনে রাখে এমন *adj* mindful
মনোযোগ *n* focus, attention
মনোযোগ আকর্ষণকারী *n* crying
মনোযোগী *adj* attentive
মনোযোগহীন *adv* regardless
মনোনীত করা *v* nominate
মনোবিজ্ঞান *n* psychiatry
মনোবেদনা *n* anguish
মনোভাব *n* attitude
মনোরঞ্জক *adj* amusing
মনোরঞ্জন *n* amusement
মনোরঞ্জন করা *v* amuse
মনোরম *adj* likable, lovable, nice, pleasant, scenic
মনোরমভাবে *adv* nicely
মনোহর *adj* elegant
মনোহর *n* elegance
মন্ড *n* pulp
মন্তব্য *n* remark
মন্তব্য *n* comment
মন্তব্য করা *v* comment, remark
মন্ত্রিত্ব *n* ministry
মন্ত্রিসভা *n* cabinet
মন্ত্রী *n* minister
মন্থর *adj* slow, tardy
মন্থর *adv* slow
মন্দ *adj* bad, evil, ill
মন্দ *n* evil
মন্দ লোক *n* crook
মন্দা *n* downturn
মন্দির *n* temple

ম

ময়দা *n* flour
ময়দার চাকতি *n* wafer
ময়দার তাল *n* dam; mom
ময়লা *n* filth
ময়লা করা *v* soil
ময়লাযুক্ত *adj* filthy
ময়না তদন্ত *n* microwave
ময়ূর *n* microphone
মমি *n* mummy
মরচে ধরা *v* rust, tarnish
মরচে ধরা *adj* rusty
মরচে ধরে না এমন *adj* rust-proof
মরচে বা জং *n* rust
মরণশীল *adj* mortal
মরণশীলতা *n* mortality
মরশুম *n* season
মরশুমী *adj* seasonal
মর্মস্থল *n* core
মরা *v* die
মরীচিকা *n* mirage
মরুদ্যান *n* oasis
মরুভূমি *n* desert
মর্মদাহ *n* heartburn
মর্মরপ্রস্তর *n* marble
মর্যাদা *n* dignity, prestige
মর্যাদাপূর্ণ *adj* majestic
মলত্যাগ *n* stool
মলনালী *n* rectum
মলম *n* balm, ointment
মল্লযোদ্ধা *n* wrestler
মল্লযুদ্ধ *n* wrestling
মশলা *n* spice
মশলাপূর্ণ *adj* spicy
মশা *n* mosquito
মশাল *n* flare
মসজিদ *n* mosque
মসূর *n* lentil
মসৃণ *adj* flat, smooth
মসৃণতা *n* smoothness
মসৃণ হওয়া *v* smooth
মস্তকাবরণ *n* hood
মস্তান *n* mobster
মস্তিষ্ক *n* brain
মস্তিষ্কসংক্রান্ত *adj* cerebral
মহতব্যক্তি *n* magnet
মহত্ত্ব *n* excellence
মহড়া *n* rehearsal
মহড়া দেওয়া *v* rehearse
মহাকাশ *n* space
মহাকাশচারী *n* astronaut, cosmonaut
মহাদেশ *n* continent
মহাদেশ-সম্বন্ধীয় *adj* continental
মহান *n* greatness
মহানগরী *n* metropolis
মহানুভবতা *n* Highness
মহাফেজখানা *n* archive
মহামারী *n* epidemic

মহার্ঘ আসন n grandstand
মহাশয় n sir
মহাসাগর n ocean
মহিমান্বিত করা v glorify
মহিলা উত্তরাধিকারী n heiress
মহিলা-যাজক n priestess
মহিলাদের মত adj ladylike
মহিষ n buffalo
মা n mother
মাইক্রোওয়েভ n microwave
মাইক্রোফোন n microphone
মাইল n mile
মাইলফলক n milestone
মাংস n meat
মাংসাশী জন্তুবিশেষ n raccoon
মাংসের কিমা n mincemeat
মাংসের পুরু ফালি n steak
মাংসের বল n meatball
মাংসের রস n gravy
মাংসপেশী n muscle
মাকড়সা n spider
মাকড়সার জাল v cobweb, spider web
মাখন n butter
মাছ n fish
মাছ ধরা v fish
মাছবিশেষ n sardine; tuna
মাছি n fly
মাছের আধার adj aquarium

মাজা v scour, scrub
মাঝামাঝি অবস্থা n mediocrity
মাঝারি n mediocre
মাঝে মাঝে adv sometimes, occasionally
মাটি n soil
মাটির গর্ত n pit
মাটির তলার ঘর n basement
মাটির তলায় n underground
মাটির নিচে সুরক্ষিত স্থান n bunker
মাটির পাত্র n pitcher
মাঠ adj field, ground
মাতলামী n drunkenness
মাতা n mother
মাতামহ n grandmother
মাতাল adj drunken
মাতৃত্ব n maternity, motherhood
মাতৃবৎ adj maternal
মাত্রা স্থির করা v calibrate
মাথা n poll, head
মাথা ঘামান v meddle
মাথা ঘোরা n dizziness
মাথা নাড়ানো v nod
মাথা বড় পেরেক n tack
মাথাব্যথা n headache, migraine
মাথার খুলি n scalp, skull
মাথার বর্ম n helmet
মাদক n dope
মাদক সেবন করানো v dope

মাদকদ্রব্য *n* drug, narcotic
মাদকদ্রব্য সেবন করা *v* drug
মাদুর *n* mat
মান *n* standard
মানচিত্র *n* map
মানচিত্র তৈরী করা *v* map
মানবজাতি *n* humankind, mankind
মানবসুলভ *adj* human
মানমন্দির *n* observatory
মানুষ *n* human being, person
মানসিক *adj* mental
মানসিক যন্ত্রণা *n* torture
মানসিক যন্ত্রণাদায়ক *adj* agonizing
মানসিক ভারসাম্যহীন ব্যক্তি *n* psychopath
মানসিকতা *n* mentality
মানসিকভাবে *adv* mentally
মানহানি করা *v* defame
মানহানিকর মন্তব্য *n* libel
মানা করা *v* forbid
মানাইয়া লওয়া *v* acclimatize, adapt
মানানসই হওয়া *v* match
মানিয়া চলা *v* obey
মানিয়ে নেওয়া *v* adjust
মাপ *n* dimension
মাপকাঠি *n* criterion
মাপা *v* gauge, span
মাপবিশেষ *n* foot
মাফলার *n* scarf
মামাতো/চাচাতো ভাই/বোন *n* cousin
মামলা *n* case, suit, lawsuit
মার *n* blow
মারা যাওয়া *v* succumb
মারাত্বক *adj* deadly, lethal
মার্কসের মতানুগামী *adj* Marxist
মার্চ *n* March
মার্জিত *adj* polite
মার্জিত ভাব *n* politeness
মার্জনা *n* pardon
মার্জনা করা *v* pardon
মার্জ্জনীয় *adj* forgivable
মাল পাঠানো *v* ship
মাল সরবরাহের চুক্তি *n* order
মাল-গুদাম *n* depot
মালবহন করার গাড়ি *n* van
মালভূমি *n* plateau
মালা *n* wreath
মালাইচাকি *n* candy
মালিক *n* owner
মালিকানা *n* ownership
মালিশ *n* massage
মালিশ করা *v* massage
মালিশকারী *adv* masseur, masseuse
মালী *n* gardener

মাস *n* month
মাসিক *adj* monthly
মাসীমা *n* aunt
মাস্তুল *n* flagpole, mast
মাড়ির দাঁত *n* molar
মিছরি *n* sale
মিট মিট করা *v* twinkle, glimmer
মিটার *adj* meter prudent, frugal, thrifty
মিটিয়ে নেওয়া *v* reconcile
মিতব্যয়ী *n* frugality
মিতব্যয়িতা *adj* economy
মিতব্যয়ী হওয়া *n* pretense
মিত্র *n* ally
মিথ্যা *n* falsehood, lie, phony, untrue
মিথ্যা উদ্ভাবন করা *v* concoct
মিথ্যা প্রমাণ করা *v* vindicate
মিথ্যাকথন *n* perjury
মিথ্যাবাদী *adj* liar
মিনিট *n* minute
মিনতি করা *v* beg
মিলিগ্রাম *n* milligram
মিলিত হওয়া *v* meet
মিলিমিটার *n* millimeter
মিশ্রণ *adj* mixed-up
মিশ্রণ তৈরি করা *n* mix
মিশ্রণকারী *n* blender
মিশ্রণসিক্ত করা *v* marinate
মিশ্রবস্তুর উপাদান *n* ingredient
মিশ্রিত করা *v* blend, compound, mingle, mix
মিশ্রিত করে যে *n* mixer
মিশ্রিত মদ *n* cocktail
মিষ্ট *adj* sweet
মিষ্ট করা *v* sweeten
মিষ্ট খাবার *n* dessert
মিষ্টতা *n* sweetness, sweets
মিষ্টান্ন বিশেষ *n* pudding
মিষ্টার *n* settler
মিষ্টি রুটি *n* mister
মিষ্টি স্বাদের মদ *n* liqueur
মীমাংসক *adj* conciliatory
মীমাংসা করা *v* conciliate
মীমাংসাজনক *adj* conciliable
মুকুট পরান *v* crown
মুক্ত *adj* exempt, free, immune
মুক্ত *n* free
মুক্ত করা *n* rescue
মুক্ত করিয়া দেওয়া *v* free
মুক্ত হওয়া *v* free, escape
মুক্তা *n* pearl
মুক্তি *n* relief, discharge, exemption, immunity, liberation, redemption
মুক্তি দেওয়া *v* release
মুক্তি পাওয়া *v* get rid of
মুক্তিপণ *n* ransom

মুক্তিপণের জন্য আটকে রাখা *v* hold to ransom
মুক্তস্থান *n* open space
মুখগহ্বর *n* mouth
মুখচোরা *adj* self-contained
মুখ-বিকৃতি *n* grimace
মুখমন্ডল *n* face
মুখস্থ করা *v* memorize
মুখোমুখি *adv* head-on
মুখোমুখি *adj* facing forward
মুখোশ *n* mask
মুখোশ পরা *v* masquerade
মুখোস ত্যাগ করা *v* unmask
মুখ্য পরিকল্পনাকারী *n* mastermind
মুগুর পেটা করা *v* bludgeon, maul
মুগ্ধ *n* admirer
মুগ্ধ করা *v* bewitch, enthrall, fascinate
মুগ্ধকারী *adj* enthralling
মুচকি হাসা *v* chuckle
মুছিয়া ফেলা *v* erase, strike out
মুটে *n* porter
মুঠি করা *v* clench
মুদিখানার পণ্যদ্রব্য *n* groceries
মুদ্রন *n* printing
মুদ্রন-যন্ত্র *n* printer
মুদ্রা *n* chip, coin
মুদ্রা *n* currency
মুদ্রা উৎপাদন করা *n* mint
মুদ্রা উৎপাদন কারখানা *v* mint
মুদ্রাস্ফীতি *n* inflation
মুদ্রিত অবস্থা *adj* printed
মুদ্রিত আমন্ত্রণপত্র *n* card
মুদ্রিত করা *v* print
মুরগি *n* hen, poultry
মুরগির বাচ্চা *n* chicken
মুলতুবি *adj* pending
মুলতুবিকরণ *n* postponement
মুলতুবি রাখা *v* procrastinate, postpone
মুলা *n* radish
মুষ্টি *n* fist
মুষ্টিযোদ্ধা *n* boxer
মুষ্টিযুদ্ধ *n* boxing
মুষ্টিযুদ্ধ করা *v* box
মুষ্টিভিক্ষা *n* begging
মুষ্টিভিক্ষা করা *v* beg
মুসলমান *adj* Muslim
মূকাভিনয় করা *v* mime
মূত্রথলি *n* bladder
মূর্খ *adj* idiotic, silly
মুর্খতা *n* folly
মূর্চ্ছা *n* faint
মূর্চ্ছা যাওয়া *v* faint
মূর্তরূপ দেওয়া *v* epitomize
মূর্তি *n* figure
মূল *adj* original

ম

মূল উপাদান *n* principle
মূলগত *adj* radical
মূলতঃ *adv* originally
মূলধন *n* capital
মূলভূখন্ড *n* mainland
মূল পাঠ *n* text
মূল পরিকল্পনা করা *v* mastermind
মূল বিষয় থেকে সরে যাওয়া *v* digress
মূল্য *n* cost, price, value
মূল্য দেওয়া *v* value
মূল্য নির্ধারণ করা *v* evaluate
মূল্যবান *adj* valuable, worthy
মূল্যহ্রাস *n* devaluation
মুল্যহ্রাস করা *v* mark down
মূল্যহ্রাস করা *v* devalue
মূল্যায়ন করা *v* rate
মৃগ *n* buck
মৃগীরোগ *n* epilepsy, hysteria
মৃতদেহ *n* carcass, corpse
মৃতবৎ *adj* lurid, ghastly
মৃত্যু *n* death, demise
মৃত্যু-ফাঁদ *n* death trap
মৃত্যুর কারণ অনুসন্ধান *n* inquest
মৃত্যুর সংখ্যা *n* death toll
মৃত্যুশয্যা *n* deathbed
মৃত্তিকাযুক্ত *adj* soiled
মৃদু আঘাত করা *v* flip
মৃদু আলো *n* gleam
মৃদুভাবে দীপ্তি পাওয়া *v* gleam
মৃদু মন্দ বায়ু *n* breeze
মে *n* May
মেক্সিকোবাসী *n* Mexican
মেঘ *n* cloud
মেঘাচ্ছন্ন *adj* cloudy, overcast
মেঘশূন্য *adj* cloudless
মেজাজ *n* humor, mood, temper
মেজাজি *adj* humorous
মেঝে *n* floor
মেদ *n* fat
মেদযুক্ত *adj* fatty
মেধাবী *adj* brilliant
মেনে চলা *v* abide by
মেপে ভাগ করা *v* ration
মেয়ে *n* gal
মেয়ে বন্ধু *n* girlfriend
মেয়েদের পোশাক *n* skirt
মেয়ে-দরজী *v* seamstress
মেয়েলি *adj* sissy
মেরামত *n* repair
মেরামত করা *v* repair, mend
মেরু *n* pole
মেরুদন্ড *n* backbone, spine
মেরুদন্ডহীন *v* spineless
মেরুসংক্রান্ত *adj* polar
মেলা *n* fair
মেলানো *v* match
মেষপালক *n* shepherd

মেষশাবক *n* lamb
মেসবাড়ি *n* mess
মৈত্রী *n* league
মৈত্রী স্থাপন করা *v* ally
মৈত্রীচুক্তি *n* alliance, liaison
মোকাবিলা করা *v* cope
মোক্তার *n* attorney
মোচড় *n* distortion
মোচড়ান *v* twist, wrench
মোজা *n* sock, stocking
মোজাইক *n* mosaic
মোজাবিশেষ *n* hose
মোট পরিমাণ *n* amount
মোটর *n* motor
মোটর গাড়ির অংশ *n* carburetor
মোটরগাড়ি *n* automobile
মোটরগাড়ির চালক *n* chauffeur, driver
মোটর-সাইকেল *v* motorbike, motorcycle
মোটা *adj* fat, obese
মোটা কাপড় *n* canvas, felt
মোটা টাকা *n* lump sum
মোটা করা *v* fatten
মোটা হওয়া *v* thicken
মোম *n* wax
মোমবাতি *n* candle
মোমবাতিদান *n* candlestick
মোরগ *n* cock
মোরব্বা *n* conserve, marmalade
মোহ *n* delusion
মোহমুক্ত *adj* disenchanted
মোড় *n* beehive, hive
মোড়ক *n* package, parcel
মৌখিকভাবে *n* orally
মৌচাক *adj* hive
মৌমাছি *n* bee
মৌমাছির ঝাঁক *v* swarm
মৌলিক *n* basic, fundamental, prime
মৌলিকত্ব *n* basics
ম্যাট্রিক পাশ *n* matriculate
ম্যালেরিয়া জ্বর *n* malaria
ম্লান *adj* pale
ম্লানভাব *n* paleness

য

যকৃৎ *n* liver
যখন *c* while
যখনই *adv* whenever
যশ *n* glory
যত-তত *adv* as
যত্ন *n* care

য

যত্ন করা *v* care
যত্নশীল *adj* careful
যত্নশীল হওয়া *v* care about
যত্নশীলভাবে *adv* sparingly
যথা *adv* namely
যথাযথ *adj* accurate, appropriate
যথাযথতা *n* accuracy, precision
যথাযথভাবে *adv* justly
যথাবিধি *adv* formally
যথার্থ *adj* actual
যথার্থতা *n* authenticity
যথার্থভাবে *adv* actually
যথাসম্ভব লঘু করা *v* minimize
যথেষ্ট *adj* considerable, sufficient
যথেষ্ট *adv* enough
যদি *c* if, supposing
যদিও *c* although, even if, though
যন্ত্র *n* device, machine, tool
যন্ত্রকুশলী *n* engineer
যন্ত্রচালিত করা *v* mechanize
যন্ত্রচালিত লাঙ্গল *n* tractor
যন্ত্রণা *n* agony
যন্ত্রণা দেওয়া *v* hurt, torture
যন্ত্রণাদায়ক *adj* excruciating
যন্ত্রণানাশক *n* painkiller
যন্ত্রণাপূর্ণ *adj* painful
যন্ত্রণাহীন *adj* painless
যন্ত্রপাতি *n* appliance
যন্ত্রবিদ *n* technician

যন্ত্রসঙ্গীতের ঐকতান *n* concert
যন্ত্রাংশ *n* spare part
যব *n* barley
যমজ *n* twin
যাওয়া *v* go
যাচাই *n* check
যাচাই করা *v* check
যাজক *n* clergy, clergyman, parishioner
যাজকগিরি *n* priesthood
যাজকীয় *adj* pastoral
যাজক-পল্লী *n* parish
যাজক-পল্লীসংক্রান্ত *adj* parochial
যাত্রা *n* exodus, trip
যাত্রা শুরু করা *v* set off, set out
যাত্রাকারী *n* voyager
যাত্রির মালপত্র *n* luggage
যাত্রী *n* passenger
যাত্রীনিবাস *n* motel
যাত্রীবাহী বিমান *n* airliner
যাত্রীর মালপত্র *n* baggage
যাত্রীসেবিকা *n* stewardess
যাদু *n* magic, sorcery
যাদুকর *n* magician, sorcerer, wizard
যাদুবিদ্যা *n* witchcraft
যানজট *n* jam
যানবাহন *n* vehicle
যা সংশোধন করা সম্ভব নয় *adj*

incorrigible
যাহা *adj* which
যাহা হউক *c* however, yet
যাহা হউক *pro* anyhow
যাহা-কিছু *pro* anything
যাহাতে *c* whereupon
যিনি আসন দেখান *n* usher
যিনি দোটানায় পড়েছেন *adj* ambivalent
যিনি ধূমপান করেন না *n* nonsmoker
যিনি নকশা তৈরী করেন *n* draftsman
যীশুর পুনরুত্থান পর্ব *n* Easter
যুঁই ফুল *n* jasmine
যুক্ত *adj* plus
যুক্ত করা *v* add; associate
যুক্তিযুক্ত *adj* advisable
যুক্তিবিদ্যা *n* logic
যুক্তিসংক্রান্ত *adj* rational
যুক্তিসঙ্গত *adj* reasonable
যুক্তিসম্মত ভাবে করা *v* rationalize
যুগ *n* epoch, era, times
যুদ্ধ *n* campaign, battle, combat, fight, war
যুদ্ধ করা *v* fight, combat
যুদ্ধ জাহাজ *n* warship
যুদ্ধে অংশগ্রহণ করা *v* campaign
যুদ্ধে আহ্বান *n* challenge
যুদ্ধে আহ্বান করা *v* challenge
যুদ্ধের অবস্থা *n* warfare
যুদ্ধপোকরণ *n* munitions
যুদ্ধবিরতি *n* armistice, cease-fire
যুদ্ধরত *adj* belligerent
যুবক *adj* young, youthful
যুববয়সী *n* youngster
যে কেউ *adj* either
যে কেউ *pro* anybody
যে-কেহ *pro* whoever
যে কোন একজন *pro* anyone
যে কোনও *adj* whatever
যে কোন পথে *adv* someway
যে কোন স্থানে *c* wherever
যে ঘোরে *v* revolver
যেতে দেওয়া *v* let go
যেতে বাধ্য করান *v* march
যে পরিষ্কার করে *n* cleaner
যে পর্যন্ত *pre* until
যে বরখাস্ত করে *n* suspenders
যে বিশুদ্ধ করে *n* cleanser
যে বিষয়ে শিক্ষা *v* major in
যে বস্তু প্রলুব্ধ করে *n* temptation
যে ব্যবহার করে *n* user
যেহেতু *c* as, since
যোগ *n* connection
যোগ করা *v* sum up
যোগদান করা *v* join
যোগান *n* input
যোগাযোগ *n* communication

য

যোগাযোগ করা *v* connect
যোগী *adj* ascetic
যোগ্যতা *n* capability, efficiency, merit
যোগ্যতালাভ করা *v* qualify
যোদ্ধা *n* combatant, fighter, gladiator, warrior
যৌক্তিক *adj* logical
যৌতুক *n* dowry
যৌথ শয়নকক্ষ *n* dormitory
যৌথভাবে *adv* jointly
যৌন *adj* carnal
যৌনবিকৃতিবিশেষ *n* masochism
যৌন-ব্যাধি বিশেষ *n* syphilis
যৌনসংসর্গ *n* sex
যৌবন *n* youth

র

রকম *n* sort
রক্ত *n* blood
রক্তকণিকা *n* corpuscle
রক্তচোষা *n* vampire
রক্তপাত *n* bleeding
রক্তপাত করা বা হওয়া *v* bleed
রক্তপিপাসু *adj* bloodthirsty
রক্তস্রাব *n* hemorrhage
রক্তাক্ত *adj* bloody
রক্তাল্পতা *n* anemia
রক্তাল্পতাগ্রস্ত *adj* anemic
রক্তের ক্যানসার *n* leukemia
রক্ষক *n* shield
রক্ষণাবেক্ষণ *n* upkeep
রক্ষণশীল *adj* conservative
রক্ষা *n* conservation, safeguard
রক্ষা করা *v* save, conserve, protect, shield
রক্ষাকর্তা *n* Messiah, savior
রক্ষী *n* escort
রঙ *n* dye, color
রঙ্ *n* paint
রঙ করা *v* color
রঙিন *adj* colorful
রঙের ছোপ *n* dye
রঙের তুলি *n* paintbrush
রজঃকাল *n* period
রজঃনিবৃত্তি *n* menopause
রজঃস্রাব *n* menstruation
রঞ্জনকার্য *adj* dying
রঞ্জনরশ্মি *n* X-ray
রঞ্জিত করা *v* dye, paint
রচনা *n* composition
রচনা করা *v* compose
রণতরী *n* battleship
রণতরী-বিশেষ *n* frigate

যৌ

রত্ন *n* gem, jewel
রন্ধনবিভাগ *n* cuisine
রপ্তানি করা *v* export
রফা *n* compromise
রফা করা *v* compromise
রবিবার *n* Sunday
রশ্মি *n* ray
রশ্মি বিচ্ছুরণ *n* radiation
রসদ *n* ration
রসাল *adj* juicy, succulent
রসায়নবিদ্ *n* chemist
রসায়নবিদ্যা *n* chemistry
রসিক *adj* witty
রসিকতা করে *adv* jokingly
রসুন *n* garlic
রহস্যোদ্ঘাটন *n* apocalypse
রহস্যোদ্ধার করা *v* decipher
রহস্যপূর্ণ করা *v* mystify
রহস্যময় বস্তু *n* mystery
রাঁধুনি *n* cook
রাই *n* rye
রাইফেল *n* rifle
রাং-ঝালাই করা *v* solder
রাখা *v* put, place
রাখাল-বালক *n* cowboy
রাখিয়া দেওয়া *v* keep
রাগারাগি *n* tantrum
রাগিয়ে দেওয়া *v* enrage
রাঙা আলু *n* yam

রাজকীয় *adj* regal, royal
রাজকুমার *n* prince
রাজকুমারী *n* princess
রাজতন্ত্র *n* monarchy
রাজদ্রোহ *n* rebellion
রাজদ্রোহ করা *v* rebel
রাজদ্রোহী *n* rebel
রাজধানী *n* capital
রাজনীতি *n* politics
রাজনীতিক *n* politician
রাজপথ *n* highway, avenue
রাজপদ *n* royalty
রাজবংশ *n* dynasty
রাজমুকুট *n* crown
রাজমিস্ত্রি *n* mason
রাজমিস্ত্রী *n* bricklayer
রাজসিংহাসন *n* throne
রাজসিকতা *n* majesty
রাজস্ব *n* revenue
রাজহংস *n* cob, swan
রাজহংসী *n* geese
রাজা *n* king, monarch
রাজ্য *n* kingdom, realm
রাজ্যপাল *n* governor
রাজ্যশাসন করা *v* reign
রাণী *n* queen
রাতের দুঃস্বপ্ন *n* nightmare
রাতের পোশাক *n* nightgown
রাত্রি *n* night

রান করা *v* score
রান্না *n* cooking
রান্না করা *v* cook
রান্নাঘর *n* kitchen
রান্নার পাত্র *n* saucepan
রাবার *n* eraser, rubber
রামধনু *n* rainbow
রায় *n* decree, verdict
রায় দেওয়া *v* decree
রাশিয়া *n* Russia
রাশিয়ার প্রাক্তন রাজা *n* czar
রাশিয়ার লোক *adj* Russian
রাষ্ট্র *n* state
রাষ্ট্রদূত *n* ambassador
রাষ্ট্রদ্রোহ *n* treason
রাষ্ট্রপতি *n* president
রাষ্ট্রপতিত্ব *n* presidency
রাসায়নিক *adj* chemical
রাস্তা *n* passage, road, street, way
রাস্তার আলো *n* streetlight
রাস্তার গুন্ডা *n* hoodlum, hooligan
রাস্তার মাশুল *n* toll
রাস্তার শেষ প্রান্ত *n* dead end
রাস্তায় থামা *v* stop over
রাহাজানি *n* heist
রিচার্জ *v* recharge
রিপু করা *v* darn
রীতি *n* system
রীতি-অনুযায়ী *adj* fashionable
রীতি-নীতি *n* protocol
রুগী *adj* patient
রুচি *n* gust
রুটি *n* bread
রুটি তৈরীর কারখানা *n* bakery
রুটি দিয়ে তৈরী খাবার *n* burger
রুটি প্রস্তুতকর্তা *n* baker
রুটীন *n* routine
রুমাল *n* handkerchief, napkin
রুহিতন *n* diamond
রূপক *n* allegory
রূপকালঙ্কার *n* metaphor
রূপরেখা *n* guidelines, outline
রূপরেখা অঙ্কন করা *v* outline
রূপান্তরকরণ *n* transformation
রূপান্তরিত করা *v* transform, reduce
রূপার জিনিসপত্র *n* silverware
রূঢ় *adj* brusque
রূঢ় *adj* rude
রূঢ়ভাব *n* rudeness
রেখা *n* line
রেখাংশ *n* segment
রেখার ক্রমবিভক্তি *n* graduation
রেগে যাওয়া *v* snap
রেচক *adj* laxative
রেডিও *n* radio
রেলগাড়ী *n* train
রেলপথ *n* railroad

র

রেললাইন *n* track
রেলের কামরা *n* compartment
রেলের মালগাড়ি *n* wagon
রেলের লাইন *n* rail
রেশমী কাপড় *n* silk
রেশমী ফিতা *n* ribbon
রেশমের ফেঁসো *n* floss
রেহাই *n* respite
রোগনির্ণয় *n* diagnosis
রোগনির্ণয় করা *v* diagnose
রোগবিশেষ *n* meningitis
রোগ *n* disease
রোগা *adj* slim, meager
রোগী বয়ে নিয়ে যাবার শয্যা *n* stretcher
রোগের লক্ষণ *n* symptom
রোদ চশমা *n* sunglasses
রোদ পোয়ানো *v* bask
রোধ *n* stop
রোধ করা *v* obstruct
রোপণ করা *v* implant
রোপন করা *v* plant
রোমাঞ্চিত করা *v* tickle
রোমাঞ্চজনক *adj* creepy
রৌদ্রময় *adj* sunny
রৌপ্য *n* silver
রৌপ্যকার *n* silversmith
রৌপ্যমন্ডিত *adj* silver-plated

ল

লওয়া *v* take
লক্ষণীয় *adj* noticeable, remarkable
লক্ষণীয়ভাবে *adv* notably
লক্ষ্য *n* butt, object, target
লক্ষ্য করা *v* note, heed, notice, observe, watch; aim
লক্ষ্য ভ্রষ্ট হওয়া *v* miss
লক্ষ্যহীন *adj* aimless
লক্ষ্যহীন জীবন *n* drifter
লঘুচেতা *adj* frivolous
লঘুবন্ধনী *n* parenthesis
লঘুভাব *adv* lightly
লঙ্ঘণ করা *v* violate
লঙ্ঘন *n* breach, infraction
লজ্জা *n* shame, shyness
লজ্জা দেওয়া *v* shame
লজ্জাকর *adj* shameful
লজ্জাশীলতা *n* modesty
লজ্জায় লাল হওয়া *v* blush
লজ্জিত *adj* ashamed
লটারি *n* draw
লটারী *n* lottery, raffle
লতানে *n* climbing
লন্ঠন *n* lantern
লবণ *n* salt
লবণাক্ত *adj* salty

লভ্য *adj* attainable
লম্ফ *n* leap
লম্বা *adj* tall
লরি *n* truck
লরিচালক *n* trucker
লড়াই করা *v* battle, wage
লাইনচ্যুত *n* derailment
লাইনচ্যুত হওয়া *v* derail
লাউডস্পীকার *n* loudspeaker
লাগাম *n* bridle, rein
লাগাম দেওয়া *v* rein
লাঙল দেওয়া *v* plow
লাজুক *adj* bashful, shy
লাজুক *n* mouse
লাটাই *n* reel, spool
লাট্টু *n* top
লাঠি *n* staff, rod, stick
লাথি মারা *v* kick
লাফ *n* spring, jump, skip
লাফ দেওয়া *v* buck, jump
লাফাইয়া ওঠা *v* spring
লাফান *v* gallop
লাফানো *v* leap
লাফানোর মঞ্চ *n* springboard
লাফালাফি করা *v* skip
লাভ *n* benefit, gain, proceeds, profit
লাভ করা *v* gain, profit
লাভজনক *adj* lucrative, profitable
লাভ প্রদান করা *v* pay back
লাভহীন *adj* unprofitable
লাল *adj* red
লাল করা *v* redden
লাল ফিতা *n* red tape
লালন করা *v* cherish, nurture
লালন পালন করা *v* bring up
লালন-পালন *n* upbringing
লালনপালন করা *v* foster, rear
লালা *n* saliva
লাহার-ঝাঁঝরি *n* grill
লিখিত *adj* written
লিখিত আইন *n* statute
লিখিবার স্লেট *n* slate
লিখিয়া রাখা *v* write down
লিখে রাখা *v* note
লিঙ্গ *n* gender
লিঙ্গগত *n* sexuality
লিঙ্গাগ্রের ত্বকচ্ছেদন *n* circumcision
লিঙ্গাগ্রের ত্বকচ্ছেদন করা *v* circumcise
লিটার *n* liter
লিপিবদ্ধ করা *v* record
লুকাইয়া ফেলা *v* hide
লুকাইয়া রাখা *v* smother
লুকানো *adj* hidden
লুকিয়ে থাকা বন্দুকধারী *n* sniper
লুঠ *n* spoils
লুঠ করা *v* loot

ল

লুঠতরাজ করা *v* pillage, plunder
লুঠের মাল *n* booty
লুন্ঠন *n* loot
লুন্ঠন করা *v* mug, rob
লেখক *n* recorder, writer
লেখা *v* write
লেখা *n* writing
লেখার সামগ্রী *n* stationery
লেখালিখির কাজ *n* paperwork
লেজ *n* tail
লেজার *n* laser
লেজুর *n* trail
লেটুস শাকবিশেষ *n* lettuce
লেন-দেন *n* dealings
লেপ *n* quilt
লেপ করা *v* drop out
লেবু *n* lemon
লেবু দেওয়া পানীয়বিশেষ *n* lemonade
লেবেল *n* label
লেহন করা *v* lick
লোক *n* folks
লোক যোগাড় করা *v* mobilize
লোকবল *n* manpower
লোকসান পূরণ করা *v* recoup
লোপ করা *v* abolish, obliterate
লোভ *n* avarice, greed
লোভী *adj* greedy
লোভনীয় *adj* alluring
লোম *n* fleece
লোমকূপ *n* pore
লোমশ আবরণ *n* nap
লোশন *n* lotion
লোহালক্কড় *n* hardware
লৌহ *n* iron

শ

শকুনি *n* vulture
শক্ত *adj* stiff
শক্ত কাঠ *n* hardwood
শক্তি *n* power, energy, force, might, strength
শক্তসংক্রান্ত *adj* dynamic
শক্তসমর্থ *adj* robust
শক্তিদায়ক ঔষধ *n* tonic
শক্তিপ্রয়োগ *n* effort
শক্তিমান *adj* forceful
শক্তির একক *n* watt
শক্তিশালী *adj* mighty, potent, strong
শক্তিশালী করা *v* fortify
শক্তিহীন *adj* null
শঙ্কু *n* cone
শঙ্খচিল *n* seagull

শখ *n* hobby
শজারু *n* porcupine
শঠ *adj* wily
শত *adj* hundred
শত *n* cent
শতকোটি *n* billion
শতকোটি টাকার মালিক *n* billionaire
শতকরা *adv* percent
শতকরা হার *n* percentage
শতাংশ *adj* hundredth
শতাব্দী *n* century
শতবার্ষিকী *n* centenary
শত্রু *n* enemy, foe
শত্রুতা *n* grudge, hostility
শত্রুতাপূর্ণ *adj* hostile
শত্রুর সম্মুখীন *n* encounter
শনিবার *n* Saturday
শপথ *n* oath, vow
শপথ করা *v* swear
শবযান *n* hearse
শবাগার *n* mortuary
শবাচ্ছাদন-বস্ত্র *n* shroud
শবাধার *n* coffin
শব্দ *n* sound; word
শব্দ করা *v* creak, pop, sound
শব্দকোষ *n* glossary
শব্দগুচ্ছ *n* phrase
শব্দ তালিকা *n* vocabulary
শব্দসংক্রান্ত ধাঁধাবিশেষ *n* charade
শব্দ ব্যবহার *n* wording
শব্দের আগে বসে এমন বর্ণ *n* prefix
শব্দের ধাঁধাঁ *n* crossword
শয্যোপকরণ *n* bedding
শয়তান-সংক্রান্ত *adj* satanic
শয়ন করা *v* lie
শয়নকক্ষ *n* bedroom
শরৎকাল *n* autumn
শরবতি-লেবু *n* grapefruit
শরীর ঢাকা পোশাক *n* pantyhose
শরীরে তুষারের কামড়ে পচন *n* frostbite
শর্টহ্যাণ্ড *n* shorthand
শর্ত *n* condition
শর্তাবলী *n* terms
শর্তসাপেক্ষ *adj* conditional, contingent
শষ্যকণা *n* grain
শসা *n* cucumber
শস্যাগার *n* barn
শস্যাদি সংগ্রহ করা *v* harvest
শহর *n* city, town
শহরের ভবন *n* town hall
শহরতলি *n* suburb
শহীদ *n* martyr
শহীদত্ব *n* martyrdom
শহুরে *adj* urban
শাঁস *n* core

শ

শাঁসাল *adj* lush
শাকবিশেষ *n* celery
শাকসব্জি *v* vegetable
শাখা *n* branch
শাখা কার্যালয় *n* branch office
শাখাপ্রশাখা *n* ramification
শাখাবিস্তার করা *v* branch out
শান্ত *adj* cool, calm, placid, quiet, restful, serene, sober
শান্ত করা *v* appease, mitigate, pacify, soothe
শান্ত হওয়া *v* calm down, cool down, placate
শান্তি *n* peace, quietness, tranquility
শান্তিময় *adj* peaceful
শান্তপ্রকৃতি *adj* mild
শাবক *n* breed
শাবল *n* crowbar
শামুক *n* snail
শারীরিক *adj* corporal
শারীরিকভাবে *adv* physically
শাশুড়ি *n* mother-in-law
শাসক *n* ruler, magistrate, regent
শাসকবর্গ *n* management
শাসন *n* control, regime, reign, rule; chastisement
শাসন করা *v* administer, control, dominate, govern, rule; chastise
শাস্তি *n* punishment
শাস্তি থেকে রেহাই *n* impunity
শাস্তি দেওয়া *v* punish
শাস্তিযোগ্য *adj* punishable
শাস্তির হুকুম দেওয়া *v* sentence
শিং *n* horn
শিকার *n* prey, scapegoat, victim
শিকার করা *v* hunt
শিকারী *n* hunter
শিকারী কুকুর *n* hound
শিকারী পক্ষী বিশেষ *n* buzzard
শিক্ষক *n* teacher, trainer, tutor
শিক্ষা *n* learning
শিক্ষা দেওয়া *v* coach, educate, train
শিক্ষা সংক্রান্ত *adj* educational
শিক্ষাদান *n* coaching, tuition
শিক্ষানবিশ *n* beginner, novice, apprentice, trainee
শিক্ষার বিভাগ *n* faculty
শিক্ষার্থী *n* learner
শিক্ষাস্থান *n* seminary
শিক্ষায়তন *n* academy
শিখা *n* crest
শিথিল *adj* lax, slack
শিথিল করা *v* loosen, relax, slacken
শিবির *n* camp
শিবিরে বাস করা *v* camp
শিবিরের আগুন *n* campfire

শিম্পাঞ্জী *n* chimpanzee
শিয়াল *n* fox, jackal
শিরশ্ছেদ করা *v* behead
শিরশ্ছেদন করা *v* decapitate
শিরদাঁড়া *n* guts, vertebra
শিরা *n* vein
শিরিস-কাগজ *n* sandpaper
শিরীষের আঠা *n* glue
শিরোনাম *n* heading
শিলাবৃষ্টি *n* hail
শিল্প *n* industry
শিল্পকর্ম *n* artwork
শিল্পকলা *n* art
শিল্পী *n* artist
শিল্পীসুলভ *adj* artistic
শিশির *n* dew
শিশু *n* baby, child, infant, kid
শিশুদের রাখার স্থান *n* nursery
শিশুর পরিচর্যাকারী *n* babysitter
শিশুরা *n* children
শিশুশয্যা *n* crib
শিষ দেওয়া *v* whistle
শিষ্য *n* follower
শিষ্টাচার *n* formality
শিহরিত *n* thrill
শিহরিত করা *v* thrill
শিহরণ *n* shiver
শিহরণযুক্ত শীতবোধ *n* rigor
শীঘ্র *adj* rapid
শীঘ্র *adv* early
শীঘ্রই *adv* shortly , soon
শীতকাল *n* winter
শীতল *adj* frigid
শীতল করা *v* cool
শীতলতা *n* coolness
শুঁটিযুক্ত ফল *n* bean
শুঁয়া *n* tentacle
শুঁয়োপোকা *n* caterpillar
শুঁড়িখানা *n* bar
শুকরের মাংস *n* ham
শুক্রবার *n* Friday
শুকানোর যন্ত্র *n* dryer
শুক্রাণু *n* sperm
শুধু *adv* simply
শুভ বা অশুভ সংকেত *n* omen
শুভলক্ষণযুক্ত *adj* auspicious
শুভ্রতা সম্পাদনের স্থান *n* bleach
শুয়োরের চর্বি *n* lard
শুয়োরের মাংসের খাদ্য *n* sausage
শুয়োরের মাংসবিশেষ *n* bacon
শুরু *n* onset, start
শুরু করা *v* start
শুল্কবিভাগ *n* customs
শুল্কের তালিকা *n* tariff
শুশুক *n* dolphin
শুষিয়া লওয়া *v* absorb
শুষ্ক *adj* arid, dried, dry
শুষ্ক করা *v* dry

শ

শুষ্ক কুল *n* prune
শূকর *n* hog, pig
শূকরমাংস *n* pork
শূণ্য *adj* blank
শূন্য *adj* devoid
শূন্য *n* zero
শূন্যহাত *n* emptiness
শৃঙ্খল *n* chain, shackle
শৃঙ্খলা *n* array
শৃঙ্খলিত করা *v* chain
শেখা *v* learn
শেখান *v* teach
শেষ *adj* final
শেষ *n* end
শেষ আট প্রতিযোগীর প্রতিযোগিতা *n* quarters
শেষ করা *v* cease, culminate, discontinue, end, exhaust, finish, terminate, wind up; let out
শেষ পর্যন্ত করা *adj* see-through
শেষবারের মত সতর্কীকরণ *n* ultimatum
শেষ হওয়া *v* end up, run out
শৈলোপরি *adv* uphill
শৈশব *n* infancy
শোঁকা *v* sniff
শোক *n* mourning
শোক করা *v* lament, mourn
শোকগ্রস্ত *adj* bereaved
শোকার্ত *n* lament
শোকজ্ঞাপন *n* condolences
শোচনীয় *adj* deplorable
শোধক্ষম *adj* solvent
শোধন *n* purge, purification
শোধনাগার *n* refinery
শোনা *v* hear
শোভন *adj* decent, graceful
শোভনতা *n* decency, decorum
শোভাযাত্রা *n* procession
শোভাবর্ধক *adj* ornamental
শোয়ান *v* lay
শোষন করা *v* soak up
শৌখিন *adj* deluxe
শ্যাওলা *n* moss
শ্যালক *n* brother-in-law
শ্বশুর *n* father-in-law
শ্বসন করা *v* inhale
শ্বাস *n* respiration
শ্বাস প্রশ্বাস *n* breath
শ্বাস প্রশ্বাস লওয়া *v* breathe
শ্বাসক্রিয়া *n* breathing
শ্বাসগ্রহণ *n* aspiration
শ্বাসত্যাগ *n* expiration
শ্বাসনালির অসুখ *n* bronchitis
শ্বাসনালী *n* windpipe
শ্বাসরোধ *n* asphyxiation
শ্বাসরোধ করা *v* asphyxiate, choke, stifle, strangle, suffocate

শ্বাসরোধকারী *adj* stifling
শ্বেতবর্ণ মদবিশেষ *n* sherry
শ্বেতসার *n* starch
শ্বেতসারযুক্ত *adj* starchy
শ্মশান *n* crematorium
শ্মশ্রুল *adj* bearded
শ্রদ্ধা *n* admiration, adoration, homage, reverence
শ্রদ্ধা করা *v* adore
শ্রদ্ধেয় *adj* admirable, adorable
শ্রবণ *n* hearing
শ্রবণ করা *v* listen
শ্রাব্য *adj* audible
শ্রমিক *n* laborer, worker
শ্রেণী *n* class, category; species
শ্রেণীকক্ষ *n* classroom
শ্রেণীবিভাগ করা *v* classify
শ্রেণীবদ্ধ করা *v* align
শ্রেণীবদ্ধকরণ *n* alignment
শ্রেষ্ঠ *adj* classic, grand, superior, supreme; ideal
শ্রেষ্ঠতা *n* supremacy
শ্রেষ্ঠত্ব *n* sovereignty, superiority
শ্রোতা *n* audience, listener
শ্র্যাপনেল *n* shrapnel
শ্লীলতাহানি করা *v* molest
শ্লেষবাক্য *n* irony
শ্লেষ্মা *n* mucus

ষ

ষষ্ঠ *adj* sixth
ষড়যন্ত্র *n* conspiracy, intrigue
ষড়যন্ত্র করা *v* conspire, plot
ষড়যন্ত্রকারী *n* conspirator
ষাঁড় *n* bull, ox
ষাঁড়ের লড়াই *n* bull fight
ষাঁড়ের লড়াইয়ের যোদ্ধা *n* bull fighter
ষাট *adj* sixty
ষোল *adj* sixteen

স

সংকর ধাতু *n* alloy
সংকল্প *n* determination, resolution
সংকুচিত করা *v* contract
সংকোচন *n* contraction
সংক্রমণনাশ *v* disinfect
সংক্রমণনাশক *n* disinfectant
সংক্রামক *adj* catching, contagious, infectious
সংক্রামক রোগবিশেষ *n* mumps

সংক্রামিত করা *v* infect
সংক্রামণ *n* infection
সংকলন করা *v* compile
সংক্ষিপ্ত *adj* brief, concise, terse
সংক্ষিপ্ত *n* abbreviation, briefs, summary
সংক্ষিপ্ত করা *v* abbreviate, compact, compress, curtail, shorten
সংক্ষিপ্তসার *n* compendium
সংক্ষেপ করা *v* abridge, summarize
সংক্ষেপে *adv* shortly, briefly
সংখ্যা *n* number
সংখ্যালঘু *n* minority
সংখ্যা গরিষ্ঠতা *n* majority
সংখ্যা বেশি হওয়া *v* outnumber
সংগঠিত করা *v* embody
সংগতিহীন *adj* dissonant
সংগৃহীত ফসল *n* harvest
সংগ্রহ *n* assortment, collection, gathering
সংগ্রহ করা *v* collect, scrap
সংগ্রামশীল *adj* militant
সংগ্রাহক *n* collector
সংঘবদ্ধ *adj* allied
সংঘর্ষ *n* clash
সংঘর্ষ এড়ানোর পদার্থ *n* fender
সংঘর্ষ করা *v* clash
সংজ্ঞা *n* definition
সংবর্ধনা *n* ovation
সংবাদ সম্প্রচার *n* newscast
সংবাদদাতা *n* informant, informer, reporter
সংবাদপত্র *n* newspaper
সংবাদপত্র বিক্রয়ের স্থান *n* newsstand
সংবাদপত্রিকা *n* newsletter
সংবাদমাধ্যম *n* press
সংবেদন *n* sensation
সংবেদনশীল *adj* sensitive, susceptible
সংযত *adj* low-key
সংযত করা *v* restrain
সংযম *n* moderation
সংযুক্ত *adj* adjoining
সংযুক্ত করা *v* adjoin, attach, conjugate, link
সংযুক্ত বস্তুর অংশ *n* link
সংযুক্তকারী *n* welder
সংযুক্তি *n* attachment; combination
সংযোগ *n* conjunction
সংযোগ করা *v* unite
সংযোগছিন্ন করা *v* unplug
সংযোগস্থল *n* crossing
সংযোজক *n* yoke
সংযোজক অব্যয় *n* conjunction
সংযোজক চিহ্ন *n* hyphen
সংযোজিত বস্তু *n* annexation

সংযোজন *n* addition, annex, unification
সংরক্ষণ *n* reservation
সংরক্ষণ করা *v* preserve, reserve
সংলগ্ন *adj* attached
সংশোধন *n* correction
সংশোধন করা *v* amend, correct, rectify
সংশোধনী *n* amendment
সংশয় *n* qualm
সংশয়শূন্য *adj* unsuspecting
সংসদ্ *n* parliament
সংসক্তি *n* tenacity
সংস্করণ *n* edition
সংস্কার *n* sacrament
সংস্কারমুক্ত *adj* open-minded
সংস্থা *n* company
সংস্থান *n* resource
সংস্পর্শ *n* contact
সংস্পর্শে আসা *v* contact
সকল *adj* all
সকলের মতের ঐক্য *n* consensus
সকাল *n* morning
সক্রিয় *adj* agile
সক্রিয়করণ *n* activation
সক্রিয় করা *v* activate, incite
সক্রিয় করে তোলা *adj* active
সক্রিয় হওয়া *v* operate
সক্ষম *v* enable
সঙ্কুচিত করা *v* shrink
সঙ্কীর্ণ *adj* narrow
সঙ্কীর্ণপথ *n* lane
সঙ্কীর্ণভাবে *adv* narrowly
সঙ্কেত *n* hint, signal
সঙ্কেত করা *v* signal
সঙ্কোচন *n* compression
সঙ্কটকাল *n* crisis
সঙ্গ *n* company
সঙ্গতিপূর্ণ *adj* coherent
সঙ্গপ্রিয় *adj* gregarious
সঙ্গিন *n* bayonet
সঙ্গী *n* companion, fellow, mate
সঙ্গীত *n* music
সঙ্গীতের স্বরগ্রাম *n* key
সঙ্গীতশিল্পী *n* musician
সঙ্গে যাওয়া *v* accompany
সচেতন *adj* aware, conscious
সচেতনতা *n* awareness
সচ্ছিদ্র *adj* porous
সচ্ছল *adj* pretty
সজীব *adj* vivacious
সজোরে আঘাত করা *v* bang
সজোরে নিক্ষেপ করা *v* hurl
সজ্জা *n* trimmings
সজ্জাসংক্রান্ত *adj* decorative
সজ্জিত করা *v* equip, furnish; deck
সঠিকভাবে *adv* alright
সঞ্চয় *n* savings

স

সঞ্চয় করা v save
সঞ্চয়ী adj economical
সঞ্জীবিত করা v animate
সততা n fairness
সতর্ক adj cautious, discreet, wary, watchful
সতর্ক n alert
সতর্ক করা v warn
সতর্ক করিয়া রাখা v alert
সতর্কতা n caution
সতর্ক সন্ধান করা v look out
সতর্ক হওয়া v beware
সতর্কীকরণ n warning
সতী adj chaste
সতীত্ব n chastity
সতীনের ছেলে n stepson
সতেজ করা v freshen, refresh
সতেজ হইয়া ওঠা v thrive
সতেজকারক adj refreshing
সতেজতা n freshness
সতের adj seventeen
সত্য adj right, correct
সত্যতা n truth
সত্যতা যাচাই n verification
সত্যতা যাচাই করা v verify
সত্যবাদী adj truthful
সৎ adj fair
সৎভাই n stepbrother
সত্তর adj seventy

সত্বর adj hasty
সত্বর adv quickly
সদম্ভে দেখান v show off
সদর্পে চলা v stalk
সদস্য গ্রহণ n recruitment
সদস্যতা n subscription
সদাশয় adj benign, kind
সদাশয়তা n kindness
সদৃশ adj alike, similar
সদৃশ adv likely
সদৃশ করা v resemble
সুদীর্ঘ adj lengthy
সদ্যজাত n newborn
সদ্ব্যবহার করা v utilize
সনাক্ত করা v identify
সনির্বন্ধ অনুরোধপূর্ণ adj appealing
সন্তান n breed
সন্তান-সন্ততি n issue; offspring
সন্তুষ্ট adj gratifying
সন্তুষ্ট করা v gratify, satisfy
সন্তুষ্টিবিধান n appeasement
সন্দিগ্ধ adj distrustful, dubious, doubtful
সন্দেহ n doubt, suspicion
সন্দেহ করা v doubt
সন্দেহাতীত adj resounding
সন্দেহজনক adj ambiguous, questionable
সন্দেহযুক্ত adj paranoid

সন্দেহপ্রবণ *adj* suspicious
সন্দেহভাজনব্যক্তি *n* suspect
সন্ত্রাস *n* terror
সন্ত্রাস সৃষ্টি *v* terrorize
সন্ত্রাসবাদ *n* terrorism
সন্ত্রাসবাদী *n* terrorist
সন্ধান করা *v* look for
সন্ধি *n* joint
সন্ধ্যস্বর *n* diphthong
সন্ধ্যা *n* eve, evening, nightfall
সন্নিকটস্থ *adj* approximate
সন্নিবেশ *n* insertion
সন্নিহিত *adj* adjacent
সন্ন্যাসিনী *n* nun
সন্ন্যাসী *n* recluse
সৎকন্যা *n* stepdaughter
সপিনা *n* subpoena
সপিনা দেওয়া *v* subpoena
সপ্তম *adj* seventh
সপ্তাহ *n* week
সপ্তাহান্ত *n* weekend
সপ্তাহের দিন *adj* weekday
সফর *n* tour
সব *pro* everything
সব টিকিট বিক্রী হওয়া *n* sellout
সব ঠিক আছে *n* serenity
সব বিক্রী হওয়া *adj* sold-out
সবল *adj* sturdy
সবুজ *adj* green
সবে মাত্র *adv* scarcely
সবেগে ক্ষেপণ *n* shot
সভা *n* assembly, congress, council
সভাপতি *n* speaker, chairman
সভাপতিত্ব করা *v* officiate, preside
সভ্য *n* member
সভ্য করা *v* civilize
সভ্যতা *n* civilization
সভ্যপদ *n* membership
সমকক্ষ *adj* equivalent
সমকালীন *adj* coincidental
সমকালীন হওয়া *v* synchronize
সমকালীনতা *n* coincidence
সমকেন্দ্র *adj* concentric
সমগ্র *adj* total
সমচতুর্ভুজ *n* square
সমন্বয় *n* coordination
সমণ্বয়কারী *n* coordinator
সমন্বিত করা *v* coordinate
সমতল *adj* even, plain, level
সমতল ছাদ *n* patio
সমতল *adj* flat
সমতলভূমি *n* flat, plane; plain
সমতল স্থান *n* platform
সমতা *n* equality, parity
সমতুল্য *adj* tantamount to
সমতুল্য ব্যক্তি *n* peer
সমদ্বখণ্ডিত করা *v* halve
সময়নিষ্ঠ *adj* punctual

সমবায় *n* synthesis
সমবেত করা *v* congregate
সমমূল্য *adj* worth
সময় *n* second; time
সময়কাল *n* duration
সময় নষ্ট করা *v* loaf
সময়মত করা *v* time
সময়সারণী *n* timetable
সময়ে *pre* during
সময়োচিত *adj* opportune, timely
সমর্থ *adj* able
সমর্থ হওয়া *v* can; afford
সমর্থন করা *v* support, corroborate
সমর্থনকারী *n* supporter
সমর্পণ *v* capitulate
সমর্পণ করা *v* commend
সমষ্টি *n* totality
সমসাময়িক *adj* contemporary
সমস্যা *n* problem
সমস্যাযুক্ত *adj* problematic
সমাজ *n* guild, society
সমাজতান্ত্রিক *adj* socialist
সমাজতন্ত্র *n* socialism
সমাজপ্রিয় *adj* sociable
সমাধান *n* solution
সমাধান করা *v* solve; tackle
সমাধি *n* burial, tomb
সমাধি-ক্ষেত্র *n* graveyard

সমাধি-প্রস্তর *n* gravestone, tombstone
সমাধিলিপি *n* epitaph
সমান *adj* equal
সমান-সমান *adv* fifty-fifty
সমানুপাত *n* proportion
সমান্তরাল *n* parallel
সমান্তরাল বহুভুজ *n* prism
সমাপতিত করা *v* concur
সমাপ্ত *n* conclusion
সমাপ্ত করা *v* conclude
সমাপ্তি *n* completion
সমাবেশ *n* concentration, rally
সমালোচনা *n* criticism, critique
সমালোচনা করা *v* censure, criticize
সমিতি *n* association
সমীকরণ *n* equation
সমীকরণ করা *v* equate
সমুদ্র *n* sea
সমুদ্রতট *n* seashore
সমুদ্রে ভ্রমণ করা *v* cruise
সমুদ্রতীর *n* beach
সমুদ্রতীরবর্তী অঞ্চল *adj* seaside
সমুদ্রপীড়া *adj* seasick
সমৃদ্ধ *adj* affluent
সমৃদ্ধশালী *adj* prosperous
সমৃদ্ধি *n* affluence
সমৃদ্ধি সম্পন্ন *adj* well-to-do

সম্পদ *n* wealth
সম্পাদক *n* secretary
সম্পাদন *n* performance, transaction
সম্পাদন করা *v* execute, carry out, perform
সম্পাদনা করা *v* edit
সম্পত্তি *n* assets, estate, property
সম্পত্তি দান করা *v* bequeath
সম্পন্ন করা *v* complete, accomplish, go through, work out
সম্পর্ক *n* kinship; regards, term
সম্পর্কহীন *adj* unrelated
সম্পর্কিত *adj* related
সম্পর্কে *pre* regarding
সম্পূরক *n* complement
সম্পূর্ণ *adj* absolute, entire, outright, whole
সম্পূর্ণ *adj* complete
সম্পূর্ণ করা *v* complete
সম্পূর্ণভাবে *adv* completely, fully
সম্পূর্ণরূপে *adv* entirely, quite
সম্প্রচার *n* broadcast
সম্প্রচার করা *v* broadcast
সম্প্রতি *adv* lately
সম্প্রদায় *n* community
সম্বন্ধিকরণ *n* affiliation
সম্বন্ধে *pre* about, concerning
সম্বন্ধবাচক অব্যয় *n* preposition

সম্ভাব্য *adj* probable
সম্ভাবনা *n* possibility, probability, prospect
সম্ভাবনাময় *adj* potential
সম্ভাবনার মাত্রা *n* odds
সম্ভাষণ *e* hello
সম্ভব *adj* feasible, plausible, possible
সম্ভবতঃ *adv* may-be, perhaps
সম্ভ্রম *n* awe
সম্মত *adj* agreeable
সম্মত হওয়া *v* assent, agree, comply, conform
সম্মতি *n* agreement, compliance
সম্মান *n* respect
সম্মান *v* honor
সম্মান করা *v* esteem, respect
সম্মান দান করা *v* dignify
সম্মানসূচক *adj* complimentary
সম্মুখ *adj* front
সম্মুখগামী *adv* onwards
সম্মুখীন *n* confrontation
সম্মুখীন হওয়া *v* confront, encounter, face
সম্মুখে *adv* before
সম্মুখে উপস্থিত হওয়া *v* come forward
সম্মুখে চালিত করা *v* propel; goad
সম্মুখদিকে *adv* forward
সম্মেলন *n* convention, union

সম্মোহন *n* hypnosis
সম্মোহন করা *v* hypnotize
সম্মোহিত করা *v* mesmerize
সম্রাজ্ঞী *n* empress
সম্রাট *n* emperor
সযত্নে অঙ্কন করা *v* depict
সরকার *n* government
সরঞ্জাম *n* equipment
সরবরাহ *n* supplies
সরবরাহ করা *v* cater to, supply
সরবরাহকারী *n* supplier
সরময় *adj* creamy
সরল *adj* frank, sincere
সরলতা *n* frankness, sincerity
সরলভাবে *adv* frankly, plainly
সরাই *n* inn
সরান *v* divert
সরানো *v* remove
সরাসরি *adj* direct
সরিয়া পড়া *v* drop off
সরিয়ে দেওয়া *v* edge
সরিয়ে রাখা *v* put aside
সরিষা *n* mustard
সরীসৃপ *n* lizard
সরীসৃপ প্রাণী *n* reptile
সরু *adj* thin
সরু করে *adv* thinly
সরু ছিদ্র *n* slot
সরু নালা *n* fjord

সরু প্রান্ত *n* tip
সরুমুখ থাকা নল *n* nozzle
সরে যাওয়া *v* move
সর্দিগর্মি *n* heatstroke
সর্প *n* serpent
সর্বজনীন নৃত্যশালা *n* casino
সর্বজনবিদিত *adj* public
সর্বজনস্বীকৃত *n* axiom
সর্বতোভাবে *adj* altogether
সর্বদা *adv* always, forever
সর্বদা গতিবিধি করা *v* haunt
সর্বদিকে *pre* around
সর্বনাম *n* pronoun
সর্বব্যাপী *adj* comprehensive
সর্বশক্তিমান *adj* almighty
সর্বশেষ *adj* last
সর্বশেষে *adv* lastly
সর্বশ্রেষ্ঠ *adj* paramount
সর্বাগ্রে করণীয় কর্ম *n* preoccupation
সর্বাধিক *adj* maximum, most
সর্বাধিক মাত্রায় *adv* mostly
সর্বাধুনিক *adj* latest
সর্বোচ্চ সীমা *n* summit
সর্বোৎকৃষ্ট *adj* best
সর্বোত্তম *adj* foremost
সর্বোচ্চ *adj* utmost
সর্বোপরি *adv* overall
সশব্দে ফাটিয়া যাওয়া *v* detonate
সশ্রদ্ধ *adj* respectful

সস্তা *adj* cheap, inexpensive
সহকর্মী *n* colleague
সহকারী *n* aide
সহজ *adj* simple
সহজ করা *v* facilitate, simplify
সহজগম্য *adj* accessible
সহজত্ব *n* simplicity
সহজপাচ্য *adj* bland
সহজ প্রবৃত্তি *n* instinct
সহজবোধ্য *n* plain
সহজাত *adj* intrinsic, native
সহজাত গুণসম্পন্ন *adj* gifted
সহজে *adv* easily, smoothly
সহজে প্রতারিত *adj* gullible
সহজে সফল হওয়া *v* coast
সহনশীল *adj* lenient
সহনশীলতা *n* leniency
সহনীয় *adj* tolerable
সহপাঠী *n* classmate
সহবাস করা *v* cohabit
সহমত হওয়া *v* subscribe
সহযোগিতা *n* cooperation
সহযোগিতা করা *v* cooperate
সহযোগিতাপূর্ণ *adj* cooperative
সহযোগী *n* collaborator
সহযোগী করা *v* affiliate
সহসা *adv* suddenly
সহসা দেখিতে পাওয়া *v* come across
সহসা লাফাইয়া উঠা *v* bounce
সহস্র বৎসর *n* millennium
সহানুভূতি *n* compassion, sympathy
সহানুভূতি জানানো *v* sympathize
সহানুভূতিশীল *adj* compassionate, considerate
সহায়ক *adj* auxiliary
সহায়ক *adj* helpful
সহায়তা *n* backup
সহিত *pre* with
সহ্য করা *v* endure, hold out, put up with, tolerate
সহ্যের সীমা *n* tolerance
সাইকেল *n* bicycle
সাইকেলআরোহী *n* cyclist
সাইরেন *n* siren
সাংকেতিক করা *v* codify
সাংকেতিক শব্দ *n* password
সাংবাদিক *n* journalist
সাংস্কৃতিক *adj* cultural
সাঁতার *n* swimming
সাঁতারু *n* swimmer
সাঁতার কাটা *v* swim
সাঁড়াশি *n* fang, pincers, tongs
সাঁড়াশি বিশেষ *n* pliers
সাক্ষাৎ করা *v* meet
সাক্ষাৎকার *n* meeting
সাক্ষী হওয়া *v* vouch for

সাক্ষ্য *n* testament
সাক্ষ্য দেওয়া *v* depose, testify
সাগর পারের *adv* overseas
সাঙ্ঘাতিক ভুল *n* blunder
সাজান *v* decorate, embellish, garnish
সাজানো *v* itemize
সাজসজ্জা *n* décor
সাত *adj* seven
সাথী *n* comrade, pal
সাদর সম্ভাষণ *n* welcome
সাদা *adj* white
সাদা করা *v* bleach, whiten
সাদাসিধা *adj* simple, naive
সাদাসিধে *adj* folksy
সাধু *adj* honest
সাদৃশ্য *n* resemblance, semblance, similarity
সাধারণ *adj* common, ordinary, usual, general
সাধারণ জ্ঞানের প্রশ্ন করা *v* quiz
সাধারণ ধারণা করা *v* generalize
সাধারণভাবে *adv* ordinarily
সাধুতা *n* goodness, honesty
সান্ত্বনা *n* consolation, solace
সান্ত্বনা দেওয়া *v* console
সান্ত্বনাকারী *n* comforter
সান্ধ্য আইন *n* curfew
সান্ধ্যপ্রেমগীতি *n* serenade
সানন্দ *adj* joyful
সানন্দে *adv* joyfully
সাপ *n* snake
সাপ্তাহিক *adv* weekly
সাফল্য *n* success
সাবানের ফেনা *n* lather
সাবধান হওয়া *v* watch out
সাবধানী *adj* meticulous
সামঞ্জস্য *n* consistency, compatibility; symmetry
সামঞ্জস্যপূর্ণ *adj* compatible, consistent
সাময়িক *adj* provisional
সামনে *n* front
সাময়িক বরখাস্ত *n* suspension
সামরিক অভ্যুৎথান *n* coup
সামরিক সম্ভার *n* ammunition
সামর্থ্য *n* ability
সামলে ওঠা *v* overcome
সামাজিক করা *v* socialize
সামান্য *adj* petty, minor
সামান্য মাত্রায় *adv* slightly
সামান্যতম *n* minimum
সামুদ্রিক *adj* marine
সামুদ্রিক খাবার *n* seafood
সামুদ্রিক পক্ষী *n* gull
সাম্য *n* uniformity
সাম্যবাদ *n* communism
সাম্যবাদী *adj* communist

সাম্প্রতিক *adj* recent
সাম্প্রতিকতম *adj* up-to-date
সাম্রাজ্য *n* empire
সাম্রাজ্যবাদ *n* imperialism
সাম্রাজ্য-সংক্রান্ত *adj* imperial
সার *n* compost
সারি *n* range, rank, queue, row
সারি বাঁধিয়া যাওয়া *v* defile
সারিয়ে তোলা *v* cure
সারল্য *n* candor
সারস *n* crane, stork
সার্কাস *n* circus
সার্বজনীন *adj* universal
সার্বভৌম *adj* sovereign
সালিস করা *v* arbitrate
সাহায্য *n* aid, assistance, help
সাহায্য করা *v* aid, assist, help
সাহায্য চাওয়া *v* invoke
সাহায্য নেওয়া *v* resort
সাহায্যকারী *n* assistant, helper
সাহায্যকারী *adj* conducive
সাহিত্য *n* literature
সাহচর্য *n* fellowship
সাহচর্য্য *n* companionship
সাহস *n* bravery, courage, dare, heroism
সাহস করা *v* dare
সাহসিক *adj* valiant
সাহসিক কার্য *n* exploit

সাহসিকতা *n* boldness
সাহসী *adj* bold, brave, courageous, daring, gallant
সাহসীভাবে *adv* bravely
সাড়া দেওয়া *v* react
সিঁদ কাটিয়া চুরি *n* burglary
সিঁধেল চোর *n* burglar
সিঁড়ি *n* stair, staircase
সিঁড়ির রেলিং *n* handrail
সিংহ *n* lion
সিংহি *n* lioness
সিকি *n* quarter
সিক্ত করা *v* saturate, soak
সিগারেট *n* cigarette
সিদ্ধ করা *v* canonize
সিদ্ধান্ত *n* decision; deduction
সিদ্ধান্ত করা *v* decide, infer; deduce
সিদ্ধান্ত গ্রহণ করা *v* opt for
সিন্দুক *n* chest, ark, safe
সিন্দুকের ঘর *n* locker room
সিন্ধুঘোটক *n* walrus
সিমেন্ট *n* cement
সিরকা *n* vinegar
সিরাপ *n* syrup
সিরাম *n* serum
সিরিঞ্জ *n* syringe
সিসের গুলির বন্দুক *n* shotgun
সীমা *adj* bound

সীমানা *n* boundary, march
সীমান্ত *n* border, outskirts
সীমান্তপ্রদেশ *n* frontier
সীমা-প্রাচীর *n* partition
সীমাবদ্ধ করা *v* confine, localize, restrict
সীমাবদ্ধতা *n* limitation
সীমারেখা *n* borderline, limit
সীমাসূচক রেখা *n* contour
সীমাহিত *adj* composed
সীমাহীন *adj* unlimited
সীলমাছ *n* seal
সীসা *n* lead
সীসাহীন *adj* unleaded
সুইচ্ টেপা *v* switch
সুইজারল্যান্ড *n* Switzerland
সুইজারল্যান্ড-দেশীয় *adj* Swiss
সুইডেন *n* Sweden
সুইডেনের ব্যক্তি *adj* Swedish
সুকৌশলে চালনা *v* manipulate
সুখ-দুঃখে নির্বিকার *adj* stoic
সুখী *adj* happy
সুখ্যাতি *n* credit
সুগন্ধ *n* flavor
সুগন্ধিক *adj* balmy, fragrant
সুগন্ধি মশলা পাতা *n* parsley
সুগন্ধী *n* perfume
সুচারুভাবে *adv* neatly
সুচিন্তিত *adj* deliberate
সুটকেস *n* suitcase
সুতরাং *adv* therefore
সুতা *n* thread, yarn
সুতা কাটা *v* spin, rotate
সুতা পরান *v* thread
সুদ *n* interest
সুদক্ষ *adj* versed
সুদর্শন *adj* handsome
সুদূরব্যাপ্ত *adj* widespread
সুনাম *n* goodwill
সুন্দর *adj* beautiful, charming, fine, glamorous, good-looking, lovely
সুন্দর *adj* fair
সুন্দর করা *v* beautify
সুন্দর গন্ধ *n* fragrance
সুন্দর ছাপ *n* fine print
সুন্দর পুষ্পবিশেষ *n* tulip
সুপ *n* soup
সুপরিচিত *adj* familiar, well-known
সুপারিশ করা *v* recommend
সুবহ *adj* portable
সুবিচারপূর্ণ *adj* judicious
সুবিধা *n* benefit, interest
সুবিধাজনক *adj* convenient
সুবিধাদায়ক *adj* beneficial
সুবিন্যস্ত করা *v* arrange
সুমহান *adj* sublime
সুমেরু অঞ্চলের *adj* arctic
সুমিষ্ট কেক বিশেষ *n* bun

সুযোগ *n* chance, opportunity, scope
সুযোগ-সুবিধা *n* convenience; privilege
সুর *n* melody
সুরকার *n* composer
সুরক্ষা *n* protection
সুরক্ষিত *adj* entrenched
সুর বাঁধা *v* tune
সুর বাঁধিয়া লওয়া *v* tune up
সুর-বিষয়ক *adj* melodic
সুরুয়া *n* soup
সুশৃঙ্খল *adj* tidy
সুসঙ্গতি *n* cohesion
সুসজ্জিত *adj* flamboyant
সুসম্পর্ক *n* rapport
সুস্থ *n* sound
সুস্পষ্ট *adj* prominent
সুস্বাদু *adj* delicious, tasteful, tasty; fruity
সুড়ঙ্গ পথ *n* tunnel
সুড়ঙ্গপথ *n* underpass
সুড়সুড়ি *n* tickle
সুরা *n* booze
সূঁচ *n* needle
সূক্ষ্ম তারতম্য *n* nuance
সূক্ষ্ম পরিভাষা *n* technicality
সূচি *n* index
সূচিশিল্প *n* embroidery
সূত্র *n* clue, formula
সূর্য *n* sun
সূর্যালোক আটকানোর সামগ্রী *n* sun block
সূর্যালোকে পুড়ে যাওয়া *n* sunburn
সূর্যাস্ত *n* sundown, sunset
সূর্যোদয় *n* sunrise
সৃজন *adj* creative
সৃষ্টি *n* creation
সৃষ্টি করা *v* create, procreate
সৃষ্টিশীলতা *n* creativity
সেঁকা *v* bake
সেঁকা পাউরুটি *n* toast
সেঁকোবিষ *n* arsenic
সে *pro* he; she
সেই হইতে *adv* since then
সেকেলে *adj* obsolete, outdated
সেখানে *adv* there
সেতু *n* bridge
সেনা অফিসার *n* corporal; lieutenant
সেনাদল *n* brigade
সেনাপতি *n* captain; colonel; knight
সেনাবাহিনী *n* regiment
সেনার অফিসার *n* marshal
সেন্টিমিটার *n* centimeter
সেপ্টেম্বর *n* September
সেবা করা *v* attend, minister, serve

সেবা শুশ্রূষা করা *v* nurse
সেরা *adj* classy
সেরা কাজ *n* masterpiece
সেরে ওঠা *v* recover
সেরে ওঠা ব্যক্তি *adj* convalescent
সেল ফোন *n* cell phone
সেলাই *n* seam, stitch
সেলাই করা *v* sew, stitch
সেলাই করা কাপড় *n* fabric
সেলাই বিহীন *adj* seamless
সেলাইয়ের কাজ *n* sewing
সেলুন *n* saloon
সেলফোন *n* cellphone
সৈনিক *n* soldier
সৈনিকদের পদবিশেষ *n* sergeant
সৈন্যকর্তৃক অবরোধ *n* siege
সৈন্যনিবাস *n* barracks
সৈন্যবাহিনী *n* troops, army, cavalry, infantry
সৈন্য সরবরাহ *n* garrison
সোজা *adj* straight
সোডা *n* soda
সোনা *n* gold
সোভিয়েট *adj* soviet
সোমবার *n* Monday
সোয়েটার *n* sweater
সৌজন্য প্রদর্শন করা *v* condescend
সৌজন্যপূর্ণ *adj* amiable
সৌন্দর্য *n* beauty
সৌন্দর্য নষ্ট করা *v* disfigure
সৌন্দর্যবোধবিশিষ্ট *adj* aesthetic
সৌন্দর্যহানি করা *v* deface
সৌভাগ্য *n* luck, lot, fortune
সৌভাগ্যশালী *adj* fortunate
সৌভাগ্যশালী করা *v* prosper
সৌর *adj* solar
সৌরভযুক্ত *adj* aromatic
স্যাঁতসেঁতে *adj* damp
স্যাঁতসেঁতে করা *v* dampen
স্যাঁতস্যাঁতে করা *v* moisten
স্যালাড *n* salad
স্কি করা *v* ski
স্কেল *n* ruler, scale
স্ক্রু *n* screw
স্ক্রু লাগানোর যন্ত্র *n* screwdriver
স্কুটার *n* scooter
স্ক্রু দিয়া আটকান *v* screw
স্টেশন *n* station
স্টোভ *n* stove
স্তন *n* breast
স্তনের বোঁটা *n* nipple
স্তন্যপায়ী প্রাণী *n* mammal
স্তব *n* anthem
স্তম্ভ *n* column, pier, pillar, post
স্তর *n* layer, level
স্তুপ *n* pile
স্তূপ *n* heap
স্তূপাকার করা *v* heap

স

স্তুপিকৃত করা *v* pile
স্তোত্র *n* anthem, hymn
স্ত্রী *n* wife
স্ত্রী-অশ্ব *n* mare
স্ত্রীগণ *n* wives
স্ত্রীজাতি *n* women
স্ত্রীজাতীয় *adj* feminine
স্ত্রীরোগ বিদ্যা *n* gynecology
স্ত্রীলোক *n* female, woman
স্থগিত রাখা *v* withhold, put off
স্থগিত হওয়া *v* adjourn
স্থপতি *n* architect
স্থলে অবতীর্ণ হওয়া *v* disembark
স্থান *n* rank, berth, place
স্থান দেওয়া *v* accommodate
স্থান নির্দেশ করা *v* allocate, earmark
স্থান পরিবর্তন *n* motion
স্থানান্তর *n* relocation
স্থানান্তরিত করা *v* relocate, transfer
স্থানান্তরিতকরণ *n* transfer
স্থানান্তরে আসা *v* come over
স্থানান্তরে রাখা *v* displace
স্থানান্তরে লইয়া যাওয়া *v* transport
স্থানচ্যুত করা *v* dislocate, supersede
স্থানীয় *adj* local
স্থাপত্য *n* architecture
স্থাপন *n* installation, setting
স্থাপন করা *v* base, install, set up
স্থাবর সম্পত্তি *n* realty
স্থায়িত্বের অভাব *n* instability
স্থায়ী *adj* permanent
স্থায়ী *adj* lasting
স্থিতিস্থাপক *adj* elastic, resilient
স্থির *adj* deciding, firm, stable, stationary, still
স্থির করা *v* decide, determine, finalize
স্থির দৃষ্টি *n* goggles
স্থিরতা *n* constancy
স্থিরবুদ্ধি *adj* decisive, steady
স্থিরভাব *n* lull
স্থিরসঙ্কল্প *adj* resolute
স্থির সংকল্প *n* firmness
স্হূল *adj* crass
স্হূলকায় *adj* burly
স্থূলকায় *adj* corpulent
স্নান *n* bath
স্নান কক্ষ *n* lavatory
স্নান করা *v* bathe
স্নানঘর *n* bathroom
স্নানের গামলা *n* bathtub
স্নানের পোশাক *n* bathrobe
স্নায়ু *n* nerve
স্নায়বিক দৌর্বল্যযুক্ত *adj* nervous
স্নায়ুজনিত *adj* neurotic

স

স্নিগ্ধ *adj* congenial
স্নেহ *n* affection
স্নেহপরায়ণ *adj* affectionate
স্পঞ্জ *n* sponge
স্পন্দনশীল *adj* vibrant
স্পন্দিত হওয়া *v* vibrate
স্পর্শ *n* touch
স্পর্শ করা *v* touch
স্পর্শ করে যায় এমন *adj* touching
স্পর্শক্রামক বিষ *n* virus
স্পষ্ট *adj* clear, clear-cut, explicit, legible, obvious, unequivocal
স্পষ্ট করা *v* clear
স্পষ্ট প্রতীয়মান *adj* conspicuous
স্পষ্টতা *n* clarity
স্পষ্টবাদী *adj* blunt, candid
স্পষ্টভাবে *adv* obviously
স্পষ্টভাবে দেখান *v* manifest
স্পষ্টভাষী *adj* outspoken
স্পষ্টরূপে *adv* expressly
স্পষ্টরূপে নির্দিষ্ট *adj* precise
স্পষ্টাস্পষ্টি *adj* forthright
স্পষ্টীকরণ *n* clarification
স্পষ্টীকরণ করা *v* clarify
স্পার্ক প্লাগ *n* spark plug
স্প্রিং আঁটা গদি *n* mattress
স্পেইন *n* Spain
স্পেইনের লোক *n* Spaniard
স্পেইনদেশীয় *adj* Hispanic, Spanish
স্প্রে করা *v* spray
স্ফীত *adj* bloated, puffy, swollen
স্ফীত অংশ *n* bulge
স্ফীত করা *v* blow up, bloat
স্ফীতি *n* lump, swelling
স্ফটিক *n* crystal
স্ফুলিঙ্গ *n* spark
স্ফুলিঙ্গ ছড়ান *v* sparkle
স্বগতোক্তি *n* monologue
স্বচ্ছ *adj* clear, lucid, transparent
স্বতন্ত্র বস্তু *n* item
স্বতঃসিদ্ধ *adj* self-evident
স্বতঃস্ফূর্ত *adj* spontaneous
স্বতঃস্ফূর্ত জ্ঞান *n* intuition
স্বদেশ *n* homeland
স্বদেশ প্রেমিক *adj* patriotic
স্বদেশবাসী *n* compatriot, countryman
স্বপ্ন *n* dream
স্বপ্ন দেখা *v* dream
স্বপ্নদোষ *adj* nocturnal
স্বপ্নভঙ্গ *n* disillusion
স্ববিরোধী *n* paradox
স্বয়ং *n* auto
স্বয়ং *pre* oneself
স্বয়ং আমি *pro* myself
স্বয়ংক্রিয় *adj* automatic
স্বর *n* tune, voice
স্বরবর্ণ *n* vowel

স্বরভঙ্গি *n* tone
স্বরলিপির সংকেত *n* notation
স্বর্গ *n* heaven, paradise
স্বর্গসুখে *adj* blissful
স্বর্গীয় *adj* celestial, heavenly
স্বর্ণময় *adj* golden
স্বল্পতর *adj* fewer
স্বল্পতা *n* brevity
স্বাক্ষর *n* autograph, initials, signature
স্বাগতম *v* welcome
স্বাচ্ছন্দদায়ক বস্তু *n* amenities
স্বাদ *n* gusto, taste
স্বাদযুক্ত হওয়া *v* smack
স্বাদহীন *adj* insipid, tasteless
স্বাধীন *adj* independent
স্বাধীনতা *n* freedom, independence, liberty
স্বাভাবিক *adj* normal
স্বাভাবিক করা *v* normalize
স্বাভাবিক ভাবে *adv* normally
স্বাভাবিকত্ব *n* spontaneity
স্বামী *n* husband
স্বায়ত্বশাসিত *adj* autonomous
স্বায়ত্বশাসন *n* autonomy
স্বার্থ *n* self-interest
স্বার্থপর *adj* selfish
স্বার্থপরতা *n* selfishness
স্বাস্থ্য *n* health
স্বাস্থ্যকর *adj* genial
স্বাস্থ্যবান *adj* healthy, wholesome
স্বাস্থ্য-বিজ্ঞান *n* hygiene
স্বীকার করা *v* acknowledge, concede, confess, profess
স্বীকার করার কক্ষ *n* confessional
স্বীকার করেন যিনি *n* confessor
স্বীকারোক্তি *n* confession
স্বীকার্য *adj* admissible
স্বীকৃত *adj* avowed, recognized
স্বীকৃতি *n* admission, recognition
স্বেচ্ছাচারী রাজা *n* despot
স্বেচ্ছাপ্রণোদিত *adv* willfully
স্বেচ্ছামত *n* willingness
স্বেচ্ছাসেবক *n* volunteer
স্মরণ *n* recollection
স্মরণ করা *v* memorize, recollect, remember, remind
স্মরণীয় *adj* memorable
স্মারক *n* memento, reminder
স্মারকলিপি *n* memo
স্মৃতি *n* memory, nostalgia, remembrance
স্মৃতিকথা *n* memoirs
স্মৃতিচিহ্ন *n* souvenir
স্মৃতিবিলোপ *n* amnesia
স্মৃতিরক্ষা করা *v* commemorate
স্মৃতিরক্ষাকর *adj* monumental
স্মৃতিসৌধ *n* monument

স্রষ্টা *n* creator
স্লেজ গাড়ি *n* sleigh
স্লোগাম *n* catchword

হ

হংসী *n* goose
হইচইপূর্ণ *adj* boisterous
হইতে *pre* of
হজম করা *v* assimilate
হঠকারী *adj* reckless
হঠবাদী *adj* dogmatic
হঠাৎ *n* flop
হঠাৎ আঁকড়াইয়া ধরা *v* grab
হঠাৎ আবির্ভুত হওয়া *v* break out
হঠাৎ আসা বা পড়া *v* stop by
হঠাত কমে যাওয়া *adv* nosedive
হঠাত যাওয়া *v* dart
হঠাৎ ফাটিয়া যাওয়া *n* blowout
হঠিয়া যাওয়া *v* retreat
হতবুদ্ধি *adj* dazed, dizzy
হতবুদ্ধি করা *v* astound, baffle, bewilder, daze, dazzle, debrief, stun
হতবুদ্ধিকর *adj* astounding
হতবুদ্ধিতা *n* distraction
হতভাগ্য *adj* unlucky, wretched
হতভাগ্য ব্যক্তি *n* underdog
হতাশ *adj* despondent
হত্যা *n* killing
হত্যা করা *v* execute, slay, gun down, kill
হত্যাকারী *n* killer
হবু *adj* would-be
হয়ে ওঠা *v* become
হয়রান করা *v* harass, hassle
হয়রানি *n* hassle
হয়রানী *n* harassment
হরণ করা *v* kidnap
হরিণ *n* deer
হরিণ-মাংস *n* venison
হর্ন বাজান *n* honk
হল ঘর *n* hall
হল চালানোর দাগ *n* furrow
হলুদ *adj* yellow
হল্যান্ড *n* Holland
হল্যান্ডের *adj* Dutch
হস্তক্ষেপ *n* interference, intervention
হস্তক্ষেপ করা *v* interfere
হস্তনির্মিত *adj* handmade
হস্তপুস্তিকা *n* handbook
হস্তাক্ষর *n* script
হস্তাঙ্গুলির ডগা *n* fingertip
হস্তী দন্ত *n* tusk

হড়কাইয়া যাওয়া *v* glide
হাঁচি *n* sneeze
হাঁচি দেওয়া *v* sneeze
হাঁটু *n* knee
হাঁটা *v* stroll, walk
হাঁপানি *n* asthma
হাঁপানি সংক্রান্ত *adj* asthmatic
হাঁস *n* duck
হাই *n* yawn
হাই তোলা *v* yawn
হাইড্রোজেন *n* hydrogen
হাউই *n* rocket
হাওয়া বার করা *v* deflate
হাওয়া-কল *n* windmill
হাঙ্গর *n* shark
হাজার *adj* thousand
হাজির হওয়া *v* come up
হাত *n* hand
হাতকড়া পরান *v* handcuff
হাতকড়ি *n* handcuffs
হাত নাড়ানো *v* wave
হাত বোলানো *v* fondle, pet
হাত লাগান *v* handle
হাতকড়া *n* cuff
হাত-পা ছোঁড়া *v* sprawl
হাতব্যাগ *n* handbag
হাতল *n* handle, knob
হাতাহীন *adj* sleeveless
হাতি *n* elephant
হাতুড়ি *n* hammer
হাতুড়ি মারা *v* hammer
হাতের আঙুল *n* finger
হাতের ছাপ *n* fingerprint
হাতের তালু *n* palm
হাতের নখ *n* fingernail
হাতের বুড়ো আঙ্গুল *n* thumb
হাতের লেখা *n* handwriting
হানা *n* raid
হানা দেওয়া *v* invade, raid
হানাদার *n* raider
হাফপ্যান্ট *n* shorts
হাম *n* measles
হামাগুড়ি দিয়ে চড়া *v* scramble
হামাগুড়ি দেওয়া *v* crawl
হায়েনা *n* hyena
হার *n* defeat
হার মানা *v* give in
হারান *v* lose
হারিয়ে দেওয়া *v* defeat
হার্নিয়া রোগ *n* hernia
হাল *n* helm, rudder
হালকা *n* lightweight
হালনাগাদ করা *v* update
হাসপাতাল *n* hospital, infirmary
হাসা *v* grin, laugh, smile
হাসি *n* grin, laugh
হাসিখুশি *adj* cheerful
হাস্য *n* smile

হাস্যকর *adj* laughable, ludicrous, ridiculous
হাস্যকর বিষয় *n* farce
হাস্যাস্পদ *n* laughing stock
হাড় *n* bone
হাড়ের মজ্জা *n* bone marrow
হিংসা *n* envy, rancor, violence
হিংসামূলক *adj* violent
হিংস্র *adj* ferocious, fierce
হিংস্রতা *n* ferocity
হিমবাহ *n* avalanche, glacier
হিমায়ন-যন্ত্র *n* freezer
হিমশৈল *n* iceberg
হিমায়িত *adj* frozen
হিস হিস শব্দ করা *v* hiss
হিসাব *n* score
হিসাব করা *v* compute, estimate, reckon
হিসাবকারী যন্ত্র *n* computer
হিসাব দিতে বাধ্য *adj* accountable
হিসাবরক্ষক *n* accountant
হিসাব-রক্ষক *n* bookkeeper
হিসাব-রক্ষণ *n* bookkeeping
হিসাব পরীক্ষণ *v* audit
হিসাবের মধ্যে আনা *v* account for
হীন *adj* demeaning
হীন করা *v* demean
হীনজাত *adj* mean
হীনপদস্থ করা *v* demote
হীরক *n* diamond
হুকুম চালান *v* boss around
হুকুমনামা *n* mandate
হুন্ডি কাটা ব্যক্তি *n* drawer
হুল *n* antenna, sting
হুল ফুটান *v* sting
হৃদপিণ্ড সংক্রান্ত *adj* coronary
হৃদপিণ্ড সম্বন্ধীয় *adj* cardiac
হৃদ্ বিজ্ঞান *n* cardiology
হৃদয় *n* heart
হৃদয়হীন *adj* heartless
হৃদরোগ আক্রমণ *n* cardiac arrest
হৃৎস্পন্দন *n* heartbeat
হেঁচকি *n* hiccup
হেঁয়ালি *n* puzzle
হেডফোন *n* headphones
হেতুবাক্য *n* premise
হেরে বিদায় নেওয়া *v* bow out
হেলানো ডেস্ক *n* lectern
হেলিকপটার *n* helicopter
হেলিয়ে রাখা *v* recline
হোঁচট খাওয়া *v* falter, stumble
হোটেল *n* hotel
হ্যাঁ *adv* yes
হ্রদ *n* lake
হ্রস্বতর পথ *n* shortcut
হ্রাস *n* decline, decrease
হ্রাস করা *v* cut back, decrease, diminish, downsize

হ্রাসকারী *adj* extenuating
হ্রাস পাওয়া *v* dwindle, wane

Order & Contact Information

Word to Word® Dictionaries

Item	Language	ISBN13
Word to Word®		
500X	Albanian	9780933146495
820X	Amharic	9780933146594
650X	Arabic	9780933146419
700X	Bengali	9780933146303
705X	Burmese	9780933146501
710X	Cambodian	9780933146402
715X	Chinese	9780933146228
520X	Czech	9780933146624
857X	Dari	9781946986603
660X	Farsi	9780933146334
530X	French	9780933146365
535X	German	9780933146938
664X	Georgian	9781946986627
540X	Greek	9780933146600
720X	Gujarati	9780933146983
545X	Haitian Creole	9780933146235
665X	Hebrew	9780933146587
725X	Hindi	9780933146310
728X	Hmong	9780933146532
551X	Hungarian	9780933146679
555X	Italian	9780933146518

Item	Language	ISBN13
730X	Japanese	9780933146426
735X	Korean	9780933146976
740X	Laotian	9780933146549
753X	Malayalam	9781946986610
755X	Nepali	9780933146617
760X	Pashto	9780933146341
575X	Polish	9780933146648
580X	Portuguese	9780933146945
765X	Punjabi	9780933146327
585X	Romanian	9780933146914
590X	Russian	9780933146921
830X	Somali	9780933146525
600X	Spanish	9780933146990
835X	Swahili	9780933146556
770X	Tagalog	9780933146372
780X	Thai	9780933146358
615X	Turkish	9780933146952
620X	Ukrainian	9780933146259
790X	Urdu	9780933146396
848X	Uzbek	9781946986696
795X	Vietnamese	9780933146969
5-895X	Word to Word® Class Set	

State Approved • Testing Dictionaries

All editions are two-way: English>Language / Language>English.
More languages in planning and production.

Word to Word® Dictionaries

Item	Language	ISBN13
Word to Word® with Subject Vocab		
653X	Arabic	9780933146563
703X	Bengali	9781946986061
718X	Chinese	9780933146570
533X	French	9780933146693
548X	Haitian Creole	9780933146709
583X	Portuguese	9781946986092
593X	Russian	9781946986078
603X	Spanish	9780933146723
793X	Urdu	9781946986085
798X	Vietnamese	9780933146686
5-105X	Word to Word® Subject Class Set	

Subject Vocabulary dictionaries include additional math, science and social studies vocabulary. Approximately 2400 math terms, 4400 science terms, and 1700 social studies terms.

Subject vocabulary terms are translated one-way, English>Language.

WordtoWord.com – Discounts + eBooks

Special Online Pricing: Special tiered discount pricing based on quantity for online orders. Simple and fast.

eBooks: eBook versions of the Word to Word® series are available via web app or mobile app on Android and IOS. eBooks can be downloaded for offline use within the App.

Bulk eBook orders for school districts are available. Simple, private student access to eBooks, no student information necessary. Email us to learn more and request sample ebook.

support@wordtoword.com

wordtoword.com

(951) 296-2445

*For **eBook** versions add "e" to Item number:*
*(Print Spanish) 600X → **600Xe** (eBook Spanish)*

Order & Contact Us

Bilingual Dictionaries, Inc. is committed to providing quality bilingual materials and great service. Contact us by phone or email for a quote today:

Phone: 951-296-2445

Fax: 951-296-9911

Mail: PO Box 1154, Murrieta, CA 92562

Email: support@bilingualdictionaries.com

Visit our website to download our current catalog-order form, view our products and shop online.

BilingualDictionaries.com

WordtoWord.com

Amazon.com/WordtoWord

Special Dedication & Thanks

Bilingual Dictionaries, Inc. would like to thank all the teachers from various districts across the country for their useful input and great suggestions in creating a Word to Word® standard. We encourage all students and teachers using our bilingual learning materials to give us feedback. Please send your questions or comments via email.
support@bilingualdictionaries.com